Mark Rippetoe

スターティング ストレングス

Basic Barbell Training

第3版

監訳：八百健吾

The Aasgaard Company
Wichita Falls, Texas

Ripped Body Japan 合同会社

Third revision.
Copyright © 2017 by The Aasgaard Company.
First edition published 2005. Second edition 2007. Third edition 2011.

All rights reserved. No part of this publication may be reproduced, stored in a retrieval system or transmitted in a form by means, electronic, mechanical, photocopied, recorded, or otherwise without the prior written consent of the publisher. The authors and publisher disclaim any responsibility for any adverse effects or consequences from the misapplication or injudicious use of the information presented in this text.

Editor – Catherine E. Oliver, Plain English Publications
Indexing – Mary Conover
Layout & Proof – Stef Bradford

Published by The Aasgaard Company
3118 Buchanan St, Wichita Falls TX 76308, USA
www.aasgaardco.com
www.startingstrength.com

©Institute of A-V Medical Education INC., 2019
Authorized translation from English language edition
published by The Aasgaard Company.

Printed in Japan

目次

はじめに	VII
日本語版出版に寄せて	VIII

1　鍛える理由と方法　　1

なぜバーベルなのか？	1

2　スクワット　　7

荷重下での身体動作	10
安全性と重要性から見るスクワットの深さ	15
スクワットを覚える	18
ヒップドライブを生む	18
バーベルを担ぐ	21
よくある間違い	25
てこの原理とモーメント （バーベルトレーニングの根底にあるもの）	27
正しいスクワットの共通点	33
グリップと肘の使い方	35
背中	37
股関節	41
膝	47
足のスタンス	52
すべてを正すバーベルの軌道	53
呼吸	54
スクワットの補助	56
パワーラック	58
個人のトレーニング用品	59
ベルトとニーラップ	59
シューズ	62
衣服	63
鏡	63
コーチングキュー	64

3　プレス　　67

プレスを覚える　　74
フォームのミスと修正方法　　81
　身体が緩む　　81
　バーベルの軌道の問題　　82
　プッシュプレスになってしまうチーティング　　86

4　デッドリフト　　89

デッドリフトを覚える　　94
　ステップ1：スタンス　　95
　ステップ2：グリップ　　96
　ステップ3：膝を前に出す　　96
　ステップ4：胸を張る　　97
　ステップ5：挙上動作　　97
背中の姿勢　　99
引く動作での力の働き　　102
神は細部に宿る　　122
　バウンドさせない　　122
　視線を正しく決める　　124
　腕をまっすぐ伸ばす　　124
　引き切る　　125
　プラットフォーム　　126
　ストラップとベルト　　127
　思い留めておくべきこと　　127

5　ベンチプレス　　131

ベンチプレスを覚える　　133
よくある間違い　　138
　バーベルの握り方　　138
　肘　　140
　胸　　143
　上背部　　147
　首　　149
　下背部・股関節・脚　　150
　足　　151
呼吸　　153
ラックの使い方　　154
補助のしかた　　155

6 パワークリーン　　161

神経筋系　　165

パワー・力発揮・速度　　166

パワークリーンを覚える　　167

ハングポジション・ラックポジション・
ジャンピングポジションを覚える　　168

ウェイトプレートを付ける　　174

フックグリップ　　175

本書の指導方法のコツ　　177

爆発的プル種目であるパワークリーン　　177

スタンスとグリップ　　177

引き始め　　179

デッドリフトからクリーンへの中継点　　183

プル動作の最終段階　　190

ラックポジション　　195

バーベルを肩で受け止めたあと　　198

パワースナッチ　　199

7 有効な補助種目　　211

可動域を限定したデッドリフト　　212

ホルティングデッドリフト　　212

ラックプル　　214

バーベルシュラッグ　　215

パーシャルスクワットとパーシャルプレス　　217

スクワットのバリエーション種目　　222

オリンピックスクワット　　222

フロントスクワット　　222

ベンチプレスのバリエーション種目　　228

手幅を変えるバリエーション種目　　229

角度を変えるバリエーション種目　　230

デッドリフトのバリエーション種目　　233

ルーマニアンデッドリフト（RDL）　　233

スティフレッグドデッドリフト（SLDL）　　237

ブロックを使ったデッドリフト　　239

グッドモーニング　　239

プレスのバリエーション種目　　243

ビハインド・ザ・ネックプレス　　243

プッシュプレス　　243

v

付加種目　　　　　　　　　　　　　　245
　チンアップとプルアップ　　　　　　　245
　ディップ　　　　　　　　　　　　　249
　バーベルロウ　　　　　　　　　　　252
　バックエクステンションとグルートハムレイズ　　255
　カール　　　　　　　　　　　　　　258
　上腕三頭筋のトレーニング種目　　　　263
代わりの利かないバーベルトレーニング　　265

8　プログラム作り　　　　　　　267

各種目のフォームを覚える順序　　　　　271
　トレーニング種目の組み合わせ方　　　272
　ウォームアップセット　　　　　　　273
　メインセット　　　　　　　　　　　276
　重量の増やし幅　　　　　　　　　　279
栄養と体重　　　　　　　　　　　　　283
トレーニング用品　　　　　　　　　　286
　パワーラックとプラットフォーム　　287
　ベンチプレス台　　　　　　　　　　290
　バーベルとウェイトプレートとカラー　291
　チョーク・トレーニング着・
　トレーニング日誌・ジムバッグ　　　294

筋肉痛と怪我　　　　　　　　　　　　295
子どものバーベルトレーニング　　　　296

著者紹介　　　　　　　　　　　　　　299

クレジット　　　　　　　　　　　　　300

索引　　　　　　　　　　　　　　　　302

はじめに

Starting Strength 第 2 版の執筆から 4 年が経ちました。4 年経ってなにも変わらないなんてことはないでしょう。The Aasgaard Company ではスタッフの異動があり、私は多くの人に会い、多くの学びを得ることができ、第 2 版は大きな成功となりました。第 2 版は業界人、学者、運動に興味のある一般人といった人たちに無視されることになるのだろうと考えながら執筆した本でした。フィットネス業界と「権威」と呼ばれるような人たちに関して私の予想は正しいものでしたが、実際に本書を手にとってくれるあなたのような人たちに関して私の予想は間違っていました。本書で紹介するバーベル種目を指導するセミナーを開き、2007 年から延べ数千人に指導してきました。第 2 版は 8 万部以上を売り上げ、ウェイトトレーニングに関する書籍としては出版業界史上最大のベストセラーに数えられるようになりました。感謝です。

この 4 年間、バーベルトレーニングを直接指導する中で参加者から学ぶことがあり、Starting Strength を更新しなければという思いを強くしていました。第 2 版の内容には古いもの、不完全なもの、単純に間違っているものが混ざっていました。大して役にも立たないのにお金だけ持っていく役人のようになってしまうのを見過ごすわけにはいきません。1 年をかけて最初から最後まで書き直していきましたが、その内容は 4 年間プログラムを徹底してテストした結果です。読者の多くが被験者として力になってくれたことで、5 つの基本種目と 1 つの補助種目の指導方法がより洗練されたものになりました。

この 4 年間、私が「これが正しい」と知っていることを分かりやすく、論理的に、そしてなにより正確に伝える方法を探す中で私自身にも学ぶことが多くありました。本書の内容には、他のどんな出版物にも書かれていないことが多くあります。だからと言って間違っているということにはなりませんが、実際にどうかはあなた自身で考えてください。本書を手にとったあなたは賢いはずです。

第 3 版は見た目も一新しました。まず、イラストは Jason Kelly が担当してくれました。分厚いだけで見にくい教科書とは違ったスタイルを楽しんでもらえると幸いで

す。また、Stef が製本のアートを前作よりも感じられるようにと超人的な努力をしてくれたことが伝わると嬉しいです。

本書の制作に貢献してくれた多くの人に感謝を表します。以下順不同（アルファベット順でさえありません）。

Dustin Laurence, Dr. Dennis Carter, Dr. Philip Colee, Dr. Matt Lorig, Stephen Hill, Juli Peterson, Mary Conover, Catherine Oliver, Bill Starr, Tommy Suggs, Mark Tucker, Thomas Campitelli, Ryan Huseman, Maj. Ryan Long, Maj. Damon Wells, Andrea Wells, John Welbourn, Brian Davis, Justin Ball, Nathan Davey, Travis Shepard, Paul and Becca Steinman, Mike and Donna Manning, Gregg Arsenuk, Michael Street and Carrie Klumpar, Skip and Jodi Miller, Ahmik Jones, Heidi Ziegele, Lynne Pitts, Kelly Moore, Eva Twardokens, Tara Muccilli, Dan Duane, Shane Hamman, Jim Wendler, Dan John, Jim Steel, Matt Reynolds, Charles Staley, Maj. Ryan Whittemore, John Sheaffer, Will Morris, Andy Baker, T.J. Cooper, Doug Lane, Simma Park, Myles Kantor, Phil Hammarberg, Barry Vinson, Gant Grimes, Josh Wells, Shelley Hancock, Terry Young, Ronnie Hamilton, Anil Koganti, MD, Rufus-dog, Ursa-dog, Mr. Biggies

Mark Rippetoe

日本語版出版に寄せて

本書は Mark Rippetoe 氏の著書 Starting Strength の日本語訳です。原著は第 3 版まで出版されていますが、私が初版を手にしたのは 2005 年のことです。アメリカに留学していた時の指導教授から薦められたのがキッカケで購入したのですが、読み始めてすぐに Starting Strength の素晴らしさに気づきました。筋力トレーニングの実施方法について、ここまで詳しく、論理的に、そして（いい意味で）マニアックに解説されている本は他にありません。私自身、Starting Strength を読んだことで、筋力トレーニングについての知識や考え方を大幅に深めることができたと感じています。

また、友人や同業者から筋力トレーニングに関するオススメ本を尋ねられた時には、Starting Strength を薦めてきました。しかし、英語で書かれていることがネックとなり、せっかく薦めても「英語じゃ読めないよ」「日本語訳でも出たら買うんだけど」といった反応をされることが多く、Starting Strength に書かれている情報が日本国内でなかなか広まらないのはもったいないと感じていました。

初版の発行から 10 年以上が経過し、ついに Starting Strength の日本語訳が発売されることになると聞き、「ようやく出版されるのか…」と安堵に近い感覚を覚えました。その日本語訳の序文執筆のご依頼をいただいたのは大変光栄なことです。原著を愛読してきた私なりの視点で、Starting Strength の特徴について解説したいと思います。

これまで、筋力トレーニングに関する数多くの書籍が出版されてきました。筋力トレーニングエクササイズの具体的なやり方を説明している本もありますが、1 つのエクササイズにつき見開き 1 ページ程度の説明しかなされていないことがほとんどです。レッグエクステンションやサイドレイズ等の比較的単純な単関節エクササイズであれば、短い説明を読むだけでもそのやり方を十分に理解することができるのかもしれません。しかし、スクワットやデッドリフトのように複雑な多関節エクササイズ、しかもフリーウエイトエクササイズについては、見開き 1 ページ程度の短い説明を読んだだけで、適切なやり方を理解して身につ

けることは困難です。むしろ、見開き 1 ページ程度の短い説明を読んだだけの浅い知識や理解でスクワットやデッドリフトに取り組んでも、期待するようなトレーニング効果が得られないどころか、場合によってはケガや痛みに繋がるリスクさえあります。

1 つのエクササイズにつき見開き 1 ページ程度の短い説明を、何十ものエクササイズについて提供している一般的な筋力トレーニング関連本と比較して、Starting Strength の最大の特徴は、スクワット・プレス・デッドリフト・ベンチプレス・パワークリーンの 5 種目のバーベルエクササイズに主な対象を絞り、それぞれについて何十ページにもわたる詳細な説明を提供している点です。1 つ 1 つのエクササイズについて、これほどのページ数を割いて詳しい説明をしている本は他に見当たりません。

何十ものエクササイズが紹介されている一般的な筋力トレーニング関連本を読み慣れている読者からすると、Starting Strength では 5 種目のエクササイズしか紹介されていないという点は物足りなく感じるかもしれません（実際はメインの 5 種目に加えて、補助エクササイズもいくつか紹介されています）。しかし、これらの 5 種目は、多くの筋群を動員して、大きな可動域を使い、高重量を持ち上げることができるので、筋力を向上させるポテンシャルが非常に高いエクササイズです。一般的な筋力トレーニング関連本に紹介されている何十ものエクササイズを一通り実施するよりも、Starting Strength で紹介されている 5 種目にフォーカスしてやり込むほうが、筋力向上という結果に結びつく可能性ははるかに高いでしょう。

また、Starting Strength では、各エクササイズの具体的なやり方、つまり How の部分が詳細に説明されているだけではなく、なぜそのやり方でやるのか、つまり Why の部分についても、バイオメカニクスや解剖学の知識を使って解説されています。筋力トレーニングを指導する立場の読者であれば、How だけでなく、その背景にある Why もしっかりと理解しておくことで、より効果的に、そしてより自信を持って How を指導できるようになります。ま

た、ご自身で筋力トレーニングをされている読者であれば、Why を知っておくことで、適切な動き（=How）に対する意識が高まり、より効果的なトレーニングに繋がるはずです。さらには、なぜそのやり方でやるのかについても納得感があるので、筋力トレーニングに対するモチベーションも高まるでしょう。

そうした Why の詳細な解説というのも、他の一般的な筋力トレーニング関連本にはない Starting Strength の大きな特徴の 1 つです。おそらく多くの読者は、そこまで深く筋力トレーニングエクササイズのやり方やその背景について考えたことはないと思うので、本書を読むことで驚かれると同時に、これまでの認識が大きく変わる経験をされることでしょう。

Starting Strength では、上述した 5 種目のエクササイズの実施方法についての解説だけではなく、それらのエクササイズを使って、実際にどのようにトレーニングを進めていけばよいのかについても書かれています。特に、筋力トレーニングを始めたばかりの初心者向けの具体的なプログラムが提供されています。

この「初心者向けプログラム」は非常にシンプルです。Starting Strength で取り上げられている 5 種目を中心に構成され、それ以外にプログラムに含まれるエクササイズは懸垂とバックエクステンションのみです。また、セット数やレップ数は基本的に「3 セット×5 レップ」に固定されています（デッドリフトは例外で「1 セット×5 レップ」です）。さらには、挙上重量はトレーニングセッションごとに 2.5kg～5kg 程度ずつ増やしていき、それができなくなるまで続けることになっています。ピリオダイゼーションまたは期分けと呼ばれるように、定期的にエクササイズや量（≒レップ数）や強度（≒挙上重量）を変えたりすることは一切ありません。

あまりにもシンプルなので「こんなにシンプルなプログラムでトレーニング効果が出るのだろうか？」と疑問に思われる読者の方もいらっしゃるかもしれません。しかし、初心者レベルのうちは、たくさんの数のエクササイズをこなすよりも、本当に重要なエクササイズ数種目に絞り、それらをひたすらやり込むほうが間違いなく筋力は向上します。また、初心者のうちは筋力向上スピードが比較的速いので、プログラム内容はあまりいじらず「3 セット×5 レップ」に固定しておき、挙上重量も毎回 2.5kg～5kg 程度ずつシンプルに増やしていくほうが筋力向上への近道です。これは、さまざまなレベルのアスリートのトレーニング指導をしてきた私の経験からも言えますし、その理由について

は本書でも説明がされています。

したがって、Starting Strength で紹介されている「初心者向けプログラム」は確かにシンプルではありますが、シンプルだからこそ効果が高いと言えます。シンプルであることに対して不安になる必要はありません。また、この「初心者向けプログラム」の効果を最大限に高めたいのであれば、シンプルすぎて不安だからといって勝手にエクササイズを追加したりセット数やレップ数を変えたりせず、書かれている通りに実施されることをお勧めします。

初心者向けのプログラムを提供するのに加えて、ウォームアップセットやメインセット等をどのように組めばよいのか、重量をどのように増やしていけばよいのか、プラトー（筋力向上の停滞）に陥った時にどう対処すればよいのか等についても本書では説明がされています。

これらのトピックは、紙に書かれた筋力トレーニングプログラムを実行に移そうとする時には必ず必要になる実践的な情報です。しかし、一般的な筋力トレーニング関連本では、「スクワットを 3 セット×5 レップ実施しましょう」程度の記述しかされていないことが多く、3 セットの重量はすべて同じでよいのか、それとも少しずつ重くしていくのか、今挙げている重量がラクになってきたらどのタイミングでどの程度重量を増やせばよいのか等の実践的な情報は提供されていないことがほとんどです。

一方、Starting Strength では、読者が本で読んだ内容を実践することまでを想定して、実用的な知識が網羅されています。これは、著者の Mark Rippetoe 氏が、所有するジムの会員に対して日常的にトレーニング指導をされていることが大きいのでしょう。Starting Strength の内容は、机上の空論ではなく、現実に使える情報になっており、そこも本書の大きな強みの一つであると言えます。

ここまで解説してきたような特徴を持った Starting Strength は、他にはない唯一無二の筋力トレーニング本です。今回、日本語訳が発売されて、Starting Strength に書かれている内容がより多くの方々に届くようになることに興奮しています。私が Starting Strength を読んで筋力トレーニングについての知識や考え方を深めたのと同じように、Starting Strength 日本語訳の出版が日本のトレーニング業界全体の知識や考え方のレベルアップに繋がることを期待しています。

河森直紀

STRENGTH
鍛える理由と方法

好むと好まざるとに関わらず、体力とは生きていく上で最も重要なものです。人類の進歩の歴史を経て、毎日の生活において体力の必要性は小さくなりました。しかし、私たちの人生における体力の重要性はいまも変わりません。私たちは身体があって生きています。私たちが持つあらゆるものの中で、身体の強さこそが私たちの人生の質と長さを決めるのです。かつては、十分な食料を得て、暖かく雨風にさらされない環境を得られるかは体力にかかっていました。現代においては、人類の文化の蓄積によって創り出された新しい環境の中で、体力はただ私たちがどれだけうまく機能するかを決めるに過ぎません。しかし、それでも我々は動物であり、最終的に意味を持つのは身体的な実体のみなのです。身体の弱い男は、身体が強ければいまより幸せだったでしょう。知性や精神性を重視したがる人間に、この現実は不愉快なものです。しかし、こういう人間であってもスクワットが強くなったとき彼らになにが起こるかを見ると、教えられるものがあります。

私たちの文化は様変わりし、それと共に身体を動かすことの意味合いも変わりました。かつては、単純な物理的世界で生存するための体力であり、生きながらえるために十分な体力を持つ者は生き残りました。生存するためには適応するしかなく、こうして私たちの基本的な生理的機能は形作られていきました。そして、それは今日も変わりません。これは人類とつながりのあるすべての脊椎動物にも言えることです。「分業」という変革があったのは比較的近年のことで、私たちの遺伝子構成が適応し変化するほどの時間は経っていません。ほとんどの人が生きる糧を独力で確保する必要に迫られなくなった現代社会において、どれだけ身体を動かすかは個人の自由と扱われるようになりました。差し迫った必要がないのは確かな事実です。しかし、何百万年という時間をかけて、荒く身体を動かす生活に適応してきた現実は変わりません。最近になって「デスク」なんてものが発明されても関係ないのです。

私たちの筋肉、骨、腱、神経が強くなる可能性を秘めているのは否定できない事実であり、そのことに目を向

けなければいけません。長い進化の過程を経て得られたこれらの組織を無視してしまうのは、自らの命を危ぶめることになります。私たちの身体はまさにこれらの組織で構成されており、これらの組織が本来の状態を保つために必要な刺激を意識的に与えることができるかに現代を生きる私たちの生活の質はかかっています。そして、運動こそがその刺激なのです。

スポーツのパフォーマンスにどういう効果があるかを考えるよりもずっと重要なこととして、私たちの身体は、運動という刺激があることで本来の状態に戻ることができるのです。身体を激しく動かすことがないのはヒトにとって自然ではありません。私たちはなんらかの問題が起きたときに、それを正すために運動をするのではありません。運動とは問題がなくてもやらなくてはいけないもので、運動をしなければ必ず問題が生まれるのです。運動をすることで、私たちの身体の生理的機能が過去に適応した状況を再現することができます。そして、私たちの生理的機能は現在も変わりません。

アスリートであれば、スポーツチームに加入するための条件として求められることが、筋力トレーニングプログラムを始める動機になるかもしれません。もっと個人的な理由の場合もあるでしょう。スポーツチームに加入できるというニンジンが目の前にぶら下がった状況でなくとも、自分の身体が弱く、いまよりも改善できるはずだと感じる人は多くいます。本書はこういう想いを抱く人に向けたものです。

なぜバーベルなのか？

筋力トレーニングには、人類の文明と同じだけの歴史があります。鍛えられた身体やどうすれば強い身体を手に入れることができるのかについて、いかに古くから人が興味を持っていたかをギリシャのミロの物語が示しています。ミロは子牛を毎日持ち上げ、子牛が成長すると共にミロも強くなっていったとされます。筋力とは段階的に成長するものだということが数千年前には知られていたということです。しかし、漸進的にレジスタンスト

1

1 | Strength

レーニングを進めるにはどうするのがベストであるかという疑問に答えるためにテクノロジーが使われるようになったのは、歴史の長さに照らすと、ごく最近のことでしかありません。

バーベルはレジスタンスエクササイズを行うために最初に開発されたツールのひとつで、なにかしらの重りを両端に付けられる金属の長いシャフトです。最も初期のバーベルでは、球体の重りが使われました。砂や小さな金属球を中に詰めてバランスや重量を調整する造りでした。漸進的なトレーニングを可能にした用具とウェイトリフティングの歴史については、David Willoughby の The Super Athletes (A.S. Barnes and Co., 1970) という素晴らしい著書で読むことができます。

しかし、1970 年代中頃に Willoughby 氏にも予想できなかったことが起こり、状況は一変します。Arthur Jones という人物がレジスタンスエクササイズに変革をもたらす運動用品を発明したのです。残念ながら、発明と名の付くものが絶えず有益とは限りません。Nautilus と名付けられたマシンは、腕や脚は可動域の中のどの部分を使うかによって筋力が変わることに注目し、それに合わせた「可変抵抗」という方式を使って効果をあげるという触れ込みでした。腕や脚などそれぞれの部位に合わせたマシンがデザインされ、動作の中で対象の関節にかかる抵抗を調整するために、ウェイトスタックのチェーンにカムという部品が導入されました。これらのマシンは決められた順序に沿って使うようにデザインされていました。マシンによって鍛えられる部位が変わるので、セット間の休憩を取らずにマシンからマシンへと連続して移動していくという使い方です。ひとつのマシンでひとつの部位を動かすので、十分な数のマシンを揃えてサーキット形式で使うと全身を鍛えられるというのです。非常にきれいに作られたマシンは見栄えが良く、短期間で流行になりました。ジムは非常に高価なマシンを買わざるを得なくなり、ほとんどのジムで 12 台のマシンを使った Nautilus サーキットが見られるようになりました。

当時から、エクササイズマシンというのは特に新しいものではありませんでした。ほとんどの高校には、Universal Gladiator のマルチステーション、レッグエクステンション、ラットプルダウンなどがあり、ウェイトトレーニングをする人はみんな馴染みがあったものです。Nautilus が違ったのは商品のマーケティングです。マシンをサーキット形式で使うと全身を鍛えられるという謳い文句は、それまでになかったものでした。さらに、ボディビルダーの前後比較などを使った広告がたくさん出てきました。Casey Viator という人物は、Nautilus のマシンだけを使って大き

く体重を増やしたと宣伝されました。彼はトレーニング歴の長いボディビルダーで、実際にはもっと一般的な方法で筋量を増やしており、この広告では以前の水準まで筋量を戻していただけだったという情報は伏せられていました。

さらに、Jones は Nautilus を使って向上した筋力は、ウェイトリフティング種目のような複雑な動作パターンでも発揮されると言いました。しかも、実際にウェイトリフティング種目を高重量で行う必要がないとまで言いだしたのです。運動に関する理論や実践の場で積み上げられてきた経験とまったく噛み合わない主張です。しかし、Nautilus の勢いは止まらず、ビジネスとしては非常に大きな成功となりました。現在も世界中の商業運動施設で標準的に備えられる運動用品になっています。

ビジネスとして成功したのは、Nautilus のマシンを導入することで、ヘルスクラブ業界（当時のアメリカでは「ヘルススパ」と呼ばれました。）は一般層に向けてそれまでなかったサービスを提供できるようになったのが主な理由です。Nautilus が開発される前は、ヘルススパで Universal の製品でできる以上にていねいに、かつハードに身体を鍛えたいと思うと、バーベルの使い方を覚えるしかありませんでした。誰かがバーベルの使い方を指導する必要があります。さらに、ヘルススパのスタッフに対して、誰かがバーベルの使い方の指導方法を指導する必要があります。こういったスタッフ教育は時間のかかるもので、そういう指導ができる人材は限られていました。これは現在も変わりません。しかし、Nautilus のマシンなら、最低限の時給で働くスタッフにでも非常に短時間ですべてのマシンの使い方を教えることができます。スタッフ教育への投資を最小限に抑えて、表面的には全身を鍛えるトレーニング方法を提供できるのです。さらに、サーキット全体を行うのに 30 分程度しかかからないので、一人一人のメンバーの占有時間が短くなります。そして、クラブ全体でサービス提供できるメンバー数の上限が高くなり、売り上げを最大化することができるということです。現在のヘルスクラブの在り方を Nautilus のマシンが決定づけたと言えます。

問題なのは、もちろんマシン主体のトレーニングは謳い文句のように効かないということです。サーキットを行って筋量を増やすというのはほとんど不可能でした。何ヶ月もマジメにサーキットを続けた人でも、目立った筋量増がまったく見られませんでした。こういう人がトレーニングをバーベルに切り替えると、奇跡のようなことが起こります。バーベルに切り替えて 1 週間以内で、12 台のマシンと戦い続けた期間全体で増えた以上に体重が増えるのです。

身体を部位ごとに分割して鍛えるのがうまくいかないの

は、人体は全体がひとつのシステムとして機能するものだからです。バーベルが他のどんなトレーニングツールよりも効果的であるのも同じ理由です。ひとつのシステムとして鍛えるのが適しているのです。身体を部位ごとに分けて動かすのが適さないのは、トレーニングで得られた筋力はそういう使われ方をしないからです。筋力を鍛える動作パターンは全体として、筋力が使われる動作パターンと同じでなければいけません。筋肉を動かすのは神経系で、神経と筋肉の関係を「神経筋」といいます。実際に筋力が使われる動作パターンと筋力を鍛える動作パターンが噛み合わないときには、トレーニングの神経筋に関する部分が考慮されていないと言えます。神経筋の特異性というのは面倒ですが現実であり、運動プログラムはこれを原則として尊重しなければなりません。これは重力の法則を無視することができないのと同様です。

　バーベルという道具と、バーベルを使って行う主要なトレーニング種目は、これまでに開発されてきたその他のトレーニング用品よりもはるかに優れています。**可動域全体を使ってバーベル種目を正しく行うと、人体の骨格や筋肉の構造が荷重下でどう働くかが表れます**。各個人の腕や脚の長さ、筋肉の付着位置、筋力レベル、柔軟性、神経筋の効率といった要素によって各個人の動作パターンが繊細に調整され、その結果としてフォームができあがります。動作に関与するすべての筋肉は、身体の構造的にそれぞれに見合っただけの負荷を受け持つので、動員されるすべての筋肉のバランスはトレーニング種目ごとに自然と決まります。骨と骨の間にある関節を筋肉が動かし、身体全体がひとつのシステムとして機能してバーベルに力を伝えます。そして、システムのデザインに沿う形で動いたとき、身体は最適な形で機能します。トレーニングもこのデザインに沿うべきです。バーベルを使うと、動作のすべての要素は身体が決定するので、身体のデザインに完全に沿う形でウェイトを動かすことができるのです。

　それに対して、マシンを使う場合にはマシンのデザインに沿って身体とウェイトを動かすことになります。このことは、個人のニーズに合わせたトレーニングを行うのに深刻な制約になります。例えば、人体の動作パターンでは、ハムストリングを使わず大腿四頭筋だけを切り離して使うことはできません。自然な動きで大腿四頭筋のみを使うことはできず、この目的のためにデザインされたマシンでしか起こり得ないことなのです。大腿四頭筋とハムストリングは、膝の両面にかかる力をバランスさせるため、必ず同時に連携しながら働きます。大腿四頭筋とハムストリングは必ず同時に連携して機能するのに、どうして分割して運動する必要があるのでしょう？　誰かがそういうマシンを

作ったからですか？

　複数の関節を同時に動かすマシンであっても、身体の動きがマシンに決められることは変わりません。身体を動かす本人の身体の構造や力の使い方が反映されないので、最適だとは言えません。バーベルでは、本人の身体の構造を反映した動きになるように、繊細な調整が可能になります。

　言いかえると、バーベルでは本人が身体の動かし方を調整する必要があるということです。そして、ウェイトの動きをコントロールするための調整も本人が行います。このことは運動を行う上で非常に重要です。バーベルをコントロールし、バランスを取りながら各部を連携させて身体を動かすというのはバーベル種目に特有で、マシンを使ったトレーニングにはない特徴です。ウェイトの動きのすべての要素を本人がコントロールするので、その動きのすべての要素が鍛えられるのです。

　その他の効果もあります。本書で紹介するすべてのトレーニング種目で、大なり小なり骨格に荷重がかかります。バーベルの重量を最終的に支えるのは骨です。そして、筋肉、靭帯、腱、脳と同じように骨は生きており、他の組織と同じようにストレスに反応して適応します。トレーニングで荷重がかかることで密度が上がり硬くなります。女性や高齢のトレーニーにとって、健康を保つためには骨密度が大きな要素になるので、バーベルトレーニングのこの効果は重要になります。

　バーベルは経済的に取り入れやすいという側面もあります。どんなメーカーの物でも現代的なマシンを一式揃えるとかなりのコストがかかります。同じコストで、文字通り何百ものトレーニング種目を実施できる非常に高機能なウェイトルームを5〜6セット整備することができます。もし、コストが問題でなかったとしても、機能性は重視すべきです。多くの人が利用する施設では、どういうトレーニング用品を導入するかを決めるにあたって、同じ投資額でできるだけ多くの人数が同時にトレーニングできる設備を確保できるという要素が重要になるでしょう。経済的な側面について正しい決断ができるかどうかで、トレーニングの質が大きく左右されるかもしれません。

　バーベルトレーニングの唯一の問題は、圧倒的大多数の人が正しいやり方を知らないということです。バーベルトレーニングのやり方を学べる方法がなければ、あきらめてしまう人がいるのは無理もないことで、深刻な課題だと言えます。本書はこの問題を改善するための、私なりの取り組みです。本書で紹介するバーベルトレーニングの指導法は、実際に効果があって結果を出せる方法を追求する人たちによって、フィットネス業界のほんの片隅で、30年以上にわたって築かれてきたもので、長く変わることのない

1 | Strength

生物科学に基づいています。本書を読むみなさんがバーベ
ルトレーニングから多くを得られることを願います。

York Barbell というメーカーの Model 38 Olympic Barbell というセット。テキサス州
の Wichita Falls という地域にある YMCA の施設から引き取られた。50 年近くにわたっ
て何千という人によって使われてきた。その中の一人に著名なストレングスコーチ
Bill Starr がいる。彼はウェイトリフティング選手であり、パワーリフティング創成期
のはじめの競技者でもある。Bill は、Hoffman の "Strength and Health" や Joe Weider
の "Muscle" といった雑誌の編集者でもあった。数多くの国内チーム、国際チーム、オ
リンピックチームのコーチであり、大学レベル、プロレベルで初めてフルタイムのス
トレングスコーチとして活動した人物である。バーベルトレーニングの世界で最も大
きな功績を残したライターでもあり、50 年にわたって書籍や記事を残している。Bill
の関わったアスリートやトレーニングパートナーの活躍により、彼の影響は今日でも
感じられる。Bill はこのバーベルセットを使ってウェイトリフティングを始めた。

（Wichita Falls Athletic Club にある Bill Starr モニュメントより）

Strength | 1

THE SQUAT
スクワット

　スクワットは、あらゆるトレーニング種目の中で最も重要でありながら、長きにわたって最も正しく理解されていない種目です。筋力、パワー、筋量を伸ばすためにウェイトルームでできることの中で、可動域をいっぱいに使ったスクワットと呼ばれるトレーニング種目は最も有効で価値あるツールです。

　身体に荷重がかかった状態で行うあらゆる運動の中で、スクワットは「ヒップドライブ」という動作パターンを直接鍛えることができる唯一のトレーニング種目です。ヒップドライブとは、ポステリアルチェーンの筋群を積極的に動員する複雑な動作です。ポステリアルチェーンという用語は、股関節の伸展を行う筋群を指します。スクワットのボトム位置で股関節が屈曲した状態からまっすぐに伸ばしていく動きのことです。これらの筋群は、股関節伸展筋群とも言われ、ハムストリング、大臀筋、内転筋群が該当します。これらの筋群は、跳ぶ、引く、押すのほか、下半身を使うあらゆる動作で重要な役割を果たすので、しっかり鍛えたいところです。そして、スクワットがこれらの筋群を鍛える最良の方法であり、正しくスクワットを行うにはヒップドライブを使う必要があります。ヒップドライブは下背部の仙骨部、つまりお尻のすぐ上の部分を突き上げると考えると分かりやすいでしょう。スクワットのボトム位置から立ち上がるとき、この動作によってポステリアルチェーンの筋群が鍛えられます。

　あらゆるスタイルのスクワットで、どの筋肉よりも大腿四頭筋に筋肉痛が出る傾向があります。これは大腿四頭筋が唯一の膝の伸展筋群であることが理由です。それに対して、股関節の伸展筋群はハムストリング、大臀筋、内転筋群という3つの筋群で構成され、正しくトレーニングを行えばより多くの筋肉に仕事を分散させることができます。この身体の構造を踏まえると、スクワットの動作に関与し得るすべての筋肉を最大限に動員し鍛えたいということになります。つまり、ポステリアルチェーンの筋群を最大限に動員して、筋力、パワーが出せるスクワットの方法

図2-1　3方向から見たスクワット。「フルスクワット」とは、しゃがみ込む深さによって決まる。図中央の「A」は膝の皿、「B」は股関節の位置を示している。股関節の位置はズボンのしわの先端で判断する。地面に対して、「A」と「B」を結んだ線のB側が平行よりも下に来るまでしゃがみ込む。

2 | The Squat

が必要になります。その方法とは、「ロウバースクワット」です。

スクワットを正しく行えば、ポステリアルチェーン全体を動員し、漸進的（ぜんしんてき）に向上させながら鍛えることができます。ウェイトルームでこれができる唯一のトレーニング種目です。スクワットがバーベルを使ってできる最高のトレーニング種目であり、さらに言うと現存する中で最高の筋力トレーニング種目であるのはこの特徴によるものです。ポステリアルチェーンを使う種目は他にもありますが、スクワットほど可動域を大きく取ってポステリアルチェーン全体を同時に動員することができません。さらに、他の種目では動作が伸張性のエキセントリック収縮で始まり、その後に短縮性のコンセントリック収縮が続くことがなく、「伸張反射」という伸張・短縮のサイクルを生むこともありません。

スクワットの伸張・短縮サイクルが重要なのには理由が3つあります。

1. 伸張反射によって各筋肉と筋膜（きんまく）の粘弾性のある部分にエネルギーが蓄えられます。そして、このエネルギーはスクワットのボトム位置で動作の方向が変わる際に使われます。

2. 筋肉の伸張がシグナルとなり、これから筋収縮が起ころうとしていることを神経筋系に伝えます。その結果として、より多くの収縮単位がより効率的に発火し、伸張反射が無い場合よりも大きな力を生み出すことを可能にします。

3. この伸張は、スクワットのしゃがみ込んでいく段階で負荷がかかった状態で起こる（この動作全体でポステリアルチェーンの筋肉すべてが使われます）ので、その後に続く収縮で他の種目よりもずっと多くの運動単位が動員されることになります。

例えば、ナロースタンスのデッドリフトはハムストリングと大臀筋を使いますが、内転筋群の機能はあまり含まれません。また、深くしゃがみ込んだスクワットと比べて、デッドリフトでバーベルを引き始める時点での股関節の位置はずっと高く、コンセントリック収縮から動作が始まるという違いがあります。伸張反射による弾みを使うことはなく、可動域は小さくなりますが、非常にキツい種目です。完全に静止した状態から始まる動作上、スクワットよりも非効率で、スクワットよりもキツくなりますが、全般的な筋力向上にはスクワットほど効果的ではありません。プラ

イオメトリックジャンプは十分な深さを取ることができ、飛び降りることで伸張反射を使える場合があるかもしれませんが、バーベル種目と同じように段階的な負荷の上げ方をすることはできません。初心者が行うには足や膝への負担が大きく、バーベルを肩に担いだ場合のように全身に荷重をかけることができません。これに対してスクワットは、ポステリアルチェーンの筋群すべてを動員し、膝と股関節の可動域全体を使い、伸張・短縮サイクルが動作の中に組み込まれています。そして、スクワットはとても軽いバーベルのみの重量からスタートして、とても細かな幅で重量を上げていくことができるので、立った姿勢からイスに座ることができる人なら誰でも行うことができます。

「ポステリアル」とは英語で「後ろ」という意味の言葉です。そして、ポステリアルチェーンという言葉は、これらの筋群が身体の後ろ側にあることに由来しています。また、バーベルを担いで効率の良いスクワットを習得しようとするときに、多くの人が経験する問題を暗に示しています。ヒトは二足歩行の動物で、物をつかむことができる手と、向かい合わせの親指を持っています。この特徴が、私たちの物の見方や身体の姿勢に大きく影響しています。私たちは、目に見える所で手を使って物事を行うのに慣れており、手を使って行うことに意識を置きがちです。逆に、下半身に注意を向けることに慣れていません。トイレで用を足すことくらいでしょうか。頭、体幹、脚の裏側というのは鏡でも見ることができず、痛みでもなければ注意が向くことはほとんどありません。腕、胸、腹筋、大腿四頭筋、半ズボンをはく人はふくらはぎも含めて、鏡で見ることができるところは、大部分の人が鍛えたがるお決まりの部位です。また、これらの部位は鍛えるのに手が関連することになるので、鍛え方を覚えるのが簡単です。私たちは手の感覚に偏った生き物なのです。

目に見えない部位を正しく鍛えるのは難しいです。ポステリアルチェーンは身体全体のパワーの源で、身体の動き全体に直接関わる、全身の筋肉の中で最も重要な部分です。ポステリアルチェーンは適切な使い方を学ぶのが最も難しい部位でもあります。例えばの話ですが、手が無ければ学びやすくなるでしょう。テーブルを思い浮かべてください。テーブルの縁をつかむことなく持ち上げるにはどうすればいいでしょう？テーブルの下に入って上背部で持ち上げるか、しゃがみ込んでテーブルの天板の裏をお尻で押し上げるか、仰向けに寝転がって足で押し上げるか、使える方法はこれだけになります。しかし、手があるとそちらに意識が向き、いま挙げた選択肢なんて考える必要はなくなります。つまり、ポステリアルチェーンはほとんどの人にとって未開の領域であり、ポステリアルチェーンを正しく使う

というのは、ある意味革新的な体験になります。

スクワットやプル種目を始めると、身体の後ろ側の使い方というのが最もしつこく頭を悩ませる問題になります。コーチやトレーニングパートナーに最もチェックしてもらう必要があり、周囲からの助けが無いときには一番はじめにフォームが乱れる部分だということに気付くでしょう。コーチにとっては、全身の筋肉の中でポステリアルチェーンが、理解するのも、説明するのも、正しく使えるよう指導するのも最も難しい部分です。しかし、運動パフォーマンスの観点から言うと、ポステリアルチェーンはヒトの動作の最も重要な部分で、これを正しく理解し使えるようになることは欠かせません。これが理解できているかは、「有能なコーチ」と「たまに口出しをする見物人」もしくは、「優れたアスリート」と「ただ動いているだけの人」の違いにつながります。

これまで「コア」について多くが語られ、「コア」を鍛えるための新しい方法があれこれ売り出され大きなビジネスになりました。正しいスクワットでは、まさに骨格のバイオメカニクス的に理にかなった形で、可動域全体を通して「コア」の筋群を使いながら、膝と股関節まわりの力を完全にバランスさせることができます（図 2-2 参照）。下背部、上背部、腹部、体側部、胸郭周辺の姿勢を作る筋群に加えて、肩と腕もアイソメトリックな使われ方をしています。体幹が動かないようこれらの筋肉が収縮することで、力を生み出す主要な筋群からバーベルへと運動パワーを伝えています。つまり、脚とお尻がエンジンであり、体幹はトランスミッションとして機能するわけです。

身体の「コア」はスクワットの中心にあり、「コア」からの距離が長くなるほど筋肉は小さくなっていくことに注目してください。スクワットでは、まさにこれに従って筋肉が鍛えられます。地面についた足に始まりバーベルまで、身体の姿勢を作る筋群とお尻と脚の筋群が協調しながら働いてバランスが取られます。そして、アスリートが注意深く身体を動かす中で、中枢神経系が活発に働きバランスはコントロールされます。さらに、スクワットは全身を使う運動であり、高重量を使って行うと身体全体に影響を及ぼすホルモン応答を生み出します。つまり、単に「コア」が鍛えられるというだけでなく、心身ともにトータルに鍛えられるのです。

スクワットが十分に理解されていないのは、ほとんどの人が考える以上に多くの筋群が使われているからです。そして、スクワットを十分に理解していない人のほとんどは、自分自身で正しいスクワットを行った経験がありません。なにかを本当に理解するには自分自身で経験することが不可欠なので、この人たちはスクワットという運動が持つ特性や、すべての筋肉が協調しながら機能していることを正しく理解することができません。正しくスクワットができる人が増えると、スクワットを正しく理解する人が増えま

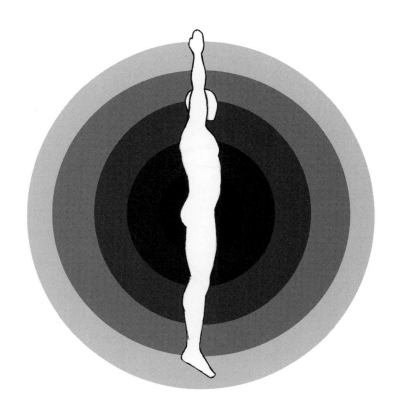

図 2-2　股関節が全身を動かすパワーの源であり、股関節から遠い部位ほど生み出せるパワーが小さくなっていく。また、身体の中心から遠くなるほど、その部位が動ける角速度が大きくなり、加速によってパワーにつなげることが可能になる。David Webster が唱え、Tommy Kono や Bill Starr といった人物にも用いられたコンセプトが、最近になって「コアストレングス」や「コアスタビリティ」または「ファンクショナルトレーニング」という名前を借りて人気を集めている。100kg でスクワットをしていたアスリートが、250kg でスクワットができるようになれば、「コア」の安定性も上がるのは筆者の目には当然のことに映る。

2 | The Squat

す。そして、水面のさざ波のように知識と筋力が世界に広がっていきます。この本を読んでいるあなたから発信してください。

荷重下での身体動作

バーベルトレーニングを理解するには、荷重がかかった状態でヒトの身体がどう動くのかを理解することが不可欠です。それは、ヒトの身体が外的要因に対応しながら、筋肉の収縮で生まれた力を骨格の運動に変えていく仕組みを理解するということです。スクワットを観察する中で学べる要素がいくつかあり、それはその他のバーベル種目すべてに同じように当てはまります。まず、最も基本的なこととして、ウェイトプレートを付けたバーベルに重量をもたらすのは重力です。重力は地球の質量によって生み出され、いつでもどこでも地球の表面に対して垂直に働きます。地表の山や谷といったデコボコを無視すれば、地球はこの重力の影響でうまい具合にほぼ球形になっています。そこで、ここでは地球の表面は水平であると見なします。例えば、丘の斜面に立って石を落としたとしても、石はやはり「下」に落下していきます。いまだかつてこのことに異論を唱えた人はおらず、この原理は物理法則と言われるまでになりました。そして、水平な地表に対して重力が垂直に働くのを「鉛直」と言います。外的影響を受けずに落下するとき、その軌道が鉛直にならない物体が発見されたことはありません。バーベルにかかる重力も絶えず鉛直で真下に働いています。そして、この力に逆らう最も効率的な方法は鉛直に押し返すということになります。それは、直線が2点間を最短距離で結べるだけでなく、鉛直に動くのが重力の働く空間で最も効率の良いバーベルの軌道だからです。

さらにバーベルを使った運動の仕事は、この重力の枠組みに基づいて考える必要があります。「仕事」は「力の大きさ（物体の動きや形に影響を与える力）」に、バーベルの移動した「距離」を掛けたものです。バーベルの重さを表すlbs（もしくはkg）が力の単位で、仕事はft × lbs（もしくはcm × kg）で表すことができます。ただし、重力はまっすぐ真下に向かってのみ働くので、重力に逆らう仕事量を決めるのはバーベルが鉛直に移動した距離だけです。水平など、リフターから見て前や後ろへの動きはすべて重力に逆らう仕事と見なすことはできません。たとえ動きの中で力を使っていたとしてもです。バーベルをゴロゴロ転がした場合、重力に逆らう仕事になるのはバーベルの高さが変わった場合に限られます。それは、重力がバーベルの質量に作用するのは、「下」という一方向のみだからです。

次に、ヒトの身体がバーベルを支えている状態で、バーベルとリフターの質量について考えるときには、バーベルとリフターを合わせてひとつのシステムとして考える必要があります。ヒトがまっすぐに立っているとき、重心は股関節の中心、仙骨と同じくらいの高さに来ます。スクワットでパラレル以下までしゃがみ込むと、このシステムは形

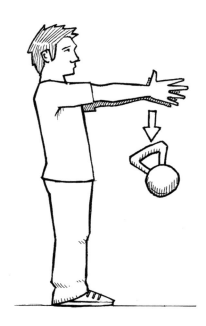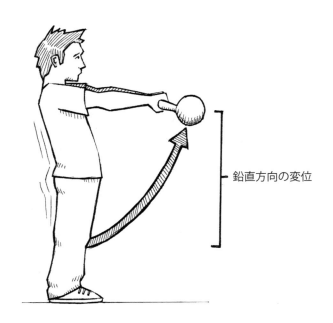

図2-3　重力は鉛直にのみ働き、他の方向には働きません。重力に逆らう仕事は、重力の力と反対向き「真上」に向かってなされるものです。バーベルの横方向の動きは、いかなる場合も重力に逆らう仕事ではありません。

The Squat

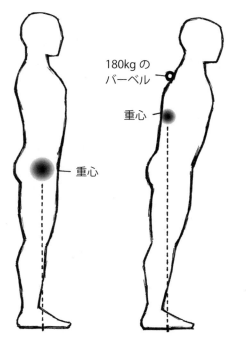

図 2-4　バーベルの重量が大きくなるほど、重心の位置は高くなる。

は実践的に考えるため、バーベルには重いプレートがセットされ、可動域全体でバランスを取るために注意を払うべき対象はバーベルだと想定します。

　図 2-5 では、背中に担いだバーベルと地面についた足の中心を点線で結び、鉛直の関係を示しています。直感的に分かることですが、バーベルとリフターのシステムは、足の中心の真上に重心があるときにバランスが取れます。足の中心とは土踏まずが地面に接する部分で、足の先端と後端から最も距離のあるところです。要するに、つま先と踵のど真ん中ということです。この真上に重心があるのが一番安定していてバランスを崩しにくく、荷重がかかっているかに関わらず、身体は自然とこの体勢を取ろうとするものです。重量が大きくなるほど、背中のバーベルはより正確に足の中心の真上に位置取るようになります。もう少し言うと、バーベルの重量が軽く体重の方が重いような場合、バーベルが足の中心より前にある状態でバランスが取れることもあります。しかし、重量が大きくなるにつれて、バーベルが足の中心の真上に近いところでバランスが取れるようになっていきます。

　身体はできるだけ安定した姿勢を自然と取ろうとするものです。まず、足を曲げ伸ばしするのは足首の関節ですが、これは足の中心よりも後ろにあります。そして、ふくらはぎの筋肉が踵の後ろ側に付着しており、この付着部から足首までは、足首から足の中心までとおよそ同じくらいの距離になります。ふくらはぎの筋肉は足首の後ろにある踵を引っ張り、足首と足の中心のあいだで起きるてこの作用を

を変え、重心は太ももと体幹のあいだの空間のどこかに移動します。背中に載ったバーベルそのものの重心は、バーベルシャフトの真ん中にあります。バーベルとリフターを合わせたシステムとしての重心は、このふたつの間のどこかにあります。バーベルの重量が大きくなるにつれて重心はバーベルに近づいていき、非常に大きな重量になると、バーベルの位置にほぼ重心がくるようになります。ここで

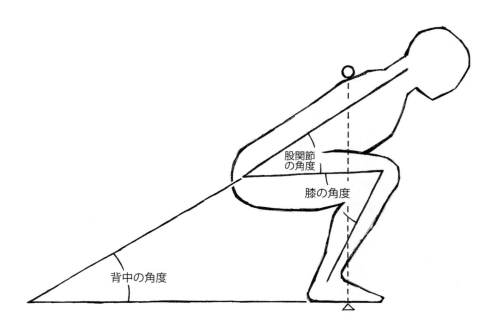

図 2-5　スクワットの分析に用いる角度が 3 つある。股関節の角度は体幹と大腿骨、膝の角度は大腿骨と脛骨、背中の角度は、体幹と地面によって決まる。バーベルは足の中心の真上にありバランスが取れている。

2 | The Squat

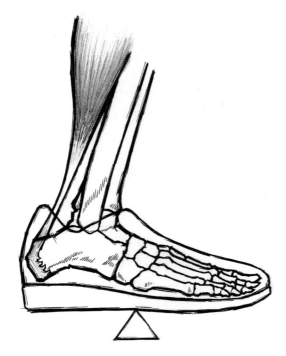

図 2-6　身体は足の中心でバランスを取ろうとする。足首は脚の一番下にある関節だが、運動のつながりの最終地点ではない。下腿、ふくらはぎの筋肉と足の働きによって脛の角度が保たれ、足の裏にまで力が伝えられる。こう捉えることで、地面に対して最も安定性の高い足の中心からバランスを考えることができるようになる。

相殺します（図 2-6 参照）。こうして身体は足の中心でバランスが取れるようにしています。脛を前傾させ、ふくらはぎの筋肉を使うことで、まっすぐ立っているよりも安定性の高いこの姿勢を保っているのです。さらに、腓腹筋、ハムストリング、大腿四頭筋が膝関節に絡み、足首に対する膝の位置を安定させています。股関節では筋肉、腱、靭帯が複雑に絡み合い、本来直立のヒトの身体に荷重をかけた状態でしゃがみ込み、足の中心の上でバランスが取れた姿勢を保つということを可能にしているのです。

バーベルを担いでいない状態で考えてみましょう。まっすぐ立ち上がって、お尻に手をあてながら身体を前に傾けると、足の親指の付け根に体重がかかるのが分かるでしょう。さらに、前のめりに倒れてしまわないように、ふくらはぎの筋肉に力が入って身体を支えようとするのが分かるはずです。逆に身体を後ろに傾けると体重が踵に移動するのが分かります。そして、一定以上身体を傾けると、後ろに倒れてしまわないように腕を身体の前方に出して重心の位置を変えないといけなくなります。私たちの身体は前に向かって動くように進化してきたので、前方にバランスが崩れた場合の方がうまく対処できるようにできています。そして、姿勢を崩すのに最も大きな力が必要なところ、もしくは最も小さな力で同じ姿勢を保つことができるところ

でバランスが取れて落ち着きます。まっすぐ立ち上がったときには重心は足の中心の上にあります。スクワットでしゃがみ込んで立ち上がるときには、重心が足の中心の真上で鉛直に上下移動するとバランスが取れます。ほとんどのバーベル種目は足を地面について立った状態で行うので、この「足の中心でバランスを取る」という考え方はトレーニングでの正しい身体の使い方を考える上で非常に重要になります。

図 2-5 に描かれたバーベルが 140kg だとしましょう。バーベルの位置が足の中心よりも前にあった場合、バーベルの重量は同じ 140kg ですが、このバーベルを担いでスクワットを 1 レップ行うのに必要な労力は大きくなります。足の中心からバーベルがズレた距離の分だけ、てこの作用が不利に働きます。そして、この 140kg のバーベルを担いで行うエキセントリック、コンセントリックの運動はキツくなります。さらに、このバランスの悪い姿勢でバーベルを安定させるために筋肉をアイソメトリック収縮させる負担が大きくのしかかってきます。バーベルを可動域全体で足の中心の真上に保つのが、最も効率的で目指すべきスクワットの形です。バーベルの位置がズレると、てこの作用の影響で余計に力を出さなくてはいけなくなってしまうので、同じ 140kg であっても挙げるのがずっとキツくなるのです。

実際、少しのバランスの乱れでも、てこの作用が強くなりバーベルを挙げられなくなります。例えば、背中のバーベルが足の中心よりも 30cm も前にあったとしたら、それが自分の 1RM の 30% の重量でもぎこちない姿勢になるのは想像できるでしょう。そして、重量が大きくなるほどバランスのズレを許容するのが難しくなっていきます。1RM の重量では許容できるズレが実質ゼロになるのが理解できるでしょう。この考え方は、重量のバランスを取ることが必要なバーベル種目すべてにあてはまります。このことから、バーベルトレーニングにおいての「適切な身体の使い方」とは、バランスが取れる位置の鉛直線上にバーベルを保つ能力だと言うことができます。無理のない理にかなった定義でしょう。このバランスの取れたバーベルと地面の関係を保つ能力は、バーベルトレーニングで鍛えることができ、他の運動方法では鍛えることができないもののひとつです。バランスは人間が身体を動かす上で重要な要素なので、バーベル種目を中心にトレーニングを行うべき理由のひとつと言えます。

図 2-5 では、バーベルを担いで行うスクワットでの身体の動きを分析するための角度も紹介しています。股関節の角度は大腿骨と体幹によって決まります。脊柱は湾曲しているものですが、スクワットではバーベルの重量を支え

るのに正しい姿勢を取ると脊柱はガッチリと固定されるので、「体幹」として捉えて荷重下での力学的な働きを語ることができます。膝の角度は大腿骨と脛骨が作り、太ももと脛の関係を示しています。背中の角度は、体幹と地面です。ここで地面は水平で重力の働く方向に対して垂直だと見なします。

これらの角度は、バーベルの荷重がかかった状態での身体の各部位の関係を示しています。背中の角度は、「立っている」か「前傾している」と表現し、膝と股関節の角度は「開いている」か「閉じている」と表現します。これらの角度は各部位の骨が形成していて、その骨を動かす筋肉によってコントロールされています。バーベルとリフターのシステムのバランスが取れるのは、重心が足の中心の真上にあるときで、バーベルが重くなるほどこの姿勢を正確に維持することが必要になると話しました。バーベルの重量が軽く、バランスがズレた状態で姿勢を維持できる場合であっても、バランスが取れている場合と比べると多くのエネルギーが必要になります。

フロントスクワットでは肩の前にバーベルを担ぎます。図2-8に示すように、この位置にバーベルを担いで足の中心の真上で維持するには、背中の角度は非常に立った状態になります。背中が前傾しているときと比べて股関節の角度はずっと開いており、膝の角度は非常に閉じています。フロントスクワットのボトム位置までしゃがみ込んだ姿勢では、ハムストリングは短くなっています。ハムストリングの近位付着部がある骨盤と、遠位付着部がある膝の距離が、スクワットのボトム姿勢として考えられる中で最も縮まるからです。このときハムストリングは、ほぼ直立した体幹を支えるためにアイソメトリックな働きをしています。ただ、背中が前傾しているときと比べて、この姿勢は股関節にかかるてこ作用が小さくなるので、ずっと楽に維持することができます。しかし、ハムストリングが短くなっていると、そこからさらに収縮して力を出す余地が十分に残っていません。フロントスクワットのボトム位置では、実質的にハムストリングがすでに収縮した状態になり、大臀筋と内転筋群だけで股関節を伸展させるということになります。高重量を使ったフロントスクワットをするとお尻にキツい筋肉痛が出るのは、通常ハムストリングと分担する負荷をすべて引き受ける形になっているからです。

要するに、フロントスクワットではハムストリングが十分に働かないということです。スクワットではハムストリングを使って鍛えたいところですが、フロントスクワットはポステリアルチェーンを鍛えるには非効率だと言わざるを得ません。ハムストリングを最大限に動員して股関節の伸展に貢献させるには、股関節の角度を閉じて、膝の角度を開いたフォームでスクワットをする必要があります。こういうフォームでスクワットをすると、ボトム位置でハムストリングはアイソメトリックに収縮をします。骨盤の近位付着部側で伸ばされ、膝が曲がることで遠位付着部側では短くなるということが起こります。股関節と膝を伸展して立ち上がっていく際には、ハムストリングは骨盤を引っ張る力を保ち、背中が前傾することで大きくなるてこ作用を受け止めるために強く働かなければなりません。背中の角度は股関節の角度を決めるのに大きく影響しており、

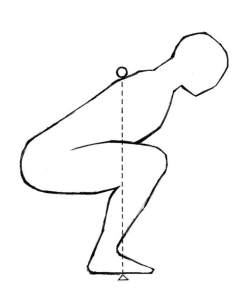 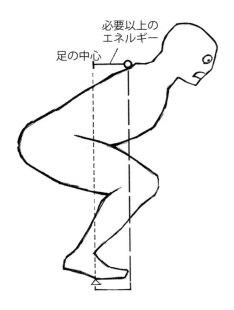

図2-7　バランスが取れていない状態でバーベルを担ぐと、必要以上にエネルギーを使うことになる。

2 | The Squat

ハムストリングを使ってスクワットをすることにもつながっているのです。

背中を前傾させてスクワットをするときも、バーベルを背中に担ぐ位置は足の中心の上に来るようにしなければいけません。そして、バーベルを担ぐ位置が低くなるほど背中を前傾させることができるようになります。つまり、背中でバーベルを安定させられる最も低い位置で担ぎたいということになります。肩甲棘の真下がそれにあたります。肩甲棘とは、肩の裏側に手を回すと触ることのできる肩甲骨のでっぱった部分のことです。ここより低いところではバーベルは安定せず、レップごとにずり落ちてしまいます。

内転筋群が負荷の一部を受け持てば、スクワットで鍛えられる筋肉を増やすことができます。踵を肩幅に開いて、つま先を30°くらい外に向け、足と太ももが同じ角度になるように膝を外に向けた状態で身体を落としていくと内転筋群は伸ばされます。こうすると内転筋群を収縮させて力を出せるようになります。また、膝を外向きに保つ股関節の外旋筋群も動員され、スクワットで鍛えられる筋肉はさらに増えることになります。

本書で「スクワット」と表記しているのは、ロウバースクワットのことですが、これはスクワットスーツやニーラップを使ったパワーリフターのスクワットフォームとは違います。スクワットスーツとは、股関節の屈曲に逆らうように作られた高価で非常にキツいシングレットのことで、しゃがみ込んでいくところで弾性エネルギーを溜め、立ち上がるところで股関節の伸展を補助します。この効果を最大限に利用するために、一部のパワーリフティング選手は足幅を非常に広く取り、できる限り脛を地面に対して垂直に近づけようとします。バーベルをハイバースタイルで担ぎ、肘を下げ、背中をより立たせて視線を上に向ける選手もいます。本書で紹介するスクワットフォームとはかなり違ったスタイルです。足幅を広く取り脛を垂直にすると、膝の角度が開き、股関節の角度は閉じます。これでスクワットスーツを股関節の伸展にうまく利用することができます。ニーラップもスクワットスーツと同じように、しゃがみ込む動作のあいだに弾性エネルギーを溜め膝の屈曲に逆らう目的で使われます。本書で勧めるスクワットフォームでは足幅はずっとせまくなり、膝はもう少し前に出て大腿四頭筋の関与が大きくなります。このフォームでは、スクワットに動員できる筋量を増やし可動域を大きく取ることに主眼をおいて、あらゆる要素が決められています。こうすることで可動域を大きく使ってできるだけ大きな重量を挙げることができ、効率的に身体を鍛えることができます。

スクワット初心者のほとんどはバーベルを担ぐとき、背中の上の方にある僧帽筋に載せようとします。バーベルを載せる場所として、この方が分かりやすく自然に思えるでしょう。このようにバーベルを高い位置に担ぐと、バーベルを足の中心の上に維持するためには背中の角度はより立った状態になります。背中の角度が立つと、股関節を開

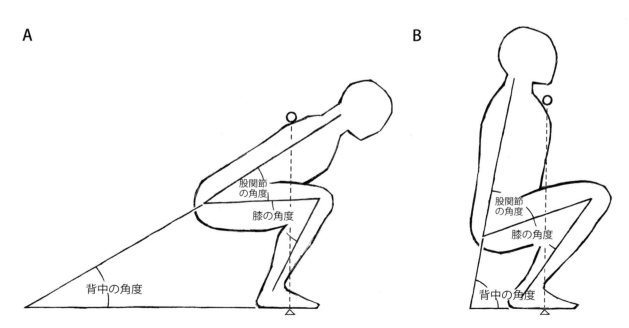

図 2-8 一般的なスクワットのバリエーション
A：ロウバースクワット。本書で推奨するフォームで、本書ではこれを「スクワット」とする。
B：フロントスクワット。クリーンのあとのキャッチから立ち上がる動作であり、オリンピックウェイトリフターに補助種目として使われる。

いたときに膝は前に出て、膝の角度は閉じることになります（図2-8参照）。言いかえると、バーベルを高い位置に担ぐと、バックスクワットでありながら動きがフロントスクワットに近づくということです。フロントスクワットでは、全身のパワーの源であるポステリアルチェーンを効果的に鍛えられないので、全般的な筋力強化には向きません。

ハイバースクワットは、「オリンピックスクワット」と呼ばれるほどで、オリンピックウェイトリフターが何十年にもわたって好んで使ってきたスクワットフォームです。しかし、これはほとんど惰性で慣習に従っているだけのように思えます。というのは、オリンピックリフターもロウバースクワットを行うべき十分な理由があるからです。まず、スクワットはウェイトリフティングの競技種目ではありません。そして、オリンピックリフターはクリーンを直接的に補強するための種目としてフロントスクワットを行います。では、なぜウェイトリフティングの選手がトレーニングの中でロウバースクワットを行うべきなのかというと、ウェイトリフティングは筋力が重要なスポーツであり、スクワットで筋力を伸ばすことができるからです。ウェイトリフティングは技術に大きく影響されますが、それでも勝つのは一番大きな重量を挙げた選手です。ハイバースクワットの方がキツいかもしれませんが、ロウバースクワットの方が多くの筋肉を動員して、より大きな重量を挙げることができるので、結果としてリフターはより大きな重量を扱えるようになるのです。

さらに特異性に基づいた話をするのであれば、やはりロウバースクワットの方がハイバースクワットよりもオリンピックウェイトリフティングの身体の使い方に応用が効くと言えます。バーベルを肩甲棘の真下に担いだロウバースクワットの姿勢は、地面からバーベルを引き挙げるときの姿勢にずっと近いものです。このプル動作の身体の使い方については、本書のデッドリフトとパワークリーンの章で取り上げますが、高重量を引くときには肩甲骨がバーベルの真上に来て、バーベルが膝を十分に越えるところまでその位置関係は変わりません。これはクリーンとスナッチ両方に当てはまることです。スナッチに関しては、オリンピックスクワットとの共通性がクリーンよりさらに小さくなります。僧帽筋にバーベルを載せ、背中の立ったハイバースクワットよりも、比較的背中が前傾したロウバースクワットの方が、この動作パターンの習得につながると言えます。そして、スクワットではスナッチやジャークよりも股関節の位置が低いところまでしゃがみ込むので、可動域を大きく使うことができます。

ロウバースクワットと地面からのプル動作で、背中の角度を一定に保つことは必須条件ですが（デッドリフトの章の背中の角度に関する部分を参照）、それが正しくできれば、これらは非常に近い動作になります。ハイバースクワットとあらゆるプル系種目のあいだにはそこまでの共通性がありません。つまり、ウェイトリフティングに必要な神経の働きに特異的なフォームを使うべきという話をするのなら、ロウバースクワットがそれに当たります。もしスクワットに共通性を求める必要はないとしても、より高重量を扱えるロウバースクワットが理にかなった選択だと言うことができます。

安全性と重要性から見るスクワットの深さ

フルスクワットが安全性においても筋力強化においても推奨の下半身トレーニング種目です。スクワットは、正しく行えば膝を痛めるリスクの最も少ない種目であり、その他のどんな脚のトレーニング種目よりも膝の安定性を高めることができます。正しいスクワットとは深く、股関節が膝蓋骨の上端よりも低い位置までしゃがみ込みます（図2-1参照）。つまり、正しいスクワットは可動域全体を使うということです。

深さの足りないスクワットをまとめて「パーシャルスクワット」と言います。パーシャルスクワットは膝と大腿四頭筋に負荷をかけ、大臀筋、内転筋群、ハムストリングに負荷をかけません。フルスクワットでは、ハムストリング、内転筋群、大臀筋にも負荷がかかります。しゃがみ込むときには、膝は外に、股関節は後ろにそれぞれ押し出され、背中は正しい角度に保たれます。そして、立ち上がるときにヒップドライブを使います。スクワットのボトム位置で股関節は屈曲し、骨盤は体幹とともに前傾します。この深いスクワットの姿勢で、内転筋群（骨盤の内側と大腿骨の内側の複数箇所に付着）、大臀筋、外旋筋群（骨盤と大腿骨の外側に付着）といった複数の筋肉が最大限に伸ばされます。ハムストリング（脛骨と骨盤の坐骨結節に付着）は、しゃがみ込んでいく動作で必ずしも長さを変えることなく、ほぼアイソメトリックな働き方をしています。スクワットのボトム位置に到達すると、ハムストリング、内転筋群、大臀筋、外旋筋群の緊張から軽いリバウンドが生まれます。弾んだように見えるこれが、先に話した伸張反射です。この筋肉の伸張による張力が脛骨を後ろに引っ張り、前面で脛骨粗面に付着する大腿四頭筋が生み出す力とのバランスを取ります。そして、ハムストリングは、大腿四頭筋、内転筋群、大臀筋の助けを得ながら、股関節の伸展という仕事を完遂します。

2 | The Squat

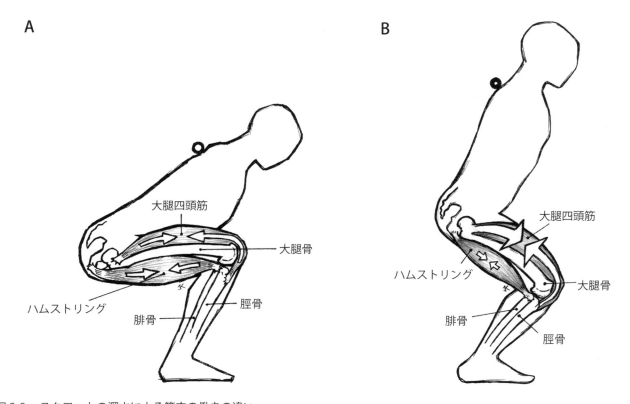

図 2-9　スクワットの深さによる筋肉の働きの違い
A：前面で大腿四頭筋が生み出す力は、背面でハムストリングの生む力と釣り合う。深さが重要。
B：パーシャルスクワットでは、大腿四頭筋ばかりが使われバランスが取れない。

　スクワットを試しにやってもらうと、ほとんどの人が体幹を直立させて背中の角度が立った状態でパーシャルスクワットをしようとするのが典型的です。これは、せん断力を小さくするために背中を直立させなければならないと聞かされてきたからです。せん断力とは回転する部位において、ズレる方向に生じる力です。どういうわけか、椎骨のあいだに生じるせん断力が脊柱を離断してしまうと言うのです。実際にはそんなことは起こり得ませんし、実際に起こったこともありません。しかし、この話を鵜呑みにして背中を痛めないように試みた結果、かえって膝に不必要に大きな負担をかけることになります。ここまでに話したように、背中の角度が立っているとハムストリングに十分に負荷をかけることができません。つまり、身体の前側では大腿四頭筋と脛骨にある付着部が力を出しているのに対し

図 2-10　よくあるスクワットの深さの違い。（A）クォータースクワット、（B）ハーフスクワット、（C）よくパラレルと混同される深さ（太ももの下側が地面と平行）、（D）パラレルスクワット（図 2-1 の条件を参照）、（E）ギリギリまでしゃがみ込む「Ass-to-grass」スクワット。

The Squat

て、裏側でハムストリングがバランスを取るのに必要な力を出せないのです。言いかえると、前に引っ張られている膝と脛骨を、後ろ向きに引っ張ってバランスを取る力が働かないということです。結果的に膝には前向きのせん断力がかかります。実際、パーシャルスクワットはフロントスクワットのように膝を足の中心よりもかなり前に押し出します。本書で推奨するロウバースクワットは膝を前に出さず、主に股関節を使って負荷を動かすので、パーシャルスクワットのフォームとは大きく違います。股関節を後ろに引くほどお尻まわりの筋肉が使われ、膝が前に出るほど大腿四頭筋が使われます。そして、身体の裏側からのサポートがないと膝の前側を中心に力がかかることになります。この間違ったスクワットフォームが原因で膝蓋腱炎になった人がたくさんいます。仮に背中の角度を正したとしても、パーシャルスクワットは可動域全体を使わないのでトレーニング種目として効果を十分に発揮しません。

フルスクワットの身体の動きに従って、ハムストリングは身体の構造的に適切なだけの負荷を受け持ち、その負荷に比例して強くなります。医療の世界では、前十字靭帯断裂とコンディショニングプログラムの関連を考える際に、このことが見落とされがちです。前十字靭帯は膝の安定を保ち、大腿骨に対して脛骨が前にズレるのを防ぐ働きをしています。これまでに話した通り、ハムストリングも同じ働きをしており、ハムストリングが弱いと前十字靭帯損傷の一因となります。ハムストリングはフルスクワットで鍛えることができ、フルスクワットの動作の中でハムストリングが力を出すことで膝を守っています。また、フルスクワットでハムストリングが鍛えられると、その他の運動において前十字靭帯を守ることができます。ロウバースクワットでは膝を後ろに引いた姿勢と、ハムストリングが強く働くことで股関節が負荷の大部分を受け持つことになります。そのため、正しいフォームで行うフルスクワットでは前十字靭帯にはまったくストレスがかからず、前十字靭帯の故障を抱えるアスリートも安全に高重量を扱うことができるのです（図2-11参照）。

パーシャルスクワットのもうひとつの問題として、非常に大きな重量を動かせてしまうことがあります。これは、可動域がせまいことと力学的に効率が高いことが影響しています。クォータースクワットでは、正しい深さのスクワットで扱える3倍以上にもなるような重量を背中に担ぐ場合があり、脊柱に過度の負荷がかかり傷害を招きやすくなります。アメリカンフットボールのコーチはパーシャルスクワットを好み、「自分の指導する17歳のラインマンは全員270kgでスクワットしている」などと見栄を張りたがりますが、目的は筋力を伸ばすことであり、意味のない数字遊びをすることではないのだと覚えておかなければいけません。**パラレル以下の深さでスクワットできない重量なら、背中に担ぐべきではありません。**

正しいフルスクワットには、他のトレーニング種目には決して真似のできない効果があります。マシンなど言うまでもありません。中枢神経系の活動が大きく、身体のバランスと連携が向上し、骨格への加重とそれによる骨密度の向上、筋肉への刺激とそれによる成長、結合組織への負荷とそれによる強化、メンタル面のキツさとタフさ、そし

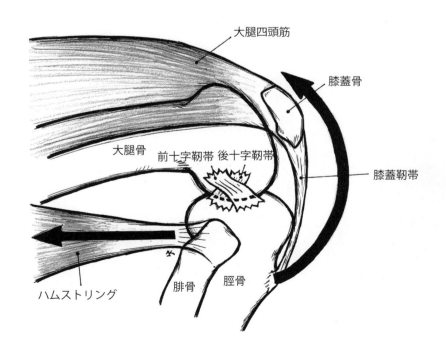

図2-11 スクワットで膝にかかる力の種類。ハムストリングと内転筋群は後ろから脛骨を引っ張る力を出し、大腿四頭筋の腱付着部では脛骨の関節面に前向きの力がかかる。前十字靭帯と後十字靭帯は、大腿骨遠位部の脛骨近位部に対する動きを安定させる働きをしているが、十分な深さまでしゃがみ込み、正しい膝の使い方をすれば、膝の前側と裏側の力が釣り合う。つまり、正しいスクワットでは実質的にこれらの靭帯に負荷はかかっていない。

2 | The Squat

て身体全体のコンディショニングなどが挙げられます。故障でスクワットが行えない場合を除いて、ウェイトトレーニングを行う人はすべて正しいスクワットを覚えるべきです。

スクワットを覚える

大きく2つのステップに分けてスクワットのフォームを覚えていきます。まずは、ボトム位置で起こりがちな問題を克服するのに加重なしで行います。そして、次に負荷を加えて、ボトム位置の姿勢からウェイトを挙げるヒップドライブへとつなげていきます。スクワットの難しいところの大半はボトム位置にあるので、この方法でフォームを覚える過程を効率的にカバーすることができます。

ヒップドライブを生む

まず、足の位置からですが、踵を肩幅に開き、つま先を約30°外に向けます。比較的自然なスタンスです。足幅をあまり広く取ると、しゃがみこんで行く動作の早い段階で内転筋群が限界まで伸張されてしまいます。逆に足幅がせま過ぎると太ももがお腹に当たってしまいます。つまり、足幅が広すぎても、せま過ぎても適切な深さまでしゃがむことができなくなります。ほとんどの場合、肩幅の広い人は腰幅も広く、肩幅のせまい人は腰幅もせまいものです。これまでの経験上、大多数の人がこの足幅でうまくいきます。**つま先の角度については、まっすぐ前に向ける人が少なくありません。場合によっては、自分が自然に感じるよりも意識的につま先を外側に向ける必要があるかもしれません。**自分の足を見て、どういう角度になっているか視覚的に覚えておきましょう。

ここからが、スクワットのフォームを覚える上で最も重要な部分です。バーベルは使わず、正しいスクワットのボトム位置の姿勢を取ります。姿勢の取り方に問題があれば簡単に修正できるように、この段階ではバーベルを使わずに行います。バーベルなしで正しいボトム姿勢を取れるようになると、バーベルを担いで同じ姿勢を取るのは簡単です。足の位置を決め、途中で止まることなくボトム位置まで一気にしゃがみ込みます。柔軟性が不足していたり、つま先を十分に外に向けていなかったりすると、動きの途中で足の位置がズレてしまうことがあります。正しい足の位置が取れていることを確認しましょう。

次に、手のひらを合わせ、肘を膝にあてて外に押し出し

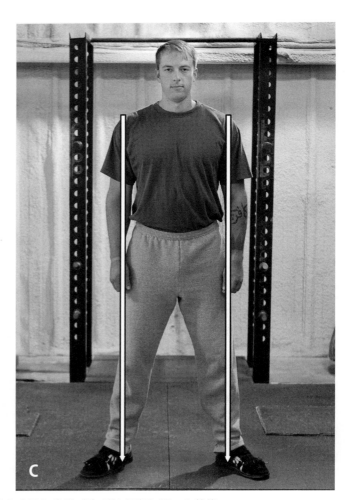

図2-12 （A）足の位置のイラスト （B）スクワットのスタンスを上から見た状態 （C）踵を肩幅に開いた状態

The Squat | 2

図 2-13　肘で膝を押し出して正しいボトム姿勢を作る。足は完全に地面につける。つま先は外を向き、太ももは足と同じ角度に揃える。股関節を後ろに引き、膝はつま先のほんの少し先に出る。背中は約 45°で前傾する。この角度でバーベルを担ぐと、足の中心の真上にバーベルが来るようになる。

ます。これで多くの人は正しいボトム姿勢が作れます。柔軟性が低い人は、この姿勢を数秒維持することがストレッチになります。すでに話したように、**スクワットでは深さが非常に重要で**、今後正しい深さでスクワットをできるようになるために、このボトム姿勢が要になります。

ボトム姿勢を数秒維持して少しストレッチをします。この姿勢を維持しているだけで疲労するようなら、柔軟性が十分でないということかもしれません。立ち上がって数秒休み、もう一度ボトム姿勢に戻りましょう。もう一度ストレッチをして、ボトム姿勢を身体で覚えていくようにしましょう。十分な深さまでしゃがみ込めるかどうかが、スクワットとパーシャルスクワットの違いになるので、正しいスクワットを覚える上でこのボトム姿勢が最も重要な部分です。

ボトム姿勢の細かな部分を確認していきます。足は地面に完全につき、つま先は外に向けます。膝はつま先と同じ方向を向き、つま先よりも少し前に出ます。背中はできるだけまっすぐに伸ばします。完全にまっすぐにすることができない場合は、後々対処します。背中は直立することなく、約 45°の角度で前傾します。自分では直立しているように感じたとしても、直立はしませんし、するべきではありません。視線は自分の 1.2m ～ 1.5m ほど前の地面を見つめます。

このボトム姿勢が作れたら、次は立ち上がります。立ち上がるときには、お尻をまっすぐ上に押し上げます。お尻を前ではなく上に動かすのが重要です。こうすることで、体重がつま先に集中することなく、足の裏全体に体重をかけることができます。お尻に鎖が付いていて、ボトム位置からまっすぐ上に引っ張り上げられるようなイメージを持ってください（図 2-14 参照）。膝を伸ばすことや、足が地面を押すことは考えず、脚そのものさえも意識せずに、ボトム姿勢から股関節を上に押し上げることを考えます。これができれば、あとは自然としかるべき動きになります。

ここで重要なことを確認しておきます。スクワットにおいてヒップドライブとハムストリングを使うことについて話したことを思い出してください。スクワットはレッグプレスではありません。足で地面を押すという意識を持つと、ハムストリング、内転筋群、大臀筋を十分に活動させてボトム位置から立ち上がるパワーを得ることができません。ボトム位置からお尻を押し上げるという意識を持つと、神経系にとってシンプルで効率的な指令になり、ヒップドライブを使うのに適切な運動単位を発火させることができます。

ヒップドライブには視線の方向が影響するので、バーベルを持つ前から動作の一部に取り込んで練習します。天井を見上げると、適切なテクニックを用いてスクワットを行うのに数多くの悪影響を及ぼします。自分の近くにある把

図 2-14　スクワットのヒップドライブを意識する方法

19

2 | The Squat

握しやすい場所から遠くに視点が変わり、ボトム姿勢、ボトムからのヒップドライブ、胸の張り方といったことを正しく実施しにくくなります。また、天井を見上げると、頸椎を極度に過伸展させることになり、その状態ですぐ下にある僧帽筋に重たいバーベルを担ぐというのは本質的に安全ではなく、軽率だと言わざるを得ません。いまだに非常に多くの指導者がそういうアドバイスをしているのが信じられません。バーベルを担いだ状態で、頸椎は過伸展させず身体の構造上自然な姿勢にあるべきです。

見上げることがしばらくでも癖づいてしまうと、矯正するのが非常に難しい問題になります。高校時代のアメリカンフットボールのコーチに「スクワットでは上を見るように」と指導されたリフターは、視線の方向を修正するのに非常に苦労します。視線を下に向ける方が良いということをどれだけ説明してみても、実際に行うのが難しいのは変わりません。身体が一度覚えてしまった動作パターンを行うのは、新しいパターンを覚えるよりも簡単なものです。特に、動作中の意識が他の部分に移ったときには、自然と身体が覚えている動作パターンに戻ってしまうものです。

視線の方向によってどういう変化があるか、自分自身で試してみてください。ボトム位置で膝を開き、つま先を開き、踵をしっかり地面に着けた状態から、あごを引き、自分の1.2m〜1.5mほど前に視点を置きます。そのボトム姿勢からお尻を押し上げて立ち上がり、その感触を確かめてください。次に、天井を見上げながら同じことを行ってください。コーチやトレーニングパートナーがいる人は手伝ってもらいましょう。ボトム姿勢を取ったら、パートナーに腰に手を当てて真下に押してもらいます。前ではなく真下です。自分はその力に対して真上に押し返します。視線を下に向けたとき、自分のヒップドライブの感触や、どの程度のパワーを出せたかの感触を確かめます。次に、上を見ながら同じことを試してください。あごを引き、視線を下げた状態では、「自動的」と言えるほど自然にヒップドライブが使えることに気付くはずです。それに対して、上を見ると、胸、膝、股関節が前に引っ張られます。少し前に引っ張られるだけですが、これがハッキリと違いを生みます。ヒップドライブを使うためには、ハムストリングをはじめとしたポステリアルチェーンの筋群を緊張させておきたいのですが、これらの筋群が緩んでしまうのです。一度これを試してみると、視線を下に向けるべきなのだとすぐに分かるはずです。

視線を地面に向けることで、特定の位置に視点を定めることができます。こうすることで、正しい動作パターンからズレてしまったときに、ズレたことに気付いたり動作を修正したりしやすくなります。天井に視点を置くこともで

図 2-15　腰を押さえつけられることで視線の重要性に気付くことができる。視線を上に向けると、ボトム位置から立ち上がるときにポステリアルチェーンを使えなくなる。

きますが、首の姿勢が安全ではないことに加え、上を向いたときに視点を定める対象物は地面よりも遠くなります。スクワットのボトム位置までしゃがんだときに、地面よりも天井の方が近くに来る部屋というのは想像しにくいでしょう。視点を定めて小さな動きの変化を把握するためには、地面に視線を向ける方が有効なのです。

本書で紹介するスクワットフォームを習得する過程で、ほとんどの人は、他のどの要素よりも、この視線の方向を変えるという部分で苦戦します。上を向いてしまう問題を矯正するには、自分の1.2m〜1.5mほど前の地面の一点に視点を固定します。壁が近くにある場所でトレーニングを行う場合には、壁に視点を置きます。首が適切な角度になる位置を探して、そこに視点を固定しましょう。そして、意識しなくてもできるよう慣れてしまうことです。視線を下に向けると、ほとんどの人は首の角度が変わるほど頭を上げなくなります。あごを引いて胸を張る姿勢を、テニスボールを使って見せるコーチもいます（図 2-16 参照）。

The Squat

問題を減らすことができます。もし、ジムでチョークが提供されていなければ自分で持っていきましょう。もし、ジムがチョークを使うことに難色を示すようなら違うジムに移りましょう。

スクワットはスクワットラックかパワーラックを使って行います。これはどちらでも構いません。まず、バーベルが胸骨の真ん中付近に来るようにラックの高さを調節しましょう。これを低すぎると感じる人が少なくありませんが、バーベルの位置が高くなると、高重量のバーベルをラックから外したり戻したりするときにつま先立ちにならないといけなくなります。バーベルの位置が高すぎるよりは低すぎる方が良いのです。パワーラックの外側のフックにバーベルがセットされている状態では、バーベルの径が視覚に影響して低く見えがちです。バーベルがパワーラックの内側にあるときには、同じ高さでも違和感なく見えるものです。また、バーベルを担ぐのは僧帽筋の上ではなく、それより低い位置になることを忘れてはいけません。ラックにバーベルをセットする位置は高すぎるよりは低すぎる方が良いのですが、ほとんどの人は実際よりも自分の身長を高く認識していて、バーベルを高すぎる位置にセットしがちです。また、ロウバースクワットの姿勢を取るのに、はじめは肩の柔軟性が十分でない場合がありますが、2週間程度で改善してくるはずです。

バーベルに向き合います。このときはどんな人でもバーベルシャフトのみです。例外はありません。これから先、長く待たなくても重量を上げていく機会はたくさん出てきます。バーベルを左右対称に握ります。バーベルシャフトには、この目的のためにマークが付いています。スタンダードなパワーリフティング用のシャフトは、外側のローレットのあいだに40cm〜43cm程度の間隔があり、81cmの間隔でマークが付いています。このマークは1/8インチ幅

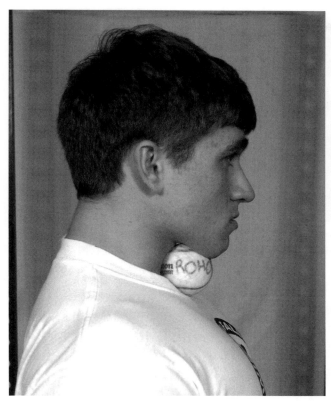

図2-16　あごを引いた首の姿勢はテニスボールを使って確認できる。

バーベルを担ぐ

いよいよバーベルを担いでスクワットをします。ここまでにボトム姿勢の確認をしたので、次はバーベルを担いで同じ姿勢を取るだけです。

まず、手にチョークをつけましょう。チョークは手を乾燥させるために使うものです。皮膚は湿気のある状態よりも乾いた状態の方が、バーベルでシワをはさんだり、こすれて擦り傷になったりしにくく、手のひらにマメができる

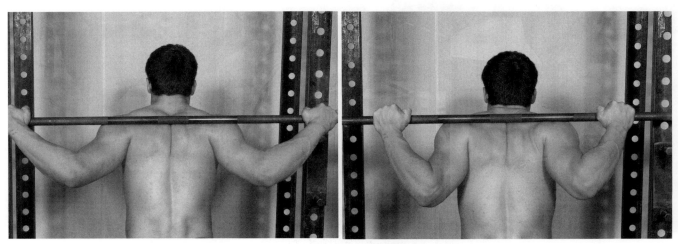

図2-17　手幅の比較。上背部の筋肉の引き締まり方とバーベルの安定具合の違いが見える。

2 | The Squat

図2-18 バーベルを握るときの手首の使い方。(A)バーベルの上に手があるのが、スクワットでの正しい握り方。こうすることでバーベルの重量はすべて背中に載る。(B)握り方を間違えると、重量の一部が手首と肘にかかる。親指はバーベルの上に置く。写真では手は81cmのラインの内側のローレット上にある。

のラインでローレットを区切り、ベンチプレス競技のルールで定められたグリップ幅を示しています。スクワットでの手幅は肩幅と柔軟性によって変わりますが、一般的にこの81cmのマークの内側に両手が収まることが多いです。柔軟性が必要ですが、手幅をせまくして肘を後ろに上げると、肩の後ろ側の筋肉を使ってバーベルを安定させやすくなります。手幅を広げると、柔軟性の低い人でも痛みなくバーベルを担げるようになります。どちらの場合でも、手幅をせまくしていくと肩の筋肉が引き締まり、バーベルが背中に食い込まなくなります。

親指はバーベルの上に置きます。こうすることで、手首と前腕を一直線に保つことができます。肘は上げます。こうすると、手と背中でバーベルをはさんで固定することができます。胸と肩に十分な柔軟性がなく、この姿勢を取る

ことができない場合、ストレッチで柔軟性向上に努めましょう。この姿勢を取れるだけ柔軟性が改善するまではハイバーポジションを使いましょう。いまの段階で柔軟性に問題のない人は、手首をまっすぐにできる手幅でバーベルを握り、セットごとに少しずつ手幅をせまくしていきましょう。バーベルをしっかり安定させられるところまで手幅をせまくしたら、それを自分のグリップとしましょう。

手と親指がバーベルの上にある状態でグリップを決めたら、バーベルの下に頭をくぐらせ、バーベルを背中に担ぐ姿勢に入ります。肩甲骨の上部を触ると、肩甲棘という骨のでっぱりがあります。肩甲棘のすぐ下にバーベルが来るのが正しい担ぎ方です。バーベルの位置が決まったら、胸を張って肘を上げることで安定させます（図2-20参照）。このとき、僧帽筋と三角筋後部のあいだに、バーベルを載

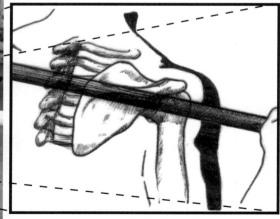

図2-19 肩甲骨まわりでのバーベルの位置。肩甲棘のすぐ下にバーベルを担ぐ。

図 2-20　肘を上げて胸を張る姿勢。背中と胸を安定させ、三角筋後部の上にバーベルを載せる「台座」ができる。バーベルは手と背中のあいだにはさまれる形で安定する。

せる台座ができるような感覚があるはずです。このバーベルを担ぐ姿勢では、背中の筋肉が引き締められ、胸を張ることになります。そして、胸椎は伸展されまっすぐな状態になり、背中が丸まることで出る問題の多くを防ぐことができます。この方法で非常に大きな重量まで安全に扱うことができます。この担ぎ方を初めて試す人は、ほとんどの場合、バーベルの位置が高くなりすぎてしまいます。肩甲棘のすぐ下ではなく、すぐ上にバーベルを担いでしまうよ

うなことが起こりがちです。正しい位置にバーベルが担げていることを確認しましょう。

　バーベルを担いだら、ラックからバーベルを外します。**このときに非常に重要なのが、必ず後ろ向きにステップを踏んでラックからバーベルを外すということです。後ろ向きにステップを踏んでラックにバーベルを戻すということは絶対に行わないようにしましょう。絶対です。**セットの終わりにバーベルを担いだ状態で、後ろ向きに歩いてバー

図 2-21　ラックからバーベルを持ち上げる姿勢。

2 | The Squat

ベルをラックに戻すという状況は絶対に避けるべきです。バーベルを載せるフックが見えず、安全に行うことができません。補助をしてくれる人がいたとしても、いずれ事故につながります。自分のトレーニングでも、指導者の立場でも、こんなことをしているのは愚か者です。

バーベルをラックから外すときには、フルスクワットを行うときと同じ姿勢で行います。体幹と肩まわりの筋肉を引き締め、胸を張り、肘を上げ、頭を下に向けて、両足をバーベルの下に置きます。スクワットで立ち上がるときのように、膝と股関節を伸ばしてバーベルをフックから持ち上げます。この手順で、どんな重量でも安全にラックから外すことができます。この手順を正しく行わないと多くの問題につながります。背中と胸を固めていない状態でバーベルをラックから外し、スクワットを行う直前になって身体を引き締めようとする人が非常に多くいます。こういう手順で行うと、ゆるんだ状態の背中の筋肉にバーベルが食い込み、骨でバーベルを受け止めるような形になります。このように荷重のかかった状態から身体を引き締めようとするよりも、筋肉を引き締めた状態からバーベルの重量を受け止める方が効果的であるのは明らかです。

バーベルをラックから外すときに、ランジのように片足を後ろに引いて、片足をバーベルの下に置く人がいます。これも悪いクセです。重量が軽いときには、この方法でもバーベルをラックから外すことはできてしまいますが、重量が大きくなると左右の股関節に不均等に負荷がかかり、腰を痛めることにつながります。バーベルをラックから外すときには、スクワットを行うときとまったく同じように行いましょう。軽い重量からこれを徹底しておくと、重量が大きくなったときにも問題なく対応できます。

バーベルをラックから持ち上げたら、スクワットを行う姿勢に入るまでに何歩も歩く必要はありません。バーベルを担いで散歩に行くわけではないのです。バーベルが高重量の場合や、補助についてくれる人がいない場合、バーベルをラックに戻すのがキツい場合などには、何歩も歩くことが問題につながります。正しいフォームでラックから1歩下がるだけで、ラックに干渉することはなくなり、補助者も補助の仕事を行うことができ、バーベルをラックに戻す際のトラブルを最小限に抑えることができます。

バーベルをラックから外したら、足の位置を決めます。踵は肩幅程度に開き、つま先は約30°外に向け、バーベル無しで練習した足の位置を再現します。このとき、ほとんどの人がつま先を十分に開かない傾向があります。バーベル無しで練習した同じ足の位置を再現するようにしましょう。

ここまでで、ウェイトプレート無しのバーベルシャフトのみでスクワットを行う準備が整いました。まだ、バーベルシャフトのみです。スクワットを始める前の準備はすべて行い、正しいボトム姿勢は頭の中に新鮮なイメージができているはずです。バーベルをラックから外し、足の位置を決め、スクワットの正しいスタート姿勢に入りました。

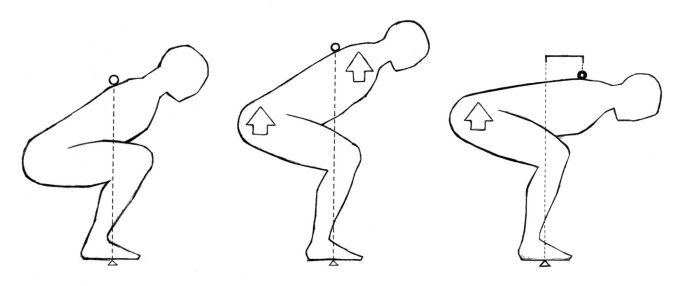

図2-22　股関節を正しく使うには、ボトム位置から立ち上がるときの背中の角度が非常に重要になる。バーベルを肩甲棘のすぐ下に担ぎ、バーベルが足の中心の真上にあり、背中は腰椎と胸椎を伸展させた状態で固定され、膝はつま先と同じ角度で外を向き、適切な深さまでしゃがみ込む。これらの条件を満たしたとき、背中は正しい角度になる。前のめりになるとバーベルが足の中心よりも前に出てしまう。

The Squat | 2

スクワットの動作は、基本的にバーベル無しで練習をした
ときと同じです。ただし、2点だけ違いがあります。ひと
つ目は、膝の使い方です。バーベル無しで練習をしたとき
には、ボトム位置で肘を使って膝を外に押し出しました。
バーベルを担ぐと肘を使えないので、頭で意識して膝を外
に出す必要があります。ふたつ目は、ボトム位置です。バー
ベル無しで練習をしたときには、ボトム位置で止まりまし
たが、今回はボトム位置までしゃがみ込んだら止まらずに
すぐ立ち上がりましょう。練習と同じように、ボトム位置
から腰をまっすぐ上に押し上げて立ち上がります。では、
本番です。大きく空気を吸って、息を止め、地面を見て自
分の1.2m〜1.5mほど前に視点を定め、しゃがみましょう。

バーベル無しで練習したときと同じように、しゃがみ込
んだボトム位置ではバランスが取れていることが重要で
す。足の中心の真上に重心が来てバランスが取れるように
しましょう。

地面に視点を定めることで、スクワットにおいてしゃが
み込んで立ち上がる一連の動作を通して姿勢を保ちやすく
なるはずです。うまくバランスを取れない場合、背中の角
度が立ち過ぎているのが原因であることが多いです。腰を
後ろに引いて背中を十分に前傾させることができているか
確認しましょう。ほとんどの人が思い描くスクワットの姿
勢は、背中の角度が立っているものです。しかし、目指し
ているのは背中の角度が立った状態ではありません。腰を
後ろに引いて、背中を前傾させ、膝を外に押し出しましょ
う。

誰かに頼んで、深くしゃがみ込めているか確認してもら
いましょう。ここから先は、フルスクワットに満たない深
さを許してはいけません。公平な目で評価をしてくれる人
から、しゃがみが浅いと言われた場合、足幅がせま過ぎな
いか確認しましょう。広すぎても良くありません。つま先
がしっかり外側を向いているか、膝が同じ角度で外を向い
ているかも確認しましょう。あわせて、スクワットの動作
中に視線がどこを向いているか確認してもらい、下を向く
ように毎レップ指示を出してもらいましょう。フォームに
問題がないという手応えがそれなりにある場合、5レップ
×1セット行ってバーベルをラックに戻しましょう。十
分に深くしゃがめない以外はフォームに問題がないという
こともあります。この場合、膝を外に出してスクワットを
行っていれば、スクワット自体がストレッチとして機能し
ます。ほとんどの場合、十分に深くしゃがめないのは膝を
外に出せていないことが原因です。スクワットを覚える初
心者の段階でも、それ以降の段階であっても、スクワット
がうまくいかない人は、ほとんどの場合で膝を外に出せて
いません。もし、フォームが非常に悪ければ、バーベルを

ラックに置いてバーベル無しでの練習に戻り、膝を外に出
すことに注力してください。

バーベルをラックに戻します。ラックの直立した支柱に
バーベルが当たるまで前に歩くのが確実で安全な方法で
す。バーベルを載せるフックではなく、支柱にバーベルを
当てるのです。支柱を目標にすると必ずバーベルを当てる
ことができます。そして、バーベルが支柱に当たると、バー
ベルの下に必ずフックがあります。フックを目指してバー
ベルを直接置きにいこうとすると、バーベルをうまく載せ
られない場面が必ず出てきます。そうすると大事故です。

1セット目を終えた後は、一般的には、さらに5レップ
のセットを2〜3セット行ってフォームをしっかり確認
します。それからウェイトプレートを付けて5レップ×1
セット行います。その後は、これ以上重量を増やすとフォー
ムを保てないというところまで段階的に重量を増やしてい
きます。1セットあたり5レップというのは、フォームを
覚えるのに良い設定です。反復回数が多過ぎてセット後半
に疲労でフォームが乱れるという問題がありません。それ
でいて、身体の使い方を確認して練習できるだけの反復回
数があります。そして、その反復練習を、筋力を伸ばすの
に必要なだけの重量を使って行える回数設定です。どの程
度の幅で重量を増やすのが良いかは、トレーニーによって
個人差があります。運動不足で身体が小さい若者の場合に
は、5kg〜7.5kg刻みくらいが適切ですが、身体が強い大
人のトレーニーでは、10kg〜15kg刻みで重量を増やし
ても大丈夫です。自分にとってどの程度の増やし幅が適切
かを決めてください。ほとんどの人は重量の増やし幅を大
きくし過ぎる傾向があります。初めてのトレーニングでは、
自分に合った増やし幅を控え目に見積もりましょう。正し
い深さまでしゃがみ込み、正しいフォームを練習しながら
徐々に重量を増やしていきます。もう一段階重量を増やし
たらフォームを維持できなくなると感じるところまで重量
を増やします。その重量に到達したら、それ以上重量を増
やさず、その重量でもう2セット行います。つまり、フォー
ムを維持して行える最も大きな重量で3セット行うとい
うことです。これが初めてスクワットを行う日のトレーニ
ングです。

よくある間違い

ここまでに紹介したスクワットのフォームにおいて重要
な項目に関して、よくある間違いをまとめます。

スクワットの深さ…スクワットの深さがパラレルよりも浅
くなる間違いです。視線が下を向いていなかったり、膝が

25

2 | The Squat

図 2-23　正しいスクワット

外を向いていなかったり、足幅がせま過ぎたり広すぎたり、深さの意識が甘かったりすることが原因として挙げられます。

膝の使い方…膝を外に押し出さずにしゃがみ始めてしまう間違いです。その結果、正しい深さまでしゃがみ込むのが難しくなり、ヒップドライブを使えなくなってしまいます。

スタンス…足幅がせま過ぎたり広すぎたり、つま先の角度が前を向き過ぎてしまう間違いです。その結果、パラレルより深いところまでしゃがみ込めないことになります。

視線…顔を下に向けない間違いです。その結果、ヒップドライブを使えなくなってしまいます。

背中の角度…背中の角度が立ち過ぎてしまう間違いです。スクワットでの股関節の働きや、バーベルを担ぐ位置を正しく理解していないことから、間違ったスクワットの姿勢を思い浮かべていることが原因に挙げられます。逆に、背中が前傾し過ぎてしまう間違いもあります。これは胸を張れていないと起こります。背中が立ち過ぎても前傾し過ぎても、ヒップドライブやしゃがみ込める深さに悪影響が出ます。

バーベルを担ぐ位置…バーベルを背中に担ぐ位置が高くなり過ぎてしまう間違いです。背中の角度とヒップドライブに悪影響が出ます。

ラックの高さ…バーベルを載せるフックの位置が高すぎる間違いです。バーベルを背中の正しい位置に担ぐのが難しくなります。

こうやって見ると、ここに挙げたよくある間違いは、密接につながり合っていることに気付くと思います。スクワットは複数の関節が関与する複雑な運動で、正しく実施するには、全身のすべての要素が協調しながら機能することが必要になります。どれかひとつでも正しく機能していない要素があると、それが全身の動きに悪影響を及ぼします。身体の各部位が全身に与える影響や、全身の動きを理解するためには、身体の動きやその働きについて、実践的な知識を持っていることが重要になります。

てこの原理とモーメント
（バーベルトレーニングの根底にあるもの）

　バーベルトレーニングについて、世の中にはいろんな人のいろんな意見が存在します。本書で紹介するバーベルトレーニングのシステムが、ただの「意見の寄せ集め」以上のものであるためには、筆者の見解、バーベルトレーニングの歴史、これまで高いレベルでトレーニングを行ってきた人たちの慣行といったもの以上に礎となるものに根ざしていなければなりません。人の歴史を振り返ると、なんらかの結果は出ていても効率的とは言えない行動にあふれています。個人の見解は自覚しているかに関わらず偏りが出てしまうものです。なにかを高いレベルで実践している人も、なぜ自分が高いレベルにあるのかをよく理解していないことは多くあります。こういう人はその理由を理解すればさらに高いレベルに到達できるかもしれません。星占いよりも工学、誕生日パーティーよりも物理学といったものに共通点を見出した方が、バーベルトレーニングは効率的に行えるでしょうし、言い伝えよりも力学に根ざした方が効果的に指導できるでしょう。

　バーベルトレーニングで行われる運動を正確に分析するためには、リフターとバーベルに作用する力を理解することが不可欠です。バーベルトレーニングで行われるスクワット、ベンチプレス、デッドリフト、プレス、パワークリーンといったトレーニング種目は複雑な運動です。しかし、ヒトの身体が外的要因に対応しながら、筋肉の収縮で生まれた力を骨格の運動に変えていく仕組みを考えると、これらのトレーニング種目は複雑ではあるものの荷重下でのヒトの身体の動きとして実はとても自然だと言えます。ただし、これらの自然な身体の動きがトレーニング種目として効果的かつ効率的に機能するためには、できるだけ可動域を大きく使って、できるだけ多くの筋肉を動員し、できるだけ大きな重量を挙げるように工夫をしなければなりません。そうすることで、最も効果的な筋力の適応を引き出すことができるのです。

　これらの運動では、筋肉が収縮して生み出す力が骨格を通してバーベルに伝えられ、それぞれの動作パターンで大きな負荷を扱えるようになっていく過程で身体の適応が起こります。それぞれのトレーニング種目において、バーベ

図 2-24　こんなことをしてはいけない。愚か者。

2 | The Squat

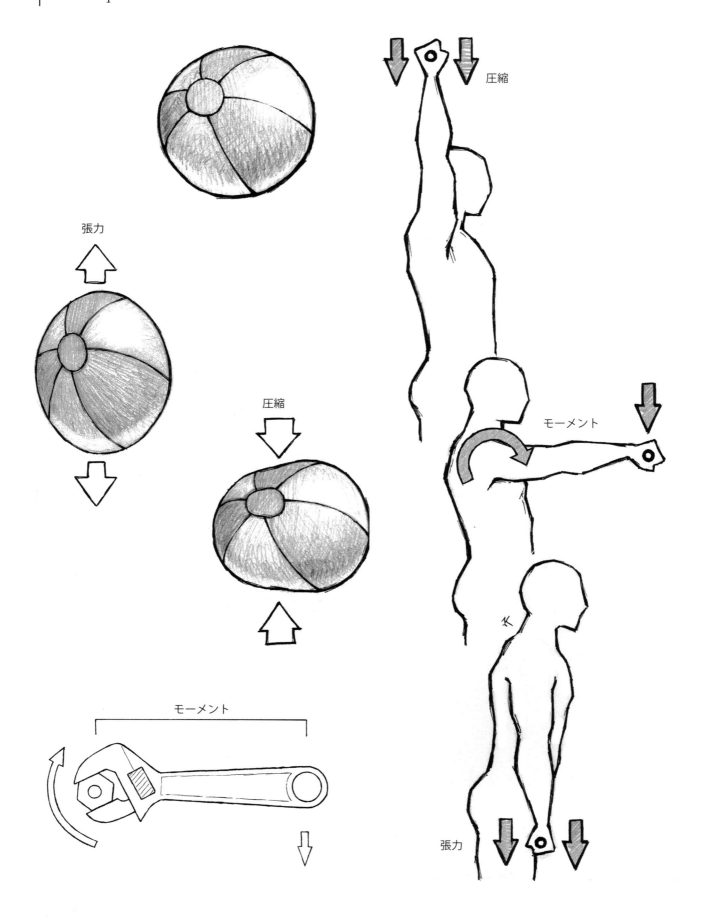

図 2-25　バーベルとリフターのシステムにかかる重力は、張力、圧縮、モーメントとして表出する。

図 2-26　バーベルによって上半身に働く圧縮、モーメント、張力

ルの負荷に対して身体をどう動かすのが良いかという理解に基づいた詳細な描写をすると、各種目の「モデル」とも呼べるものができます。

このモデルは、物理的なシステムの中で生じる動きを支配する原則に基づいたものでなければなりません。それぞれのモデルを理解すると、それぞれの運動を実施するのも指導するのも明確で論理的になり理解がしやすくなります。古典力学は、力が物体の動きに与える影響を研究する学問です。もちろん、古典力学について深く論ずることが本書の趣旨ではありませんが、本書で紹介するバーベルトレーニング種目の正確なモデルを構築するためには、古典力学にある概念について基礎的な理解を持っていることが不可欠になります。バーベルを挙げるとき、私たちの筋肉は重力の枠組みの中で骨格を動かし、てこのシステムとして機能します。そして、このてこのシステムは力学の法則に支配されているので、バーベルトレーニングを分析し、最適な方法を考えるためには、古典力学の概念を理解していることが必要になるのです。

まず、最も基本的なことから確認していきましょう。先に述べたように、バーベルに重量を与えるのは地球の質量によってもたらされる重力です。そして、本書の目的において、地球は完全な球体だと考えます。すべての物体は、動きを阻害されることがなければ地球の表面に向かって垂直に落下します。地球の表面に平行であることを水平と表現します。なにか物を落とすと、その物体は水平に対して垂直に落下し、これを鉛直と表現します。つまり、バーベルの重量によって生み出される力は、絶えず鉛直に下に向かって働くことになります。そして、このバーベルの力に逆らう唯一の方法は鉛直上向きの力になります。トレーニングの動作の中では、バーベルに水平方向の力がかかる場合もありますが、水平方向の力が鉛直方向の動きを生むことはありません。つまり、スクワット、プル、プレスといった動きの中で、重力に逆らってバーベルを挙げるという意味では、鉛直方向の力が仕事をするということになります。これは、重力の枠組みの中でバーベルを動かす際には、鉛直線が最も効率の高い軌道だということです。この軌道が2点間を最短距離で結ぶだけでなく、鉛直以外の方向の力は重力に逆らう仕事をしないからです（図 2-3 参照）。

重力がバーベルとリフターのシステムに与える影響は、張力、圧縮、モーメントという3種類の主要な力として表現されます。

張力は物体に伝えられると、その物体を引き伸ばそうとする力です。例として、チンアップバーからぶら下がったときの人の身体が挙げられます。実際にその物体が引き伸ばされるかは、それが変形し得る物体によります。一般

的なジムの環境下にあるすべての物体が変形し得るわけではありません。

圧縮は物体を短くしようとする力です。やはり、実際に短くなるかは、それが変形し得る物体かによります。圧縮は張力の逆の力であり、スクワットでバーベルを担いだリフターの身体が例に挙げられます。

張力と圧縮は重力によってもたらされ、重力のかかる軸と平行に働くことから軸力と表現されます。

モーメントは、なんらかの軸を中心にして回転を生もうとする力です。例としては、ボルトを回すときにレンチの柄を通してボルトに伝えられる力が挙げられます。モーメントは、曲げようとする力や、てこの作用と考えることもできます。

スクワットでバーベルを担いだときや、プレスでバーベルを頭の上に押し上げた姿勢でかかる力は圧縮です。デッドリフトやクリーンでバーベルを持ち上げるときに、腕にかかる力は張力です。圧縮を伝えるのは骨で、張力を伝えるのは筋肉と結合組織です。そして、モーメントは結合組織と骨が共に伝えます。頭の上でバーベルを支えている姿勢から、デッドリフトのハングポジションまで弧を描くようにバーベルを下ろすような場合には（図 2-26 参照）、3種類すべての力が働きます。まず、バーベルが頭の上にあるときには圧縮、腕を動かしてバーベルが弧を描くときにはモーメント、腕を下ろしてバーベルが脚に載った位置では張力という順序になります。

回転の軸になる点から力が加えられる点までの距離を、90°の角度で測った長さをモーメントアームと呼びます。レンチに例えると、回転の軸になる点とはボルトにあたります。ボルトを回すための力が加えられる点は、手でレンチの柄を握る位置になります。そして、手でかける力の方向に対して 90°の角度で、この2点の距離を測った長さがモーメントアームということになります。モーメントは、レンチの柄のように堅い棒状のものを通じて、回転軸にかかる力です。この回転軸はてこの支点とも言えます。モーメントアームは、てこによって生み出されるモーメントの大きさを求めるために使われます。モーメントの大きさは、レンチの柄に手でかける力の大きさに、モーメントアームの長さをかけたものになります。こういうシステムでは、レンチの柄のように堅い棒状のものの片側で力がかかり、もう一方ではボルトのように軸にあたるものを回転させようとする力が働き、ボルトはその力に抵抗するということが起こります。そして、レンチの柄には2方向への力がかかることになります。（このことから、張力と圧縮は軸力であるのに対して、モーメントはせん断力と言われます。）こういうシステムはモーメントアームの長さの範囲内で働

2 | The Squat

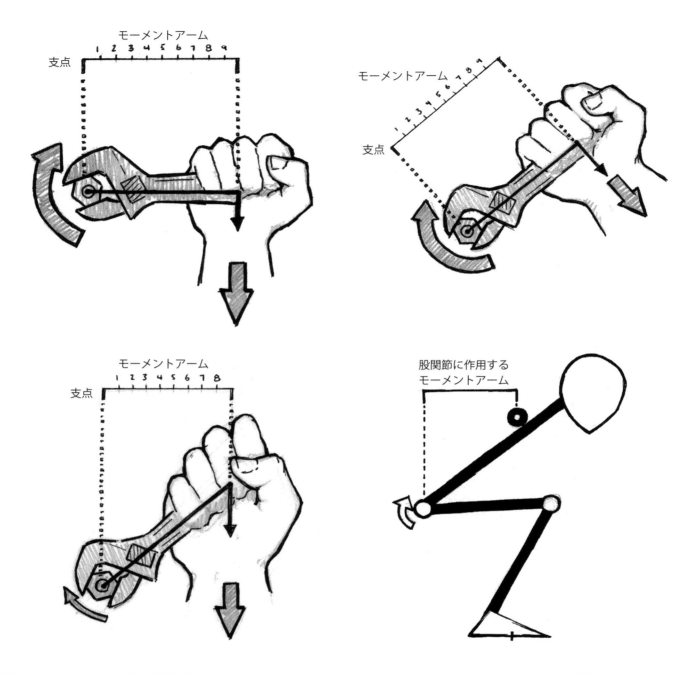

図2-27　レンチのように堅い棒状のものに力をかける。この力のかかる方向に対して90°の角度で回転軸までの距離を測ったときの長さをモーメントアームという。バーベルトレーニングに関わる力は重力によってもたらされ、重力は絶えず鉛直下向きに働く。

くので、レンチの柄にかかる力が同じ場合、モーメントアームが長くなるほど、回転させようとする力は大きくなります。

　レンチの柄に対して垂直に引っ張ると、最も効率的に力をかけることができます。レンチという物を使ったことのある人なら、直感的にすぐに分かることです。力のかけやすい角度でレンチを引っ張れるように、レンチのあごのボルトの頭へのかけ方を調整するものです。そのためにボルトの頭は六角にデザインされているのです。このときに、レンチがボルトにどういう角度でかかっているかは関係ありません。レンチの柄に対して、引っ張る力の方向が90°からズレると、かけた力のいくらかはレンチの柄に対して、張力や圧縮の働きをします。レンチの柄を引っ張る力がすべてボルトを回す力として働くのは、レンチの柄に90°で力をかけた場合に限られます。90°で力をかけるのが最も効率的であり、角度がズレる場合には、力の方向に対して90°の角度でモーメントアームを測るということになります（図2-27参照）。

The Squat | 2

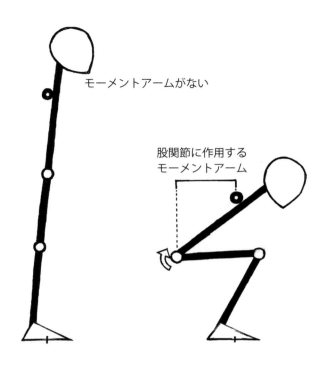

図2-28 スクワットで生まれる背中のモーメントアーム

ボルトを回す力の大きさは、モーメントアーム（レンチがボルトにかかった部分からレンチを手で握る部分までの距離を、手でレンチを引く方向に対して90°の角度で測った長さ）と、レンチにかけられた力の大きさ（どれだけ強くレンチを引っ張るか）によって変わります。つまり、ボルトを回す力を大きくするには、レンチを強く引くか、レンチの柄を長くするという方法があります。長いレンチに交換したり、安く買える金属製のパイプをレンチにかぶせるような方法が考えられます。

バーベルトレーニングでは、バーベルに重力がかかることで力が生まれます。そして、身体の各関節とバーベルのあいだに水平方向の距離があるときに、それがバーベルの力が作用するモーメントアームとなります。スクワットでは、膝と股関節が曲がり始め、先に紹介したように背中、太もも、脛の角度が生じると、同時にこれらの部位の終端とバーベルのあいだにモーメントアームが生まれます。ここでは、これらの部位や、足の中心で身体のバランスが取れる点に対するバーベルの位置関係が影響します。ここで手の代わりに引っ張る力を出しているのは重力で、重力は絶えずまっすぐ下向きに働きます。つまり、バーベルを真下に向かって引っ張っているということです。そこで、身体の各部位に生じるモーメントアームは、バーベルにかかる力の方向に対して垂直に測ることができます。

これは、スクワットで生まれる背中のモーメントアームの長さは、絶えず股関節とバーベル間の水平距離ということになります。

太ももに関しては、重力の力がかかる線が太ももを二分する形になるので、モーメントアームは、股関節側と膝側に分けて考えます。そして、バーベルと股関節、バーベルと膝のあいだの水平距離がモーメントアームになります。股関節のモーメントアームは主に股関節の伸展筋群の働きに関連し、膝のモーメントアームは主に膝の伸展筋群の働きに関連します。脛に関しても同じように、バーベルと膝の距離、バーベルと足首の距離をモーメントアームと捉えることができます。

バーベルと股関節のあいだのモーメントアームは、バーベルを担ぐ位置と背中を前傾させる角度によって変わります。本書で推奨するロウバーポジションにバーベルがある場合、高い位置でバーベルを担ぐ場合よりも股関節とバーベルの距離は短くなります。しかし、バランスを取るためには足の中心の上にバーベルが維持されていないといけないので、ロウバーポジションでバーベルを担ぐと背中の前傾を大きくすることが必要になります。ハイバースクワットでは、股関節とバーベルの距離は長くなりますが、背中の角度を立たせることでバランスを取ることになります。

バーベルから股関節までの水平距離によって決まるモーメントアームの長さは、ハイバーポジションとロウバーポジションにおいて違いが出ない可能性は十分に考えられます。しかし、本書でロウバースクワットを勧めるのは、背中にかかるモーメントを減少させるためではありません。**ロウバースクワットでは、背中の角度が前傾し、股関節の角度が閉じて、膝の角度が開きます。股関節をより後ろに引くことになり、足の中心のバランスが取れる点からの距離が遠くなります。こういうフォームでは、膝が前に出てバーベルと股関節の距離が近くなるフォームと比べて、この姿勢を保ったり、ボトム位置から立ち上がったりするために、ハムストリング、大臀筋、内転筋群がより強く働く必要があります。**こういう身体の使い方をすることで、バーベルを動かすのに動員できる筋量が多くなり、より大きな重量を挙げることができるようになります。

さらに、バーベルとリフターのシステムに作用するモーメントについて、別の視点から考えてみましょう。モーメントアームは一方に力のかかる点、もう一方に回転軸があり、この2点のあいだにある部位が力を伝えます。足の中心でバランスが取れる点に対するバーベルの位置関係を考えてみましょう。バーベルは足の中心の真上にあることが理想ですが、そこから水平方向の力を加えてバーベルが前か後ろに動き、足の中心が回転軸になると、バーベルとリフターのシステム全体に対して回転する力がかかること

31

2 | The Squat

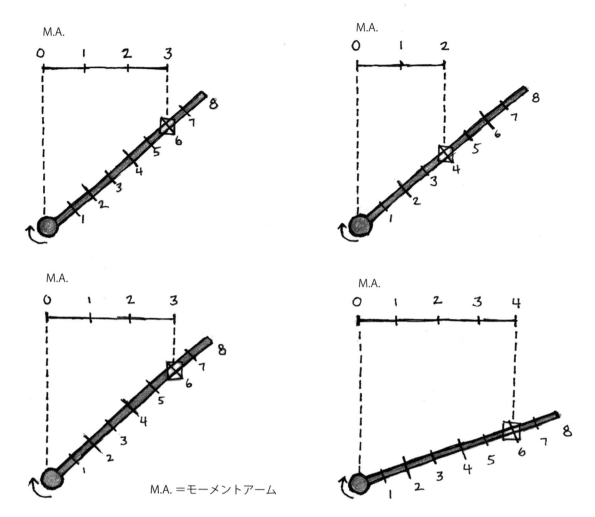

図 2-29　モーメントアームは、対象となる身体の部位の長さと角度によって変わる。角度が一定で部位の長さが変わる場合（図上）や、部位の長さが一定で角度が変わる場合（図下）、モーメントアームは変化する。

になります。こういう水平方向の力がかかると、バーベルと足の中心のあいだを縦に走るモーメントアームをつくり出すことになります。

　厳密に言うと、足の裏、もしくは靴底は平らな面であり、地面という平らな面に接しているので、地面に最も近いところで回転し得る部位は足首だと考えることもできます。しかし、足首はふくらはぎの筋肉によって固定されていること、バーベルや身体が前後に動くときには、荷重が足の中心に対して前後に動くこと、バーベルの重量と移動距離が大きくなるほど影響が大きくなることから、このシステムは足の中心を回転軸としたモーメントアームであるかのような挙動をします。このシステムは足の中心よりも前に出たときに、このてこの作用が起こり、バーベルを持ち上げるのに必要な力がかなり大きくなってしまう可能性をはらんでいます。

　バランスを失うのは、動きが前にズレる場合が多いで

す。これは、足の中心でバランスが取れる位置よりも後ろに足首があること、膝は前に向かって曲がること、視線は前を向いていることといったヒトの身体の構造によるものです。まともなトレーニングの経験が少しでもあれば、バーベルを背中に担いだ状態で後ろに動くというのが不自然に感じられるものです。スクワットやデッドリフトのボトム位置では、身体の半分以上がバーベルの後ろ側にきます。このことから、足の中心のバランスが取れる位置から同じだけ前か後ろに動いた場合、バーベルとリフターのシステムに与える影響は前後対称になると考えるのは浅はかだと言えます。例えば、バーベルが前に3インチ動くのと、後ろに3インチ動くときに、それに対応するのに必要な力の大きさは同じになるとは言えないということです。

　ここで、「バランスを失う」というのは、足の中心とバーベルのあいだで、身体に沿ってモーメントが働くということで、このモーメントの作用を相殺する力が必要になりま

図 2-30　鉛直方向に力の働くシステムにおいて、水平方向のモーメントアームが無い状態を「バランスが取れている」とする。

す。バランスが取れている状態ではこの力は必要なく、さらに大きな重量を挙げるためにこの力を使うことができます。つまり、バーベルを足の中心の真上に維持するのがうまくなれば、バーベルと足の中心のあいだに生まれるモーメントをコントロールできるようになり、良いフォームでバーベルトレーニングが行えるということになります。

スクワットにおいては、2種類のてこの作用を考慮する必要があります。まず、身体にかかる水平方向のモーメントは、重力がバーベルに作用することで生まれます。このモーメントは、スクワットにおいてしゃがみ込んで立ち上がる動作と切り離せないもので、このモーメントに抵抗しながら動くことで身体を鍛えることができます。しかし、力の無駄づかいを避けてより大きな重量を挙げるためには、足の中心とバーベルのあいだで縦方向に生じるモーメントをゼロに抑えなければいけません。バーベルとリフターのシステムのバイオメカニクスを分析するときには、これら2種類のモーメントを両方考慮することが必要になります。

正しいスクワットの共通点

正しいスクワットには、正しいと判断できる特徴が必ずあります。正しいスクワットの特徴とは、骨格と筋肉の働きによって決まるものです。バーベルを背中に担ぐスクワットでも、フロントスクワットでもこれらの特徴は共通で、スクワットのフォームや姿勢の取り方が正しいかは比較的簡単に判断できます。立った姿勢では、膝、股関節、脊柱といった骨格の各部位は伸展した状態で固定されています。主に圧縮の力が骨格にかかっており、筋肉は少し力を出すだけでこの姿勢を維持することができます。ここでは、骨格が重量を支えられるように、骨の正しい並びを維持することが筋肉の役割です。バーベルは足の中心の真上に位置し、バーベルが重たくなればなるほど、バーベルの位置取りが重要になります。

しゃがむ動作に入ると、身体の各部にモーメントが生まれ、これに抵抗する筋肉に力学的負荷がかかります。脊柱起立筋群は背中をまっすぐに保つためにアイソメトリックに働き、立ち上がるときに膝や股関節を伸展させる筋肉はエキセントリックに働きます。しゃがみ込む動作の始めからボトム位置に到達するまで、バーベルは足の中心の真上に維持しなければなりません。正しいスクワットのボトム姿勢には、不変の共通点があります。

- 胸椎と腰椎が伸展した状態で脊柱が固定されている。
- バーベルは足の中心の真上に維持されている。
- 足の裏は地面にべったりと着き、足幅に合わせてつま先は正しい角度を向いている。
- 太ももはつま先と平行である。
- 股関節は膝の皿の上端よりも低い位置にある。

これらの項目にひとつでも合致しない場合、良いフォームとは言えません。また、しゃがみ込んだり立ち上がったりする動作の途中で、合致しない項目が出る場合も良いフォームとは言えません。足の中心から真上に向かって

2 | The Squat

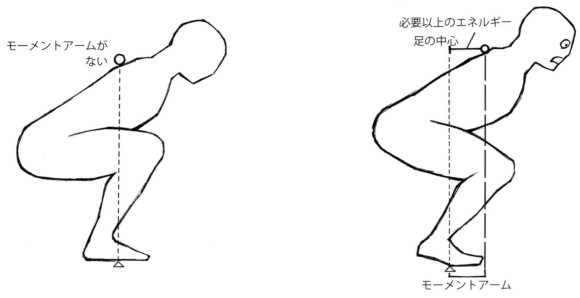

図2-31　良いフォームのスクワットでは、バーベルと足の中心に生じるモーメントがゼロになる。図2-7で必要以上にエネルギーを使うと紹介したことは、バーベルと足の中心のあいだに生まれるモーメントによるものだと説明することができる。

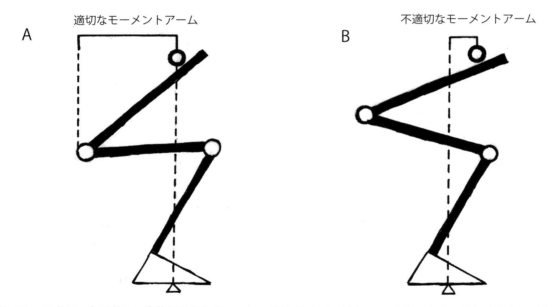

図2-32　スクワットにおいて身体にかかるモーメントの概念図。Aのモーメントはスクワットに本来あるべきもので、これに抵抗して身体を動かすことがトレーニングになる。Bのモーメントはバーベルと足の中心のあいだで、縦方向に生じるものと捉える。Bのモーメントは、Aのモーメントに対して行う仕事に悪影響を及ぼすもので、最も効率的にスクワットを行うためには、Bのモーメントはゼロでなければならない。

まっすぐ細い溝があると想像してください。バーベルの軌道がこの溝に沿うような形で、バーベルが足の中心の真上にある状態を維持しながらしゃがみ込んで立ち上がることができれば、自然と正しいフォームでスクワットを行うことができます。そして、スクワットの動作を正しく行えば、バーベル、身体、重力がもたらす力学の枠組みの中で、最も効率よく筋肉を使うためにはどうすればいいかという問題は骨格が解決してくれます。

背中の角度は、体幹に対するバーベルの位置によって決まります。膝がどれだけ前に出るかは、背中の角度と足のスタンスによって決まります。フロントスクワットでは、背中の角度がかなり立ちます。バーベルを前に落としてしまわず、足の中心の真上に維持するためには、背中が立っている必要があるためです。これだけ背中が立っていると、股関節はバーベルの真下に近い位置に来ます。そして、膝はつま先よりもずっと前に出ることになり、そのためには脛骨が前に傾くように足首を曲げることが必要になります（図2-33参照）。つまり、フロントスクワットでは、背中

The Squat

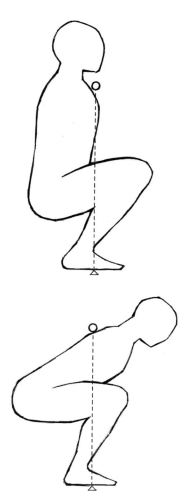

図2-33　フロントスクワットとロウバースクワットの比較で分かるように、バーベルの位置が最終的に背中の角度を決める。どちらもバーベルは足の中心の真上にありバランスが取れている。これを実現するには、バーベルの位置に合わせて背中の角度を調整する必要があり、これがフロントスクワットとロウバースクワットの違いで最も重要な要素になる。

の角度は鉛直に近くなり、股関節の角度は開き、膝の角度は閉じるということになります。バーベルを背中に担ぐ場合、本書で勧める位置（肩甲棘の真下）にバーベルを担ぐと、背中は大きく前傾します。膝がどれだけ前に出るかは、各個人の身体の各部位の長さにもよりますが、つま先のすぐ前に来て、股関節の角度はもっと閉じ、膝の角度はもっと開くことになります。フロントスクワットやロウバースクワットほど使える出番がありませんが、ハイバースクワットの場合には、この2種類のあいだを取ったような姿勢になります。

地面に両足をついて身体でバーベルを支えるトレーニング種目では、動作中でも挙げ切った位置でも、ここまでに解説したようにバーベルが足の中心の真上にあるときに最もバランスが取れた状態になります。バーベルカールやグッドモーニングのような補助種目は、意図的にバーベル

の位置をズラすことで抵抗を生む形になります。

グリップと肘の使い方

経験豊富なリフターでもグリップに問題があることは珍しくありません。「セット」というバーベルとのつかの間の接触はバーベルを握ることから始まります。身体とバーベルの関係は、まずバーベルの握り方から決まるので、グリップがうまくいかなければ、そのセットで行うレップはすべて最高と呼べるようなフォームになりません。例えば、背中にバーベルを担ぐとき、左右対称にならずどちらかに偏っていれば、負荷のかかり方も非対称になります。片側の脚、股関節、膝に反対側よりも大きな負荷がかかり、脊柱にはせん断力がかかります。バーベルを握る位置をいい加減に決めていると、重量が大きくなったときに問題になります。すでに紹介したように、ほとんどの人は、外側のローレット上、マークの内側で左右対称になるように握ることになります。

ただし、一部このルールが当てはまらない人もいます。過去の怪我などの影響で肩の柔軟性に左右差がある場合には、バーベルを握る手の位置を左右対称にすると、バーベルを担ぐ姿勢は左右対称にならないことがあります。例えば、左の肩の柔軟性が低い場合、左の上腕の角度を右の上腕と同じようにできないかもしれません。手の位置が左右対称になるようにバーベルを握ると、背中に担ぐときにはバーベルが左側に突き出す形になり、バーベルが身体の中心からズレて傾いた状態になってしまいます。自分で気付きにくいものなので、鏡で確認したり第三者に見てもらう必要があるかもしれません。これに当てはまる場合には、それぞれの手で握る位置をどうすればいいかが決まるまで試行錯誤が必要になります。背中の中心にバーベルの中心を合わせることを優先しましょう。

すでに紹介したように、親指はバーベルの上に置きます。こうすることで手首と前腕を一直線に保つことができます。しかし、大多数の人はバーベルの下に親指を回したがるものです。軽い重量では、負荷をコントロールするのが簡単なので特に問題にはなりません。しかし、重量が大きくなると、親指をバーベルに回す握り方に特有の問題が出てくることがあります。大多数の人は、両手でバーベルを支えるイメージを頭の中に持っていて、実際に手でバーベルの重量を受け止めようとしてしまいます。バーベルに親指を回すグリップでは、手にバーベルが載る形になり、手首が曲がり肘はバーベルの真下に来ます。こうなると、背中の正しい位置からバーベルが滑り落ちてしまうのを止めるものがなくなります。そして、これをやる人はいずれ肘

2 | The Squat

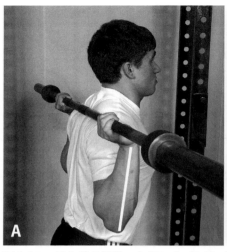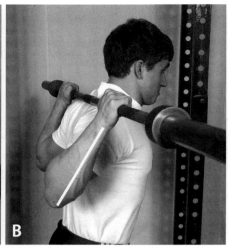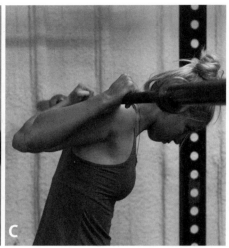

図 2-34　手と腕の間違った使い方（A, C）と正しい使い方（B）。肘は後ろに引き上げ、手はバーベルの上に置く。バーベルの下に手が入ると手で重量を受け止めてしまう。

に痛みを抱えることになります。頭痛のようなつらい痛みで、カール種目をやったせいかと考える人が多いですが、バーベルの下に肘があってバーベルの重量が真下に向かってかかると、重量の一部を手首と肘が受ける形になるのは避けられません（図 2-34 参照）。重力の働きというのはときにやっかいなものです。大きな重量では、手首や肘にかかる負荷はかなり大きくなります。そして、手首や肘は背中のように200kgを超えるような荷重を受け止めるようにできていないのです。

　親指をバーベルの上に置くと、肘を後ろに引き上げたときに、手首と前腕を一直線に保つことができます。普段から手首をリラックスさせて伸展させ、肘を下げるようにしている人は、自身の肩の柔軟性に対して手幅がせますぎるのかもしれません。こういう場合には、手幅を少し広げると手首をまっすぐに保ちやすくなるでしょう。また、無意識のうちに手首を伸展させる癖がついてしまっている場合には、手首を屈曲させる意識を持つと解決につながるかもしれません。正しいグリップでは、手首は伸展も屈曲もせずまっすぐになります。そうすることで、バーベルの重量はすべて背中にかかり、腕、手首、手のどこにもかからなくなります（図 2-34 参照）。重量が大きくなるほど、手でバーベルを支えたときに手首や肘にかかる負担が大きくなります。筋力が上がって大きな重量を扱うようになる前から、背中でバーベルの重量をすべて支えるということを身に付けましょう。

　指や手のひらがウェイトプレートに触れるくらいまで手幅を広げても構わないと勘違いをする人がときどきいます。極端に聞こえるかもしれませんが、長くジム通いを続けるといずれ見かける光景です。手幅を広げると、三角筋後部、ローテーターカフ、僧帽筋、菱形筋といった筋肉を引き締めておくのが難しくなります。これらの上背部の筋肉がリラックスすると、背中の筋肉の上にバーベルを安定させるのが難しくなり、骨でバーベルを受け止めることになってしまいます。これは絶対避けるべきです。さらに、両手がウェイトプレートに触れるくらいまで手幅を広げると、バーベルの端に近いところから身体をねじろうとする力を生むことになります。それはもう愚かでしかありません。バーベルをしっかりコントロールするためには、背中とグリップでしっかりバーベルを固定できる姿勢を取ることが肝心です。

　身体を使って運動をするときには、ひとつの問題が他の問題につながっていて、問題をひとつ解決すると他の問題も解決するということがよくあります。肩まわりの筋肉を引き締めることと胸を張ることには関連があり、うまくいかない場合には同時に修正する必要があります。肘を下げると肩まわりの筋肉がリラックスし、肘を後ろに引き上げると肩まわりの筋肉は引き締まります。同じように、胸を張るには上背部の筋肉、特に背中の最長筋と呼ばれる筋群の上部を収縮させることが必要になります。つまり、胸を張るというのは胸椎の伸展という背中の動きなわけです。胸を張ったうえで肘を後ろに引き上げると、バーベルを担ぐ部分にあるすべての筋肉を引き締めることができます。バーベルはその重みで背中に食い込もうとしますが、肘を後ろに引き上げて肩まわりの筋肉を引き締めると、胸椎を伸展させる上背部の筋肉と共にバーベルを背中で安定させる働きをします。バーベルを担ぐ前にこれらの筋肉を引き締めておくと、バーベルが背中の筋肉に食い込み、不安定な状態で肩まわりの骨に載っているという状況を避けることができます。バーベルを担ぐ前に、胸を張ると同時に肘を後ろに引き上げ、バーベルを支える筋肉をすべて引き締

めておきましょう。

　胸を地面と平行にすることで、背中にバーベルを担ぐ部分を平らで水平にしようとする人がいます。腰を曲げて脊柱が屈曲した姿勢を作ることで、バーベルが滑り落ちるのを防ぐことができると考えているようです。しかし、バーベルを正しく握り、正しい位置に手を置き、肘を後ろに引き上げるとバーベルが滑り落ちることはありません。胸を張って、肘を引き上げると、手は前に押し出され、バーベルを背中に押し付ける形になります。こうなると、バーベルは手と背中のあいだにはさみ込まれてどこにも行き場がなくなります。バーベルはしっかりと固定され、身体の角度の変化や加速や減速によってブレることがなくなります。

背中

　スクワットは膝を痛めるリスクが高いと言われますが、これは根拠のないうわさ話でしかなく、スクワットで最も危険が及ぶのは脊柱です。通常、下背部の傷害はフォームの問題から起こるものですが、膝の傷害よりもずっと多いので予防のための配慮が必要です。下背部は痛めやすい部位で、労働災害の中でも最も多く、下背部の傷害に関連する医療費や生産性の損失は、毎年何十億ドルにも上ります。バーベルトレーニングを行う人にとっても下背部の傷害リスクは無関係ではありませんが、トレーニーが下背部の傷害に悩むのはジム以外での身体活動に原因がある場合がほとんどです。なぜそう言えるかというと、毎日何十万という若いトレーニーが、まともな経験もないのに頑固なだけのコーチの指導を受け、脊柱に良くない力がかかるフォームで大きな重量を挙げている中で、ウェイトルームでの傷害発生率は低いという事実があるからです。脊柱にとって最もリスクが高いのは、屈曲した状態で回旋と負荷が加わるときですが、バーベルトレーニングでこんな状況にはなりません。こういうことが起きるのは、トラックの荷台に芝刈り機を乗せるときです。つまり、バーベルトレーニングはやり方が間違っていても比較的安全なのです。それでも、バーベルトレーニングを正しく行った場合と比べると、やり方を間違ったときの傷害リスクはずっと高くなります。もっと問題なのは、やり方を間違えると非効率だということです。正しく行った方が最終的には大きな重量を挙げられるようになり、強い身体を作ることにつながるからです。正しく行った方が安全だというのは、嬉しいおまけのようなものです。

　バーベルを挙げるときの力の働きにおいて下背部がどういう役割を果たしているかを理解するには、股関節と脚まわりの筋群と、脊柱がどういう構造になっているかを理解する必要があります。脊柱は体幹の筋群によってがっちりと固定され、股関節と膝を伸展する筋群が生み出すモーメントを伝える役割を果たします。脊柱は骨盤につながって、下背部の筋群によって支えられており、脊柱の動きは骨盤を伸展する筋群によってもたらされます。

　ハムストリングは、大腿二頭筋、半膜様筋、半腱様筋

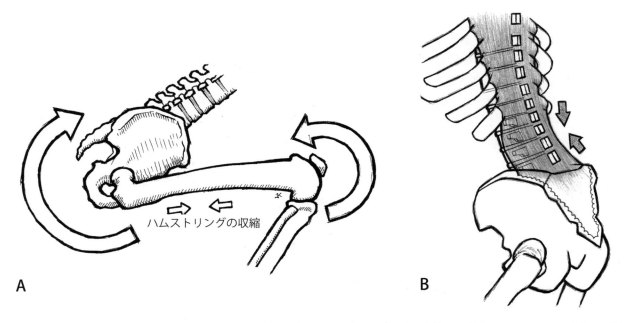

図 2-35　（A）腰椎の椎骨、骨盤、大腿骨、脛骨上部の関係と、これらの骨を動かす筋肉の働き。スクワットは大腿四頭筋を使う運動だとされるが、フルスクワットではハムストリングも強く鍛えられる。（B）脊柱起立筋群は骨盤、肋骨、椎骨に付着し、収縮すると脊柱を伸展させる。その下にある多裂筋、回旋筋、棘間筋、横突間筋といった筋肉と共に、図中の矢印で示した背中のアーチを作る働きをする。

2 | The Squat

から成り、これらの筋肉はすべて坐骨結節に付着しており、膝の裏側、脛骨のさまざまな部分に停止しています。これは、ハムストリングは股関節と膝という二つの関節をまたぐ構造になっているということで、近位では股関節の伸展、遠位では膝の屈曲という二つの働きを持っているということになります。さらに、ハムストリングは、両方の付着点に対してアイソメトリックに作用し、背中の角度をコントロールする働きもします。

スクワットにおいて、ハムストリングの最も大きな仕事は股関節の伸展です。これはハムストリングの近位部の働きで、大臀筋と内転筋群と共に股関節をまっすぐに伸ばします。厳密に言うと、ハムストリングはエキセントリック、コンセントリック、アイソメトリックに働き、股関節の伸展の他、膝の屈曲、背中の角度に関わってきます。しかし、これらの働きの定義が意味を持つのは、マシンを使ったアイソレーション種目で単一の関節に特化して考える場合に限られます。自然な運動は複雑で、各筋肉がどういう働きをしているかを明確に切り分けて考えることが適しません。

スクワットを行うパワーは股関節と脚が生み出し、安定した体幹を通じて、背中のバーベルへと伝えられます。背中、体側、胸郭といった部位の筋肉と腹筋によって、脊柱は構造上自然な状態で固定されます。こうすることで、体幹を通じて安全に力をバーベルに伝えることができます。大きな重量を挙げる前に、腹筋とその周辺にある筋肉を引き締め収縮させます。こうやって引き締めることで、体幹が実質的に脊柱を包んで支える強固なシリンダーに変わります。こうすることで得られる効果は、静水圧のかかる管のようなものだと考えることができます。管の中に液体が入っていて、この液体は圧縮して形を変えることができないので、圧縮の力を伝えることができるということです。筋肉を収縮させることで生まれる力は、腹壁から体内の液体を通して脊柱へと伝えられます。脊柱の姿勢は背中の筋肉によって決められ、腹壁から伝わってきた力が脊柱をこの位置にがっちり固定します。こうして、バーベルの重量がリフター本人の姿勢を保つ力を超えない限り、脊柱の姿勢を保持することができるのです。ここでは筋肉はアイソメトリックな働きをします。つまり、収縮はしているものの動かないという状態です。その働きを通じて、身体が動かないようにしているということです。

下背部の第5腰椎と第1仙椎のあいだ付近で脊柱と骨盤はつながっています。尾骨の上にあたる部分です。脊柱起立筋と呼ばれる下背部の筋肉は、骨盤と脊柱のいろんな部分に付着しています。脊柱起立筋が収縮すると、骨盤を腰椎に対して一定の位置に保ちます。脊柱起立筋とそれに

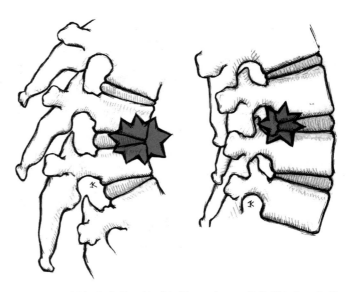

図2-36　適切な脊柱の並びを保つことで、負荷がかかった状態でそれぞれの椎間板にかかる力が、身体の構造上適切になるよう分散される。椎骨の並びが適切でなければ、椎間板が前側か後側のいずれかで潰され、怪我につながる。

関連する下背部の靭帯は、骨盤と脊柱を固定する働きをします。これらの関節を身体の構造上自然な位置に保つことで、大きな重量で負荷がかかった状態での運動から脊柱を守り、椎間板へのダメージを防いでいます。挙上動作のあいだ、この部分を痛めないためには反らせておく必要があり、そのためには、背中を前傾させるのに合わせて下背部と同じ角度になるように骨盤を前傾させる必要があります。

しかし、スクワットでボトム位置までしゃがみ込んでいくと、体幹を前傾させることが必要になり、下背部が丸まってしまう傾向があります。この傾向は、ハムストリングの構造と太ももの位置によってもたらされます。深くしゃがみ込んでいって、体幹の前傾が大きくなるにしたがって、骨盤の下端（ハムストリングの起始）が、脛骨の近位部（膝のすぐ下にあるハムストリングの停止）の方向から引っ張られる形になります。ハムストリングが伸張できる限界に到達すると、ハムストリングが緊張し、膝と骨盤の付着部を引っ張る力が強くなっていきます。また、膝を十分に外に押し出せていないと、深くしゃがみ込んでいくときに、太ももと体幹が干渉することになります。

つまり、ここでは問題がふたつあるわけです。まず、背中の筋肉は骨盤の上端に付着しており、ハムストリングは骨盤の下端に付着しています。そして、骨盤は股関節のまわりで動く構造になっています。つまり、下背部の筋肉とハムストリングが競い合って骨盤の動きをコントロールする形になっているのです。脊柱を確実に固定して安全に保

図 2-37 腰椎の過伸展（女性の図）は、スクワットにおいて適切な背中の姿勢ではない。腹筋群を十分に収縮させて身体の前側から安定させることができていない可能性がある。

つためには、下背部の筋肉がハムストリングに勝たなければいけません。次に、スクワットのボトム位置に近づいたときに、両脚の太ももが閉じていれば、両脚のあいだに体幹を沈めて深くしゃがみ込むスペースがない状態になります。脊柱起立筋とハムストリングがお互いの働きを助け合えるように、太もも、骨盤、下背部を使うことが重要になります。

しゃがみ込む際に、脊柱を伸展させた状態で膝を外に押し出すことで、下背部が丸まろうとするのを防ぐことができます。しゃがみ始める時点で膝を外に向けると、大腿骨を外旋させることになります。大腿骨を外旋させる筋肉は、スクワットでしゃがみ込んで立ち上がる動作全体で大腿骨を外旋した状態に維持する働きをします。そして、外旋した状態で伸張される筋肉がスクワットの動作の中で活動するようになります。膝を外に押し出していると、ハムストリングの伸張性が深くしゃがみ込む妨げにならなくなりま

す。ハムストリングは大して伸張されないので、正しく行えば、大多数の人はパラレル以下の深さまでしゃがみ込むのに十分な柔軟性を持っています。

たいていの場合、背中の姿勢に関する最も大きな問題は、背中がどういう姿勢になっているかをトレーニー本人が感じ取ることができないということです。運動感覚と言って、身体や身体の部位が、地面や身体の他の部位と空間の中でどういう位置関係にあるかを感じ取る能力が欠如している人は非常に多いです。スクワットでボトム位置までしゃがみ込んだときに、背中が丸まっていてもまったく気付けない人もいます。立ち上がった位置で背中を正しく反らせることができているかや、そもそも背中がどういう姿勢にあるかまったく分からないという人がいるのです。背中を反らせるときに、上背部が反っているのか下背部が反っているのかが分からなかったり、上背部と下背部の境界はどこにあるのかが分からなかったりします。こういう問題のあ

図 2-38 背中を反らして、背中の上部と下部の距離が近づくと、服の布地にしわができる。コーチにとって、脊柱の伸展ができているかを見分ける最も簡単な方法。

2 | The Squat

図 2-39 （A）床に寝て下背部を反らせた感覚を覚えようとしているところ。（B）立った状態で同じように反らせているところ。（C）スクワットのボトム位置で同じように反らせているところ。（D）プルの開始位置で反らせているところ。

る人に、下背部を反らせるように言うと、胸を張るかもしれません。腰から身体を折り曲げてみたり、他にも腰椎の伸展とは程遠い動きをいろいろと見せてくれるものです。ハムストリングの柔軟性の低い人が、この問題を抱えていることが多いですが、正しくスクワットを行うのにハムストリングの柔軟性は大して必要ではありません。ハムストリングの柔軟性は十分にある人が、スクワットでしゃがみ込んで立ち上がる動作を通して腰椎の伸展を維持することができないということがよくあります。それとは別に、一部には腰椎を過伸展させることができてしまう人もいます。これは一般的に女性に見られることが多いですが、腰椎の過伸展も問題で、負荷のかかった状態で腰椎を屈曲するよりも危険になる可能性があります。

　この問題は、脊柱起立筋が脊柱を伸展させるのに対して、腹筋を使って身体の前面から安定させる力を十分に出せていないときに起こります。しかし、スクワットやデッドリフトで扱う大きな重量に対して単純に腰椎の伸展を保つことができない問題と比べると、この過伸展が問題になるケースは非常に少ないです。一般的に「背中を反らせる」と言われる動きは、腰椎まわりの脊柱起立筋をコンセントリック収縮させることですが、これが意識的にできないようでは、負荷がかかった状態で意識的に腰椎を伸展させた状態を維持することなどできないということです。大事なことなので繰り返します。しっかり理解してください。**スクワットにおいて腰椎の過伸展は望ましくありません。しかし、意識的に下背部を反らせるということができなければ、スクワットのボトム位置で脊柱起立筋を十分にコントロールして脊柱が屈曲するのを防ぐことはできません。これは、デッドリフトやクリーンの開始姿勢にも当てはまります。**

　正しい下背部の姿勢を覚えるためのコツは、正しい姿勢を取り、毎回その姿勢を再現できるように正しい姿勢を取ったときの感覚を記憶することです。これにベストな方法を紹介します。まず、床にお腹をつけて寝転がり、両手を頭の後ろに置いて、肘を上げ、胸を上げて床から離します。これが胸椎（きょうつい）を伸展させる感覚です。上背部を反らせるということです。ただ、本当に訓練したいのは下背部です。同じように寝転がり、膝を伸ばし、膝を上げて床から離します。しっかりと感覚をつかむために、太ももも床から離す意識を持ちましょう。このとき、つま先を地面に押し付けて膝を上げようとしてはいけません。この動作を正しく行うと、大臀筋、ハムストリングと共に、最も重要な下背部の筋肉を使うことができます。これが下背部が収縮している感覚です。背中が反っていることを感じ取りましょう。力を抜いて、もう一度繰り返します。ただ脊柱起立筋を何

The Squat

度も繰り返し収縮させる姿勢を取ることで、この新しい動作パターンを素早く簡単に覚えることができます。この動作中、同時に他にはなにも行わないことで、不慣れな動作の中で自分が覚えたい感覚と他の要素を混同しにくくなります。この運動を10〜15レップ×1セット行うと、下背部の筋肉が熱くなります。そして、立ち上がるとこの部分の筋肉をハッキリと感じ取れるはずです。動作パターンは頭の中に新鮮に残っていて、ここからは下背部の筋肉が熱くなった動きを再現できるようになります。

立ち上がったら、すぐ同じように下背部を反らせ、数回繰り返します。次に、膝と股関節を曲げてハーフスクワットくらいの深さまでしゃがみます。念のため、この位置でも腰椎を伸展させることができるか試します。正しい背中の姿勢を感じ取ることができるようになっているので、スクワットの可動域全体を通して、背中を反らせた状態を維持できるはずです。ただし、膝を外に押し出せていることが条件です。

股関節

スクワットが重要なトレーニング種目なのは、この運動の中で力を伝えるために、骨格と筋肉が複雑に連携して働くからです。地面についた足、下腿、太もも、股関節、そしてバーベルを支える脊柱は、身体の前面と背面で複雑に絡み合う筋肉と結合組織によって一体となってコントロールされます。そして、足の中心でバランスが取れる点に対する各部位の位置関係が調整されます。この中で、腓腹筋、ハムストリング、大腿直筋はふたつの関節をまたぐ構造をしており、特に複雑な働きをします。これらの筋肉は、近位と遠位両方の付着部に同時に作用し、身体のバランスを取りながら力を出すのに必要になる繊細な加減をしています。

ヒップドライブは、骨盤まわりの筋肉の複雑な連携を表す言葉です。スクワットのボトム位置から立ち上がるときには、大臀筋、ハムストリング、内転筋群が股関節の角度を開いていき、パワーを生み出します。パラレルを過ぎたところからは、上に向かう力を生むのに大腿四頭筋の方が大きく貢献し、ハムストリングは背中の角度を保つ働きをします。そして、立ち上がった位置では、大臀筋、ハムストリング、内転筋群、大腿四頭筋が股関節と膝を同時に伸展させます。

膝と股関節は大腿骨でつながっており、このことはスクワットを考える上で重要になります。膝が前に出すぎていれば、股関節も前に出すぎているということになります。膝と股関節が前に出すぎている場合、前にバランスがズレ

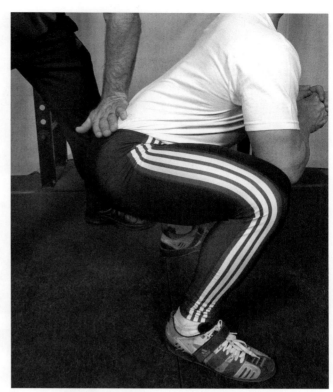

図2-40 コーチの補助を得てヒップドライブを覚える。

ているか、背中の角度が立ち過ぎているか、股関節の角度が開きすぎ膝の角度が閉じすぎている状態かのいずれかで、ボトム位置からしっかり立ち上がることができなくなります。スクワットのパワーはヒップドライブから生まれるもので、これに関わる身体の構造は複雑ですが、ヒップドライブの使い方そのものは素早く簡単に身に付けられるものです。

図2-40をよく見てください。ボトム姿勢を取って、脊柱の根っこ部分にある仙骨に誰かに手を当ててもらい、その手を自分のお尻で押し返す状態を想像してください。このイメージが、股関節を突き上げるという動作をこの上なく明確に示しています。トレーニングパートナーがいれば、このスクワットの章の前半で紹介したヒップドライブの覚え方を見直して、図のように手をあてて抵抗を加えてもらいながらヒップドライブの練習をしてみてください。効果を実感できるはずです。ここで視線と頭の角度についても再確認すると良いでしょう。上を向いた状態と、下と向いた状態でトレーニングパートナーの手を押し返してみて、どちらが良いか感触の違いを確かめてみてください。（下だという答えに20ドル賭けましょう。）正しいヒップドライブを力強く使えた場合と、そうでない場合を比べると、フォームの見た目には小さな違いしか生まれませんが、正しく行えればすぐにこのテクニックで得られるパワーを感じ取れるはずです。

2 | The Squat

図 2-41　スクワットで立ち上がる動作の途中で、股関節ではなく胸を上げると、ハムストリングの緊張を緩めてしまう。図右の膝の角度が閉じて股関節の角度が開いた状態では、ハムストリングの起始と停止の距離が短くなり、ヒップドライブに使えるハムストリングの力が大きく損なわれる。

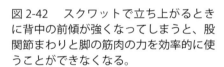

図 2-42　スクワットで立ち上がるときに背中の前傾が強くなってしまうと、股関節まわりと脚の筋肉の力を効率的に使うことができなくなる。

　一部のトレーニーでは、股関節を上ではなく前に押し出してしまうミスがよくあります（図 2-41 参照）。股関節が前に出ると膝も前に出て、バーベルの位置もつま先に向かって前にズレることになります。このズレは、スクワットで生み出せるパワーに悪影響を与えます。膝の角度が閉じると、ハムストリングは遠位で短縮することになります。そして、緩んだ筋肉は収縮してパワーを生むことができません。ボトム位置でのリバウンドにはハムストリングと内転筋群が緊張していることが必要だとすると、これらの筋肉の緊張が緩んで弾性エネルギーが逃げてしまう状態では、十分に収縮して力を生むことができなくなるということです。

　同じように、ボトム位置から股関節をまっすぐ上に上げるのではなく、後ろに引いてしまうミスもよくあります（図 2-42 参照）。この場合は、背中の前傾がさらに強くなり、股関節の角度はさらに閉じ、膝の角度はさらに開きます。そして、これらはすべてバーベルが上方向にまったく移動していない状態で起こります。ここでは、ハムストリングが骨盤の近位の付着点で背中の角度を維持する役割を果たせておらず、腓腹筋が膝の角度を維持する役割を果たせておらず、膝の角度が開いたことで大腿四頭筋が収縮できない状態になっています。

　多くのトレーニング種目において、良くないフォームというのは力を生み出すのに必要な姿勢を取れていないことで、十分に力を出せなくなっていることが多いです。スクワットでは、ボトム位置から股関節がまっすぐ上に上がったときに最大限にパワーを出せるのです。この動作では、腓腹筋が脛骨の角度を維持し、それがハムストリングを安

The Squat | 2

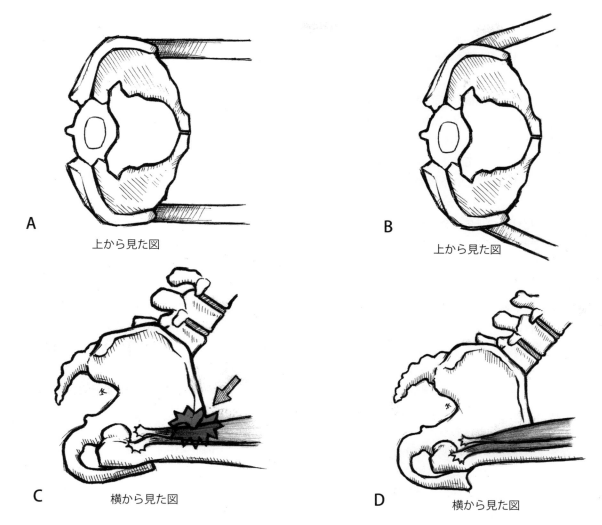

図2-43　股関節のインピンジメント（A.C：左側の図2枚）が、スクワットの深さを制限する主な要因。B.Dでは、インピンジメントは発生しない。これは一般的に言われるハムストリングの柔軟性がスクワットの深さを制限するという説と相容れない。間違いなのだからしかたない。

定させます。大臀筋などの筋肉が大腿骨を外旋させます。背中の角度が一定に保たれた状態で、骨盤に付着するハムストリング、大臀筋、内転筋群が収縮することで股関節を伸展させます。大腿四頭筋は膝を伸展させます。そして、立ち上がった位置で膝と股関節が完全に伸展するのです。これらの筋肉と骨格の各部位の働きを詳しく見ていきましょう。

　このスクワットの章では、冒頭からスクワットの深さを強調してきました。そこで、まずはスクワットの深さと股関節の機能の関係から考えたいと思います。スクワットをするときの深さはパラレル以下を基準とします。これは、股関節（股関節が屈曲した時にできるズボンのしわの先端）が膝（膝の皿の上端）よりも下になるまでしゃがみ込むということです。スクワットがうまくできない人は、ほとんどの場合、腰を丸めることなく正しい深さまでしゃがみ込むことができないというのが問題になっています。腰

椎まわりをリラックスさせて屈曲することを許せば、ほぼ誰でも深くしゃがみ込むことができます。実際には、足のスタンスを正しく取って、しゃがみ込むときに膝を外に押し出しさえすれば、地球上のほぼすべての人間は腰椎を伸展させた状態でパラレル以下までスクワットができるものです。スクワットのボトム位置では、インピンジメントといわれるものの一種で、ふたつの骨のあいだに軟部組織がはさみ込まれる状態が起こります。これは、膝を外に押し出すことで緩和されます。こうやって骨格の使い方を少し工夫するだけで、股関節の働きが劇的に改善され、同時にパラレル以下までスクワットをすることができるようになるのです。

　大多数の人がスクワットで深くしゃがみ込めないのは、ハムストリングの伸張性の問題だと考えます。これは、スクワットで深くしゃがみ込んでいくのに合わせてどれだけハムストリングを長く伸ばせるかということで、一般的に

2 | The Squat

は柔軟性と呼ばれるものです。実際には、これは大きな問題ではありません。深いスクワットに必要なのは柔軟で弾性のあるハムストリングではなく、骨格を適切に動かすこととなのです。

踵を肩幅に開き、つま先を30°程度外に向け、しゃがみ込んで、太ももを足と同じ角度にします。股関節の角度が閉じて、太ももと体幹が近づいたら太ももは自然と腰の外側に出ます。正確には、腰に手を当てたときにウェストラインのすぐ下にある、上前腸骨棘という骨のでっぱりの外側になります。しかし、つま先をまっすぐ前に向けて、膝も同じ角度に向けていたり、つま先は外に向けていてもスクワットの動作の中で膝を内側に入れてしまっていると、スクワットのボトム位置に近づいたときに、太ももが上前腸骨棘に干渉しやすくなります。このとき、上前腸骨棘と太ももの間にある筋肉や軟部組織が、これらの骨のあいだにはさみ込まれ、それ以上深くしゃがみ込むのが難しくなるのです（図2-43参照）。

スクワットでどれだけ深くしゃがみ込むことができるかには、股関節の角度が重要になります。股関節の角度は、体幹全体と大腿骨が作る角度です。大腿骨が適切な位置に来るように調整せずに深くしゃがみ込もうとすると、大腿骨によるインピンジメントが起こり、股関節の角度を閉じていくことができなくなるので、腰を丸めて深くしゃがみ込むことになります。骨盤は脊柱起立筋によって腰椎と同じ角度でがっちり固定されていなければなりません。しかし、大腿骨が邪魔になって骨盤が前傾した状態を保てないと、そこからさらに深くしゃがみ込むには、下背部を丸めるしかなくなってしまうのです。人によって程度の違いはあるものの、これはすべての人に当てはまります。お腹が大きい人に限ったことではありません。うまく深くしゃがみ込むことができないときには、まず膝を外に押し出すことです。膝の前に他のことを考えるのは時間の無駄と言えるほど、これで解決することが非常に多いです。

しかし、大多数の人は指導を受けない限り、膝を外に押し出すことをしません。太ももの内側につっぱった感覚が出るので、膝を内側に寄せたくなるのです。このつっぱった感覚は、内ももにある内転筋群が生んでいます。内転筋群は5つの筋肉（大内転筋、短内転筋、長内転筋、恥骨筋、薄筋）から成り立っており、骨盤の坐骨と恥骨から大腿骨の内側と後ろ側のさまざまな箇所へつながっています。膝を外に押し出しながらしゃがみ込んでいくと、大腿骨と骨盤のあいだに張力が生まれます。大腿骨を足と平行に保ってしゃがみ込んでいくと、内転筋群は伸張し、エキセントリックに働きます。これが張力を生んでいるのです。スクワットのボトム位置から立ち上がるときには、股

関節の角度が開いていくにつれて、骨盤と太ももの内側の距離は短くなっていきます。ここでは内転筋群はコンセントリック収縮をして股関節を伸展させます（図2-44参照）。

内転筋群の働きを見ていきます。太ももの下の端、膝の内側の1点を想像してください。次に、お尻の下、股の後ろの1点を想像してください。イスに腰掛けるときに骨盤が座面に当たる部分です。大内転筋はこの2つの点を結んでいます。脊柱起立筋は背中を伸ばし、その背中と同じ角度で骨盤を固定しています。そして、スクワットでしゃがみ込んで背中が前傾してくると、骨盤も傾いていき、イスに当たる部分は膝から遠ざかっていきます。足が約30°外を向いていて、膝も同じ方向に維持した状態でしゃがみ込んでいくと、太ももの内側の点と骨盤のイスに当たる部分の点の距離は長くなっていきます。しゃがみ込むときにはこの距離が長くなり、立ち上がるときには短くなるなら、しゃがみ込むときに長くなる筋肉は、短くなるときに立ち上がる動きを作るということになります。正しいスクワットでは、内転筋群がこのように働いています。このことから、内転筋群は、ハムストリングや大臀筋と共に股関節の伸展筋群であり、ポステリアルチェーンの一部を成すと考えることができるのです。

内転筋群が膝を内側に引っ張る働きをするとしたら、正しいスクワットでは、なにが膝を外に押し出す働きをするのでしょう？太ももを内転させることが、大腿骨の遠位部（膝）を身体の内側に向けて引き込むのであれば、膝を外に押し出した状態を維持するのは太ももの外転であり、外転筋群がこの役割を果たしているということになりそうです。しかし、外転筋群というのは、大腿筋膜張筋（腸骨稜から下腿へとつながる小さな筋肉）と中臀筋と小臀筋のみから成ります。これらの筋肉が共に脚を横に上げ、身体から離す働きをします。バイオメカニクスの授業で実演する場合以外に、実際にこの動きをする人など存在しないので、スクワットを行うときに膝を外に押し出す役割を外転筋群が果たしているとは考えにくいです。

対して、太ももの「外旋」というのは、右の大腿骨を時計回りに回したときや、左の大腿骨を反時計回りに回したときの動きのことをいいます。立った状態で、踵を軸に両足のつま先を互いに遠ざかるように回したときの動きです。この働きをする筋肉は少なくとも9つあります。小臀筋、中臀筋、大臀筋、小内転筋、大腿方形筋、下双子筋、内閉鎖筋、上双子筋、梨状筋がそれに当たります。（外転筋がふたつ含まれます。）外旋は歩くときの動きを安定させるのに非常に重要です。

そして、スクワットに関して言うと、膝を外に押し出しながらしゃがみ込んでいくときには、実際には太ももを外

The Squat | 2

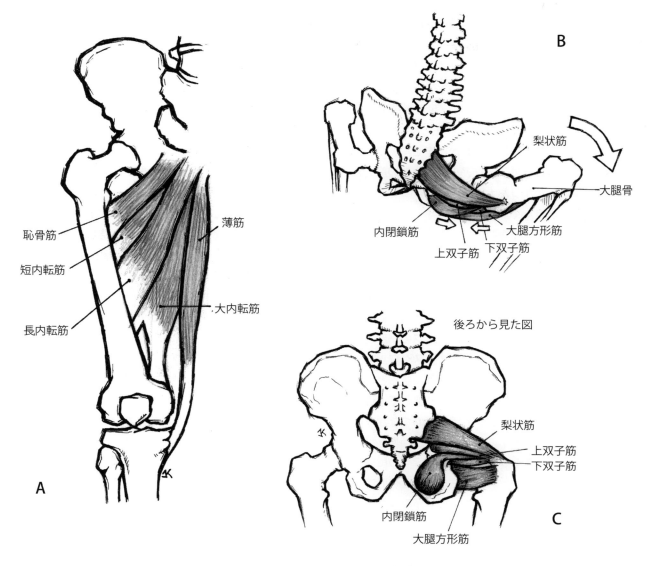

図 2-44 （A）右太ももの内転筋群の構造（B, C）右太ももの深層の外旋筋群の構造

側に回すということが起こっています。これを実感するために、次のことを試してください。立った状態で、踵を軸につま先を外に回すと外旋が起こると話しました。次に、イスに座った状態で、太ももを同じように回してみてください。大腿筋膜張筋ではなく外旋筋群（がいせんきんぐん）の方が、膝を足と平行な位置に持っていく働きをするのに効果的な位置にあることを考えると、外旋筋群を使うことは非常に理にかなっていると言えます。内転筋群が適切に働くようにスクワットのしゃがみ始めから膝を外に押し出し、それを維持するという役割は外旋筋群が果たしているのです。この外旋筋群の働きが、深くしゃがみ込むことと股関節まわりの筋肉をより効果的に使うことを可能にする太ももの使い方に重要なのです。

　ボトム位置までしゃがみ込んでいくときに意識的に膝を外に押し出すと、太ももがお腹や上前腸骨棘に干渉しなくなるだけでなく、内転筋群を伸ばすことになります。そして、内転筋群がその伸張性の限界に近づくことで、より効率的に収縮できるようになります。筋肉が伸張され緊張すると、これから収縮が起こると神経系に知らせることになり、短く緩んだ状態の筋肉よりも強く収縮します。筋肉が一旦伸張された状態からの収縮では、必ず収縮単位の発火がより効率的に起こります。この伸張反射は爆発的な筋収縮に欠かせないもので、優れたアスリートはこれが非常にうまいです。ためしに事前にまったく身体を沈ませることなく垂直跳びをしようとしてみてください。実質的に不可能だと気付くはずです。爆発的に筋肉を収縮させるときの一連の動作の中で、伸張反射は欠かせないものなのです。スクワットでは、外旋筋群の働きによって大腿骨が適切な位置に調整され、内転筋群とハムストリングに加えて外旋筋群がボトム位置でのリバウンドに動員されます。こうし

2 | The Squat

て、股関節まわりの筋肉全体がスクワット動作の効率を上げるのに貢献するのです。しかし、これはすべて膝を外に押し出せばの話です。

スクワットのボトム位置で、ハムストリング、大臀筋、内転筋群が伸ばされたときに得られるリバウンドは、膝の靭帯がかたいことや、伸ばされた靭帯が戻ろうとすることで起こるものではありません。正しいスクワットは、前十字靭帯と後十字靭帯に負荷をかけません。リバウンドは、伸張され緊張したポステリアルチェーンの筋肉と、ここで適切に負荷のかかった大腿四頭筋によって起こるもので、膝にとってまったく安全です。

ここではタイミングが重要になります。正しくリバウンドができると、そのままヒップドライブに入っていくことになります。リバウンドのあとに一旦止まってヒップドライブに移行するのではないということが重要です。リバウンドはヒップドライブと一体となって行われるもので、そのためには、リバウンドをヒップドライブの一部と捉えて意識的に準備しておく必要があります。スクワットの動作全体で「立ち上がる」ことを考えるようにすると、リバウンドが起こる前からヒップドライブを意識して準備することができ、リバウンドとヒップドライブのつながりを分断してしまいにくくなります。しゃがみ込む動作とリバウンドのタイミングは、スクワットを正しく行うのに非常に重要です。ベストなリバウンドは、正しいスピードでしゃがみ込んだときに得られるものです。しゃがみ込む動作が速すぎるとリバウンドの効果は小さくなり、安全性も大きく損なわれます。これは、速くしゃがみ込むには身体のどこかを緩めることになるからです。しゃがみ込んでいく動作で緊張する筋肉には、弾性エネルギーが蓄積されます。また、緊張した筋肉は背中、股関節、膝を正しい安全な位置に維持する働きも果たしています。もし、ボトムまでしゃがみ込む動作が、立ち上がる動作よりもずっと速くなるくらい身体が緩んでいれば、緊張を高める必要があります。この場合、しゃがみ込む動作を「減速しながら行う」と考えるとうまくいくかもしれません。しゃがみ込むときに身体が緩んでいると、関節が適切な位置からズレてしまうことがあります。しゃがみ込む動作が速すぎて、身体の正しい使い方や正しい姿勢を維持することができなくなるのです。スクワットで怪我をする人は、ほとんどの場合これが原因です。スクワットは危ないなどと言われることがあるのは、ここから来ているのかもしれません。本書の読者は、ボトムまで急降下するようなスクワットをして、誤解を助長するようなマネはしないでください。

ほとんどの場合において、内転筋群やハムストリングの伸張性が限界を迎えるのは、パラレルよりも深くしゃがん

だ位置になります。スクワットでしゃがみ込んでいくときには、膝と股関節が同時に屈曲するので、ハムストリングの長さはそもそも大きく変わりません。深くしゃがみ込んでいくにつれて、アイソメトリックに緊張したハムストリングには張力が蓄積します。ハムストリングはこうして背中の角度をコントロールし、ボトムでリバウンドする際には伸張反射の効果を生みます。ごく一部にはポステリアルチェーンの筋群の伸張性が十分でない人がおり、他には関節内の靭帯がかたい人もいますが、ストレッチが必要になる人は少ないです。足のスタンスを正しく取ったり、上前腸骨棘に干渉しない位置まで膝を外に押し出すように声掛けをするだけでいい人の方がはるかに多いです。ストレッチに関しても、加重したスクワットよりも効果的なものはほとんどありませんし、多少ストレッチが必要な場合でも、正しく膝を外に押し出してしゃがみ込む加重スクワットを数セット行えば事足りてしまいます。

ここまで来ると、先に話した下背部の姿勢について、もっと深く理解することができます。力を効率的に伝えたり、全般的に運動で高いパフォーマンスを発揮するには、脊柱の姿勢がどういう状態にあるかを感じ取る能力が必要です。扱う重量が軽いうちは、靭帯の引っ張られる感じや、体幹全体の引き締まり具合に頼っていても大丈夫ですが、メインセットで扱う重量になると大きな問題になります。腰椎と骨盤が完全に固定された状態を維持できなければ、脊柱を通して力を伝えることができません。腰椎が安定しないと、骨盤やそのまわりの筋肉とうまく協調することができず、ポステリアルチェーンのリバウンドも十分に発揮されません。腰椎ががっちり固定されると、骨盤との角度が良くなり、骨盤の下に付着するハムストリングが緊張します。腰椎で力が逃げなくなるのでリバウンドも効率が良くなります。また、ロウバースクワットの背中の角度で腰椎を固定させると、ハムストリングの伸張反射は効率が上がります。脊柱起立筋とハムストリングのあいだで、どちらが骨盤を支配するかをめぐって戦争が起きていると考えましょう。背中を安定させ、ハムストリングを効果的に使うためには、脊柱起立筋がこの戦いに勝たなければいけません。

ハムストリングからの引っ張りがない状態で、下背部を反らせるために脊柱起立筋をどう使えば良いかが分からない場合、自分の意思で下背部を反らせた姿勢を取ることができないということになります。下背部が反っているかどうかを感じ取ることができないということです。そして、ハムストリングの緊張が高まるデッドリフトのボトム位置やスクワットのボトム位置で、背中を反らせることができないということになります。これに当てはまる場合、下背

部の姿勢をコントロールする感覚を覚えることを最優先にしましょう。

　スクワットで正しく股関節を使うというのは、意識的に腰椎を固定し、意識的に膝を外に押し出すことだと理解するのが最適です。こうすることで、パラレル以下までしゃがみ込み、これ以上ない形でポステリアルチェーンの筋群をすべて動員し、伸張反射を得ることができます。この動作パターンでは、太ももが骨盤に干渉しないので、深くしゃがみ込みやすくなります。さらに、外旋筋群を積極的に使うと、外旋筋群と内転筋群を股関節伸展に動員できる位置に太ももを維持することができます。こうすることで可動域をより大きく使って、より多くの筋肉を、より効果的に動員することができるのです。

膝

　本書で推奨するスクワットのスタイルでは、足と大腿骨が平行になるように、正しい膝の位置は足の一直線上と決まっています。これ以外はありません。こうするとほとんどの場合で、膝はつま先の少しだけ前に出ることになります。実際にどれだけ膝が前に出るかは、各個人の身体の部位の長さのバランスによって決まります。つまり、真上から見ると大腿骨と足は一直線上にあり、膝をねじる動きがないということです。膝の位置は大腿骨、脛骨、体幹の長さによって変わります。大腿骨が短く、脛骨が長い場合には、膝がつま先のほんの少しだけ後ろになるかもしれま

せんし、大腿骨が長く脛骨が短い場合には、膝は7cm～10cm程度つま先の前に出るかもしれません。

　膝はつま先と一直線上に来るので、スタンスを決めたときの足の角度が、膝の角度も決めることになります。足の角度にも個人差はありますが、図2-12のように、まっすぐ前を向いた状態から30°程度外に向けるとほとんどの場合でうまくいきます。これで、ここまでに話したように股関節を使えるようになるということです。

　膝の使い方に関して圧倒的に多いミスは、しゃがみ込んでいく途中かボトム位置において、膝が内側に入りすぎてしまうことと、膝が前に出すぎてしまうことです。初心者が初めてスクワットをするときに、これらのミスのどちらも犯さないことの方が珍しいです。これらのミスは両方とも、股関節の働きと身体の部位の位置関係を感じ取る能力に関係しています。

　スクワットの動作中のどの時点においても、膝が内側に入ってしまったら、大腿骨の内側と外側にある筋肉の働きを弱めることになります。しかし、この問題が起こっていることに気付けない限りは矯正することもできません。スクワットをしながら膝をハッキリ見られるように、いつも以上に下を向いて両足のつま先のあいだに視線を向けてみましょう。そして、膝の動きを確認するのです。スクワットの動作中に、両膝が互いに近づいていくように動いていたら外に押し出します。この場合、膝が正しい位置にあると思っていたのに、実際には膝が内側に入っていたということなので、膝を正しい位置に持っていくには、大げさに

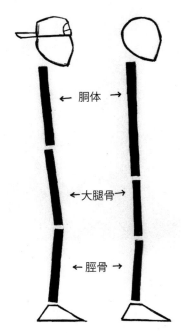

図2-45　スクワットのボトム姿勢は、身体の部位の長さのバランスによって変わる。両者の違いは脚と体幹の長さの個人差によって生まれており、両方とも正しい。

2 | The Squat

図 2-46　(A) ほとんどの人がやってしまう膝が内側に入った姿勢。(B) 膝を外に押し出させる指導方法。

感じるくらい外に押し出すことが必要でしょう。足と平行になるように膝を外に出して、その状態で 2〜3 セット行うと後から内転筋群に筋肉痛を感じるでしょう。場合によっては大臀筋の外側あたりにも筋肉痛が出るかもしれません。なぜこの筋肉痛が起こるのかは、ここまでの話から分かるはずです。

　膝が前に出すぎてしまう場合には、他の難点が出てきます。問題は膝を壊してしまうということではなく（特に膝に良いわけでもないですが）、ボトム位置からのヒップドライブに悪影響があるということです。膝を前に出す姿勢では、膝の角度が閉じて鋭角になります。こうなると、ハムストリングは遠位で短くなり収縮する余地が小さくなってしまいます。ハムストリングが長く伸ばされた状態と比べて、すでに収縮した状態では股関節の伸展への貢献が小さくなってしまいます。さらに、脛骨の前傾が強くなるので、足の中心のバランスが取れる位置や足首にかかるモーメントが大きくなることにもつながります。そして、ハムストリングの働き方と下腿にかかる力にこういう変化が起きると、もちろん扱える重量が小さくなるという結果につ

ながります。フロントスクワットではこういうことが起きています。

　フロントスクワットでは、バーベルの位置を保つために背中をかなり直立させる必要があります。この姿勢を維持するには、膝の角度を閉じて、股関節の角度を開く必要があります。つまり、フロントスクワットでは、必然的にハムストリングが短い状態になるのです。スクワットとフロントスクワットの主な違いは、フロントスクワットでは膝が前に出るということです。膝の角度が閉じすぎると、スクワットで避けられる膝の問題が出てくるようになります。大腿骨の下端と脛骨の上端の間隔が非常にせまくなり、その間に半月板の後ろ側がはさみ込まれるということが起きます。こういう膝の使い方のミスは、スクワットでの背中の姿勢に関する勘違いから起こることが多いです。

　ロウバースクワットは背中が立った状態で行うものとい

図 2-47　スクワットに対して、フロントスクワットのように体幹が立ったイメージを抱いている人は多い。この姿勢ではポステリアルチェーンを動員できない。正しい背中の角度とはヒップドライブが使えるだけ前傾するもので、この角度を体得するにはスクワットで体幹がどこに位置するべきかを正しくイメージできることが必要になる。背中を前傾させ、股関節を後ろに引くことを恐れない。乳首を床に向ける。そして、膝を外に押し出すこと。

The Squat 2

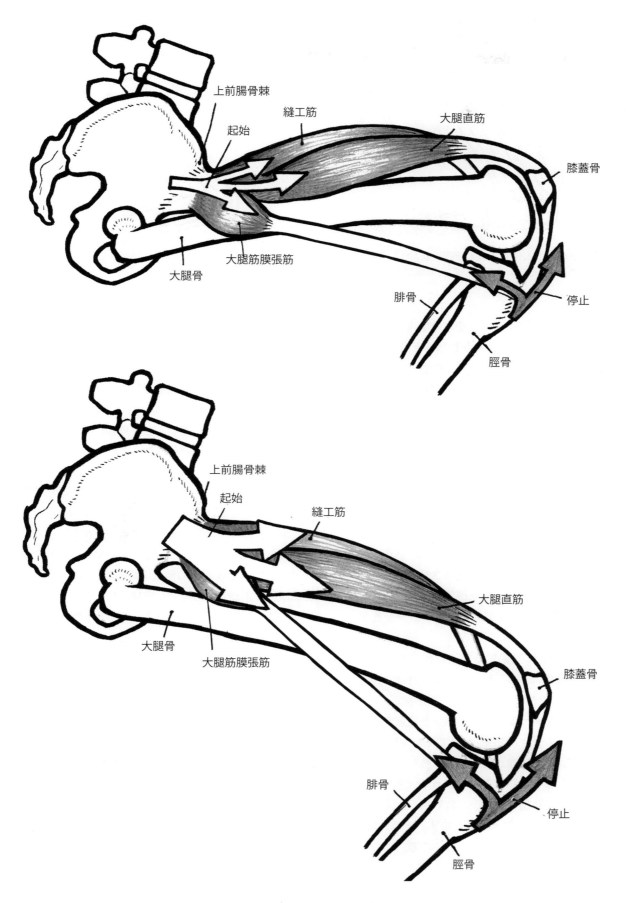

図 2-48　パーシャルスクワットでは、脛骨が前傾していることに注意。膝が前に出ると股関節の筋肉の付着部を膝から引っ張る力が強く働く。これはやっかいなタイプの腱炎の原因となりうる。

2 | The Squat

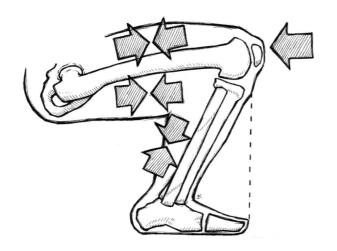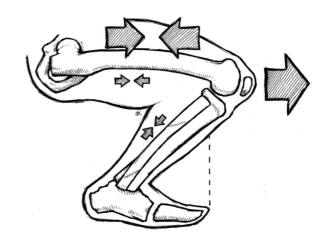

図 2-49　スクワットのボトム位置での大腿四頭筋、ハムストリング、腓腹筋の関係。これらの筋肉すべてが連携して膝の角度を保っている。膝が前に滑り出してしまうのは、この関係が破綻していることを示唆する。

うイメージを頭の中に持っていれば、それは間違いで、膝が前に出すぎる原因になります。体幹が立ち過ぎると、バーベルを足の中心の上に保つために膝は前に出ざるを得なくなります。「背中で挙げるのではなく、脚で挙げるんだ」というアドバイスをする素人がいることが、もしかしたら問題の出どころかもしれません。ほとんどの人はこれを聞くと、体幹が立った状態で脚で床を押すイメージを思い浮かべるものです。

このアドバイスは「背中で挙げるのではなく、股関節で挙げるんだ」に置き換えるべきです。「背中で挙げる」というのは、脊柱を曲げて上半身をかがめた状態で物を持ち上げるときに起きることです。スクワットでバーベルを足の中心の真上に保つためには、背中を前傾させることが必要であり、正しいスクワットの一部を成すものです。この問題はたいていの場合、図 2-53 で紹介するイメージを思い描くことで解決できます。

膝が前に出すぎる問題に対処する方法は他にもあります。スクワットの動作中に重量が踵に載っていれば、膝を大きく前に出すことができなくなります。踵を意識して、踵に重量が載った状態でバランスを取る感覚を意識するのです。これには、足のスタンスを決め、つま先を持ち上げ、踵に体重をかけます。踵に重量が載ったら、膝を外に押し出してスクワットをします。踵に重量が載った状態でスクワットをすると、膝は前に出ません。これでバランスが取れていれば、背中の角度は自然と前傾します。実際には、踵に重量が載った状態はバランスが良くないので、このままスクワットを続けることはできません。しかし、3〜4レップ程度行うと、自然と足の中心に重量が載った状態に落ち着き、膝も正しい位置に落ち着きます。踵を意識することで、つま先に重量が偏っていたのが矯正されるのです。

足の中心に重量が載ると力を出しやすく、これを数回やるとこの位置がしっくり来るようになります。

他には、スクワットのボトム付近で膝が前に出てしまう場合があります。ある程度経験を積んだトレーニーに多い問題です。これは時間をかけて癖づいてしまうことが多く、長いあいだ対処されないでいると、身体にしみ付いた動作パターンを矯正するのは難しくなることがあります。さらに、なにが原因になっているかも複雑です。スクワットのボトム位置で膝が前に出てしまう場合、大腿四頭筋を緩めてしまったことが原因かもしれません。大腿四頭筋は膝の角度を開いておく働きをします。膝の角度が閉じてしまったら、ハムストリングが短くなることになり遠位側で緊張を失い、近位側で股関節の伸展に貢献できなくなります。大腿四頭筋によって膝の角度が維持され、これがハムストリングを固定しています。そして、深くしゃがみ込んで股関節の角度が閉じていくにつれてハムストリングは緊張を増し、立ち上がるときに股関節を伸展させる働きをするのです。この他には、ハムストリングが脛骨を引っ張る力を緩め、足首を背屈させ、つま先に重心を移動させてしまっているのかもしれません。ヒラメ筋は遠位側から膝の角度を固定する働きをし、腓腹筋は膝をまたいで大腿骨の遠位側に付着し、膝と足首をつないでヒラメ筋の働きを補強します。突き詰めていくと、スクワットとは足の中心のバランスが取れる位置と地面のやりとりです。スクワットのボトム位置で、ここに挙げた筋肉の緊張が解けてしまうと、これらの筋肉を効果的に使うためには再度緊張させなければならないということになります。しかし、このときすでに骨格の各部位が非常に効率の悪い位置関係になっているので、筋肉を緊張させなおすということが難しくなります。

スクワットのボトム位置に近づくにつれて、ほとんどの

The Squat

図 2-50　スクワットのしゃがみ込む動作で一旦膝が適切な位置まで動いたら、立ち上がる動作で身体が同じ位置に来るまで膝は動かない。

人が、大腿四頭筋、ふくらはぎ、ポステリアルチェーンの筋群の緊張を解きたくなるというのが事実です。関節の角度が閉じていき、筋肉は伸張できる限界に達し、腱も伸ばされ緊張した状態で、これらの組織の緊張を保っておくというのはキツい作業です。緊張を抜いて膝や重心を前に出したくなるのは自然なことですが、そうすると伸張性の組織に弾性エネルギーを溜めることができなくなります。そして、ボトム位置で動きの方向を切り返すときに伸張反射を使うことができなくなります。また、緊張を抜いて膝や重心を前に出してしまうと下背部の緊張も抜けてしまうことが多く、怪我のリスクも高まることになります。

解決策は、しゃがみ込んでいく動作の中で膝が正しい位置に来るように、正しい膝の使い方を覚えるということになります。大腿骨を外旋させ膝を外に押し出しながら正しくスクワットを行えば、膝が前へ移動するのは、自分の身体の各部位の長さのバランスに適した範囲に自然と収まります。そして、膝が前に移動するのは、しゃがみ込む動作のはじめ 1/3 から 1/2 程度までになります。その後は、膝の位置は変わらず股関節が動いていくことになります。膝の適切な位置は、つま先のすぐ前です。しゃがみ込む動作の一番はじめから膝を前と外に出して、膝がこの位置に来たらそこから動かしません。しゃがみ込む動作の後半は股関節を後ろに引き、下ろしていくことになります。これをふたつの動作に区切って、2〜3レップ試してみてください。それから、ふたつの動作をつなげてスムーズな一連の動作として行ってみてください（図 2-50 参照）。膝の前に木のブロックを置くと、これを覚えるのに有効です（図 2-51 参照）。

こうやって膝の位置をコントロールするには、膝が自分の意思に対してどう動いているか実際に下を向いて確認する必要があります。足のスタンスを決めて、背中にバーベルを担いで、しゃがみ込む前に真下を向いて、床の両足の

図 2-51　非常に使える木のブロック。膝でブロックに触れるが、倒してはいけない。

2 | The Squat

つま先のあいだあたりに視点を置きます。そして、足と膝の位置関係を見ます。しゃがみ込んでいくと、つま先に対して膝がどういう動きをしているかが見えます。ウェイトプレート無しのバーベルシャフトのみを担いで、ボトムまでしゃがみ込んで立ち上がる動作を2〜3回繰り返します。はじめは不自然に感じるものなので、少し練習が必要です。しかし、スクワットの動作全体を通して膝の位置が変化していくのを観察しながら重量を増やしていくと、なにが問題なのかがハッキリします。そして、問題を矯正するのになにをすれば良いのか、その場で手がかりを得ることができます。スクワットを正しく理解することができていれば、これが膝の問題に対処する最善の方法になります。

足のスタンス

先に話したとおり、足と地面のやりとりがスクワットというトレーニング種目全体の要になります。足は地面につき、足の中心でバランスが取れます。バーベルとリフターのシステムがバランスを取るためには、バーベルが足の中心の真上に来る必要があります。本書で勧めるスタンスとは、踵を肩幅程度に開き、つま先を約30°外に向けると話しました。ただ、どういうスタンスが良いかには大きな個人差があります。各個人の腰幅、股関節の固さ、大腿骨と脛骨の長さとその比率、内転筋群とハムストリングの柔軟性、膝の関節の構造、足首の柔軟性といった要素が影響します。最適なスタンスとは人によって少しずつ違うものですが、踵を肩幅程度に開き、つま先を約30°外に向けるのは良いスタート地点になります。

また、足幅は膝の位置に影響します。例えば、身長が高く大腿骨が長く、比較的肩幅がせまい人は足幅を通常よりも広くする必要があります。胴が長くて脚が短い場合、足幅は少しせまくする必要があります。つま先の角度も個人に合わせた調整が必要になる場合があります。つま先がもともと内向きな人は、本書で勧めるよりもつま先を前に向けることになります。こういった調整を行うのは、大腿骨と脛骨のつながりを自然に保ち、膝の内側、外側、関節内の靭帯にねじれが起きるのを避けるためです。足幅をせまくすると、膝がつま先に対して前に出やすくなり、足幅を広くすると膝の位置は後ろに寄ります（図2-52参照）。しかし、全般的な筋力強化を目的にする場合、踵を肩幅にするのが最も効果的です。

筋トレ雑誌によく出てくるような足幅のせまいスクワットは、見た目のキレイな大腿四頭筋を作ります。しかし、我々は股関節まわりの筋肉すべてを使いたいのに、それをトレーニングプログラムに含めないのは賢いとは言えないでしょう。足幅をせまくすると、柔軟性が一般的なレベルの人には十分な深さまでしゃがみ込めなくなります。そうなると、一般的な広さの足幅で行うときのようにハムストリングを十分に動員できなくなります。また、足幅をせまくすると内転筋群を動員することもできなくなります。このことから、内転筋群に怪我がある場合には、回復するまで数週間は足幅をせまくするという使い方はあります。しかし、いつも足幅をせまくしていると、内転筋群を十分に鍛えることができないので、かえって内転筋群の怪我のリスクにつながります。

パワーリフティングを見ていると、足幅を広くして、足をほとんど完全に前に向けてスクワットをする選手がまれにいます。非常に強いパワーリフターの中には、膝と股関節の靭帯にねじりを加えることで関節の緊張を高め、リバウンドを得るためにこういうスタンスを取る選手がいます。他には、強いパワーリフターがやっているからと、ただマネをしているだけの人もいます。これは豊富な経験を

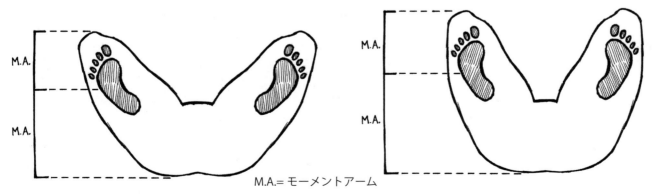

図2-52　足幅、つま先の角度、膝の角度の関係。足幅を広げると骨盤での大腿骨の角度が変わり、それに合わせてつま先も外を向けることになる。つま先を外に向けることで、脛骨と大腿骨のつながりを自然に保ち膝への負担を避ける。先に話したように、大腿骨のモーメントアームは足の中心の位置から測る。膝のモーメントアームは膝からバーベルまで、股関節のモーメントアームは股関節からバーベルまでとなる。

積んだパワーリフターに限ったやり方だと考えるべきです。一般人にとっては、腱や靭帯に問題を起こさずに、できるだけ力を生み出せるように脚と股関節の骨を動かすということが非常に重要になります。この関係を自分の目で確かめるために、イスに腰掛けて膝をかるく曲げ、足を身体の前に出してください。足を地面に押し付けず、両脚をくっつけます。このとき、つま先はまっすぐ前を向きます。次に、両脚を大きく広げてください。すると、つま先は外を向きます。この両方の姿勢で、足は自然と大腿骨と平行になり、膝にはねじれがなく構造的に自然な状態になっています（図2-52参照）。膝が外を向くとつま先も外を向きます。膝を外に出せば出すほどつま先も外を向きます。そして、膝を外に向けると大腿骨は外旋します。脛骨は大腿骨の動きに従い、膝の靭帯を自然な状態に保ちます。つま先は脛骨の先につながっているので、合わせて外を向きます。この構造上の関係を理解し、この関係を侵さないことが、避けられる膝の怪我を避けるためには欠かせません。

踵の下にブロックや2×4材を敷く人が多くいます。ほとんどのジムに、そういうブロックがひとつくらい転がっているものです。このブロックが使われるのは、フルスクワットの姿勢に入りやすいからという理由です。なぜこうするとフルスクワットの姿勢に入りやすいのかを理解すると、なぜこういうブロックを使うべきではないかを理解することができます。踵の下にブロックを敷くと、足首の位置が高くなり脛骨が前に傾きます。そして、足首の関節を大きく動かさずに膝を前に出すことになります。脛が前に傾くことで膝の角度が閉じます。そして、脛骨の裏側にあるハムストリングの付着点は、骨盤にある起始に近づきます。すると、ハムストリングの緊張が少し解け、ハムストリングをそれほど伸張させなくても深くしゃがみ込むことができるようになります。踵の高さが1.3cm〜1.9cm程度のウェイトリフティングシューズは、踵を少し上げ、脛骨を少し前傾させて大腿四頭筋を少し動員しやすくしてくれます。しかし、踵の高さを3.8cmや5cmも上げるような靴や2×4材は問題です。もし、踵の下にブロックを置かないと深いスクワットができないほど柔軟性に問題があると感じているのであれば、それはほぼ間違いなくスタンスと膝の使い方の問題でしょう。

すべてを正すバーベルの軌道

スクワットでは、バーベルの軌道がおかしいことで身体の使い方がおかしくなってしまうことがあります。ひとつの意識付けを実践することで、バーベルの軌道に関するほとんどの問題を解決し、バーベルの軌道が影響して身体の使い方がおかしくなっているところをすべて矯正することができます。非常にシンプルな意識付けですが、膝の使い方や背中の角度、踵が浮いてしまう場合から、バーベルの軌道がブレる場合といったことまで幅広い問題を正すことができます。それは、ただ「バーベルを足の中心の真上に維持する意識」を持つということです。

効果的なバーベルトレーニングというのは、「バランス」という概念を中心に組み立てられています。それは、足の中心の鉛直線上にバーベルを維持するフォームが最も効率的だということから来ています。これを実践すると、背中の角度は背中のどの位置にバーベルを担ぐかによって決まります。さらに、脊柱をがっちり固定して、バーベルを足の中心の鉛直線上に維持しながら上下に動かすと、膝、股関節、足首は、自然とこのバーベルの軌道を維持するために必要な働きをします。そして、表面に見えている細かなことに個別に対処するよりも深いレベルで、すべての問題を身体に解決させることができるようになります。デッドリフトでも同じように、バーベルの軌道を鉛直にすると正しく身体を使って力を出せるようになります。バーベルの軌道を鉛直にするという意識を持つことで、その先は頭で

図2-53　バーベルの軌道がすべてを正す。

2 | The Squat

考えるのではなく身体に問題解決にあたらせることができるのです。これは、「バーキュー」という概念の一例です。バーベルの動きに関する意識付けを行うことで、複雑な運動を細かく分析する作業を飛ばして、身体そのものが自然と解決するのにゆだねるものです。私たちは人生全体を通して身体の動かし方に関する問題を解いてきています。そして、生まれつき身体を動かすことが得意な人は、自然と身体をうまく動かすことができているはずです。これまでの経験は身体を動かすスキルとして積み重ねられています。身体の一部に特化した意識付けではなく、身体全体を使って行うタスクを意識することで、頭で考えるのではなく、自分の身体に備わったスキルを使って問題を解決するということです。バーベルを鉛直に動かすことを意識すると、細かく分析しなくても、背中、太もも、脛はバーベルが鉛直に動くように自然と動いてくれます。

スクワットでバーベルを足の中心の鉛直線上に維持するには、バーベルをはめて上下に動かす溝をイメージします。足の中心から細い溝がまっすぐ上に向かって伸びていると想像してください。そして、この溝に沿ってバーベルを上下に動かすイメージを持つのです。そうすると、そのイメージは見事に現実になります。どれだけしっかりイメージを持つことができるかによって、精度には個人差が出ますが、足の中心でバランスが取れる点の鉛直線にバーベルの軌道が沿うようになります。バーベルがこうやって動くように、膝と股関節は自然と必要な動きをしてくれます。そして、バーベルの動きをイメージする能力というのは、他の能力と同じように鍛えることができるものです。床からのプル種目全般やプレスでも、バーベルの軌道とバランスの関係は共通するので、この意識付けが効果的に使えます。

呼吸

運動中の呼吸のしかたについては多くの議論があります。ウェイトを下ろすときには息を吐き、ウェイトを挙げるときに息を吸うと運動中に血圧が高くなりすぎるのを避け、脳血管障害のリスクを避けることができると考える人がいます。こういうアドバイスをするのは、運動中に脳血管障害が起こるメカニズムや、脳血管障害のリスクが非常に小さいことを理解できていない表れです。さらに、整形外科関連の傷害のリスクが大きいことも理解できていないでしょう。この議論に答えを出すには、スクワットにおいて「バルサルバ法」の果たす役割を理解することが必要になります。バルサルバ法とは、腹部と胸部の筋群から圧がかかる中、声門を閉じて息を止めることの正式名称です。

自動車の運転中、交差点の真ん中でガス欠を起こしたと

ころを想像してください。自動車を押して交差点から出るか、事故で命を落とすかの選択をせまられたとします。自動車のドアを開け、ドアのフレームに肩をつけ、大きく息を吸い込んで自動車を押すでしょう。自分と自動車が交差点から出るまでのあいだ、途中で素早く息継ぎをする以外は息を吐くことはしないでしょう。さらに、このとき呼吸のしかたについて考えることさえないでしょう。これは、過去何百万年という歴史の中で、我々の祖先は重たいものを押し続けてきて、押すときに呼吸をどうすればいいかを中枢神経系に覚え込ませてきたからです。さらに、強く押す最中に自然とうなり声が出る人もいるでしょう。これは、声門で気道が大きくせばめられた状態で声が出るものです。気道がせまくなって、少しずつ息を吐いている状態でも圧力は上がります。もしかすると、格闘技の掛け声はこれに由来するのかもしれません。突きの瞬間に声を出すことによって、パワーを一点に集中させやすくなるというものです。

息を吸い込むと、横隔膜が収縮して胸腔の容積が増します。大きくなった肺に空気が入り、外側と内側の圧力が均等になります。息をグッと止め、体幹の筋群を引き締めると、圧力勾配といって内側と外側に圧力の差が生まれます。身体を強く引き締めるほど、この圧力は高くなります。胸腔と腹腔をへだてるものは横隔膜しかないので、腹部の圧力も高まります。脊柱の椎骨は背中の筋肉によって構造上適切な位置に維持されています。腹腔の内容物は基本的に圧縮されないものであり、ここを通して脊柱に静圧力が伝わり、椎骨の位置関係をさらに安定させます（図2-54参照）。つまり、腹腔と胸腔の圧力は横からと前から脊柱に伝えられ、さらに脊柱起立筋が後ろから圧力を生み出しているということです。大きく吸い込んだ息を止めると胸腔の圧力が高まり、この圧力は腹直筋と腹斜筋が引き締まることでさらに高まります。こうして脊柱は硬いシリンダーに包まれるような形で支えられるのです。リフティングベルトはこの効果を高める働きをします。ベルトはこのシリンダーに後ろから圧力をかけるのではなく、前と横から支えるように機能します。

世間一般では、胸腔と腹腔の圧力は体幹にある心臓や血管にも及び、この圧力が高まるとそれは血管を通して頭にも伝わるとされます。そして、この高まった圧力が、脳卒中や動脈瘤の破裂といった脳血管障害の原因になるリスクがあるというのです。

この考えには、見落としてしまっている事実がいくつもあります。その中でも最も重要なのが、細胞膜をやぶるには、膜の外側と内側に圧力勾配がなければいけないという事実です。圧力勾配がなければ動きは生まれないのです。

The Squat

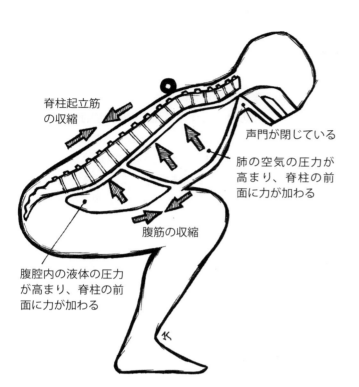

トレーニングでバルサルバ法を使う際には、すべてに圧力がかかり、体内にあるいかなる境界にも圧力勾配は生じません。動脈にかかる圧力は首から頭へと血管を通して伝えられますが、同じ圧力が脊柱管の脳脊髄液にもかかっています。脳脊髄液は頭蓋内にある硬膜下のスペースと脳室全体に圧力を伝えます。こうして脳内の組織や血管にかかる圧力は均等になっているのです（図 2-55 参照）。(Haykowsky, MJ et al.,Medicine & Science in Sports & Exercise, 35(1):65-68, 2003)

また、世間一般の考えは、頭蓋は実質的にプロパンタンクのように高い圧力に耐えられる圧力容器であるという事実も見落としています。牛乳瓶の中に風船を入れて膨らませるところを想像してみてください。この状態から風船を膨らませ続けたら風船を破ることができるかと言うと、もちろん不可能です。（牛乳瓶を割ってしまうところまで持っていけるなら話は別ですが。）圧力容器の働きとは、風船と牛乳瓶のあいだに圧力勾配が生まれない

図 2-54　胸腔内で肺の圧力が高まり、腹筋群の収縮により腹腔内の圧力が高まり、脊柱起立筋の収縮は安定性を生む。そして、これらが相乗的に働く。バルサルバ法を使うことで、この圧力と安定性を生む能力が増す。高重量を挙げるときに息を吐くと、脊柱を安定させるのに十分な圧力を生み出せなくなる。高重量を扱うときには、大きく息を吸って止めること。

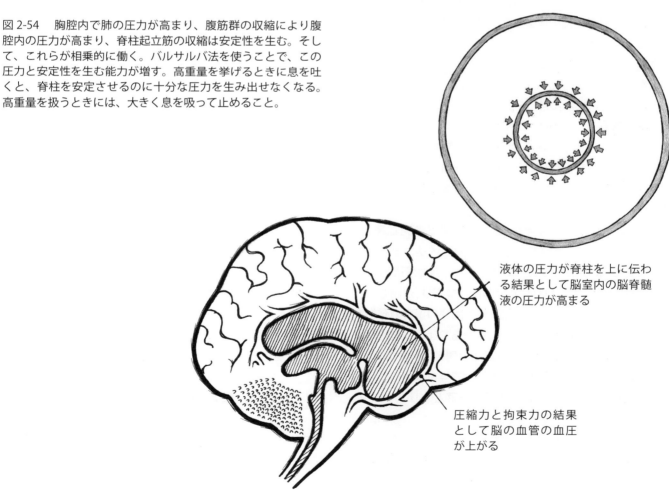

図 2-55　身体の緊張とバルサルバ法を使うと脳の血管にかかる圧力は上がる。しかし、脊柱管の脳脊髄液を通して伝えられる脳室の圧力が同時に上がり、血管と同じだけの圧力を受けるため、血管が破裂するリスクは緩和される。頭蓋の容積がこの 2 種類の圧力に制限をかけ、血管を破裂させることなく、むしろ血管の構造を安定させる。

ようにするものです。頭蓋内にある膜にかかる圧力は、頭蓋の働きによって圧力勾配が生まれないようにコントロールされています。そして、脳血管障害のような膜の破壊には圧力の変化が伴うものです。このように、頭蓋内のあらゆる組織にかかる圧力は同じに維持されます。息を吐かない限りはです。

世間一般の考えには、さらに見落としている事実があります。動脈瘤は血管壁の障害で、遺伝的特性と関連付けられているものです。他には、頻度は落ちますが、第三期梅毒のように血管壁に慢性的な炎症を起こす病気との関連も見られています。つまり、動脈瘤のある人は、ウェイトを使ったトレーニングを行うから動脈瘤ができているのではなく、他の理由があるということです。こういう人が動脈瘤の破裂に見舞われるリスクというのは、トレーニングをしているときも庭先を散歩しているときも大して変わらないのです。

実際のデータを少し紹介します。バーベルを担いだときに正しく呼吸することが重要だと実感しやすくなるはずです。脳血管障害と整形外科関連の傷害の発生率を比べてみると、整形外科関連の傷害リスクの方が大きいという十分なエビデンスが得られます。あらゆるスポーツの中学生・高校生アスリートを対象に、Risser らの行った 1990 年の研究（American Journal of Diseases of Children, 144(9): 1015-7, 1990）によると、7 日以上トレーニングができなくなる傷害があったのは、すべてのアスリートのうち 7.6% でした。1 年を通してあらゆる原因での傷害の発生率は 0.082 でした。すべての傷害のうち、一般的な捻挫と筋挫傷が 74% で、すべての傷害のうち、59% が背中の傷害とされました。

これに対して、2004 年の脳血管障害での死亡率は、0.000512 でした。（約 2 億 9300 万人のアメリカ総人口に対して、150,074 件です。）致命的でない脳血管障害の発生率は 0.00305（895,000 件）でした。つまり、運動を行っている特定の人を対象とした整形外科関連の傷害の発生率と、アメリカ全人口を対象とした致命傷でない脳血管障害の発生率を比べても、整形外科関連の傷害の発生率は 27 倍にもなるのです。そして、スポーツで腰を痛めるリスクは、運動なしで脳血管障害により命を落とすリスクの 94 倍にもなります。

脳血管の問題を遺伝的に生まれ持っていなければ、アスリートは一般人と比べて脳血管障害のリスクははるかに小さくなるので、現実には脳血管障害と整形外科関連の傷害のリスクの差はもっと大きくなります。ウェイトルームでの脳血管障害の発生率に関するデータは存在しません。これは統計的に検証できないほど発生頻度が低いからです。

バーベルというものが生まれてからこれまでに、バーベルトレーニングに関連する脳卒中で死亡した人の数よりも、1 年間に 20 リットルのバケツで溺死する人の方が多いくらいです。

バーベルを挙げたり自動車を押したりするときにバルサルバ法を用いるのは、身体の前面の胸部や腹部から圧力を得て脊柱を安定させるためで、これは自然なことです。戦闘機のパイロットは高い G がかかるアクロバティック飛行を行うときにバルサルバ法を行います。高い G がかかる状況では、脳への血流が維持できずに意識を失ってしまうリスクがあるので、これで血管を開いた状態に維持して脳への血流を確保し意識を保つのです。高重量のバーベルを担いだときにも同じ状況になります。180kg を担いだときには血流を保つのが難しくなります。バルサルバ法では背中を安定させるのに加えて、血圧を高めることで脳への血流を維持するのです。

最も重要なのは、トレーニングの積み重ねなしにいきなり 180kg を担いでスクワットをする人は誰もいないということです。トレーニングを行うと、体内の他の組織や系と同じように循環器系も適応します。そして、その適応は筋力の向上と共に進みます。スクワットで高重量を扱える人には、スクワットで高重量を扱えるようになるために必要なあらゆる適応が起こっているのです。そして、これまでに息を吐きながら 360kg を床から引いた人は存在しません。あらゆるアスリートにとって、さらにはあらゆるトレーニーにとって、「ウェイトを下ろしながら息を吸い、ウェイトを挙げながら息を吐く」というアドバイスに従うと、脳卒中のリスクを下げるよりも、整形外科関連の傷害リスクを高めることになるのは明白です。

実際には高重量を扱うセットでは、レップごとに大きく息を吸い込んで息を止めるのが良いのです。高重量を扱うときに確実に行えるように、軽い重量でもこうやって正しく呼吸をする癖をつけましょう。バルサルバ法によって起こるかもしれない問題よりも、防ぐことができる問題の方がはるかに多く、ウェイトルームで安全を確保するのに必要で重要なテクニックなのです。

スクワットの補助

ウェイトルームにおいて、補助者は役に立つよりも邪魔になることがよくあります。補助者が経験不足だったり、集中できていなかったり、頭が悪かったりすると、リフターに怪我をさせる結果になることもあります。本書で紹介する基本的なプログラムで、補助者が必要になるのはスクワットとベンチプレスだけです。この 2 種目においても、

補助者が正しく役割を果たせないのなら、補助をつけない方がマシなくらいです。しかし、スクワットもベンチプレスも高重量では危険を伴うので、誰しもトレーニングを進める中で頼りになる補助者がいることが重要になるときがきます。

スクワットではかなりの高重量を扱う場面が出てきます。さらに、スクワットでその重量を担ぐ位置の関係上、一人の補助者で安全に対応することができません。**スクワットには補助者が二人必要なのです**。自分が挙げ切れるか分からないセットに挑戦するときや、ほんの少しでも不安のあるときには補助者を二人つけるべきです。補助者は、二人の人間が同じ物体に力を加えることの意味を理解して、お互いの動きを注意深く見て連携することが必要です。一人がバーベルを大きく持ち上げて、もう一人が何もしていないというような場合、重量が一方に偏り事故につながる可能性があります。これで腰を痛めたリフターはたくさんいます。しかし、こういう状況は正しい補助のしかたを学ぶことで避けることができます。補助者は自らが怪我をするリスクを最小限に抑えながら、バーベルができるだけ水平に保たれるようにバーベルに均等に力を加えることが必要になります（図 2-56 参照）。

スクワットの補助は、一人で安全に行うことができません。補助者が一人でリフターの後ろに立ち、上半身を前傾させて腕をまわし、リフターの胸に手を当てる形が採られることがあります。この方法は見た目に恥ずかしいだけでなく、効果的でなく、さらに危険が伴います。もし、リフターが自己中心的な人間で、背中からバーベルを落としたら後ろにいる補助者はどうすればいいのでしょう？　肘で受け止めますか？　この方法をリフター側から見ると、補助者からのサポートは自分の胸で受けることになります。つまり、最も姿勢を変えてはいけないタイミングで姿勢を変えることになります。見た目が恥ずかしいこと、効率が悪いこと、危険であることを考え合わせると、スクワットの補助を一人でするのは避けるべきだというのが分かるでしょう（図 2-57 参照）。

差し迫った状況では、補助者一人でも助けになることはあります。一人でも補助に入る必要に迫られた場合、リフターの真うしろに立ち、リフターのバーベルの担ぎ方とグ

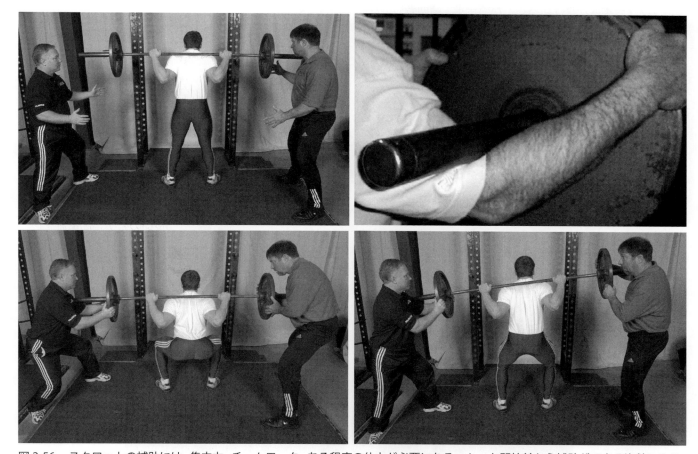

図 2-56　スクワットの補助には、集中力、チームワーク、ある程度の体力が必要になる。セット開始前から補助ができる姿勢に入る。リフターがバーベルを挙げられない場面では、両手と片方の肘の内側を使ってバーベルの端を保持する。二人の補助者が連携し、バランスを取りながら力を加える。これに失敗すると、リフターにとってはバーベルの片側だけが軽い状態になり、ねじれを起こして怪我の原因になりうる。バーベルを挙げられないときに、補助者に任せてバーベルを投げ出してしまうリフターには、ハンマーで制裁を加える必要がある。

2 | The Squat

図 2-57 （A）間違った補助のしかた。一人でスクワットの補助をするのは難しい。補助の目的は重量を部分的に軽減することで、そのレップをリフター本人が挙げ切ることができるようにすること。リフター本人の身体に力を加えても、これを安全に行うことはできない。（B）一人でスクワットの補助をする必要に迫られた場合に使う次善策。リフターではなくバーベルに力を加える。

リップに合わせて、できるだけ左右対称にバーベルに手を当てて押し上げます。この方法は高重量の場合や、リフター本人の力でまったく挙げられないような場合には使えません。どちらの場合も、補助者もリフター本人も、できるだけ安全にバーベルから離れることが必要になります。実際に、リフター本人が挙げ切ることができず、補助者もいない場合には、バーベルを背中から落としてしまうように指導するコーチもいます。これは補助者がいない場合なので、補助者に怪我をさせる心配はありませんし、補助者がリフターに怪我をさせる心配もありません。しかし、バーベルを背中から落とすのは練習が必要ですし、バンパープレートとジムの許可も必要になります。しっかりしたコーチの指導を受けずにやろうとしてはいけません。

こういう差し迫った状況というのは避けることができるものです。重量設定が間違っていたか、ウェイトルームに十分な人がいなかったということが考えられます。怪我のリスクが高いので、こういう状況を未然に防ぐため必要な変更をすべきです。補助が必要な重量を挙げるときには、補助を頼める人とジムに行くなり、補助を頼める人がいない場合には、その日のトレーニングのプランを変えるなりするべきです。

パワーラック

スクワットをパワーラックの中でしなければいけない場合があります。まず、ウェイトルームのつくりが適切でない場合があります。パワーラックにプラットフォームが接続している場合、パワーラック内の床面とプラットフォームに段差があれば、バーベルを担いで歩くときに段差を越えなければならなくなります。つまずいたりするリスクを

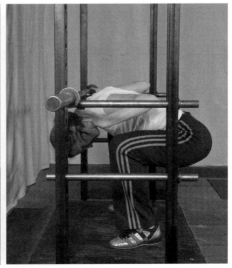

図 2-58　パワーラックの中で行うスクワット。どうしてもという状況では、バーベルをピンに下ろすことができる。

避けるために、パワーラックの中でスクワットをする必要が出てくるでしょう。他には、スクワットの日に補助を頼める人がいない場合には、挙げ切れなかったときに、バーベルに潰されてしまわないようにパワーラックの中でスクワットをする必要が出てくるかもしれません。この場合、パラレル以下までしゃがみ込んでもバーベルに触れない位置にピンを設定しましょう。

　良いパワーラックにはいくつか条件があります。まず、床が丈夫であり、プラットフォームと段差が出ないようにできることが必要です。これでバーベルを担いでパワーラックの外に歩いて、スクワットを行うことができます。次に、パワーラック内でスクワットができるように十分な奥行きがあることが必要です。そして、5cm ～ 7.5cmの間隔でピンを挿す穴が設けられていることが必要です。10cm 以上の間隔になると使いにくくなります。パワーラックやプラットフォームの作りが良くない場合や、いつも一人でトレーニングをするという場合、パワーラックの中でスクワットをするのを基本とせざるを得ない状況もあり得ます。しかし、一般的なジムの環境では、パワーラックの中で高重量のスクワットを行うのは補助者にとって危険になる可能性があります。特に補助者の手に注意が必要です。リフター本人にとっては、直立した支柱がすぐ側にあると集中しづらくなるかもしれません。支柱が視界に入ることで、支柱にぶつからないようにする意識が働き、バーベルの軌道に影響するかもしれません。支柱が近いことに慣れることはできますが、スクワットはパワーラックの外で行う方がベターです。きちんと設備の整ったジムで補助者がいれば、パワーラックの中でスクワットをする理由はなくなります。

　スクワットというトレーニング種目は、スミスマシンでも同じことができそうに見えるかもしれませんが実際には違います。ジムの受付の女の子がなんと言おうと関係ありません。スミスマシンとスクワットラックは別物です。スミスマシンでスクワットというのは、小さなクローゼットの中でハムスターにスクワットをさせようとするくらい不可能なことなのです。マシンがバーベルの軌道を鉛直にしてくれるのと、正しいフォームでスクワットを行ってバーベルの軌道が鉛直になるのでは、天と地ほどの違いがあるのです。バーベルの軌道を鉛直に保つ仕事は、筋肉、骨格、神経系の働きで行うもので、グリスの塗られた部品や、レール、床に打ち込まれたボルトの仕事ではありません。

　「ヒップスレッド」という名前で呼ばれることもあるレッグプレスマシンは、すでにスクワットができるだけの筋力がある人にとってはスミスマシンよりも役に立ちません。通常のスクワットでは自然と動く関節が制限され、自然な

身体の使い方や力の出し方ができなくなります。高齢のトレーニーや、なんらかの障害があってスクワットをトレーニング種目として効果的に行えない人にとっては選択肢になるかもしれません。しかし、若くて健康な人にとっては特に害が多いです。レッグプレスでは非常に大きな重量を扱えてしまうので、これからスクワットで強くなる必要のある人がレッグプレスの重量自慢に夢中になってしまうのです。レッグプレスで500kg挙げたという話は、クォータースクワットで250kg挙げたというのと同じくらい無意味なものです。

個人のトレーニング用品

　スクワットスーツ、スクワットブリーフ、パワーソックス、ベンチプレスシャツといったサポート用品は、パワーリフターが大きな重量を挙げるために作られており、こういう物が許可された大会で使用されます。パワーリフティングは、こういったサポート用品の使い方が影響する非常にテクニカルなスポーツです。しかし、体力や身体能力を向上させる目的で行う筋力トレーニングにおいて、こういう用品の出番はありません。挙上重量が伸びることと、筋力が伸びることは絶えず同じではないのです。ここまでにスクワットと筋力に関して話してきた原則を踏まえると、これ以上説明の必要はないことでしょう。

ベルトとニーラップ

　ベルトとニーラップについては、その働きがもう少し複雑です。スクワットで高重量を扱う場合、しっかり作られたベルトを適切に使うと安全性を高める道具として役立ちます。ベルトを使うと筋肉から脊柱にかけられる圧力を高めることができ、脊柱を守ることにつながります。腹部の筋肉が作る「シリンダー」をベルトが強化する働きをするのです。それに加えて、ベルトは身体の感覚に対するシグナルとなり腹部の筋収縮を強めることにつながります。例えば、背中にホウキの棒を担いだときよりもウェイトプレートを付けたバーベルを担いだときの方が強く押し返すことができるように、ベルトがある方が筋肉を強く引き締められるようになるのです。長い目で見るとベルトによって腹筋群のアイソメトリック収縮が強まる効果が、より強い腹筋を作ることにつながります。また、脊柱の安定性が向上することで、より大きな重量を扱えるようになり、スクワットの強化につながります。

　スーツは、スーツ無しでは実際に挙げられない重量を挙げさせてくれるもので事情が異なります。スーツを着る

2 | The Squat

と、バーベルを担いでしゃがみ込んでいくエキセントリック収縮時に生まれる運動エネルギーの一部が、スーツの素材やスーツに圧縮された皮膚や筋肉に弾性エネルギーとして蓄えられます。そして、立ち上がる動作に切り返したときに、このエネルギーを使うことができます。つまり、スーツを着ると本人の力以上の重量を挙げることができるようになるのです。これはベルトに関しても同じことが言われてきました。しかし、ベルトはスーツのように屈曲から伸張反射、伸展という一連の動作を行う関節をまたいで機能するものではありません。全般的な筋力強化を目的とするトレーニングにおいて脊柱を安定させ安全を確保するのは必要なことですが、トレーニング用品の助けを借りて本来の力よりも30％重いバーベルを挙げることは必要ではありません。いつかパワーリフティングの競技に出場するときまで、スーツは置いておきましょう。

　まともに作られたベルトは端から端まで同じ幅をしています。通常は10cmです。安く買えるまがい物のベルトが何百万本と製造されてきました。前は幅が5cmで、5cmのバックルが付いており、背中側の幅が10cm〜15cm程度に広がるベルトは、そもそもベルトがどういう働きをするのかを理解していない人間が作ったものです。ベルトが正しく機能するためには、ベルトを巻く身体の外周全体に作用しなければなりません。前よりも背中側で幅を広げる理由などないのです。肋骨と股関節のあいだに巻けるベルトの幅は、ほとんどの人にとって10cm程度が最大になります。身長の低い人やウェスト部分の短い人は、7.5cm幅のベルトを探す必要があるかもしれません。ベルトの厚みも重要です。スエードで覆われた分厚いベルトは伸びることがほとんどなく、とても気持ちよく高重量を担ぐことができます。しっかりした10cm幅の一枚革で、しっかりしたバックルの付いたベルトであればなんでも大丈夫です。ベルクロタイプのベルトでも、しっかりした物はベルト無しよりはベターです。

　トレーニングを始めて間もないうちはベルトは必要ないかもしれません。また、腹筋が強く腰を痛めることがなければ、ベルトを使わないスタイルの方が良いと感じるかもしれません。たしかに、これまでにはベルト無しで非常に大きな重量を挙げてきた人たちがいます。最終的には、そのときの状況に合わせて判断をするということになりますが、これまでに腰を痛めた経験があったり、少しでも不安を感じる場合には大事をとるに越したことはないでしょう。ただ、いつでもどこでも使えば良いというものではありません。例えば、ウォームアップの最後のセットとメインセットに限定するような使い方が考えられます。基本的な考え方として、1日のトレーニングの中で最も大きな重量を担ぐメインセットに入るところで、なにか新しいことを試すのは避けるべきです。メインセットでベルトを使うなら、ベルトによって動作パターンが変わってしまったりベルトに注意を奪われてしまったりしないように、ウォームアップの最後のセットでもベルトを使って準備をしておきましょう。

　ベルトを正しく使えるようになるには練習が必要です。ベルトが効果を発揮するには、正しい位置に正しいキツさで装着しなければなりません。ベルトの着け方がおかしいと、スクワットの動きを邪魔する結果になることもあります。まず、お腹まわりのくびれたところにベルトを巻いて、心地よい程度に締めます。スクワットのスタンスを取って、ボトム位置までしゃがみ込みます。こうすると、ベルトは自然と最も効果を発揮する位置に落ち着いてくれます。立ち上がって、お腹まわりに少し圧力がかかるところまでベルトを締め込みます。この作業はバーベルを担いでいなくてもできるので、あらかじめ行いましょう。ベルトが必要になる高重量のセットのはじめのレップで、ボトム位置までしゃがみ込んだときに調整するのでは遅いのです。

　ベルトの使い方について、よくある誤解があります。「ベ

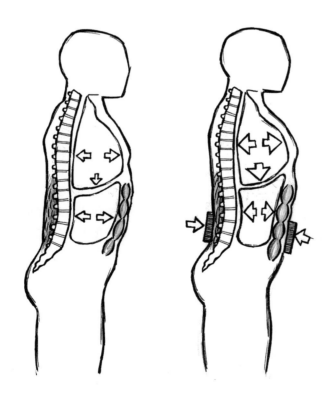

図2-59　スクワットの安全性と効果を高めるためには、脊柱にかかる圧力を高めることが必要になる。ベルトは身体の感覚にフィードバックを送り、腹部の筋肉をより強く収縮させ脊柱への圧力を高める。ベルトの抵抗に対して押し返すことで、腹部の筋肉がより強く収縮する。ベルトが容積を制限することで胸腔と腹腔内の圧力が高まる。

The Squat

図2-60　いろんな種類のリフティングベルト。作りもさまざまだが、役に立つのは端から端まで幅の同じベルト。背中側の幅が広いベルトは、製造者がベルトの機能を理解していない。

ルトに対してお腹を押し出す」と聞いたことのある人は多いでしょう。しかし、たいていの場合、これをやると脊柱が屈曲することになります。そもそもベルトを使うのは、バーベルを担いだ状態で脊柱の屈曲を避けるためです。お腹に圧力がかかる程度にベルト締めたら、あとはベルトを着けていることは忘れて、ベルトを着けていないときと同じように腹筋を使いましょう。意識的にベルトを使おうとしなくても、ベルトが腹筋を締め付けることで腹筋は強く収縮します。細かい操作をしなくてもベルトは機能してくれるのです。

　どの程度締め込むのが良いかは個人の好みの問題ですが、一般的にトレーニング経験の豊富なリフターの方が初心者よりもベルトをキツく締められます。また、ベルトを締め過ぎてしまうということもあり得ます。身体を伸ばしてギリギリのベルト穴に爪を押し込むような着け方をすると、腹筋を収縮させて力を生みにくくなり、腹筋を使って圧力を生むのがうまくいかなくなります。自分自身で試してみると、ベルトの締め方には最適なキツさがあること、キツすぎるよりは緩すぎる方がマシだということが分かります。また、ベルトをしばらく使っていると、体重の変化、着ている服の変化、水分量の変化などによって、どのベルト穴を使うかが変わってくることに気付くはずです。こういう場面では、ベルト穴の間隔がせまく、細かな調整ができるベルトは便利です。

　最近は、ベルトを使うと体幹を鍛えることができず、体幹の筋力が落ちることになると言われることがよくありますが、そんなことはありません。素人には理解しにくいことで、指導者であっても非常に大きな重量を扱った経験のない人間には分からないことですが、ヒトの身体をくまなく見回しても、270kgを背中に担いだスクワットの最中に緊張が解ける筋肉などひとつもありません。そして、このことは特に脊柱を安定させるために働く筋肉に当てはまります。ベルトを着けたからといって体幹の筋肉は寝ていてもいいということではないのです。実際には、ベルトがもたらす抵抗があることで腹筋群の収縮が強くなるのです。バーベルを使ってカールをするときには、ホウキを使ってするよりも腕の筋肉が強く収縮するのと同じことです。スクワットにおいては、体幹が引き締まって安定しているほど高重量を支えることができるので、ベルトを使うと安全により大きな重量を扱うことができるようになるのです。そして、スクワットで可動域を同じように使って扱える重量が増えると、仕事量が増えることになり、筋力を伸ばすことにつながるのです。

　次に、ニーラップについてです。1メートル、もしくはそれ以上の長さがあって分厚く、カラフルなストライプが入っているタイプのニーラップを使うと、やはり普段よりも大きな重量を挙げることができます。ニーラップのメカニズムはスクワットスーツと同じです。特に怪我がなければ、ニーラップは挙上重量を増やすためのサポート用品と考えるべきで、使用すべきではありません。しかし、膝の傷害がある場合、傷害の種類によっては、正しく使うとニーラップは非常に有効です。例えば、以前に靭帯を痛めたことがあり、全快ではないものの回復できるところまで回復したという状態では、ニーラップを使うことで圧力を加え、膝の安定性を高めることができます。軽いニーラップは、膝の関節全体を包むように必要なだけの圧力を加え、まるで膝の外側に関節包ができるような働きをします。また、ニーラップは膝を温かく保ち、皮膚やその他の表層の組織に身体の動きの感覚を伝える働きもします。ただ、セットが終わるたびにすぐニーラップを緩めないといけないくら

61

2 | The Squat

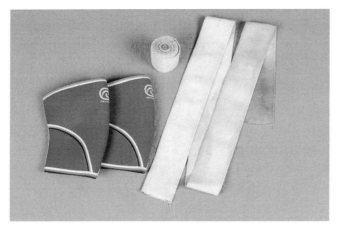

図2-61 ニーラップは膝の安定性を高め、軽度の傷害を抱えるリフターのトレーニングを支える。ニースリーブは内部がゴム、外側が布地でできており、主に膝を温める目的に使われる。

図2-62 リフターが個人で所有するトレーニング用品の中で最も重要なスクワットシューズ。地面との接点をしっかり持つことができ、靴底の柔らかいシューズで起きる圧縮や不安定さが無くなる。スクワットシューズを買いましょう。最もお金を使う意味のあるトレーニング用品です。

い強く巻いている場合、ニーラップは膝の安定性を高めるだけでなく、大きな重量を挙げるサポート用品として機能してしまっています。1日のトレーニングの始まりから終わりまで巻いたままにしておいても下腿への血流に問題が出ない程度の巻き具合であれば、ニーラップの働きは膝の安定性を高めるにとどまっていると考えられます。

　ニーラップは緩く巻くことで膝の安定性を高めるために使えます。膝に不安のある高齢のリフターは、それよりももう少しキツめにニーラップを巻くことで痛みなくスクワットができるようになるという場合があります。ニーラップから得られる圧力を強めることで、スクワットがイライラの種から効果的なトレーニングに変わる場合があるのです。ニーラップ無しで高重量のスクワットを行うと膝に炎症が起こる人がいますが、ニーラップを適切に使うと圧縮する力がそれを防いでくれるようです。

　パワーリフティング用のニーラップは、あまりにゴツくて膝の安定性を高める目的のために緩く巻いて使うことができない物があります。緩く巻いたとしても、素材そのものがゴツいので、長いあいだ巻いたままにしておくことができなくなるのです。こういう状態は、安定性を高めているだけとは言えません。軽めのニーラップは、ほとんどのスポーツ用品店で購入可能で、本書で紹介する目的には必要十分なものです。ゴムと布地でできたニースリーブは、膝を温めることが目的の場合に使われます。

シューズ

　個人で本当に所有する必要のあるトレーニング用品はシューズです。これまでにスクワットのトレーニングを一度でもしたことのある人であれば、スクワットシューズを履いて5レップ×1セット試してみるだけで、このことに納得することができるものです。良いスクワットシューズを履くと、スクワットの効率が良くなります。その価値を考えるとシューズ代は安いものです。中古のシューズは50ドル程度からあり、アディダスのウェイトリフティングシューズの新製品では200ドルを超える物もあります。しっかり作られたシューズを使うとスクワットの感覚が大きく変わります。パワーリフティング用のスクワットシューズは靴底が比較的平らになっているのに対して、ウェイトリフティング用のシューズは踵部分が少し高くなっており、膝をつま先のほんの少し前に持って行きやすくなります。どういうシューズを選ぶのが良いかは、個人のスクワットのスタイルと柔軟性によって変わります。踵が2.5cm以上高くなっているものは避けましょう。踵が高くなり過ぎて、床から行うプル種目において本書で勧める身体の使い方が行いづらくなります。また、踵の下に2×4材を置いたときと同じ問題を起こします。ほとんどのスクワットシューズは、横方向の安定性を高めるためのベルトが足の甲についています。その他に重要なこととして土踏まずに沿った形状をしており、足が靴の踵部分にフィットすることで、靴の中で足がブレないように作られています。

　スクワットシューズの特徴の中で、踵が圧縮しないことが最も大きなメリットになります。ボトム位置から立ち上がる動作では、地面についた足が力の伝わりのスタート地点になります。ランニングシューズのように柔らかいジェルやエアの入った靴底では、立ち上がる力のいくらかはジェルやエアが圧縮されることで吸収されてしまいます。この圧縮によってパワーを伝える効率が下がるのに加えて

The Squat

足の安定性も下がります。足が安定しないと同じ動作パターンを再現するのが難しくなります。実質的に、1レップごとに少しずつ違った状態でスクワットをすることになり、正しいフォームを習得しにくくなります。ランニングシューズを履いてスクワットを行うのは、ベッドの上でスクワットを行うようなものです。ランニングシューズを履いてスクワットを何年も続ける人もいますが、真剣なリフターはスクワットシューズに投資をするものです。ブランド名が入った流行りのスポーツシューズと比べると特に高いものではありませんし、スクワットの感覚を大きく変えてくれます。

ここまでかなりの時間をかけて、バランスという視点からバーベルトレーニングのモデルを語ってきました。トレーニングで履く靴がちゃんとした物でなかったり、使い方がおかしかったりするだけで、この精緻なモデルを実践に移す段階で台無しにしてしまいます。とにかくスクワットシューズを買いなさい。

衣服

トレーニング時に着る服について触れておきます。スクワットをするときには、タンクトップではなくTシャツを着るべきです。Tシャツの方がタンクトップよりも広い範囲の皮膚を覆うことができるからです。皮膚は汗をかくと滑りやすくなりバーベルを安定させにくくなります。Tシャツの素材は100%綿か、綿50%ポリエステル50%を選びましょう。完全に合成繊維でできたTシャツは、バーベルが滑りやすいので避けるべきです。ショーツやスウェットパンツといったトレーニングではくズボンは、よく伸びる素材の物を選びましょう。これはとても重要です。汗をかくとズボンの生地が脚にまとわりつきます。十分に伸びない生地のズボンは脚の動きを制限し、膝を外に押し出して股関節を使うことがやりにくくなります。膝のすぐ下までの丈のズボンは、伸びる素材であっても同じ問題が起こります。伸びる素材で太ももの真ん中あたりまでの長さのショーツか、ごく一般的なグレーのスウェットパンツがトレーニングには最適です。そして、ズボンは高い位置まで上げて履きましょう。ズボンの股の部分が太ももの真ん中あたりまで下がったようなはき方をすると膝の動きの邪魔になります。トレーニングで使う衣服は、身体の動きにいかなる影響も与えるべきではありません。スクワットを正しく行うというのは、それだけで難しいことです。それを衣服がさらに難しくすることがあってはいけません。

鏡

鏡を見ながらスクワットをするのは、とにかく止めた方がいいです。多くのウェイトルームでは、壁に鏡が貼り付けられ、そのすぐ近くにスクワットラックが設置されており、自分の前に鏡がない状態でスクワットをすること自体

図2-63　トレーニング時に着る服は、リフター自身が身体を動かしたり、コーチがリフターの動きを観察したりするのを邪魔しないものを選ぶ。バギーパンツとシャツの組み合わせはカッコ良いのかもしれませんがウェイトルームでは使えません。タンクトップよりはTシャツの方がベターです。ショーツやズボンは見た目ではなく機能性で選びましょう。ただ、気の利いたロゴが入っているものは良いですね。

2 | The Squat

ができなくなっています。身体の動きを見るには、前から、横から、上からと3つの面があります。鏡が役に立たないのは、鏡では前から見た面の情報しか得られないからです。そして、自分の姿勢やバランスについて情報を得るのに、前から見た面というのは最も役に立ちません。鏡にまっすぐ向かい合って鏡に映る姿を見ても、前後の動きを見分けることは非常に難しいです。さらに、スクワットのしゃがみ込みの深さも、前から見て判断することは非常に難しいです。膝の皿と股関節の位置関係を見るには、いくらか角度をつけることが必要になります。しかし、斜めの角度をつけた位置に鏡を置くと、それを見るためには首を少し回すことが必要になります。大きな重量を担いだ状態で頚椎を回旋させるのは、大きな重量を担いで頚椎を過伸展させるのと同じくらいやってはいけないことです。

鏡を見ると必要ないものが目に入って気が散る原因になることもあります。スクワットをするときに下を向いていれば、自分の背後でなにが起きているかは見えないものです。ヒトの脳は視覚的に動くものに敏感にできています。スクワットで高重量を挙げることに集中しようとしているときに、ジムに居合わせたバカタレが後ろを通りかかって、自分自身の上腕二頭筋の大きさに見惚れている姿が目に入ってしまうというのは避けるべきです。

スクワットをするときに自分の前に鏡を置くべきでない最も重要な理由は、自分の身体を動かす感覚をスクワットをしながら身に付けていくべきだからです。私たちの身体には、固有感覚という感覚があります。身体のバランスが取れる点、足にかかる圧力、背中の角度の感覚、手や背中から伝わるバーベルの感触、そして、動作全体でのバランスが取れている感覚といったことに集中して注意を向けると、ただ鏡に映った姿を見るよりもずっと豊かな感覚情報を得ることができます。正しい身体の動きを見るのではなく、感じ取れるようになることが重要なのです。

コーチングキュー

もう1点だけ話しておくことがあります。本書では「キュー」という言葉が出てきます。キューとは特定の動きを起こすための合図で、スポーツ教育において重要な概念です。コーチが自分の指導するアスリートに対してキューを使うこともあれば、アスリートが自分自身でキューを使うこともあります。

コーチがキューを使うときには、いまアスリートがまさに行おうとしている動作のどこかを矯正するための合図として働きます。個別のキューが何を意味するかは、アスリートが動作を学ぶ過程でコーチと話し合い、アスリートの動

作の理解の中に組み込まれています。アスリートが動作を行うときには意識すべきことがあります。そして、アスリートが他のことに気を逸らさず、その瞬間に考えるべきことに意識を集中させるためにキューが使われるのです。これから自己ベストに挑戦しようという間際になって、まったく新しい概念を伝えるための長く詳細な説明などはしないものです。キューとは、1単語から多くても4単語程度で、なにかを説明するのではなく意識を向けるべきことを思い出させる合図です。キューを受け取る側はほとんど頭で考えることなく、耳から入ってきたキューは、そのキューの狙った場所に直接送られます。

キューの例を挙げると「胸を張る」というものがあります。それに対して、「胸をあげることで背中をまっすぐにする」というのはキューではありません。前者が使われるのは、例えばプル種目でスタート姿勢を取り、これからバーベルを引こうという場面です。それに対して、後者が使われるのはスタート姿勢に入るずっと前の段階で、なにをすればいいかを考える余裕がある場面です。

キューはトレーニングの中でアスリートとコーチのあいだで決められるものです。二人が問題の動きについて話し合う中で自然と生まれるものだということです。コーチは指導経験を積む中で、重要なことをどう伝えるのがいいかを考え、独自の方法を作り上げていくものです。そして、そのときに指導しているアスリートのニーズに合わせて物事の説明のしかたを調整していく中で、キューは生まれていきます。キューの中には「胸を張る」のように非常に簡潔で響きが良く、状況を選ばず普遍的に使われるものもあります。コーチはまるでアスリートを怒鳴りつけるようにキューを使います。他には、「いまだ！」というようなキューもあります。このように非常にあいまいで、なにも意味をなさないように聞こえるものでも、コーチとアスリートのあいだで決められた意味があり、そのときの状況でのみ機能するものです。キューは適切な状況下で適切なタイミングで使うことが必要で、そうでなければ意図する動作につなげることができず役に立ちません。

キューは自分自身で使うことも可能です。必ずしも声に出さなくてはいけないわけではありませんが、声に出すことが効く場面もあります。状況が同じであれば、コーチが使うキューも自分自身で使うキューも同じです。自分の身体の使い方の問題点を見つけ出した上で、修正するために意識するべきことを思い出すために、実際に動作に入る前に必要な合図を自分に出すということです。本書で紹介するトレーニング種目を覚えていく中で、良いフォームを固めていくために自分自身に必要なキューを作っていきましょう。経験を積むにつれて、各種目の動作の中で自分自

身の課題を見つけ、それを修正していくために自分なりの
キューを使って練習するのが必要な場面が出てきます。各
種目でうまく効くキューは違ってきます。自分一人でト
レーニングをしていれば、自分自身にキューを出すことが
必要になります。

キューは大きく分けて、「バーキュー」と「ボディキュー」
の2種類があります。ボディキューとは、バーベルを挙
げる際の身体の特定の部位に関する意識付けを行う合図
です。「胸を張る」や「前を見る」や「手をまっすぐ伸ば
す」であったりします。こういうキューは、身体の動きを
生んでいる特定の筋肉や部位に意識を向けさせる働きをし
ます。それに対して、バーキューは動かされている物が対
象になります。例えば、デッドリフトにおいて床からバー
ベルを引き始めるときに姿勢を保てないことが問題だとし
ます。これはバーベルを速く動かそうと気持ちが急いでい
ると起こりがちです。こういう場面では、「ゆっくり引く」
や「絞り上げる」というバーキューが効くかもしれません。

一般的にボディキューは、動作の一部に意識を向けさせ
る働きをします。それに対して、バーキューは動作全体、
もしくは動作の中で複数の部位が関係している要素に意識
を向けさせる働きをします。「肘をまっすぐ」というキュー
は、その特定の問題に意識を向けさせることで、問題解決
を図ります。対して、「バーベルを鉛直に」というキュー
は、膝、股関節、背中という3箇所の角度を調整すると
いう複雑な問題にアプローチするものです。そして、「バー
ベルを鉛直に」というひとつのことに意識を向けることで、
これを簡単に達成することができるということです。一般
的に、バーキューはバーベルに対して意図することが正し
くできれば、身体が問題を解決してくれるというものです。
バーキューの方がボディキューよりもうまく効く人がいた
り、特定の種目では機能しても、他の種目ではうまく機能
しなかったりします。どういうキューを使うのが良いかの
判断は、経験と共に身に付けるスキルのひとつです。

THE PRESS
プレス

　プレスとは、バーベルで行う最も古い上半身のトレーニング種目です。バーベルというものが初めて作り出されたとき、バーベルを作った人は、バーベルを持ち上げて頭の上に突き上げるという方法を思い付いたのです。たしかに、これはバーベルを使って行うこととして理にかなっています。バーベルが生まれて100年ほどが経ち、トレーニング用品にもかなりの変化がありました。現在はバーベルの重量を調整するためのプレートがあります。ラックを使っていろいろな高さにバーベルを設定することもできるようになり、毎回クリーンを行ってバーベルを肩まで持ち上げる必要はありません。バーベルを地面に落とせるようにラバー素材で作られたプレートもあります。しかし、バーベルを頭の上に押し上げるというのは、いまでもウェイトルームでできる上半身運動の中で最も有効なものです。

　ボディビルが広まるまで、上半身の筋力を測るテストとしてプレスが使われていました。（厳密には、ツーハンドプレスと呼ぶべきですが。）ベンチプレスの人気の高まりによって状況は変わりました。アスリートやリフターがプレスのメリットを得ることがないのは損失だと言えます。ベンチプレスと比べて、プレスはバランスを必要とするトレーニング種目です。ベンチプレスはパワーリフティングの競技種目ですが、もともとは1950年代にボディビルコンテストで大きな大胸筋がオシャレだと言われるようになって、まずはボディビルダーのあいだで人気が高まりました。その後、1960年代中頃にパワーリフティングの競技種目として採用されました。これによって、筋力を主な目的としてトレーニングをしていた人たちのあいだでも、頭の上に押し上げるタイプのプレスの重要度が下がることになります。さらに、1972年のオリンピックを最後にオリンピックウェイトリフティングの競技種目からクリーン＆プレスが除かれたことがトドメになりました。この変更によって、ほとんどのウェイトリフティングのコーチが実質的に上半身のトレーニングを重視しなくなり、オリンピックウェイトリフティングのトレーニングの性質が変わってしまいました。その後もプレスの人気は下がっていき、多くの人にとって馴染みのないトレーニング種目になっていきました。今日では大規模チェーンのジムに行くと、パーソナルトレーナーがシーテッドビハインドザネックプレスを「ミリタリープレス」と紹介しているのが珍しくないありさまです。

　ここで用語の確認をしておかなければいけません。プレスというのは、立った状態で腕と肩だけを使って、腕が伸び切るところまで頭の上にウェイトを持ち上げる動作です。バーベルを使う場合には、ツーハンドプレスというのが正確ですが、特に指定なく「プレス」という場合、バーベルプレスのことを指します。通常、バーベルを挙げるときには両手を使うものなので、「ツーハンド」は省略され

図3-1　160kgをプレスするBill Star。現代の筋力トレーニング指導の父とも言える存在。

67

3 | The Press

るのです。この条件から外れる場合、そのことを示す修飾語が必要になります。例えば、シーテッドプレスは座った姿勢で行うバーベルプレスを指します。クリーンでバーベルを肩まで持ち上げ、バーベルを肩に載せた状態で座り、セット終了後には自力でバーベルを地面に下ろすことができるのでなければ専用のベンチが必要になるトレーニング種目です。こういった制約によって扱える重量が制限されることから、実際にはあまり有効でない種目です。ダンベルプレスは立った状態で両手を同時に動かす動作です。両手を交互に動かす場合や片手のみで行う場合には、そのことを示す言葉が必要です。ベンチに仰向けに寝て行うプレスはすべてベンチプレスです。「ダンベルベンチプレス」と指定がない限りバーベルを使って行うものです。バーベルを首の後ろに持ってくる場合にも、そのことが種目名に入ります。プレスよりもビハインドザネックプレスの方がキツく、シーテッドビハインドザネックプレスはさらにキツくなります。「ミリタリープレス」とは、バーベルを動かし始めるときに股関節や背中をまったく曲げることなくストリクトなフォームで行うプレスです。両足の踵を付けた状態で行われる場合もあります。肩からバーベルを動かし始めるときに膝の曲げ伸ばしを入れて力を出すのはプッシュプレスです。

オリンピックウェイトリフティングからプレスが外された理由のひとつに、大多数のレフリーが、おかしなフォームのプレスに対して「失敗」の判定を下すのが難しいと感じていたことがあります。バーベルを肩から挙げ始めるところで股関節を過伸展から素早く屈曲し、僧帽筋を使って肩をすくませるというフォームが、プレスが競技種目から外される数年前から使われるようになりました。また、特に挙上スキルの高い一部の選手は身体を大きく反らせることで、プレスというよりも、ほとんどベンチプレスに近いようなフォームを用いていました。経験がなく体力の低いリフターにとっては脊柱の過伸展による障害リスクが問題になるような動きです。しかし、百戦錬磨の鍛えられた選手たちは非常に強い腹筋を持っており、そういう怪我は多くはありませんでした。

スポーツのための体力づくりにおいて、プレスが最も有効な上半身トレーニング種目である大きな理由は、プレスがただ上半身を鍛えるだけの運動ではないからです。パワーリフティングと水泳を除いて、上半身の筋力を必要とするすべてのスポーツでは、地面から始まる運動のつながりの中で上半身の筋力を伝えることが必要になります。アスリートが対戦相手を押すとき、物を投げるとき、ラケットやクラブやボールを使うとき、物に力を加えるとき、その力の伝わりは地面についた足から始まります。プレスに関わる各部位の骨と筋肉が力を生み出し伝えるつながりは、地面から手に握ったバーベルまで続いています。

それに対して、ベンチプレスにおける運動のつながりは、バーベルの真下で上背部がベンチに触れる部分に始まり手に握ったバーベルで終わります。ベンチプレスがうまくなると地面についた脚を動員して、動作の中での力の伝わりを安定させることができるようになります。しかし、これで運動のつながりが地面まで伸びるわけではありません。ベンチプレスは足をベンチに載せたり、宙に浮かせた状態でもできる運動です。例えば、スクワットにおいて腕は重要な役割を担っていますが、腕が実際にバーベルを動かすわけではありません。同じように、ベンチプレスにおいて脚は重要ですが、運動のつながりの一部ではないということです。ベンチプレスが非常にうまく、脚や体幹を最大限効率的に使える人の場合

図3-2 1968年の全米選手権で身体を反らせるTommy Suggs選手の写真。判定の難しさからプレスはオリンピックの競技種目から外された。身体を反らせることについてのルールを設定し徹底することを国際競技組織がためらったことによる。プレスが外されたのは、実際には公平に判定基準が適用されないことから生まれる軋轢に加えて、競技大会の時間短縮が狙いにあったと考えられる。

でも、ベンチに背中をつけて押すことに変わりはありません。地面に対して全身を使っているわけではなく、足でバーベルの重量のバランスを取っているわけでもありません。プレスにおいては、全身を動かす中で力を伝えるということが前提になります。

ベンチプレスは主に上半身のトレーニング種目だというところがプレスとの違いです。スポーツにおいて、動かない物に背中をあてた状態でなにかを押すという状況はほとんどありません。強いて例を挙げるなら、アメリカンフットボールにおいて、プレイが止まったときに他の選手がたくさん自分の上に覆いかぶさっている場合があります。こういう動きが必要な状況は他に多くはないでしょう。プレスでは地面についた足から上にある身体全体を使います。手首、体幹（腹部と背部の筋肉すべて）、股関節、脚、足首が全身を安定させ、肩、胸の上部、腕がバーベルを頭の上に押し上げます。頭の上にまっすぐ腕を伸ばしたところから地面についた足まで続くのが、人体にできる運動のつながりの中で最も長いものです。そして、このことが荷重がかかった状態で安定性を高めるためのトレーニングにプレスが非常に有効になる理由です。

また、プレスとベンチプレスでは、動作パターンと筋肉の収縮様式にも違いがあります。ベンチプレスは上から始まりバーベルを下ろしていく動作です。そのため、バーベルを下ろしたボトム位置では伸張反射を使って、コンセントリック収縮でバーベルを挙げる動作の助けを得ることができます。それに対してプレスでは、バーベルが肩で静止している状態から押し上げていくことで動作を開始します。そういう意味ではデッドリフトに似ており、プレスで最もキツいのは動作のはじめの部分になります。1セットで複数レップを行う場合、2レップ目以降はバーベルを頭の上に挙げた位置から開始することができます。ボトム位置までバーベルを下ろし、伸張反射を得てリバウンドさせ、ベンチプレスやスクワットと同じように押し上げたところで呼吸をするという形です。しかし、最大重量を使って行う場合の基本となる動作パターンは、バーベルが肩で静止した状態から始まるものです。

スポーツのための体力づくりを行うツールとしてトレーニング種目が有効であるためには、対象のスポーツと同じ筋肉と同じタイプの神経活動パターンが使われることが重要になります。ただ、スポーツで行う動作をそのまま再現する必要はありません。実際に、動きの遅いトレーニング種目と動きの速いスポーツ動作の神経の働きに共通性があり過ぎると、正しくスポーツ動作を行う能力に悪影響を与えることがあると示されています。例えば、重たいバスケットボールを投げるという場合、実質的には本来の動作より

もゆっくりボールを投げる練習をしていることになるということです。そして、重量の違う物体を投げるとき、投げ方がまったく同じになることはないので、実質的には少し間違った投げ方を練習することになってしまいます。スポーツのための筋力トレーニングが効果を発揮するためには、対象のスポーツで使われる筋肉を使うことが必要です。そして、バーベルトレーニングの一般的な動作パターンの中で筋力を養うべきで、その他の動作に特異的であるべきではないのです。筋力が向上したら、それがスポーツ練習で使われます。アメリカンフットボールのようなスポーツでは全身の筋肉が使われます。脚と股関節が地面に対して力を出し、それが体幹を伝わり、腕や肩を通じて相手選手へと伝えられます。プレス、スクワット、デッドリフト、ベンチプレス、パワークリーンといった種目を漸進的に行うトレーニングによってこの筋力は養われます。そして、向上した筋力をアメリカンフットボールの練習が実際のスポーツの動作パターンで応用していくのです。

プレスに関しては、上半身だけが独立して力を生み出しているのではないことを理解しておくのが重要です。肩と腕が力を出すのに関わっていますが、このときに股関節と脚が足を通して地面に対して作用することが欠かせません。アメリカンフットボールでは動きの始まりは足なので、運動のつながりは地面から始まります。プレスでは運動のつながりはバーベルから始まります。そして、どちらの運動にも共通することとして、体幹を通じて運動のつながりに沿って力が伝えられます。どちらの運動でも体幹のアイソメトリックな働きは同じです。スポーツ動作に応用できる有効なトレーニング種目には運動の中に共通性が必要で、プレスはそれを備えています（図3-3 参照）。ベンチプレスにはそれがありませんが、より大きな重量を扱うことができます。本書のプログラムでは両方を行いますが、それぞれの長所と短所を理解しておかなければいけません。

一般的に言えることとして、関与する身体の部位が多いほど良いトレーニング種目になります。プレスでは肩と腕に加えて、腹筋、腹斜筋、肋骨まわりの筋群、背中といった体幹の筋群の筋力が鍛えられます。立った姿勢で重たいバーベルを手に持って頭の上に押し上げる中で、全身でバランスを取る力が鍛えられます。他のどんな上半身トレーニング種目よりも多くの筋肉を動員し、中枢神経系の活動も大きなものになります。ベンチプレスでは体幹からおよそ90°の角度で離れていくように力を出すのに対して、プレスではより使える方向に力を出します。アメリカンフットボールでは、腕の角度は通常90°よりもずっと大きくなります。プレスでは力を鉛直方向に出すので、完全に同じ

3 | The Press

ではありませんが、ベンチプレスよりはずっと使える方向に近くなります。さらに重要なこととして、アメリカンフットボールにより転化しやすいとしてインクラインベンチプレスに置き換えるプログラムがあります。アメリカンフットボールの選手がプレイ中に背中に硬いものをあててインクラインの角度で押すのであれば、インクラインベンチプレスは良いトレーニング種目になりますが、そんなことはありません。こういうプログラムは、運動と力のつながりという観点からプレスが非常に重要なトレーニング種目であることを無視しています。

ただ、立った姿勢で手にバーベルを持つよりも、ベンチに寝転がった方が挙げられる重量はかなり大きくなるので、シンプルに上半身の筋力を鍛えるという意味ではベンチプレスの方が効果的なトレーニング種目です。両方のトレーニング種目を行うことで、ベンチプレスで向上した筋力をスポーツで使えるように応用できるようになります。また、ベンチプレスばかり行っているアスリートは、プレスも取り入れるアスリートよりも肩の問題を抱えがちです。押すトレーニングが肩の前側ばかりに集中すると、前側に対して後側が弱くなってしまいます。数年間トレーニングを続けると、ベンチプレスで非常に大きな重量を挙げられるようになるので、筋力バランスのズレは非常に大きくなってしまうことがあります。

肩の後側の筋群には、肩の外旋（がいせん）を行う非常に重要なローテーターカフがあります。この筋群は投げる動作において、上腕の内旋（ないせん）を減速させる働きをします（図3-4参照）。ローテーターカフは、簡単に言うと肩甲骨の前側と後側にある筋肉で構成されています。肩甲下筋（けんこうかきん）は肩甲骨と胸郭の

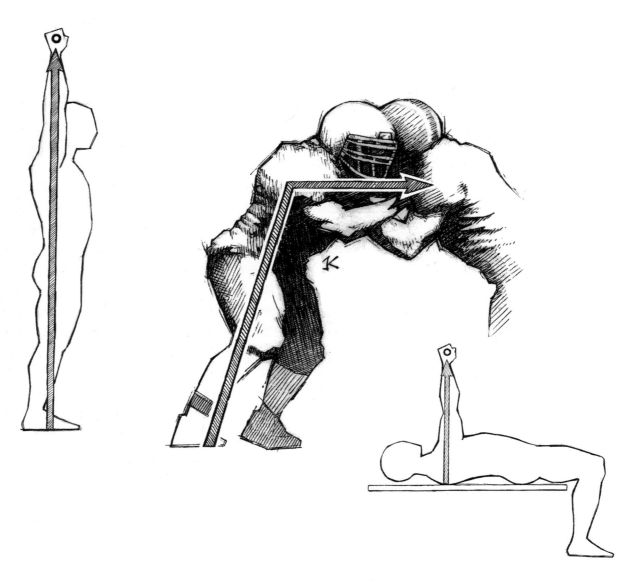

図3-3　プレス、アメリカンフットボールによくある動き、ベンチプレスで運動のつながりの方向を比較する。ラインマンの動きでは、力は鉛直（えんちょく）方向と水平方向の両方に働いている。プレスでは地面に踏ん張って、ある範囲の方向に押す力を効果的に伸ばすことができる。ベンチプレスでは、より大きな重量を扱うことができるが、ベンチプレスで伸ばした筋力は応用できる範囲が限られる。

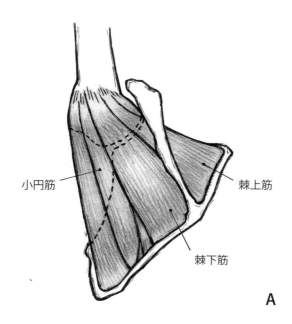 

図3-4　(A) ローテーターカフの後側。(B) 投げる動作で上腕骨の内旋を減速させる。

あいだにあり、肩甲骨の前側を覆い内旋筋として働きます。棘上筋、棘下筋、小円筋は、肩甲骨の後側の各部から上腕骨に走っており、上腕骨を外旋させたり、投げる動作でボールがリリースされたときには上腕骨の内旋を減速させたりする働きをします。これらの筋肉は、プレスにおいて直接的に動作を生み出す主な働きをしているわけではありませんが、安定のために使われてはおり、その働きが強化されます。それに対して、ベンチプレスでは外旋筋群はあまり使われません。ベンチプレスでは大胸筋と三角筋前部が上腕骨を内旋させる働きをしますが、これらの筋肉が動かす重量と比べると外旋筋群の働きは確実に小さなものです。内旋筋群が外旋筋群に対して不釣り合いなほどに強くなり、外旋筋群が上腕骨を減速させる能力を超えると怪我のリスクが高まります。そして、実際に怪我が起こっています。

理学療法士やその他の医療系専門職は、「肩のインピンジメント」という状態をプレスによって起こる障害として扱うことがよくあります。肩甲骨には肩峰と烏口突起と呼ばれる骨のでっぱりがあります。理学療法士がプレスを避けるべきだとするのは、ほとんどの場合、この肩甲骨のでっぱりと上腕骨のあいだにローテーターカフの腱がはさみ込まれる恐れがあるからだという理屈です。この肩甲骨のでっぱりは、上腕二頭筋、小胸筋、烏口腕筋といった筋肉の付着部になっています。また、この肩甲骨のでっぱりには肩鎖関節で肩甲骨と鎖骨をつなぐ靭帯もつながっています。肩峰と烏口突起は上腕骨頭が関節窩につながる位置の上に覆いかぶさる形になっています。棘上筋と棘下筋とい

う外旋筋は上腕骨頭の上にあり、肩峰下包と肩甲骨のでっぱりの下にあります。この位置関係から、骨と骨が近づき腱をはさみ込んでしまうリスクが高いので、プレスを行うべきではないと考える理学療法士が多数いるのです。

この考えはプレスを正しく行ったときの身体の構造がどうなっているかを無視しています。肩甲骨は肩鎖関節で鎖骨とつながる以外、上肢帯の他の部分にまったくつながっていません。肩鎖関節の靭帯を除いては、肩甲骨は筋肉や筋膜に包まれ実質的に浮いた状態にあり、可動域の範囲内を自由に動くことができます。そのため、背中や上腕骨まわりの組織に対する肩甲骨の位置関係は変化するものなのです。肩甲骨はベンチプレスを行うときのように大きく内転させたり、バーベルロウのボトム位置のように前に引っ張り出されたりします。プレスにおいては、肩甲骨は肩をすくませて持ち上げ、内側に回旋させた状態になります。

バーベルを頭の上に押し上げるときには、動作の最後でバーベルに向かって肩をすくませて持ち上げます。こうすると僧帽筋が働き肩とバーベルを支える効果が強まります。僧帽筋は首と上背部の椎骨にある棘突起と肩甲骨をつないでいます。実質的にバーベルを頭の上で支えているのは腕で、腕を支えているのは肩甲骨、肩甲骨を支えるのは僧帽筋であり、肩をすくませて僧帽筋を働かせることでバーベルの重量を支えることができるのです。僧帽筋が収縮すると肩甲骨を引っ張り内側へ回旋させます。さらに、肩をすくませると肩甲骨は上に引っ張られます。この動きによって関節窩は上を向き、下から直接上腕骨を支える形

3 | The Press

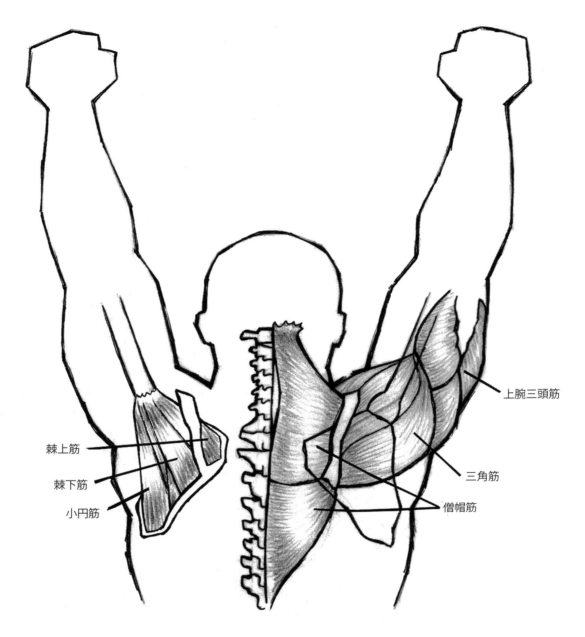

図 3-5　プレスにおけるバーベルと僧帽筋、肩甲骨、腕の構造的位置関係。

になります。正しくプレスを行うと、肩をすくませ上を向いた肩甲骨は腕を支えられる位置にきて、それが頭の上のバーベルを支えることにもなり、ローテーターカフの腱のインピンジメントは起こりえないことになるのです。

つまり、プレスによって肩のインピンジメントが起きるという考えは誤りです。プレスを正しく行っていない場合は知りません。本来ではないフォームを使って危険だなどと主張するのは的外れです。自動車を運転するのも、どデカい岩に突っ込むなら危険でしょう。そういうことです。

肩甲骨の位置を固定した状態で、肩甲骨のでっぱりに上腕骨を押し込むだけで肩のインピンジメントは簡単に起こりますが、これはプレスに当てはまりません。例えば、ベンチプレスで肘の位置が悪かったり、体操の吊り輪を使ったディップや腕立て伏せを十分な筋力がない状態で行うと、肩を十分にコントロールできず構造的、力学的に危険な状況に陥りやすくなります。パワーリフティングは長いスパンで見ると肩への負担の大きいスポーツです。また、最近は体操で使われる運動に興味を持つ初心者が増えていますが、無駄に手術を必要とする障害につながるケースが多くあります。テニス、水泳、バレーボールといったスポーツでは頭の上に腕をあげて行う動作が多くありますが、そのストレスに耐えられるようプレスで体力づくりをすることが一般的ではありません。こういったスポーツでは肩の怪我が多く、手術を必要とするケースも少なくありません。

The Press | 3

図 3-6　プレスにおいて押し上げ切った位置。重力の力が上腕骨を関節窩に押し込む。

しかし、ここでおもしろいのが、オリンピックウェイトリフティングという頭の上にできるだけ大きな重量を持ち上げる競技では、肩の怪我というのはあまり一般的でないということです。ウェイトリフターはどうやって頭の上でバーベルを保持すればいいかを非常に短期間で覚えます。もしかすると、テニス選手は頭の上に腕をあげた姿勢でいかにして安全に身体を使うべきかを学ぶ機会を故意に奪われていたりするのでしょうか。

肩の障害は発生頻度が高いもので、プレスは痛めた肩のリハビリに何十年も使われてきました、特にローテーターカフを痛めた場合です。プレスは安全なトレーニング種目であり、ローテーターカフを鍛えることができます。そして、プレスをリハビリに使うのも同じように効果的なのです。理学療法での肩のリハビリは、たいていの場合、ローテーターカフに特化した運動をラバーバンドや 1kg 程度のダンベルを使って行います。人体の通常の動作パターンでこんな動きをすることはないことを考えると、おもしろいアプローチです。プレスにおいて正しく頭の上まで押し切ると、肩まわりのすべての筋肉が緊張し収縮します。時間をかけて重量を増やしていくとともに、押し切る部分での筋力も伸びていかなければいけません。つまり、プレス

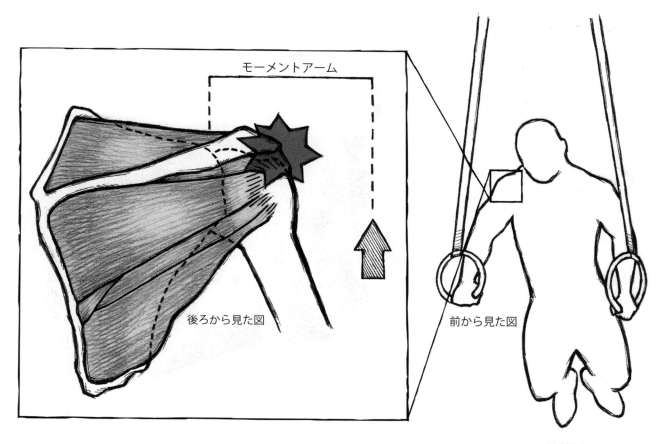

図 3-7　吊り輪を使ったディップにおいて肩の位置が悪いことでインピンジメントが起きる。重力の力が肩鎖関節を上腕骨に押し付け、腕の横方向への動きが生むモーメントが深刻な肩の障害を招く。

3 | The Press

に動員されるすべての筋肉が生む力も大きくなっていかなければならないということです。プレスにおいて頭の上に押し切った位置では、ローテーターカフはアイソメトリックに収縮して姿勢を保持する働きをしています。正しいフォームでプレスを行うと、ローテーターカフはこの働きをするために確実に活動しており、さらにインピンジメントが起こる位置に入らず安全が確保されます。論理的に考えるとローテーターカフを鍛えるには、怪我でローテーターカフが弱くなっている場合でも正しくプレスを行うということになりそうなものです。プレスで頭の上まで押し切った位置では、弱い筋肉は健康な筋肉によって支えられます。そして、痛めた筋肉が回復するにつれて、本来その筋肉に見合った負荷を受け止められるようになっていきます。これには怪我の状態に合わせた重量から始めて、正しいフォームで行うということが条件になります。この方法では、実質的に怪我をした筋肉は本来の働きをしながら回復する以外の選択肢を与えられない形になり、本来の働きをしながら通常の機能を取り戻していくことができます。

プレスでは肩が鍛えられます。アスリートがキャリア全体を通して、もしくは活動的な一般人の人生を通して健康な肩を維持するには、プレスをトレーニングに取り入れ正しく行うことがカギになります。肩に問題を抱えるトレーニーのほとんどはこのアドバイスに従わず、プレスという重要なトレーニング種目を取り入れなかった代償を払っているのです。実際のところベンチプレスが注目を集め上半身トレーニングの中心になる前には、肩の障害は一般的ではありませんでした。ベンチプレスのトレーニング量とプレスのトレーニング量のバランスを取ることで、ローテーターカフに関わる問題はなにか起きる前から対処していけるものです。ベンチプレスを行う日数と同じだけプレスを行う日数を取るべきです。

プレスに関して見落としがちなのは、プレスは非常にテクニックの要素が大きいということです。大きな重量を使って行うのが非常に難しい種目で、ほとんどの人は何年もかけてプレスの挙上スキルを伸ばしていくものです。早くから始めましょう。

プレスを覚える

ウェイトプレートを付けていないバーベルシャフトをラックにセットするところからプレスは始まります。スクワットと同じようにバーベルが胸骨の真ん中付近にくる高さにセットします。女性、若いトレーニー、年配のトレーニー、怪我をしているトレーニーにとっては、プレスを始めるのに20kgのバーベルシャフトは重すぎる場合があります。きちんとプレスを覚えるために、自分に合ったトレーニング用品を確保しましょう。

非常に体格の大きな人は前腕を鉛直にするために手幅をさらに広く取ることが必要になる場合もありますが、こういう人は多くはありません。手幅を広く取りすぎるとバーベルを握った手と肘のあいだ、それから肘と肩のあいだにモーメントアームが生まれます。これらのモーメントアームは、てこの作用を生みます。バーベルを挙げるためには、このてこの作用に対抗する力を出さなくてはいけなくなりますが、これは不必要なものです。トレーニング用品を自分で選べる環境になく、ある物を使うしかない人もいるでしょう。標準的なオリンピックウェイトリフティング用のシャフトは、左右のローレットのあいだに約42cmのスペースがあります。パワーリフティング用のバーベルシャフトには決まりがありませんが、ほとんどのシャフトはこれに近いです。その他のバーベルを使う場合、これに合わせて印を付けておくと、毎回同じ手幅でバーベルを握りやすくなるかもしれません。

バーベルの真下に前腕の骨がくるように握ります。手の中でバーベルが後ろになり過ぎて手首にてこの作用がかか

図3-8　前腕が鉛直になるように、手幅は肩のすぐ外側でバーベルを握る。

The Press | 3

るのを避けるためです。バーベルの握りを決めるのに最も効率的な方法は、人差し指で手幅を決め、そのあと親指を足のある下に向けて手を回内させるというものです。こうやって握ると母指球（親指の近くで盛り上がった部分）と小指球のあいだにある橈側縦線にバーベルが沿う形になります。一般的な言葉にすると手のひらの生命線とバーベルが平行になるということです。あとは残りの指をバーベルにかぶせ、指先をバーベルに食い込ませるようにしっかり握ります。バーベルをラックから外すときには、バーベルは手のひらの付け根付近にあり前腕の骨の真上に来ます（図3-10参照）。プレスでは、サムレスグリップを使うことはありません。プレスではバーベルを床に落とすことができるので、サムレスグリップを使わない理由は危険だからではありません。サムアラウンドグリップでは前腕を使って強く握ることができます。これが筋肉を引き締め、ボトム位置から押し上げる動作の効率を上げ、腕や上半身の運動単位をより多く動員することにつながります。スクワットを除いては、バーベルトレーニングにおいてサムレスグリップの出番はありません。

　バーベルをラックから外します。ウェイトプレートは付けずバーベルシャフトのみです。自分に合った重さのバーベルを使ってください。このとき、バーベルは手のひらの付け根に載るように握っています。また、横から見ると肘がバーベルのほんの少し前に出る状態を作ります。こうすると前腕の橈骨が鉛直になります。ほとんどの人は、肘をバーベルの真下かバーベルの少し後ろに持ってきます。この肘の位置からバーベルを押すと、バーベルが身体から離れてしまうことが多いです。肩をすくませて上と前に少しだけ出します。こうするのはボトム姿勢でバーベルを三角筋の前部に載せるためです。肩の肉が盛り上がった部分です。

　柔軟性の低い人は、肩を上と前に出すというのが十分にできないことがあります。柔軟性が問題の場合は短期間で解消されます。人によっては上腕に対して前腕が長く、この腕の長さのバランスの影響で、肘を正しい位置に出して手幅をせまくバーベルを握っていると、三角筋にバーベルを載せることができない場合があります。バーベルの位置は三角筋に載せるのがベストですが、それができなくてもプレスを行うのに深刻な問題にはなりません。柔軟性の非常に高い人は肘を高くあげ過ぎてしまわないように注意しましょう。肘をあげ過ぎると肩甲骨が前に引き出され、肩甲骨まわりを引き締めておくことができなくなり安定性が損なわれます。そうなると効率よく押す動作につながりません。

　次は足のスタンスについてです。スクワットではスタン

図3-9　バーベルの握り方が正しくないことで生まれるモーメントアーム。（A）手と肩のあいだ、肘と肩のあいだに生まれるモーメントアーム。（B）矢状面で肘と肩のあいだに生まれるモーメントアーム。（C）手首とバーベルのあいだに生まれるモーメントアーム。

3 | The Press

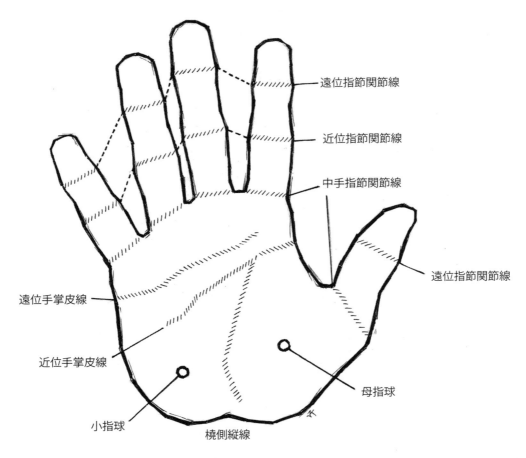

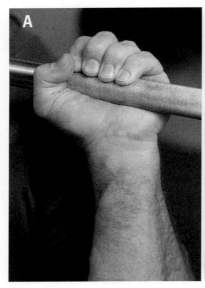

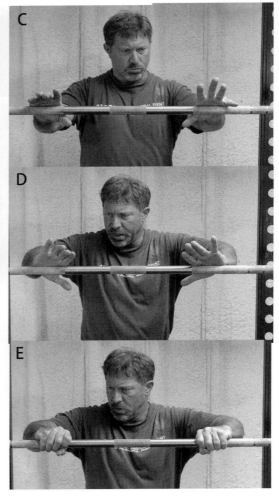

図 3-10　手のひらの構造。（A）手の中での正しいバーベルの位置。（B）のように指ではなく、手のひらの付け根に近い位置にバーベルがくる。
（C-E）正しくバーベルを握る手順。

スの取り方が非常に重要ですが、プレスではスタンスの重要度はスクワットほどではありません。自分が自然に感じるスタンスを取ると、たいていの場合でうまくいきます。自分がスクワットで取るスタンスをそのままプレスで使っても大丈夫です。足幅がせま過ぎると安定が悪くなり、スクワットよりも思い切り足幅を開くと不自然になります。プッシュプレスでは別ですが、プレスでは地面を押して反発力を得るわけではないので、垂直跳びの足幅を再現する必要はありません。迷ったら少し広めに足幅を取る方が確実です。

プレスの姿勢を覚える段階で出てくる問題の多くは、視線を正すことで矯正することができます。まっすぐ前を向いて、自分の目の高さにある壁の一点を見つめます。これは壁のある施設でトレーニングを行うことが前提になります。壁が遠すぎる場合には、近くにあるトレーニング用品に視点を定めても構いません。セットの始まりから終わりまで、その一点を見つめ続けます。視点を定める位置を明確にするのが必要な人もいます。そういう場合、紙に大きな点を描いて視点を定めるべき場所に貼りましょう。

次に胸を張ります。胸を張るという動作は、脊柱起立筋の上部を収縮させることでできます。あごに向けて胸骨を引き上げるか、おっぱいを見せびらかすような意識を持つとうまくいきます。（下品な例えで申し訳ないが、実際やってみると「使える」と分かります。）図3-13に示す姿勢です。胸を張るというのは背中の筋肉を収縮させるということです。この部分の筋肉を鍛えたりコントロールする能力を養うのには、プレスとフロントスクワットが最良のトレーニング種目です。胸を張ると上背部が引き締まり、さらにプ

図3-11　肘はバーベルの前に出る。これで橈骨が鉛直になり、バーベルを正しい方向に押し上げることができるようになる。

図3-12　可能であればバーベルは肩の肉の盛り上がった部分（三角筋前部）に載せる。（A）通常の前腕の位置取り。（B）上腕に対して前腕が長い場合。バーベルが肩に触れず浮いた位置から押すことになる。バーベルを三角筋に載った状態を無理につくろうとすると、ボトム位置での力の使い方に悪影響が出る。

図3-13　（A）背中の姿勢を正すことで、バーベルを押す土台がしっかりする。（B）上背部がユルんだ状態。

3 | The Press

レスの動作に関わるすべての部位を引き締めることができます。地面に対して身体が安定し、押す力の伝わり全体が良くなります。

　肘を正しくあげて胸を張ったらバーベルを押す姿勢ができます。プレスのフォームは2段階に分けて習得します。ひとつ目のステップでは、まずバーベルを押し上げた位置まで持っていきます。ここではバーベルを押し上げた位置での姿勢を覚え、なぜこの姿勢を取るのかについて身体の構造や力の使い方を学びます。ふたつ目のステップでは、バーベルを正しく押し上げるにはどうすればいいかを学びます。効率よく力を使えるバーベルの軌道と、その軌道を作るために全身をどう使えばいいかを学びます。

ステップ1

　大きく息を吸い込んで息を止め（バルサルバ法はトレーニーの味方です。）、頭の上にバーベルを押し上げます。腕が伸び切るところまでバーベルを押し上げますが、この時大多数の人はバーベルの位置がおでこの少し前になります。バーベルは確実に首の裏面の真上にあり、バーベル、肩関節、足の中心がこの位置で鉛直線上に並ぶようにしましょう（図3-14参照）。この位置関係ができたとき、運動に関わる主要な部位にかかるてこの作用が最も小さくなります。ここで、てこの作用とは、バーベルと肩のあいだと、肩と足の中心のあいだに生まれるものを指しています。バーベルが肩に対して完全に鉛直線上にあると、バーベルの重量が肩に対しててこの作用を生むことはありません。また、肩が足の中心に対して完全に鉛直線上にあると、背中と脚が足の中心でバランスが取れる位置に対しててこの作用を生むことはありません。そして、バーベルが足の中心に対して完全に鉛直線上にあれば、主要な部位にてこの作用が働くことがなく身体全体にかかる力はシンプルな圧縮のみになります。

　頭の上にバーベルを押し上げたら、肘を伸ばし切り、肩をすくめて持ち上げバーベルを支えます。上腕三頭筋と三角筋が腕の骨をまっすぐ並べ、肩をすくめて持ち上げるのは僧帽筋が行います。頭の上で重たいバーベルを支えるために腕と僧帽筋が協調して働きます。誰かが後ろから自分

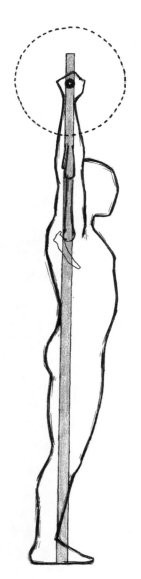

図3-14　プレスにおける骨格の並び。バーベル、肩関節、足の中心が鉛直線上に並ぶのが、バーベルを押し上げた正しい姿勢。

図3-15　バーベルを押し上げた姿勢づくりのキュー。(A)バーベルは肩関節の真上にくる。首が身体の構造上自然な姿勢にあれば、バーベルの位置はおでこよりもずっと後ろになる。バーベルが後ろからこの位置に引っ張り込まれている意識を持つのが有効な場面もある。(B) 上腕三頭筋、三角筋、僧帽筋がバーベルをこの位置で支えている。この姿勢を身体で覚えるには、両方の上腕骨を内側と上方向へ軽く押してもらうのが有効な場面がある。また、「肩をすくませてバーベルを挙げる」という意識付けも有効になる。

の肘に軽く手をあて、両肘を押して近づけると同時に上に引き上げようとしていると想像してください（図3-15参照）。バーベルを押し上げた位置で肘を伸ばし切り、肩をすくめて持ち上げ、バーベルを耳の真上に持ってくると非常にしっかりと安定した姿勢ができます。この姿勢では、肩甲骨と鎖骨まわりの筋肉をすべて動員することができ、肩のインピンジメントも起こりません。

バーベルを押し上げた姿勢は、押し上げていく動作の延長として捉えるのが有効です。まるで押す動作が終わらずに続いているかのような意識を持つということです。大きな重量を扱うとき、バーベルを押し上げた姿勢まで持っていくのに、このキューを使うことで最後のひと押しが効くようになります。バーベルを天井まで押し上げるつもりで臨みましょう。

ステップ2

バーベルを押し上げた姿勢を正しく取れるようになると、次はこの姿勢までバーベルを押し上げる最善の挙げ方を覚えます。ここでは正しいバーベルの軌道と、バーベルに対する最適な身体の使い方を学びます。ボトム位置においてバーベルは首の前で三角筋に載っており、肩関節の上まで押し上げたときには、バーベルはボトム位置よりも数センチ後ろになります。つまり、バーベルを押し上げる途中で前後方向に数センチの移動が必要になるということです（図3-16参照）。しかし、特に大きな重量では、バーベルは鉛直線上をまっすぐ上下に移動しようとするものです。そのため、プレスでバーベルを押し上げるときには、ボトム位置でバーベルが肩の前にある状態から鉛直な軌道を通って、肩関節の真上まで挙げることが必要になります。これは体幹の動きを使って行います。

まず、股関節を前に押し出して身体を反らせます。これは小さな動きで、膝や腰椎を曲げるのではなく股関節のみを動かします。バーベルを持たず両手を股関節にあてて、骨盤を前後に数回動かしてみてください。**このとき膝と下背部は固定して動かしません**。股関節だけを使って身体を前後に振る練習をします。重量が大きくなったときには腹筋が下背部を固定し、大腿四頭筋が膝を固定します。プレスではこれらの筋肉がアイソメトリックに働きます。バーベルを持たずにやるのは簡単ですが、これが後々プレスという難しいトレーニング種目の非常に大きな要素になります。

この動きを理解できたらバーベルをラックから外します。バーベルの握り方と肘の位置が正しいことを確認したら、股関節を前に押し出して、バーベルを上に押し上げま

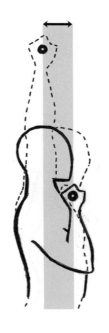

図3-16　ボトム位置で肩に載せたところから、頭の上に押し上げた位置でのバーベルの前後の距離。この距離は体幹の動きでカバーする。バーベルがおでこの高さを越えたところから体幹を前に出す。

図3-17　プレスでの股関節の動き。股関節に両手をあてた状態で骨盤を前後に押し引きして、プレスでの体幹の動きを再現する。膝と下背部は曲げないこと。

3 | The Press

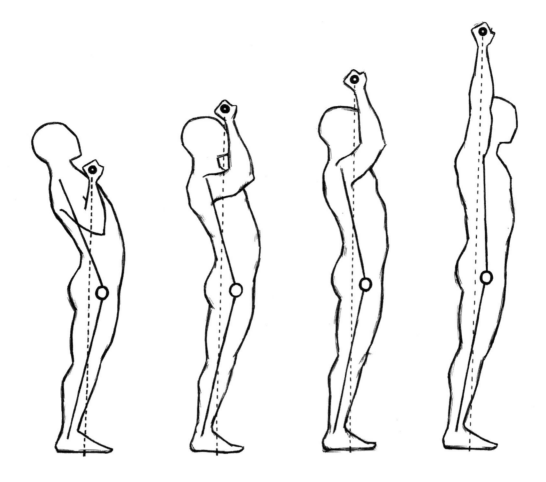

図 3-18　バーベルを押し上げながら体幹を前に押し出す。

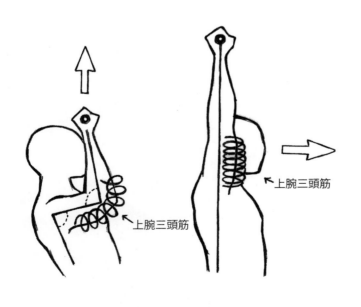

図 3-19　体幹を前に押し出す動きは、バーベルを押し切る助けになる。肩と肘が伸展する際、肩の前への動きは上腕骨の遠位端を押し上げ、肘の伸展に貢献する。

す。バーベルがおでこを越えたらバーベルの下に入り込みます。身体を前に出してバーベルの下に入り、頭の上までバーベルを押し上げます。バーベルを後ろに動かすのではなく、自分自身を前に押し出すことでバーベルの下に入るのです（図 3-18 参照）。これが正しくできれば、体幹の前への動きがバーベルを押し切る助けになることが感じられます。肩が前に出るのに合わせて、三角筋と上腕三頭筋が収縮しながら上腕と前腕をまっすぐ一直線に並べ、バーベルを押し上げるのです。

　これをまず 5 レップ×1 セット行います。さらに、バーベルを後ろに動かして肩関節の上に持っていくのではなく、身体を前に出してバーベルの下に入るというイメージが掴めるまで、バーベルシャフトのみでセットを繰り返します。身体を反らせるのは、バーベルを押し上げ始める前です。バーベルを押し始めてから身体を反らす人が非常に多いです。股関節を前に押し出すのが先で、それからバーベルを押し上げる順番でないと、バーベルがあごをかわすために前に移動して弧を描くことになり、鉛直で真上に向かう軌道のように効率的でなくなります。

バーベルを押し上げる軌道を鉛直にするため、バーベルを顔の近くを通す意識を持ちましょう。バーベルが肩を離れたら鼻をめがけて押し上げます。次のレップを始めるためにバーベルを下ろすときにも鼻を目標にします。コツをつかむまでは、実際にバーベルを鼻にぶつけてしまうかもしれません。しかし、それはおそらく一度で済むでしょう。初めてプレスを行うときから、コンセントリックとエキセントリックの両局面でバーベルを顔の近くを通す軌道を覚えて練習するのです。

バーベルシャフトのみでの練習をいくらでも必要なだけ繰り返し、その後は 2.5kg、5kg、10kg など、自分の年齢と筋力に合った幅で重量を増やしていきます。5 レップ目のバーベルの挙上速度がハッキリと遅くなってきたら、そこで初回のプレスのトレーニングは終わりとします。

フォームのミスと修正方法

スクワットやデッドリフトと比べて、プレスではバーベルを挙げるために動く関節の数が少ないので、フォームの問題の種類も少なくなります。ほとんどの問題が押し始める位置かバーベルの軌道に関わるもので、挙上失敗につながります。挙上に失敗するのは、次のふたつの理由のいずれかになります。

・肩からバーベルを挙げることができなかった。
・肩とバーベルの距離が長くなりすぎた。これは、モーメントアームが長くなり押し切ることができなくなったということです。バーベルの軌道の問題です。

ひとつ目の問題が起きる理由はいくつかあります。正しく呼吸ができていなかったことでボトム位置で身体が緩んでしまったか、胸を張って肘を上げるといった姿勢を正しく作れなかったか、視点を置く位置がおかしかったか、疲労が溜まっていたか、重量が大き過ぎたということが考えられます。ふたつ目の問題が起きるのは、バーベルの軌道が正しくなかったからです。バーベルを上ではなく前に押してしまったか、バーベルを押し上げていくあいだ、姿勢を維持することができなかったか、バーベルがおでこを越えたところでバーベルの下に入ることができなかったはずです。こういう問題はどういう状況で起きるか、どうすれば防ぐことができるかを見ていきましょう。

身体が緩む

上背部が緩んでしまうことでプレスのフォームが乱れることが多く、上背部の緩みには 2 種類あります。ひとつ目は、胸を張っていることができず上背部が丸まってしまう状態で、非常によく起こります。高重量でのプレスはそれだけでキツいものです。上背部が緩んで、押すための土台ができなくなるとさらにキツくなります。胸を張ると、胸椎（きょうつい）が構造的に適切な姿勢に保たれます。上背部の筋群と呼吸のしかたが、この状態を作るのに重要になります。脊柱起立筋の上部が収縮すると胸郭が持ち上げられ、バーベルを肩に載せた状態でその姿勢を維持することができます。たいていの場合は胸を張る意識を持つだけでいいのですが、ほとんどの人が一定期間は毎レップこのことを強く意識するのが必要になります。バーベルを持った状態では、ひとつのことに意識を向け続けることが難しくなりがちです。大きな重量になるとなおさらで、高重量になるほどテクニックに意識を向け続けることが難しくなります。すべてのバーベルトレーニング種目と同じように、プレスでも

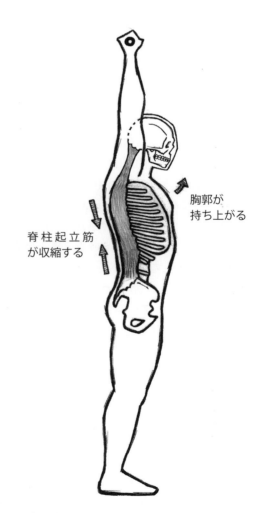

図 3-20　胸を張るのは、主に上背部の筋群の働き。

3 | The Press

大きく息を吸い込んで止めるバルサルバ法を使います。ここでは空気が胸郭と脊柱を支える働きをします。胸を張って引き締めるというのは、高重量のバーベルを肩に載せた状態で大きく息を吸うことと強く結びついており、このふたつは切り離すことができません。両方を同時に行うもので、一方がもう一方を引き起こすものです。

少なくともしばらくは、レップごとに息を吸いなおすことが必要になります。高重量を持ったときに息継ぎをしないと意識を失う恐れがあります。これには、血管迷走神経失神という言葉が使われます。自律神経系の反応によるもので、原因はバーベルによって首にかかる圧力、肩をすくめてバーベルを押し上げた姿勢、他には、バーベルの負荷が身体の前にあることが頸動脈洞という首の血管構造に与える影響などがあります。ここに挙げた3つの要因のどれでも頸動脈洞に圧力がかかると、敏感な人では肝心なところで血圧が下がり意識を失う結果になることがあるのです。（おもしろいことに、これは女性にはほとんど起こりません。）この現象は、バルサルバ法に直接関係したものではありません。スクワット、ベンチプレス、デッドリフトでも荷重がかかった状態でバルサルバ法を行いますが、これらのトレーニング種目ではバルサルバ法を行うことで脳への血流を増やすことになります。レップごとに息をしなおして圧力を抜くことをしないと、意識を失うリスクが大きく上がります。

バーベルを持った状態で意識を失うのが問題なのは、倒れてしまうことです。バーベルを持って、ばたりと倒れるにはウェイトルームは安全な環境とは言えません。たいていの場合、意識を失うのが問題になるのはクリーンでバーベルを肩に載せた状態とプレスに限られるので、意識を失うことがあれば対策をしておきましょう。実際に意識を失ってしまう前には、物の見え方や感覚に変化があるものです。可能であれば、バーベルをラックに戻すか落としてしまいましょう。おかしな感覚が続いたり、ひどくなるようなら膝をつきましょう。（膝がガクガクし始めるものです。）これで倒れてしまっても距離を縮めることができます。意識を失うこと自体に害はなく、意識が数秒で戻るもので、その後に残る障害もありません。注意が必要なのは倒れてしまうことです。

上背部が緩んでしまうふたつ目の原因は、肘と肩を下げてしまうことです。もしくは、はじめから肘と肩を上げて正しい位置に持ってくることができていない場合もあります。肘を上げられていないと、肩も下がってしまいます。肘と肩が下がった状態では、肘がバーベルを押す力を出すのに適した位置にありません。さらに、バーベルの位置が胸の下の方に少しズレて、バーベルを押し上げなければならない距離が長くなってしまいます。バーベルの移動距離が長くなるというのは、バーベルに対する仕事量が多くなるということです。それを力を出しにくい姿勢から行わなければいけないので、挙げられる重量が小さくなってしまうということになります。肩を上げて、肘はバーベルの少し前に出すようにしましょう。こうすることで、バーベルの移動距離が短くなり、軌道は効率的になり、レップ間のボトム姿勢が安定するようになります。

バーベルの軌道の問題

ふたつ目の問題は、バーベルの軌道がズレることにあります。バーベルは鉛直にまっすぐ動こうとするものなので、バーベルの動きを妨げないように身体の動かし方を調整しなければいけません。バーベルを押し始める前に身体を反らせる必要がありますが、95%程度の人が十分に身体を反らせることができておらず、あごに当たらないようにバーベルを前に動かさないといけない状態になります。身

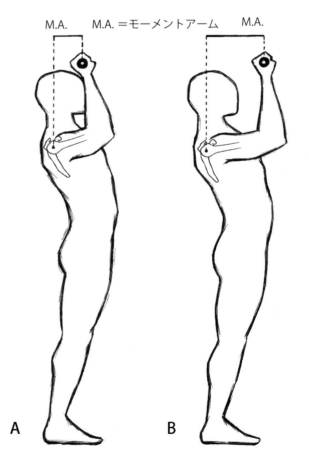

図3-21　バーベルを押す姿勢によって、どれだけ効率的に押すことができるかが変わる。バーベルと肩の距離が短いほどモーメントアームが短くなる。（A）バーベルを顔の近くを通すことで力学的に良い姿勢が取れる。（B）モーメントアームが長くなるバーベルや身体の動きがあると、効率よく押すことができなくなる。

体を反らすことでプレスを効率的に行うことができるのです。プレスでは毎レップ始める前に、身体を反らす意識を強く持ちましょう。

　重量が大きくなるほど、バーベルの軌道が肩から遠ざかってしまいがちになります。バーベルと肩の距離が長くなり、そこに生まれるモーメントアームが自分の筋力を超えると、本来挙げられるはずの重量でも挙げられなくなってしまいます。バーベルを身体の近くを通すことが非常に重要なのです。この問題が起きるバーベルの軌道は3種類あります。バーベルが遠ざかるように押してしまう場合、おでこを越えたところでバーベルの下に入れない場合、バーベルから遠ざかるように身体を反らせてしまう場合です。これらはすべて同じ問題につながります。

　軽い重量を使ったときのフォームの問題で最も多いのが、バーベルが前に出て顔から離れすぎてしまうことです。バーベルの軌道が弧を描いて、顔から離れてしまう状態です（図3-22参照）。重量が大きくなるほど、バーベルはまっすぐ鉛直に動こうとします。それは、曲がって長くなる軌道を通るよりも必要なエネルギーが少ないからです。このことは、シンプルなプレスだけでなく、スナッチやクリーンアンドジャークのような複雑な運動も含めて、すべてのバーベル種目に当てはまります。高重量のバーベルを弧を描くように押すことはできないので、プレスでのバーベルの軌道はまっすぐ鉛直でなければいけません。また、バーベルが前に出ると、バーベルとリフターのシステムの重心が足の中心の上でバランスが取れるように、背中を後ろに持っていかなくてはいけなくなります。こうなると、力強く押し上げるために必要な姿勢を保てなくなります。肘は身体に近いところに保って、モーメントアームを短くすることで力を効率的に伝えられる姿勢を保ち、三角筋と上腕三頭筋で押し上げるのです。肘が低い位置に下がっていると、前腕が鉛直にならないことがあります。この問題は

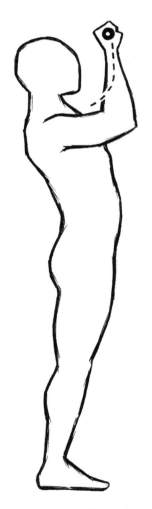

図3-22　問題1：バーベルが顔から離れるように押すと、バーベルの軌道が弧を描き、効率よく押すことができなくなる。十分に身体を反らせておらず、バーベルがあごに当たらないようにバーベルを前に押す形になると、この問題が起こりやすい。

図3-23　問題2：バーベルが頭の上の高さまで挙がったときに、バーベルの下に入ることができないと、バーベルと肩のあいだにできるモーメントアームが長いままで残り、押し切ることができなくなる。体幹を前に押し出すことで、肘を伸ばし切る助けにすることができていない。

3 | The Press

早い段階で気付くと簡単に矯正することができます。肘がバーベルの少し前に出るところまで上げ、バーベルを鼻に向かって押すのです。バーベルを頭の上まで押し上げたら、バーベルを鼻に向かって下ろしていきます。こうやって、5レップのセットを行うとバーベルを身体の近くに保つ練習を10回行うことになります。

次に、バーベルの下に入ることができず、バーベルを身体の前に残してしまうのは別の問題です。これは重量が大きくなると、ほぼ確実に起こります。バーベルを完全にまっすぐ押し始めることができても、バーベルが頭の上まで挙がったところで身体を前に出してバーベルの下に入ることができなければ、問題が起きる位置が少し高くなるだけで、同じことが起こります。バーベルがおでこを越えたらすぐに、自分の身体を前に押し出して、バーベルの下に入るというのを癖づけることが必要です。プレスのフォームを覚える過程の早い段階で、このパターンを身に付けることが重要で、トレーニングのたびにバーベルシャフトのみから重量を上げつつ意識的に取り組む必要があります。

バーベルを頭の上に押し切るところで、身体を前に出してバーベルの下に入る方法がもうひとつあります。運動に関連するものには本当によくあることですが、ひとつのことに対して、さまざまな捉え方があり得ます。プレスにおいてバーベルを頭の上で押し切る部分は、肩が前に出てバーベルの下に入ると捉えることができますが、それと逆の角度から見ると、バーベルがおでこを越えるときに股関節が後ろに動くと捉えることもできます。同じことに対して、ふた通りの明らかに違った説明があるということです。プレスというトレーニング種目は、股関節を少し伸展させた状態から始動します。先に述べたように、バーベルを頭の上で押し切るところでは、股関節が素早くまっすぐになり、肩と肘で押し上げます。胸と肩が前に出ると捉えても、股関節が後ろに動くと捉えても、最終的にはバーベルに対して同じ効果を生みます。自分にとって最もうまく使えるキューを使ってください。トレーニングの経験を積むにつれて、バーベルの下で起こっている力の働きを深く理解できるようになり、自分の経験している動作の問題に対する解決策をうまく見出せるようになっていくはずです。

バーベルの荷重がかかった状態で、身体を前に出すことを強調するとバランスの問題につながることがあります。これが起こると、足の親指の付け根付近に重心が移動しようとするのが感じ取れます。地面としっかりつながるためには、バーベルが足の中心の真上にあり、さらに荷重が足全体に均一に分散されることが必要です。プレスにおいて身体を前に動かす動作は、いかなる場合も、バーベルの荷重下で身体全体のバランスが取れている状態で行わなければ

いけません。身体を前に動かすことで実際に重心が前に動いたら、バランスを失わないように片足もしくは両足を前に出さなければいけなくなります。バーベルの下に入るというのは、体幹の姿勢を変えて行うもので、地面に至るまでの全身の位置を変えるわけではありません。動きが大きくなりすぎると、運動を行う身体の部位の動きに影響しフォームが乱れます。一部の人では、はじめに股関節を前に出す部分で重心をつま先に向けて移動させ、お尻の筋肉を引き締めるというキューが役立つ場合がありますが、バーベルを上に押し始める段階に入ると、バーベルとリフターのシステムの重心は足の中心でバランスが取れる位置に戻らなければいけません。足の中心とバーベルの関係を「鉛直の溝」に沿ってバーベルを押し上げると考えると、バランスの問題を矯正するのに最も効果的なキューとして働きます。

バーベルの軌道に関する3つ目の問題は、バーベルから自分の身体を離すように押してしまうことです。バーベ

図3-24　問題3：身体を反らせ過ぎるのは、バーベルを前に押し出すのとは別の問題。バーベルは足の中心の上にある。体幹をバーベルの後ろに引き過ぎてモーメントアームが長くなり、バーベルを頭の上まで押し上げたときに取り戻せないほど、水平方向の距離が大きくなっている。

The Press 3

ルが肩から離れるときに身体を反らしてしまう問題は、重量が大きくなるにつれてひどくなります。プレスでは股関節の使い方が非常に重要で、少し股関節を伸展させることで、肩からバーベルを押し上げる動作のきっかけを作るのです。まず身体を反らせて、それからバーベルを押すのですが、タイミングがズレると、バーベルを押し上げ始めてから股関節を動かして身体を反らせる形になってしまいます。こうなるとバーベルと肩の距離が長くなります。はじめは大きな問題にはなりませんが、重量が大きくなるとバーベルを押し上げられなくなります。バーベルを押し始める段階では鉛直な軌道であっても、てこの作用が強くなるにつれてバーベルが前に出てしまいます。

たいていの場合、この問題は下背部の姿勢をコントロールできていないことから起こります。身体を反らせるときに、股関節を動かすのではなく腰椎が過伸展してしまうのです。荷重がかかった状態で腰椎が極度に過伸展してしまうのは危険なので、背中のコントロールはまったく失わない状態を目指すべきです。ここで問題になっているのは腹部の筋肉のコントロールであることが多く、単純に腹筋が弱いだけかもしれません。腹直筋は胸郭と恥骨のあいだで張力を生み、腰椎の過伸展を直接的に抑える働きをします。また、正しい背中の湾曲を保つため腹圧を高めて体幹の前側から補強する働きもします（図 3-25 参照）。強い腹筋を作るには、加重したシットアップが効果的な場面があります。

高重量を扱うときには、挙上テクニックや身体の姿勢の細かな部分まで把握するのが難しくなります。高重量を使ってトレーニングをしたことのある人なら誰でも分かることです。正しく効率的なフォームを維持するには、トレーニングで正しい動きを身体で覚えることと、指導を受けられる場合にはそれが頼りになります。身体の前にバーベルがある状態で挙げ切ることができなかったとき、なぜ挙げられなかったのか自分では分からない場合がほとんどです。高重量を扱っているときに、数センチ程度の位置のズレを感じ取るのは難しいものなのです。ほとんどの場合で、バーベルの下に入ることができていなかったということになります。ウォームアップセットで、バーベルを挙げるときと下ろすとき両方の動作パターンを身体に覚え込ませ、メインセットでは多くを考えたり意識を向けることなく実施できるようになることが必要です。

セット中の呼吸のしかたには、2 通りのパターンがあります。ひとつ目は、バーベルを頭の上に押し上げた位置で呼吸をする方法です。この方法は挙上重量が比較的軽い初心者に使いやすいようです。身体の緊張を保つべき部位を一切緩めることなく、素早く呼吸をすることが重要になります。1 レップ目のあとは、肩までバーベルを下ろしたところでリバウンドを利用して、バーベルを素早く挙げられるメリットがあります。これは、ベンチプレスのボトム位置での伸張反射に類似するものです。はじめの内はこうやって伸張反射を使うのは構いませんが、多くのリフターはこれを卒業して、バーベルが肩にある状態で呼吸をするパターンを身に付けるようになります。このふたつ目の方法では、呼吸をするときに胸を張って身体の高い緊張を保つことが必要で、これは経験と共に身につくものです。バーベルを頭の上に押し上げたところで呼吸をする方法では、初心者がプレスの動きの中で身体をコントロールするスキルを身に付けながら、少し大きな重量を扱えるのがメリッ

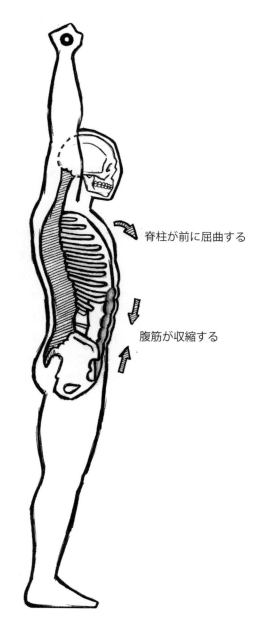

図 3-25 腹筋群が弱いと身体が反り過ぎてしまう原因になる場合がある。プレスが強い人は分厚い腹直筋を持っているもの。

3 | The Press

トです。また、バーベルを頭の上に押し上げた位置で身体をしっかり前に出せるだけの柔軟性のある人にも、こちらの方法の方がうまく機能します。バーベルを肩に載せた状態で呼吸をする方法では、1レップ目からセット終了まで同じ呼吸パターンを続けることができ、経験を積んだリフターが高重量を扱うときに、レップ間に1〜2秒程度の休憩を入れることができるメリットがあります。両方を試してみて、自分に合った呼吸パターンを使うといいでしょう。

先に話したように、視点の位置は身体の姿勢を正すのに重要です。視点は首の姿勢にとっても重要で、ここに配慮することが頚椎を守ることにもつながります。特にバーベルの軌道が安定しない場合や、バーベルを頭の上に押し上げるところがうまくいかない場合など、なにかしらの問題を抱えているときには、適切な位置に視点を定めているかを絶えず確認するようにしましょう。バーベルを持った状態でこれを意識するのは難しいことが多いので、セット中に誰かに確認してもらう方法もあります。本書のプログラムのトレーニング種目すべてにおいて、視点を正すことで矯正できる問題はたくさんあります。

プッシュプレスになってしまうチーティング

もうひとつよくある問題として、重量が大きくなると、バーベルを肩から押し上げるときに膝を使ってしまう人が多いことがあります。プッシュプレスという別のトレーニング種目のような動きになってしまうのです。股関節と膝は肩と腕よりもずっと強く、少しスクワットのようにしゃがんで素早く切り返すと大きなパワーを生み出すことができるので、チーティングとしては理にかなっています。もし、プッシュプレスをするのが目的であれば、少なくとも正しいフォームで行いましょう。プッシュプレスでは、ゆっくりと膝を押し出すのではなく、鋭くしゃがみ込んで膝と股関節の弾みを使います。そして、パワーをバーベルにしっかり伝えるために、バーベルは肩にしっかり載せておきます。プッシュプレスではプレスよりも大きな重量を扱うことができます。練習を積めばプレスよりもかなり大きな重量を挙げることも可能です。しかし、プレスを行うことが目的であれば、正しいプレスのフォームを使いましょう。大腿四頭筋を引き締めて膝を伸ばし、股関節を前に突き出すことでバーベルを上に押すきっかけを作るのです。もし、正しいプレスのフォームで挙げるには重量が大きすぎるのであれば、少し重量を落としましょう。

一部には、自分にとって重量が大き過ぎることを認めたがらない人がいます。また、こういう人はトレーニング日ごとに重量を大きく増やそうとし過ぎてしまう傾向があります。プライドが判断を狂わせ、自分には正しいフォームで挙げられない重量を使おうとしてしまうのです。すべてのトレーニング種目において、安全を確保して本当の意味で前進するには正しいフォームで行うことが必要です。プッシュプレスではより大きな重量を扱えるのは事実ですが、肩が受け持つ仕事は小さくなり、上腕三頭筋で肘を伸ばすのがうまくなります。これは悪いことではありません。プッシュプレスはプレスの補助種目として有効ではあるものの、プレスの代替種目にはならないということを正しく捉えられていればいいのです。ストリクトに正しいフォームを使ってトレーニングを行うことで、対象となる筋群の筋力は向上します。さらに重要なのは、チーティング無しでキツいレップを挙げ切るために全力を出すということです。こうして、キツい課題から逃げ出さずに正しくやり切る精神力が養われます。これは体育を通じて間接的に得られる効果のひとつです。トレーニングから得るものが他になにもなかったとしても、自分の限界が自分の思ったところにあることは非常に少ないと学ぶのは非常に大切です。

The Press | 3

図 3-26　プレス

THE DEADLIFT
デッドリフト

　スポーツのための体力づくりにおいて、下背部の筋力は重要な要素です。パワーを伝えるためにも安全を確保するためにも、負荷がかかった状態で腰椎をがっちりと安定させる能力は欠かせないものです。バーベルはヒトが大きな重量を最も持ち上げやすいように形づくられたツールですが、デッドリフトで180kgを挙げられるようになると、持ちにくい形をした40kgの箱を運ぶのも楽になります。つまり、デッドリフトで培われる背筋力は使えるのです。

　腰椎まわりの筋肉の基本的な役割は、体幹を通じてパワーを伝えるために下背部を安定させることです。パワーを伝えるという働きには、体幹の筋肉すべてが関わっています。これには、上背部と下背部の筋肉すべてに加えて腹筋、腹斜筋、肋間筋などがあります。これらの筋肉はアイソメトリックに働き、骨格が動かないように支える役割を果たします。体幹ががっちり固定されると、体幹を通じて股関節と脚で生み出された力を外的負荷へと伝えることができるようになります。この外的負荷とは、スクワットやプレスでは肩にかかっています。デッドリフトにおいては、力は肩甲骨から腕を通じて手に伝えられます。デッドリフトはキツい運動で、デッドリフトを楽に実施する方法は存在しません。世界中のほとんどのジムでデッドリフトは人気がないのもうなずけます。

　デッドリフトの動作はシンプルです。腕をまっすぐに伸ばして地面からバーベルを引き上げ、膝、股関節、肩がまっすぐになるまで脚に沿って持ち上げるだけです。これまでに屈強な男たちが、このやり方でとてつもない重量を挙げてきました。パワーリフティングでは、競技大会の最後に行われるのがデッドリフトです。「バーベルが地面に着くまで試合は始まらない！」というセリフがすべてを物語っています。スクワットとベンチプレスで大きな重量を記録していても、デッドリフトでひっくり返されるということが数多く起きてきました。スクワットスーツやベンチシャツというものが無かった時代はこれが特に顕著で、スクワットよりもデッドリフトで大きな重量を挙げられるリフターが試合に勝つことがよくありました。デッドリフトで360kgを超える重量を挙げる男がどれだけ強いのかは、言葉で表現できるものではないと言っても過言ではないでしょう。超一流のリフターにのみ可能な偉業です。最近では、400kgを超えるデッドリフトが見られる試合も増えてきました。握力の心配がなくなるストラップを使って

図 4-1　ケタ違いに強い男たちのデッドリフト。（A）John Kuc　（B）Doyle Kenady　（C）Andy Bolton

4 | The Deadlift

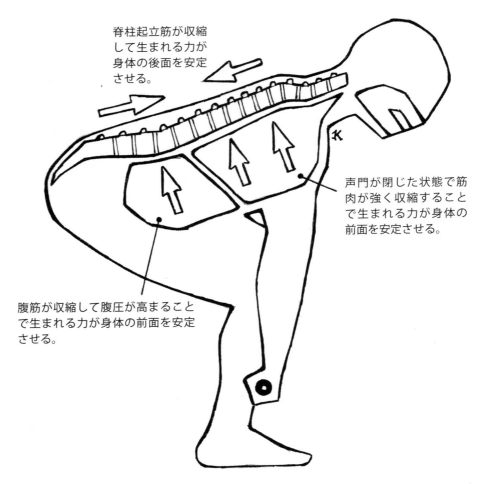

図4-2　バルサルバ法と体幹の筋群の収縮により腹腔と胸腔内の圧力が高まる。デッドリフトでは脊柱を安定させることが不可欠で、これはスクワットと同じように行う。

400kgを挙げたリフターはさらに多くいます。

デッドリフトは非常にキツいので、使い方を間違えるとトレーニングに支障をきたすことがあります。デッドリフトでは間違いが起きやすく、間違ったデッドリフトは危険を伴います。人によっては過去の怪我や正しく動作を行えないことが原因で、高重量のデッドリフトを安全に行えない場合があります。また、デッドリフトはオーバートレーニングを招きやすい種目です。トレーニングのスケジュールを組むときには、高重量のデッドリフトは回復に時間がかかることを頭に入れておく必要があります。

しかし、大多数の人にとっては、デッドリフトはトレーニングの中心にあるべきです。背中の筋力を鍛えるメインのトレーニング種目であり、スクワットとクリーンの補助種目としても重要な役割を果たします。特にクリーンに関しては、姿勢やバーベルを引く身体の使い方を覚えるのに重要なレッスンになります。さらに、デッドリフトには、キツいことに挑む気持ちの強さを鍛えるという働きもあります。

パワーリフティングの競技では、デッドリフトに2通りの行い方があります。脚が両手の内側にくるナロースタンスと、両手の外側に脚を出すスモウスタンスです。スモウデッドリフトでは、足幅を大きく開くことで脚が短くなったのと同じ効果を生みます。体幹が直立に近い角度になり、体幹各部のモーメントアームが短くなって、実質的に体幹にかかる負荷が小さくなることになります（図4-3参照）。オリンピックウェイトリフティングではスナッチグリップという握り方が使われます。これは腕の長さを短くする効果があり、バーベルを頭の上に持ち上げるまでの移動距離を短くする目的で使われます。スモウデッドリフトで脚やモーメントアームが短くなるのは、これに似ています。ここでは、下背部の筋肉を鍛えるトレーニング種目を効果的に使って下背部の筋力を鍛えることが目的なので、スモウデッドリフトは本書のプログラムでは用いません。

まず、デッドリフトについて言えることを順不同に紹介していきます。怪我の影響でスクワットが行えない場合、デッドリフトを脚のトレーニング種目として使うことがで

The Deadlift | 4

きます。デッドリフトのスタート姿勢ではスクワットのように股関節を深く落とさないので、脚を鍛えるにはスクワットほどの効果はまったく期待できません。しかし、膝や股関節の怪我の影響でスクワットを行うのが難しかったり痛みが出たりするときにも、この特徴が幸いしてデッドリフトなら行えるという場合があります。怪我の回復を待つあいだにも少なくともある程度脚に刺激を入れることができます。鼠径部（そけいぶ）を痛めたり軽度な大腿四頭筋（だいたいしとうきん）の断裂が

あったりして、高重量・低回数のデッドリフトができない場合でも、高回数のデッドリフトである程度の脚力を保つだけのトレーニングができることもあります。

デッドリフトのスタート姿勢は、脚で非常に大きな力を出すことができます。これはおおよそハーフスクワットの深さになり、バーベルを地面から引き上げるにはたいていの場合、背中を十分に引き締められるかが勝負になります。大腿四頭筋の筋力不足が原因で挙上に失敗することはほとんどありませんが、ハムストリングの筋力不足が原因になることは少なくありません。背中をまっすぐに保った状態でバーベルを膝よりも上まで引くことができれば、背中は重量を支えることができており、そうなれば脚の力で挙げ切ることができます。バーベルを地面から浮かせることができない場合、その原因は握力不足、怪我による痛みで引く動作に集中できない、重たいウェイトを地面から引き上げることに慣れていない、単純にバーベルが重すぎるといったことが考えられます。

デッドリフトでは、完全に静止した「デッドストップ」の状態から力を出すことが必要です。これがデッドリフトと呼ばれるゆえんです。デッドリフトがスクワットと異なるのは、ボトム位置の深さだけではありません。デッドリフトはコンセントリック収縮で始まるのに対して、スクワットはエキセントリック収縮で始まります。スクワットでは立った姿勢からエキセントリックにバーベルを下ろしていき、コンセントリック収縮で立ち上がります。これはベンチプレスにも当てはまります。おさらいですが、エキセントリック収縮は、筋肉が緊張した状態で長くなることを言います。コンセントリック収縮は筋肉が緊張しながら短くなることを言います。エキセントリック局面は「ネガティブ」と言われることもあり、通常ウェイトを下ろす動作になります。逆に、コンセントリック局面はウェイトを挙げる動作になります。そして、ウェイトを下ろす動作から挙げる動作に切り替わるときに、伸張反射が起こります。筋肉が伸張する段階を経てからコンセントリック局面に入ると筋肉はより強く収縮するということがこれまでに数多くの研究で確認されています。この伸張とはまさにエキセントリック局面で起こることです。このことは、腰を落としてかがむことなく垂直跳びをしてみると実感できます。同じことをバーベルカールに当てはめることもできます。腕を伸ばしたボトム位置から動作を始めるのではなく、バーベルを挙げ切った位置から動作を始めてみてください。バーベルを下ろす動作をうまく行えば、挙げる動作がずっと楽になります。デッドリフトにおいては、バーベルを引く前に負荷がかかった状態での伸張反射が起こりません。どれだけ大声を出して気合いを入れても、股関節を

図4-3　手幅と足幅によってリフターとバーベルの位置関係が変わり、身体の使い方が変わる。(A) ナローデッドリフトのスタート姿勢。(B) 手幅を広く取るスナッチグリップでは、バーベルを頭上に持ち上げるまでの距離が短くなる。このグリップは腕が短くなる効果を生むので、バーベルを引く際の背中の角度が変わる。(C) 同じように、足幅を広く取るスモウデッドリフトは脚が短くなる効果を持つ。

4 | The Deadlift

動かしてみてもこれは変わりません。ボトム位置までウェイトを下ろしていくときに、筋肉と靭帯は負荷がかかった状態で長くなりながら弾性エネルギーを蓄積します。そして、エキセントリック動作からコンセントリック動作への切り替わりで得られる効果の多くは、この弾性エネルギーから来ています。負荷がかかった状態でウェイトを下ろす動作がなければ、弾性エネルギーが蓄積されることはありません。デッドリフトは、最もキツい位置から動作が始まります。エキセントリック局面の弾性エネルギーのように助けになるものがなにもない状態から、バーベルを地面から引き離し、挙げ切るための力をすべてリフター自身が生み出す必要があります。

　デッドリフトにおいて握力は非常に重要な要素で、他の主要なトレーニング種目と比較して、デッドリフトが最も効果的に握力を鍛えることができます。手が小さい人や指が短い人は、握力がもたなくなることがよくあります。また、トレーニングをするときにストラップに頼り過ぎる人にも同じことが言えます。デッドリフトにはオルターネイトグリップという握り方があります。デッドリフトとはオルターネイトグリップで行うものだと思い込み、特になにも考えずオルターネイトグリップを使っている人が多くいるほど広く知られた握り方です。しかし、できる限りダブルオーバーハンドグリップを使ってデッドリフトを行った方が握力を鍛えることができ、両肩に不均等に負荷がかかることも避けられます。オルターネイトグリップでは、片方の手の中でバーベルが下方向に動くと、もう一方の手の中では上方向に動くことになるので、両手で握ったバーベルが動きにくくなります。これに対して、ダブルオーバーハンドグリップでは自力でバーベルを握りしめておくことが必要になります。ウォームアップセットはすべてダブルオーバーハンドグリップで行い、オルターネイトグリップを使うのは本当に大きな重量を扱う場面に限定すると握力は素早く向上します。トレーニング初心者は背中の筋力よりも握力の方が強く、ダブルオーバーハンドグリップでメインセットまで行える場合が少なくありません。レベルの高いリフターは、高重量になると片方の手の向きを変えてオルターネイトグリップを使う必要が出てきます。オルターネイトグリップでは、利き腕でない方を逆手にして握るのを好む人が多いです。

　片方を順手でもう一方は逆手でバーベルを握ると、両肩にかかる負荷が不均等になるほか、人によっては逆手で握った方の上腕二頭筋の靭帯を痛めることがあります。また、逆手で握った方は上腕二頭筋の張力が影響して、バーベルを足の中心よりも前に押し出してしまうこともあります。そのため、競技としてデッドリフトを行うわけでない人にとっては、高重量を扱うセットではストラップを使うのも理にかなった選択かもしれません。ストラップを使うかどうかは、個人の好み、柔軟性、トレーニングの目的によって変わってきます。ウォームアップセットではできるだけ高重量までストラップを使わずに行えば、デッドリフトで握力を鍛える効果の大部分を得ることができ、オルターネイトグリップで逆手で握る方の肩の問題を避けることができます。

　ダブルオーバーハンドグリップでは地面から浮かせることさえ不可能に思えた重量が、オルターネイトグリップにすると驚くほど楽に上がるということがあります。これはデッドリフトを数ヶ月ほど続けていればだれもが経験することです。重量が大き過ぎるとその感覚は身体に伝わります。そして、手が保持することができないものを背中は挙げようとしないのです。重量が大きくなってきたときに、

図4-4　オルターネイトグリップ。ほとんどの人は利き腕でない方を逆手にするのを好む。

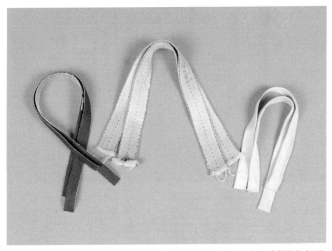

図4-5　ストラップを適切な場面で使えば、握力に制限されることなくトレーニングを行える。使い方を誤れば握力の向上を妨げることになる。

The Deadlift | 4

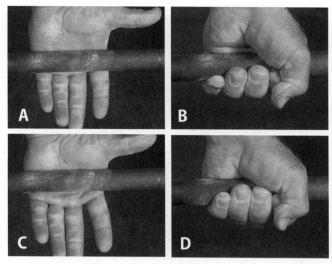

図4-6 （A）（B）正しいバーベルの握り方。バーベルは手の下側で指にしっかりかかっており、マメができにくい。（C）（D）バーベルを手のひらの高い位置で握ると、バーベルは手の中で皮膚を巻き込みながら指の方にスライドする。こうして遠位手掌皮線（えんいしゅしょうひせん）と中手指節関節線（ちゅうしゅしせつかんせつせん）のあいだの皮膚がバーベルに巻き込まれることがマメができる最大の要因になる。マメが過剰になると高重量を扱ったときにつぶれやすくなり、その日1日が台無しになる。

手の向きを変えてバーベルが手の中で滑らなくなると、握力がもたないという感覚がバーベルを引く背中にストップをかけることがなくなります。デッドリフトはギリギリの高重量になると、バーベルの握り方に関わらず、太ももまで挙げたバーベルを落としてしまうことはあるものです。しかし、床から引き始める段階で握力がおよばず手をこじ開けられてしまうほどの高重量であれば、ほとんどの人がそもそもバーベルを床から浮かせることができません。デッドリフトではストラップは使えるものですが、問題を解決してくれることもあれば、逆に問題を生むこともあるので使い方には注意が必要です。握力不足が問題になっている場合、ストラップを使うことで高重量で背中のトレーニングができるという場面はあります。しかし、ストラップを使う頻度が高すぎたり、あまり軽い重量でも使っていると、それがかえって握力不足につながることもあるのです。

　トレーニングを行って手にマメができるのは自然なことです。すべてのリフターは手にマメがあるもので、マメが手を切ったり水ぶくれができたりするのを防ぐ役割を果たしています。皮膚がこすれたりたたまれたりというストレスを受けた部分が厚みを増します。つまり、皮膚も他の組織と同じようにストレスに対して適応するのです。ただし、バーベルの握り方が良くないとマメが過剰にできる場合があり、過剰なマメは良くありません。大多数のリフターは

バーベルの握り方がマメのでき方に影響するということを考えることがありません。過剰なマメはつぶれやすいもので、特に遠位手掌皮線（えんいしゅしょうひせん）のあたりで起こります。（さらに、薬指の付け根でもマメがつぶれやすいです。薬指に指輪をしている人は特に、指輪ですでに皮膚が硬くなっていることが影響します。）パワーリフティングの試合でマメが潰れると、残りの試技が苦しいものになります。これを和らげられるのはリドカインジェルだけです。過去につらい思いをした経験があればジムバッグの中に忍ばせている人もいるかもしれません。しかし、バーベルを正しく握っていればマメができるのは最小限に抑えることができ、そこまでひどい問題になりません。

　バーベルを握るときに手のひらの真ん中にバーベルを当てて、そこから指を巻きつける形で握ると、手のひらの指の付け根付近にしわができます。そして、バーベルを引くときにこのしわが指の方向に引っ張られる形になり、皮膚のこの部分にかかるストレスが大きくなります。その結果として、この部分にマメができます。マメができるとこの部分の皮膚が分厚くなり、バーベルを握るときにできるしわも分厚くなっていくことになります。はじめから指に近いところでバーベルを握ると、バーベルを引き始めたときに手のひらの中でバーベルがスライドしにくくなります。バーベルを引き始めるとバーベルは重力に引っ張られてこの位置に来るので、はじめからそれに合わせてバーベルを握るべきなのです。また、この握り方ではバーベルを引く距離を縮められるという利点もあります。バーベルが手の先の方にあれば、その分胸の位置は高くなり、引き始めや

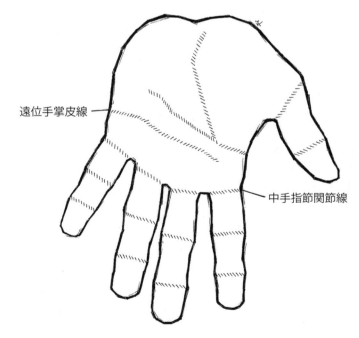

図4-7　ヒトの手のひら。遠位手掌皮線と中手指節関節線のあいだにバーベルがくるように握る。

93

4 | The Deadlift

図4-8　デッドリフトを引き始める標準的な高さは、バーベルが地面から20.5cmに位置する。これはバーベルに標準サイズのプレートを取り付けた高さであり、標準サイズでさまざまな重量のプレートを用意すると、幅広い筋力レベルの人がこの高さからデッドリフトを行うことができる。

すい姿勢を取ることができ、挙げ切ったときのバーベルの位置は低くなり、バーベルの移動距離も短くなるということです。

トレーニング用品もマメができる原因になります。これはすべてのトレーニング種目に当てはまります。ローレットが鋭すぎるバーベルというのは扱いがやっかいなものです。古いバーベルシャフトは新しい物と比べてローレットの具合が良い場合が多いです。長いあいだ使われてきて角が取れているのかもしれませんし、古いバーベルの方がより適切に製造されていたのかもしれません。（どうも1990年ごろから、バーベルメーカーは殺人鬼が使うチェーンソーのようなローレットを作るようになったように思えます。）ローレットが鋭すぎる場合、金属やすりを使えば1時間ほどで改善することができます。

手を守るためにはチョークが役立ちます。皮膚を乾燥させて引き締める効果があり、皮膚のしわに荷重がかかっても問題につながりにくくなります。すべての種目において、毎回トレーニングを始める前にチョークを塗りましょう。ジムが汚れるとか見た目がよくないとかいう理由でチョークが禁止されている場合、ジム選びを考えなおすべきです。

本格的なトレーニングプログラムに、グローブの出番はありません。手とバーベルのあいだにグローブのようにユルいものをはさむと、しっかりバーベルを握ることができなくなります。さらに、グローブの生地の厚みだけ実質的にバーベルの直径が太くなることになります。グローブをするとバーベルを確実に保持するのが難しくなるのです。

リストラップが付いたグローブは手首がトレーニングに慣れるのを妨げます。グローブを使うのが正当だと言える唯一の状況は、手の怪我を覆う必要があるときです。マメがつぶれたり切り傷があって、むき出しではトレーニングができないが、怪我を押してでもやるだけトレーニングが重要というような場合です。マメを作りたくないからというのは、グローブを着ける理由になりません。もし、ジムがグローブを売ることを商売の柱にしているようなら、やはりジムを変えることを考えるべきです。それでも、どうしてもグローブを使いたいと言うなら、ハンドバッグとお揃いにでもすればいいでしょう。

デッドリフトはキツいです。やりたくないと思う人がほとんどです。高重量のスクワットを正しいフォームで行っている人でさえ、ちょっとしたことでデッドリフトをスケジュールから抜いてしまうものです。ほとんどのパワーリフターがデッドリフトよりもスクワットの方が大きな重量を挙げられるのは、これが理由です。「デッドリフトはやる時間がなかった」なんて日がよくあったのでしょう。しかし、デッドリフトは強い背中を作ります。強い背中は他のトレーニング種目に必要になります。そして、強い背中は他のスポーツにも、仕事にも、生活にも必要です。デッドリフトのやり方を学びましょう。

デッドリフトを覚える

まず、バーベルは自分自身の筋力に対して余裕を持てる

重量に設定しましょう。トレーニング経験のない55歳の女性にとっての軽い重量と、体重90kgの18歳のアスリートにとっての軽い重量は同じではありません。あらゆる筋力レベルの人に対応できるよう、20kgや場合によってはさらに軽い重量から始められるだけの設備がジムには求められます。そのためには、バーベルシャフトは20kgだけでなく、15kgや10kgの物が必要になります。また、2.5kgや5kgの重量で直径45cmの標準的なプレートと同じ高さにバーベルを持ち上げられるプラスチックプレートを用意すべきです。こういうプレートを手に入れられない場合には、5kgや10kgの金属製のプレートの下にブロックを敷く方法や、パワーラックのセーフティピンを適切な高さに設定し、そこにバーベルを載せるという方法もあります。小さな金属プレートだけではバーベルが地面に近くなり過ぎて、大多数の人の柔軟性では正しいスタート姿勢を取ることができなくなります。仮にここで紹介する注意点を確実に実践することができず、フォームが適切でなくとも身体を痛めることのないよう、はじめの重量は軽く設定する必要があります。実際に何kgが良いかは状況に合わせた判断が必要になります。20kg以下から始めるのが良い人もいます。ほとんどの女性や小柄な男性が始めるときには40kgが目安になります。アスリートやある程度のトレーニング経験のある人には60kgが使えます。パワーリフティング競技に出る選手でなければ、60kg以上から始める理由などありません。

本書ではデッドリフトの習得方法を5つのステップに分けて紹介します。各段階で行うことに十分注意しながら

図4-9　デッドリフトのスタンスは、かかとを20cm～30cm程度の幅に開き、つま先を外に向けるところから始める。

進めてください。練習が進み馴染んでいくにつれて、各ステップの切れ目がなくなり、ひとつの動作パターンとしてつながっていきます。

ステップ1：スタンス

デッドリフトでは、足をべったり地面につけて行う垂直跳びとほぼ同じスタンスを取ります。かかとは20cm～30cm程度の幅に開き、つま先を外に向けます。身長が高く身体の大きい人は股関節の幅も広くなるので、それに合わせて足幅も広めに取ります。スクワットと比べるとデッドリフトでは足幅をかなりせまく取ることになります。スクワットは立った姿勢から股関節を下ろしてボトムまでしゃがみ込み、立ち上がるという動作です。それに対して、

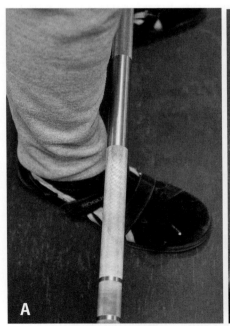  

図4-10　（A）足全体の中心を横から見た様子。（B）コーチの視点から見た様子。（C）足の前半分（脛骨からつま先まで）の中心にバーベルを置いたところをリフターの視点で見た様子。スタンスを決めるときにこの間違いが最も多い。

4 | The Deadlift

デッドリフトは背中を固定してボトムから足で地面を押して挙げる動作になります。スクワットとデッドリフトのスタンスの違いは、こういった股関節や膝の使い方の違いや、デッドリフトでは効率的にバーベルを引くために手幅をせまく取る必要があることから来ています。

バーベルは脛から 2.5cm ～ 4cm の位置に置きます。地球上のほぼすべての人間にとって、これでバーベルが足の中心の真上に位置することになります。バーベルはスタート位置から引き切るまで足の中心の真上から離れません。バーベルが地面を離れるところから、引き上げる動作、下ろしていく動作まで、バーベルを脚に近いところに維持しておくことが必要ですが、バーベルを必要以上に離したがる人がほとんどです。これには、キレイな脛や太ももを傷付けたくないという気持ちや、引く動作においてのバランスの重要性を理解できていないことが影響していることが多くあります。効率的なバーベルの軌道とは、鉛直にまっすぐな線になります。足の中心の真上から引き始めて、引き切ったところまでバーベルが足の中心の真上を移動すれば、最も効率的な引き方ができたということになります。足の中心というのは足全体の中心で、ここにバーベルの位置を合わせるということです。脛骨からつま先までの部分の中心だと勘違いしてしまうことがよく起きます。足の半分がバーベルの前に出ていて、もう半分がバーベルの後ろにあり、土踏まずの中心の真上にバーベルがあるという位置関係を作ります。バーベルとリフターのシステムの重心は、地面についた足の裏のこの位置に来ることになります。

バーベルがこの位置にあることを確認したら、つま先を開きます。つま先を開く角度は少なくとも 10°、場合によっては 30°まで開くこともあります（図 4-39 にある George Hechter の写真を参照）。自分では不自然に感じるほどつま先を開くのがいい場合もあります。こうすることで股関節が外旋し、太ももが体幹に干渉しにくくなるほか、内転筋群、外旋筋群を動員しやすくなります。つまり、スクワットで股関節を外旋させるときと同じ効果を得られるということです。

ステップ2：グリップ

スタンスが決まったらサムアラウンドのダブルオーバーハンドグリップでバーベルを握ります。手幅は両手が脚に近いところに来るものの、バーベルを引き上げるときに親指が脚をこすらない程度の幅に取ります。スナッチグリップについて先に話したことから分かると思いますが、この手幅で握ることでバーベルを引く距離が最短になります。標準的なオリンピックシャフトは、中心にローレットの無

図 4-11　足幅を正しく取れている前提で、手が脚のすぐ外側に来るように手幅を決める。バーベルを引き上げるときに、両手の親指が脚にギリギリ触れないことが目安。

い表面がスムーズな部分が必ずあります。（シャフトによっては、このスムーズな部分の中心にさらに 15cm 程度のローレットが刻まれている物もあります。）このスムーズな部分は幅が約 42cm あり、これに合わせて手幅を決めることができます。ほとんどの人はローレット部分に 2cm ～ 3cm 入ったところを握ることになります。つまり、両手の間隔が 47cm 程度ということになります。身体の大きな人は、足幅を広く取るのに合わせて手幅も広く取る必要があります。ほとんどの女性はこれよりも手幅をせまく取る必要があり、ローレットの端に人差し指を掛けるくらいになります。ほとんどの人は手幅を広く取りすぎる傾向があるので注意してください。ローレットに 7cm ～ 8cm も入ったところを握っていて、手が脚に触れるようなことがあれば、よほど腰幅の広い人でない限り足幅を広く取り過ぎているはずです。

脚を伸ばした状態で、腰を落とすのではなく、腰を曲げてバーベルを握ります。ここでは**「バーベルを動かさない」**ということが最も重要で、このことはこのあとのステップでも重要になります。バーベルを効率的に引くためには、足の中心の真上にバーベルを置くことが必要だとあれこれ考えてきました。バーベルを握るときや、このあとのステップでバーベルを動かしてしまっては、ステップ1が無駄になってしまうのです。

ステップ3：膝を前に出す

グリップが決まったら、バーベルに脛が触れるところまで膝を曲げて前に出します。ここでも**バーベルを動かしてはいけません**。バーベルは足の中心の真上にあります。つまり、バーベルはすでにあるべき位置にあるのです。ここ

では膝と脛だけを動かし、腰を落としてはいけません。脛がバーベルに触れたら、股関節はその位置で固定します。次に、膝を外に押し出し、太ももと膝が足と平行になるように少し角度をつけます。ここで膝が肘に触れますが、それは構いません。正しい手幅でバーベルを握ると、手と脚の間隔は非常にせまくなります。正しくバーベルを握った状態で太ももを少し外旋させると、自然と膝は肘に触れるものです。ほとんどの人がこのステップで腰を落とそうとします。腰を落とすと膝を前に出すことになり、バーベルも前に押し出してしまうことになります。ここでは脛がバーベルに触れるだけで、膝を少し外に押し出しましょう。

ステップ4：胸を張る

胸を張ってデッドリフトの正しいスタート姿勢に入ります。ほとんどの人にとって、ここが最も難しいステップになります。胸を張るには上背部の筋肉を使います。骨盤まで続く脊柱を伸展させるのです。グリップを決めたら**バーベルを動かさないように注意しながら**胸郭を持ち上げます。そうすることで、両腕にはさまれた胸が立ち上がります。さらに腰椎にいたるまで背中の筋肉を収縮させます。これで腰の位置を下げることなく、バーベルを引くのに正しい背中の姿勢が作られます。腰を落とすとバーベルを前に押し出してしまうことになりますが、背中の正しい姿勢が作られると、腰を落とさずに引くことができます。また、背中の姿勢を作るのに肩甲骨を寄せようとしてはいけません。肩甲骨を内転させると身体がバーベルに近づきますが、デッドリフトの挙上動作では肩甲骨は内転した状態にならないので、肩甲骨を内転させたとしても高重量を引くときにその姿勢を保つことはできないのです。正しい姿勢が取れたら、首が解剖学的正位に保たれるよう自分の3.6m〜4.5mほど前の地面に視点を定めます。さらに、意識的にあごを引くことが必要になるかもしれません。

このステップが難しいのは、下背部を伸展させるのにハムストリングの張力が抵抗することになるからです。背中の筋肉とハムストリングは骨盤の角度をコントロールしようと互いに争っているのです。そして、この争いに下背部が勝たなければいけません。このステップでは、ほとんどの人が腰の位置を下げたがります。しかし、腰を落とすとバーベルは足の中心の真上の位置から前にズレてしまいます。特にこれまで違ったスタイルでデッドリフトを行ってきた人にとっては、腰の高さが不自然に感じられるでしょう。それでも腰を落とさず高く保ちましょう。へんな感じがするなら、さらに強く胸を張ります。何レップか行ってハムストリングが温まってきたら、この姿勢と動作が自然

に感じられるようになってくるでしょう。

ステップ5：挙上動作

正しいデッドリフトでは、このステップになって初めてバーベルが動きます。大きく息を吸い込んで脚に沿ってバーベルを引き上げていきます。この言葉のままの動作です。「脚に沿って」というのは、バーベルが地面を離れてから挙げ切るところまでバーベルを脚から離さないということです。スタート位置でバーベルは足の中心の真上にあり、そこからまっすぐ鉛直の軌道をたどります。挙げ切った位置では胸を張り、膝と股関節を伸展し、脊柱は解剖学的正位、足の裏全体が地面について、腕はまっすぐ下に伸ばした状態になります。バーベルが膝を超えて太ももにさしかかるあたりでバーベルが脚から離れてしまいがちです。挙上動作のどの段階であっても、バーベルが脚から離れると重心が足の中心よりも前に出てバランスが崩れてしまいます。

引き始めの段階でバーベルが脛から離れる場合、それはバーベルが前に移動したということです。脛を傷付けないように脚からバーベルを離したくなってしまうのは、ごく自然な感覚ですが、バランスを保つためにバーベルは脚に近いところを通さなければいけません。どうしても気になるならスウェットパンツを履いたり、脛に薄いプロテクターを着けたりしても構わないので、バーベルを脚から離さないと意思を固めることです。必死に胸を張っているのにバーベルが前に出てしまう場合には、引き始める前の段階で、足の中心でバランスを取れていなかった可能性が高いです。ウェイトリフティング用のシューズを履いていてシューズの踵が高すぎる場合や、脚が長く胴体が短い体型の人に起こりがちな問題です。この問題が起きたら、もうひとつステップを追加する必要があります。「**ステップ4.5：バーベルを引き始める前に体重がかかる位置をつま先から後ろに動かす**」これを大げさにやると踵に体重をかけることになりますが、そこまではしません。身体を少し後ろに傾けてつま先に体重がかからないようにするだけです。そして、足の中心で地面を押し下げる意識を持ちましょう。

バーベルを引き上げた位置でやることは、ただ胸を張るだけです。肩をすくめて上にあげたり後ろに引いたりすることはありませんし、上半身をのけ反らせることもありません。ただ胸を張りましょう。このときの姿勢を横から見ると、解剖学的正位であることが分かります。脊柱の自然な前弯と後弯が保たれ、視線は少し下を向き、膝と股関節は完全に伸展し、肩が前に出ていることもありません。デッ

4 | The Deadlift

図4-12　デッドリフトをマスターするまでの5ステップ。(1) 正しいスタンスを取る。(2) バーベルを握る。(3) バーベルに触れるまで脛を前に出し、腰を落とすことなく膝を外に押し出す。(4) 足の中心に体重をかけ胸を張る。(5) 脚に沿ってバーベルを引き上げる。

ドリフトの重量を安全に保持するためには、身体はこの姿勢を取らなければいけません。そして、背中の姿勢を正しく取ることで、地面から身体が直立した位置までバーベルを安全に持ち上げることができるのです。この姿勢については、図4-12-5dを参照してください。

バーベルを下ろすときは挙げる動作の正反対に身体を動かします。唯一の違いは、バーベルを挙げるときよりも速く下ろして構わないということです。デッドリフトではバーベルの挙げ方が悪いと腰を痛めることがありますが、バーベルの下ろし方が悪いと同じように腰を痛めます。正しく挙げることができていたとしても、下ろすときには腰が丸まっていたり、膝が前に出ていたりと、バーベルの下ろし方を間違えるというのは非常によく起こります。挙げるときと同じように、バーベルは鉛直な軌道に沿って下ろさなければいけません。まずは股関節と膝を曲げ、次にお尻を後ろに突き出して、バーベルを太ももに沿ってまっすぐ鉛直に下ろしていきます。背中は伸ばした状態を維持して、バーベルを挙げたときと正反対の動きを行うのです。バーベルが膝を過ぎても背中を決して曲げることなく、膝を曲げてバーベルを地面に下ろします。バーベルが膝を過ぎる前に膝が前に出たら、当然膝をかわすためにバーベルも前に出さなくてはいけなくなります。そして、こうなる

とたいていの場合、背中を引き締めた状態をゆるめてしまうことになります。

自分の3.6m〜4.5mほど前に視点を定めて、首は解剖学的正位に保ち、5レップを1セット行いましょう。フォームに注意しながら行うことが重要です。特に、背中の姿勢がどうなっているかと、バーベルを身体から離さないことに集中しましょう。良いフォームをある程度保てている手応えがあれば、重量を増やしていきましょう。数セット行って、これ以上重量を増やすとマズいという感触があったところでその日のトレーニングは終了です。

背中の姿勢

デッドリフトにおいて、他の部分は正しく行えなくても本当に深刻な問題は起こりませんが、腰が丸まると安全性に問題が出ます。ここで、デッドリフトにおいて最も重要な「背中の姿勢を正す」という部分について学びましょう。バーベルを地面に下ろしたら、バーベルを離して立ち上がり胸を張ります。同時に背中を反らせましょう。これにはお尻を突き出す意識を持ちます。「胸を張る」という意識づけには手で胸に触れ、「腰椎を反らせる」という意識づけには腰のくびれに手で触れます。図4-13のように、コーチが自分の身体に触れている様子をイメージしてください。こうして触れることで、お尻を突き出しながら背中のどの部分を反らせるかを確認し、脊柱起立筋を意識的に収縮させやすくなる効果があります。

脊柱起立筋が収縮したときの下背部の姿勢のことを「腰椎の伸展」といいます。スタート位置で地面に置いたバーベルを握ったときには、骨盤と腰椎がハムストリングに引っ張られます。柔軟性にもよりますが、立って腰を反らせるときほど腰椎を伸展させておくことはできないはずです。女性や小柄な男性には、デッドリフトのスタート姿勢で腰椎を過伸展させられるほど柔軟性の高い人もいます（図4-14参照）。しかし、これも望ましくありません。腰が反り過ぎた状態で負荷をかけるのは、腰が丸まった状態と同じように腰椎の椎間板に良くありません。腰が反り過ぎた場合の方がずっと悪いかもしれません。腰椎が過伸展した状態で負荷がかかると椎間板に良くないだけでなく、椎間関節や周辺の神経にダメージを与える可能性があります。脊柱の構造的に自然な湾曲を保つのが望ましいということです。ただ、実際に脊柱の自然な湾曲を保つには、ほとんどの人にとって柔軟性の限界に近くなるので、大げさなくらい腰を反らせる意識を持つことが必要になります。ここで重要なのは、背中の姿勢の決め方を覚えるということです。素早く正しい姿勢に入れるように、腰椎を伸展させるのに必要な筋肉を意識してコントロールすることを覚えましょう。重要なので繰り返しますが、**デッドリフトのスタート姿勢では腰椎を過伸展させた状態を目指すのではなく、脊柱の自然な湾曲を保つのを目指します**。しかし、脊柱の自然な湾曲を保つためには腰椎を過伸展させるくらいの意識で臨むことが必要な場合があるということです。

デッドリフトで起こる問題の大半は、下背部の姿勢が正しく取れていないことが関係しています。デッドリフトでの背中の姿勢の問題で最も多いのは腰が丸まってしまうことです。トレーニング初心者がデッドリフトで腰を丸めてしまうとき、ほとんどの場合で本人は腰が丸まっているこ

図4-13　挙上動作において背中が取るべき姿勢に慣れましょう。コーチの手に向かって胸を張ると上背部が伸展します。腰椎まわりの脊柱起立筋に触れている手を中心に腰を反らせると下背部が伸展します。

4 | The Deadlift

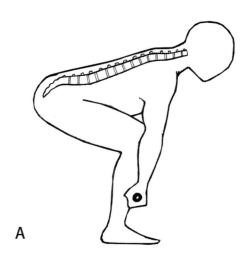
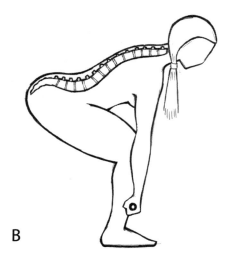

図4-14 （A）デッドリフトの正しいスタート姿勢では、脊柱の自然な湾曲が保たれる。（B）腰椎を過伸展させて前弯を強調するのは、一般的な柔軟性レベルの人には難しく、不必要で不適切である。外から見たときに腰椎が過進展して前弯が見えるのが良いという考えは、身体の細い人がスタート姿勢を取ったときの外見に基づいた誤解である。筋量の多い男性が正しいスタート姿勢を取った場合、脊柱起立筋の筋量が影響して下背部は平らに見える。腰椎が過進展した状態は望ましくないことに注意しなければならない。ただし、柔軟性の高くない人は正しいスタート姿勢を取るために腰椎を過伸展させる意識を持つことが必要になるかもしれない。

とに気付いていません。なにが正しい姿勢で正しくない姿勢なのかを感じ取ることができないのです。デッドリフトを始めて2～3回トレーニングを行ってもフォームがうまくいかない場合は、これが問題かもしれません。デッドリフトの動作を正しく行うためには運動感覚が必要です。自分の身体や身体の各部位が空間の中でどういう姿勢や位置にあるかを感じ取る能力で、これが欠如しているという状態です。これは視覚が原因になっているかもしれません。下背部は目に入らないもので、見てみようともしてこなかったでしょう。肘が曲がっているか伸びているかは分かるのに、下背部が曲がっているか伸びているかはまったく分からないのは、おそらくそこで働いている筋肉が目に見えず、そんなことを考えたこともないからでしょう。腕は自然と視界に入り、鏡で見ることもできます。そして、目に見える動きを意識的にコントロールする感覚が身につくのは自然なことです。それに対して下背部は自分の後ろにあります。例えば、ガレージで地面から物を持ち上げるときに、下背部がどう動いているかを確認するために鏡を使って横から見てみるなんてことは、よほど柔軟な発想の持ち主でなければ思いつきません。

　腰の問題を解決するには、腰椎まわりの筋肉がどういう働きをするか、腰椎まわりの筋肉が働くとどういう感覚があるか、腰椎まわりの筋肉を毎回働かせるにはどうすればいいかを理解する必要があります。胸を張ってお尻を突き出すという動作を何度か繰り返して、腰椎まわりの筋肉を意識的に収縮させる練習をしましょう。さらに、確実に覚えるために、プラットフォームにうつ伏せになって、スク

ワットの章の「背中」の節で紹介したドリルを数回行いましょう。背中の姿勢を作るのは、実質的にシットアップと反対の作業だということになります。シットアップは意識的に脊柱を屈曲させる動作です。意識的に脊柱を伸展させると、体幹の反対側の筋肉が働くと捉えると理解しやすくなります。

　下背部を伸展させたときの感覚がつかめたら、バーベルを使ってスタート姿勢に入る練習を段階的に行いましょう。正しいスタンスを取り、背中の姿勢を固め、徐々にお尻を後ろに引いて身体を下げていきます。膝は少し外を向き、肩は前に出ます。身体を下げていくと、下背部を伸展させた状態が崩れるポイントが来ます。下背部の伸展が崩れたのを感じたら、もう一度伸展させるのに必要なだけ身体を持ち上げます。そして、さきほどよりも低い位置まで下背部の伸展を保てるよう、もう一度身体を下ろしていきます。こうやって段階的に進めていくと、最終的にはバーベルを持ってそれなりに良いスタート姿勢に入ることができます。

　ウェイトルームでは背中の怪我が起こりがちです。残念ながら、これは高重量を使ったトレーニングには付き物で、スクワットとデッドリフトに加えてクリーンやその他すべてのプル系種目で背中の怪我が起こる可能性があります。痛いし、不便だし、時間を取られるやっかいな問題ですが、実際に背中の怪我の原因は何なのかを理解すると、怪我につながる悪い姿勢を避けることがいかに重要かが見えてきます。

　背中を痛めたときに医師の診察を受けると、10回中9

The Deadlift | 4

図 4-15　腰が丸まってしまうのはデッドリフトで最も多い問題。スタート姿勢を作るステップ4で背中の姿勢を正す必要がある。

回は「背中の筋肉が断裂したんですね。この薬を飲んで、そんなに重たいバーベルを挙げるのを止めてください」と言われます。この医師の診断と助言は、自分自身がこういう背中の怪我をした経験がなく、筋肉の断裂がいつどのように起こり、どう回復するのかを理解していないことを表しています。

　筋肉が断裂すると出血します。筋肉には血管が通っており、基本的に断裂が起こると筋腹内の結合組織が損傷を受け、筋収縮に関わる組織や血管組織が破裂します。そして、断裂が起こった部位に血液が溜まり血腫ができます。これは外からはあざのように見え、あざと同じように再吸収され回復するという同じ経過をたどります。重度の断裂では、目に見えるへこみが筋腹に残ります。軽度の断裂でも強烈な痛みがありますが、目立ったあざができるほどの出血は起こりません。軽度のものは回復も早く重度になると回復に数週間かかることもあります。

　筋断裂の大半は太ももと脚に起こりますが、ベンチプレスで大胸筋の断裂が起こることも少なからずあります。これらの筋肉は長い骨に付着していて、大きな動作で大きな重量を動かしたり、大きな動作で骨そのものを非常に素早く加速させたりします。ベンチプレスやスクワットで起こる筋断裂では、バーベルの重量によってそのとき筋肉が耐

えられる以上の負荷がかかり、筋肉の収縮に関わる組織の破壊強度を超えてしまいます。十分なウォームアップを行ったあとでも、筋断裂は動作速度に関係なく起こります。さらに一般的なのがランニングでの筋断裂です。動作の主動筋か拮抗筋が収縮して生む力が対応する筋肉の破壊強度を超えてしまうことで起こります。ハムストリング、大腿四頭筋、ふくらはぎの断裂が起こる頻度が特に高く、アスリートが歳を重ね、筋肉と結合組織の弾性が失われるにつれて頻度が高くなります。

　筋断裂が特に起きやすい筋肉は、長い骨を加速させながら骨の角度を変えるという共通した働きがあります。このとき、筋肉は大きな動作範囲で比較的高い角速度を生みます。これに対して、脊柱まわりの筋肉はアイソメトリックに働きます。脊柱まわりの筋肉は、柱状につながった小さな骨の位置関係を安定させ姿勢を保つ役割をしています。そして、この働きは脊柱まわりの筋肉の構造に反映されています。脊柱まわりの筋肉は長く連なっていますが、それぞれの筋肉には複数の起始と停止があり、密接した骨組織の分節に付着しています。腕や脚が身体を空間内で移動させるとき、この骨組織は固定されるようにできています。脊柱の構造を健全に保つためには安定させてあげることが必要です。脊柱は可動域は大きくありませんが屈曲することができます。しかし、負荷がかかる状況では脊柱はがっちりと固定されていなければいけません。ウェイトを挙げるときにも脊柱が固定されていることが必要で、体幹の姿勢を保つ筋群がその役割を果たしています。

　トレーニング中に背中を痛めるということはしばしば起こります。そして、背中を痛めるのはフォームが適切でない場合がほとんどです。しかし、トレーニング中に背中を痛めるのは、ランニング中にハムストリングの断裂が起こるのとまったく状況が違います。脚の筋肉の断裂が起こるのは、大きな角度変化を伴う筋収縮が起こっているときで、大きな可動域の中で筋腹の長さが大きく変化します。それに対して、背中を痛めるときを考えると、そもそも椎骨間の可動域は小さく、脊柱起立筋の筋腹にはほとんど動きがありません。仮に、腰椎まわりの筋肉が完全に弛緩したとしても、大きな動きは生まれません。スプリント時のストライドと比べると非常に小さなものです。このことから、例えば、食べ物の入った買い物袋を持ち上げるときに背中の筋肉が断裂するというようなことは非常に考えにくいと言えます。しかし、実際には、まさにこういうゆっくりした速度で小さな力を出す動きを行うときに背中の怪我は起こります。ひどい打撲が無ければ、本当に背中の筋断裂が起こることは少ないのです。

　背中の怪我は、残念ながら脊柱に関わるものがほとんど

4 | The Deadlift

です。膝の怪我のように関節の怪我だと考えましょう。椎間板や椎間関節は、負荷がかかった状態での不自然な動きに弱いものです。こういう動きを起こさないために背中の筋肉が収縮するのです。正しいフォームでトレーニングを行い背中の筋肉を鍛えるのは、背中の怪我を未然に防ぐ最善の方法だと言えるかもしれません。正しいフォームでトレーニングを行う中で身に付く習慣は、筋力が向上することと同じくらい脊柱を安全に保つことに貢献します。このことが理解できたら、デッドリフトのフォームを覚えることにさらに集中力を持って臨みましょう。必ず役に立つと保証します。

引く動作での力の働き

まずは物理的な力について、いくつか押さえていきましょう。モーメントは回転を生む力です。（トルクという言葉が使われることもあります。）堅い棒状の物にモーメントがかかると、棒の端にあるものが軸を中心に回転します。モーメントが最大になるのは、回転するものに対して90°の角度でかかったときです。レンチを使ってナットを回すところを想像してください。レンチに対する手の角度が変だと大きな力をかけられません。手の角度を直角にすると最も大きな力をかけられるようになります。自動車の整備士が固着したボルトを回すときに、レンチに対して腕が直角にできるようにスペースを確保しようとするのはそういうわけです。

また、回転する物からの距離が長くなるほどモーメントは大きくなります。レンチを握る部分がボルトから遠くなるほど、ボルトを楽に回せるようになります。ここでのボルトと手の距離をモーメントアームと呼び、モーメントアームは引っ張る方向に対して直角に測ります。レンチは長くなる方が使い勝手が良いのは、力をかける方向が同じように効率的であれば、長いレンチの方がモーメントアームが長くなるからです。モーメントアームの長さは、レンチの柄の長さと力をかける方向によって決まります。レンチの柄が長くても、力をかける角度が90°よりも小さくなるとボルトを効率良く回せません。この場合、力のかかる方向とボルトのあいだの水平距離はレンチの柄よりも短くなり、モーメントアームも短くなるからです。また、90°で力をかけたとしても、レンチの柄が短ければモーメントアームは短いので、固着したボルトを回すのに適したツールとは言えません。

このことは、プル種目やスクワットのように背中でウェイトを挙げるすべての状況に当てはまります。重力は私たちが「下」と呼ぶ方向にまっすぐ鉛直に働きます。手に握っ

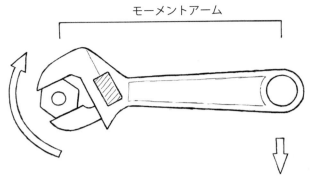

図4-16　レンチとボルトで生まれるモーメントアーム。重要な力学的概念。

たバーベルは絶えずまっすぐ下に向かうので、このシステムのモーメントアームはバーベルからの水平距離として測ります。胴体が短く背中の角度が寝ている場合と胴体が長く背中の角度が立っている場合は、モーメントアームの長さは同じになるかもしれません。そう考えると、胴体が短く背中の角度が立っている状態がベストということになりそうですが、このシステムには他にも物理的制約があり、引く動作の効率を上げるのには限界があります。例えば、脚に対して胴体が短い場合、背中の角度を立てるには腰を落とす必要が出てきます。そうすると膝を前に出すことが必要になり、脛が前に傾いて、バーベルを前に押し出します。この一連の動作では、バーベルが足の中心よりも前に出て、肩はバーベルの後ろにくることになります。どちらも高重量になると機能しなくなります。このあと、なぜ機能しなくなるのかを考えます。

レンチとボルトを使ったモデルは、単純にモーメントアームとはどういうものかを理解するのには役立ちますが、デッドリフトを行うときに股関節でなにが起こっているかを正確に捉えることはできません。デッドリフトでの力の働き方を説明するには他の方法があります。体幹の筋肉によって固定された脊柱と股関節は、第1種てこを形づくります。理科の授業で習ったおぼえのある人もいると思いますが、シーソーを思い浮かべてください。第1種てこでは負荷と負荷を動かす力のあいだに支点があります。そして、堅い棒状の部分が力を伝えます（図4-17参照）。シーソーの支点から両端までの腕の長さがモーメントアームになります。両側のモーメントアームの長さが同じで、なおかつバランスが取れていれば、負荷の重さと負荷にかかっている力の大きさは同じだということになり、両端が動く距離も同じになります。もし、片側が短く反対側が長ければ、短い方の動く距離は短く、動く速度は遅くなります。そして、長い方の動く距離は長く、動く速度は速くなります。ただ、このように長い方が速く動くには短い方では大

きな力が必要になります。短い方にかかった力が長い方の
モーメントアームによって増幅されるということです。つ
まり、第1種てこにおいて長い方を押したり引いたりする
と、短い方を短い距離ゆっくり動かすことができます。例
えば、釘抜きを使って釘を抜くことが当てはまります。も
しくは、短い方を押したり引いたりすることで軽い負荷を
素早く動かすことも可能です。例えば、畑で使うシャベル
を足で踏んで持ち手が顔にぶつかる場合や、昔の戦争で使
われた投石機などがこれに当たります（図6-32参照）。

　私たちの筋肉が収縮できるのは筋肉の全長のほんの少し
の割合でしかないので、私たちの骨格筋系が形成するてこ
は、筋肉が収縮して生み出す力を大きくすることで運動の
距離を大きくするという働き方をします。ヒトの股関節は
第1種てこだと考えることができます。背中と骨盤がて
この腕の部分を形成し、股関節が支点として働きます。て
この短い方では、ハムストリング、大殿筋、内転筋群といっ
たポステリアルチェーンが股関節の後ろで下に引っ張る力
を出します。そして、てこの長い方では、手に持ったバー
ベルの重量が股関節の前で下に引っ張る力を出します（図
4-18参照）。高重量を手に持っていても、十分な筋力があっ
てポステリアルチェーンが十分に大きな力を生み出すと、
股関節の後ろ側の短い方が股関節の前にある長い方を持ち
上げることができます。これと同時にデッドリフトでは膝
が伸展していくので、実際にはもう少し複雑になりますが、
大きな問題ではありません。デッドリフトで高重量を挙げ
るには、もっと股関節をバーベルに近づけたいということ
になりますが、それはできません。実際の物理的制約の
中でできる限り効率的にデッドリフトを行おうとすると、
バーベルをできる限り股関節から離さずに引くということ
になります。一部上級者のリフターは意図的に上背部を丸
めてバーベルと股関節の距離を縮めるというテクニックを
使います。このあと詳しく見ていきますが、バーベルを股
関節に近づけるのは広背筋の役割です。

　デッドリフトをするときには、このてこの仕組みが働き
ます。しかし、十分な筋力があれば、反対にモーメントアー
ムを働かせることもできます。てこの短い方が短い距離を
移動するときに十分な力を出すことができれば、長い方が
長い距離を移動するのを加速させることができるのです。
クリーンやスナッチではこういうことが起こっています。

　高重量のデッドリフトにおいて、理論上、バーベルの軌
道は直線であるべきです。物体を出発点から到達点へと
移動させるのに最短で最も効率が良いのは直線だからで
す。そして、重力がバーベルを引っ張る方向の反対は鉛直
上向きです。仕事は「力×距離」と定義されます。重力に
逆らう仕事を考えるとき、力はウェイトプレートを付けた

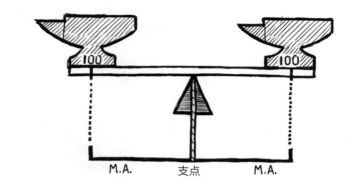

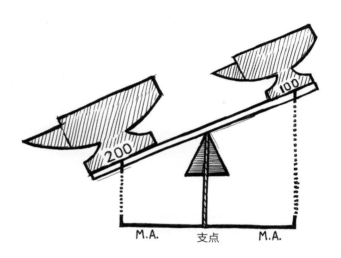

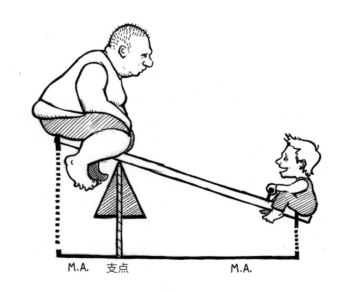

M.A. ＝モーメントアーム

図4-17　第1種てこの例

4 | The Deadlift

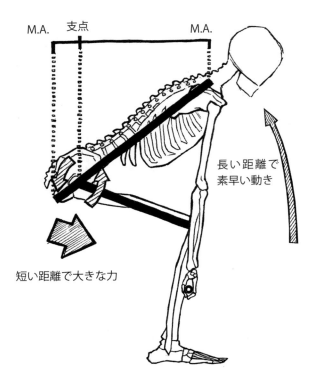

図 4-18　ヒトの股関節は第 1 種てこの働きをする。

バーベルの重量に作用している重力の力です。そして、距離はバーベルを移動させなければいけない距離です。そのため、仕事は m・kg で表すことができます。重力がまっすぐ下に向かって働くので、重力に逆らう仕事はまっすぐ上向きに限られます。それ以外の運動は、重力に逆らう仕事ではないことに使われたエネルギーということになります。バーベルを挙げながら、リフターから見て前や後ろといった水平方向の力をバーベルに加えて前後に移動させることは可能です。しかし、この前後の移動は重力に逆らう仕事にはなりません。例えば、バーベルを持って部屋の中を歩き回ることもできます。しかし、デッドリフトをするとなると、その仕事はバーベルを地面に置いた状態から引き上げた状態までバーベルを鉛直に移動させることになります。バーベルを直線の軌道で引くとバーベルを最短距離で移動させることができ、移動距離が長くなると効率が悪くなります。柔道、ダウンヒルスキー、アメリカンフットボールなど、スポーツに関連する動作のほとんどは鉛直の直線の動きになりませんが、バーベルトレーニングの動作ではそれが可能であり、そうあるべきです。

デッドリフトでは脚の前にバーベルを置きます。スクワットではバーベルは肩の上にあり、足の中心の真上でバランスが取れています。バーベルの前と後ろで体重がおおむね同じ程度に配分されて動作中もバランスが保たれます。そういう意味で、デッドリフトはスクワットとは状況が異なります。プレスとも少し違います。デッドリフトでは、体重の大部分がバーベルの後ろにある状態でバランスを取らなければいけません。この条件を踏まえて、リフターとバーベルを合わせたシステムとしての重心を考える必要があります。デッドリフトの動作中、重心位置は少し変化します。ちなみに、クリーンとスナッチでは動作範囲が大きくなり身体の使い方が複雑になるので、デッドリフトの方がシンプルではあります。デッドリフトでのバランスの取り方はバーベルの重量によって変わります。リフターとバーベルの重心は、高重量になるほどバーベルの位置に近づいていき、バーベルの後ろにある体重の影響は小さくなっていきます。そのため、高重量でデッドリフトを行う場合には足の中心の真上からバーベルを引くのに対して、軽い重量ではバーベルが足の中心よりも前に出た位置から引き始めることになる場合があります。これはクリーンやスナッチにも当てはまります。

ここまでに話してきたことからもう分かると思いますが、リフター自身の重心とバーベルのあいだの距離が小さくなると、ここに生まれるモーメントアームも短くなります。そして、リフターとバーベルのシステム内の各所に生まれるてこ作用も小さくなります。バーベルを足の中心の後ろに持っていかない範囲で、身体の重心とバーベルの距離を縮めるほど、挙上時に負荷となるてこ作用が小さくなります。また、足の中心でバランスが取れる点とバー

The Deadlift | 4

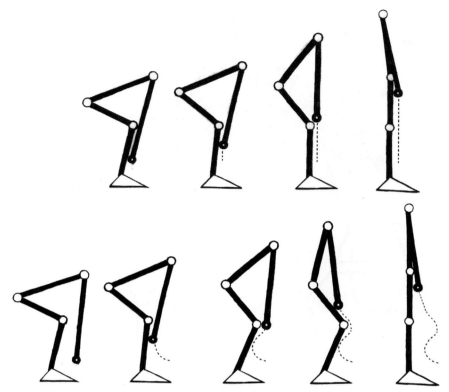

図 4-19　重力の力は鉛直に働くので、重力に逆らう仕事は鉛直方向の変位に限られる。それ以外のバーベルの動きは水平運動で、重力に逆らう仕事ではなく、非効率に頑張っている状態となる。

ベルのあいだに距離があると、それもモーメントアームになり、挙上効率に大きく影響することになります。先に話したように、バーベルと股関節の距離が大きくなるほど、股関節のモーメントアームは長くなります。立った姿勢でバーベルを手に持ったり背中に担いだりするトレーニング種目すべてに共通することですが、バーベルが足の中心の真ん中にあるときバランスが取れ、なおかつ最も挙上効率が良くなります。そして、バーベルは足の中心でバランスが取れる点の真上を鉛直に直線移動するべきで、この軌道からバーベルが決して外れないようにしなければいけません。このバーベルの軌道が物理的に理想のモデルで、これに近づくことを目標とすべきです。トップレベルのデッドリフターは極限まで理想に近づきます。

　デッドリフトでは、膝と股関節を伸展させることで生まれる力を使って地面に置いたバーベルを持ち上げ、挙げ切るところまで持っていきます。この力は、がっちり固定された脊柱に沿って伝えられます。このとき、脊柱は股関節の伸展筋群とバーベルのあいだにあり、股関節を軸に回転するモーメントアームとして働きます。このモーメントは肩甲骨から腕に伝えられ、さらに腕からバーベルへと伝えられます。肩甲骨というのはかなり面積の大きな骨で、胸郭に乗っかる形で背中に接しています。非常に強い僧帽筋に加えて、大菱形筋、小菱形筋、肩甲挙筋といった筋肉によって肩甲骨は固定されています。僧帽筋は頭蓋骨の下端に始まり、項靭帯を介して第7頸椎まで頸椎全体につながっており、さらに第7頸椎から第12胸椎まで続きます。僧帽筋の起始は人体にある筋肉の中で最も長いものです。僧帽筋の筋線維はすべて肩のどこかに停止します。肩甲骨を横に走る突起（これを肩甲棘と呼びます。）や、鎖骨の上面に付着部があります。つまり、僧帽筋は脊柱にある非常に長い付着部から、肩にある非常に長い付着部まで力を伝えることができます。デッドリフトが僧帽筋を鍛えるのに非常に効果的で、強いデッドリフターは他のアスリートに比べて大きな僧帽筋を持っているのはこれが理由です。僧帽筋がコンセントリック収縮すると、肩をすくめたり、肩甲骨を内転させたり、下制させたりという動きを生みますが、デッドリフトにおいて僧帽筋はアイソメトリックに働き肩甲骨を固定します。スタート姿勢に入ってバーベルを地面から引き上げるとき、個人の体型によって背中は20°〜30°ほど傾き、肩甲骨はバルサルバ法でがっちり固定された胸郭にぴったり張り付いています。ここで僧帽筋と菱形筋が肩甲骨を固定します。膝と股関節の生み出した力が、がっちり固定された背中を伝って上がってくるとき、肩甲骨はそれを受け止められるだけ安定した状態にあると

105

4 | The Deadlift

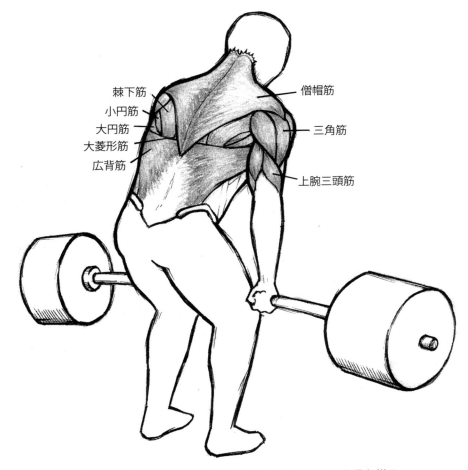

図 4-20　腕と脊柱のあいだで力を使えるのに関与する筋肉を後ろから見た様子。

いうことです。

　肩関節では、複数の靭帯、三角筋、ローテーターカフの筋肉と腱、上腕三頭筋の長頭、上腕二頭筋、大円筋といった組織が肩甲骨と上腕骨をかなりしっかりつないでいます。三角筋は肩甲棘の下側に長い起始を持ちます。僧帽筋が肩甲骨に付着する部分のちょうど反対側です。さらに、三角筋は肩峰と鎖骨の外側 1/3 ほどに沿って肩を包むように前面に続いています。そして、上腕骨の真ん中付近にある三角筋粗面という大きなこぶのようになった部分に停止します。脊柱から僧帽筋、肩甲骨、鎖骨、三角筋、上腕骨という一連のつながりは強靭で、効果的に力を伝達することができます。さらに、大円筋が肩関節に近いところで肩甲骨の下端と上腕骨の前面をつないでおり、肩甲骨と上腕骨というふたつの骨をつなぐ筋群を補助しています。

　また、ここでは広背筋も非常に重要な役割を果たしています。広背筋は下背部に幅広い起始を持っています。人によって違いがあるのですが、ほとんどの場合で第 7 腰椎から胸腰筋膜という大きなシート状の結合組織と共に仙骨や腸骨稜まで続いています。広背筋の停止は上腕骨上部の前面で、大胸筋の停止と非常に近いところにあります。そ

して、広背筋は上腕骨を後ろに引っ張る働きをします。デッドリフトでの身体の使い方において、これは非常に重要な役割を果たします。つまり、上腕骨は肩甲骨からのつながりと脊柱から直接的なつながりがあります。広背筋と僧帽筋は第 7 胸椎から第 12 胸椎にかけて重なっており、頭蓋骨から仙骨まで脊柱にあるすべての突起を広背筋と僧帽筋が上腕骨につないでいます。これらすべての付着部が背中と腕を強力に結び付けているのです。

　デッドリフトでバーベルを引き始める正しい姿勢では、肩甲骨、バーベル、足の中心が一直線上に並びます。背中は構造上自然な姿勢で固定され、肘はまっすぐ伸び、足はもちろん全体が地面につきます。股関節と膝を伸ばす筋肉が生み出す力を、骨格が背中から腕、そしてバーベルへと最も効果的かつ効率的に伝えることができるのがこの姿勢です。この原則はグリップやスタンスを問わず、床から行うプル系種目すべてに当てはまります。リフターとバーベルのシステムと足の中心のあいだで最適なバランスが取れるのがこの位置関係なのです。

　この位置関係ができていないと起こりうる問題がふたつあります。ひとつ目は、バーベルが足の中心よりも前に出

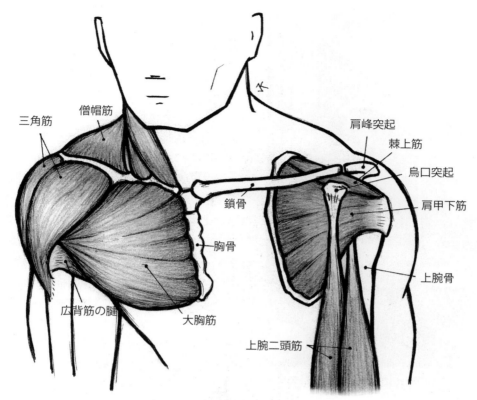

図 4-21　デッドリフトに動員される上半身前面の筋肉。

た状態で引き始めると、バランスが取れる位置とバーベルのあいだにモーメントアームが生まれるという問題です。リフターはどうにかしてこのモーメントアームに対応しなければいけません。バランスが取れる位置までバーベルを寄せてくるか、バーベルの重量とモーメントアームの作用に逆らうためにより大きな力を出すかということになります。また、ここで生まれる距離は股関節と背中の角度にも影響し、股関節、背中、バーベルを最適な位置関係に持ってくることができなくなります。バーベルが自分の50cmほど前にあるところを想像してみてください。この距離が大きな問題になることは直感的に分かるでしょう。このくらい極端に距離を取ると、なぜ問題なのかはハッキリします。ここから1歩前に出てバーベルとの距離を半分にします。デッドリフトはしやすくなるでしょうが、これでも正しい位置とは言えません。この距離をもう一度半分にしてみます。もうどういうことか分かるでしょう。バーベルに近づくほどバーベルを引きやすくなるのです。その理由は、距離ができると足の中心からこの作用が働くからです。

　高重量のデッドリフト、クリーン、スナッチにおいて、バーベルが足の中心よりも前にある状態から引き始めた場合のバーベルの軌道を観察すると、バランスが取れる位置までバーベルが後ろに移動して、地面から離れるあたりでバーベルの軌道が曲線を描くのが見て取れます。デッドリフトのように高重量になるほど曲線の位置は低くなり曲がり方も小さくなります。スナッチのように軽い重量を使う場合ほど、許容できる水平の変位が大きくなり、足の中心の真上でバランスが取れる前にバーベルを高く挙げることができます。（リフターの絶対筋力に対して非常に軽い重量でスナッチを行うと、バランスの取れる点からバーベルの軌道全体が外れた状態で挙げることができる場合もあります。）バランスが取れるのは足の中心の真上であり、プル種目はこの物理的条件に沿ったフォームで行うのが理にかなっており、そのためには地面からまっすぐ鉛直の軌道で引くべきだということがこれで分かるでしょう。

　ふたつ目の問題は、肩の前の部分よりもバーベルが少し後ろにあるという位置関係が作れていないときに起こります。こうなると、バーベルと腕と脊柱のあいだで調和が取れなくなります。この調和を取るために挙上動作の途中で正しい姿勢に入る人が多いです。正しい姿勢では、バーベルよりも少し前に肩が出て、腕は地面に対して垂直になりません。これは地面から引くプル種目すべてに共通の特徴です。引き始めるスタート位置で背中の姿勢が決まり背中の角度が動かなくなったあと、膝と股関節が伸び始める段階で、腕は地面に対して垂直にはなりません。腕の角度は垂直から7°〜10°ほど後ろにズレます。肩はバーベル

4 | The Deadlift

図4-22　標準的な引く動作のモデルにおいての正しいスタート姿勢。鉛直線に対する腕の角度に注意。

よりも少しだけ前に出て、もしかすると偶然かもしれませんが肩甲骨がバーベルの真上にきます。ほとんどのオリンピックウェイトリフティングのコーチが、このように肩がバーベルの少し前に出る姿勢を取るように指導します。インターネット上に何千とあるデッドリフト、クリーン、スナッチのビデオを少し探してフレームごとに見てみると、引く動作において肩が少し前に出る姿勢が普遍的なものであることがすぐ分かります。

　また、プル種目のあいだで重量によって違いがあることが見て取れます。スナッチではデッドリフトで挙げられる重量と比べると非常に軽い重量を使います。そして、挙上効率の良くないリフターの行うスナッチは、このモデルにほとんど当てはまらないことがあります。クリーンはスナッチよりは大きな重量を扱いますが、デッドリフトほどではありません。そして、クリーンはスナッチよりもこのモデルが当てはまりやすく、高重量のデッドリフトではバーベルが地面を離れてすぐの段階で、ほぼ間違いなくこのモデルが当てはまります。また、リフターとバーベルのシステムが肩がバーベルの前にある姿勢で調和を取ろうとする傾向は、バーベルを引くという動作から切っても切れないもののようです。腕が地面に対して垂直の状態や、肩がバーベルの後ろにある状態からバーベルを引こうとすると、実際に引き始める段階や、挙上動作の前半で背中の角度が変わり、自然とこの姿勢に入

ろうとするものです。こうやって姿勢を修正しようとする傾向は、足の中心でバランスが取れる点よりも前にバーベルを出す傾向と同じように、扱う重量によって違いがあります。スナッチでは大きな動作範囲の中で背中の角度が大きく変わることが見られ、クリーンでは変化がずいぶん小さくなり、デッドリフトではほとんどの場合で、バーベルが地面を離れるところからバーベルが膝あたりに到達するまで背中の角度が変化しません。

　重力の枠組みの中でのバーベルの動きにおいて、まっすぐ鉛直の軌道が物理的に最も効率が良いことは変わりません。これは、まずバーベルの真下に足の中心がくるように立つという簡単なことに始まり、それから鉛直の軌道でバーベルを引けるように膝、股関節、肩の位置を調整するのです。スタート位置で足の中心よりもバーベルを前に出した姿勢や、腕が地面に対して鉛直になる姿勢では、バーベルを挙げる軌道が鉛直にならなくなるか、背中の角度が変わることになります。どちらの場合も、リフターの身体がバーベルに無駄な力を使うことになり非効率です。バーベルが股関節から遠くなると、モーメントアームが長くなる影響でバーベルを挙げるのがキツくなるだけでなく、バーベルを鉛直に変位させることにつながらない動作は力の無駄づかいだと言えます。トップレベルのリフターの中には、こういう非効率な挙げ方で素晴らしい成績を出していることがあるかもしれません。しかし、成績が出ているからと言ってそのやり方が効率的だとは限りません。デッドリフトで重力に逆らって行う仕事とは、バーベルを鉛直に挙げるのに使われるエネルギーです。この事実に噛み合って最も効率よくバーベルを地面から引き上げられるの

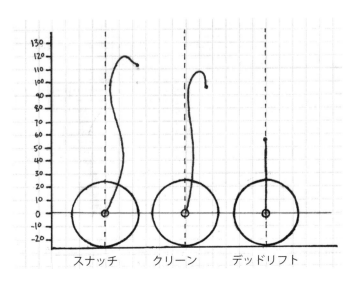

図4-23　典型的な高重量で行うスナッチ、クリーン、デッドリフトのバーベルの軌道。

は、股関節にできるだけ近いところを通して、できるだけ鉛直に近い軌道でバーベルを挙げられる方法です。

重心についての考察を先に話しましたが、バーベルの軌道が曲線を描く場合、重心によって説明がつくことが多いです。まず、バーベルの動きは鉛直と水平の2種類に大別することができます。大まかに言うと、バーベルの鉛直の動きは筋肉の力によって生まれます。筋肉が力を出して、しっかり安定した身体の各部位に沿ってバーベルまで力が伝えられることで生まれる動きです。つまり、膝や股関節を伸ばす筋肉、背中を安定させる筋肉、バーベルを落とさずに握っておく筋肉、脊柱に対してバーベルを適切な位置に保つ筋肉がデッドリフトの引く力を生んでいるということです。それに対して、水平の動きはバーベルに対するリフターの体重を操作することで生まれるものです。バーベルとリフターのシステムとしてのバランスが取れる点に対する位置関係がおかしいときに、バーベルの位置を調整するためにリフターの体重を動かすことが必要になるということです。

コーチの一部には、腰を落とし肩はバーベルの後ろに置いて、背中の角度はできるだけ立てるようにと指導する人がいます。こういうスタート姿勢を取った場合、腰を落とすことで膝が前に出て、脛が前に傾きバーベルを前に押し出します。つまり、バーベルは足の中心から前にズレて、股関節からも遠くなります。そして、実際にバーベルが地面を離れるまでにバーベルもリフター自身も大きく動くことになります。また、このスタート姿勢では、リフター自身の重心がバーベルの後ろにきます。リフターは自分の体重を使ってバーベルを水平に動かすことができます。これは、クリーンやスナッチでバランスが取れる位置よりもバーベルが前にある場合に、バーベルを引き切ったところでリフターが身体を後ろに反らせるときに見ることができます。強いリフターが高重量を扱う場合、バーベルはリフターの体重の300%ほどになる場合もあります。そして、バーベルとリフターの位置の変化は重量に応じて決まります。例えば、クリーンでバーベルを股関節まで引いたときに、バーベルの後ろに位置するリフターの体重よりもバーベルの重量の方がはるかに大きく、バランスの取れる点からバーベルが7cm前に出ている場合、リフターは7cmよりもずっと大きく身体を後ろに反らせなければいけなくなります。バーベルが前に出ている状態で身体を後ろに反らせて十分に緩和できなかった場合、リフターは前にジャンプしてキャッチを行うことになります。

バーベルが地面にあるときにも同じことが起こります。高重量のバーベルを前に押し出すと、バーベルが前に移動するのに自分の体重が逆らいます。バーベルを後ろに水平移動させて股関節に近づけ、足の中心の真上でバランスを取るために必要な働きをするということです。バーベルを引き始めると、バーベルの負荷によって両足は地面に固定

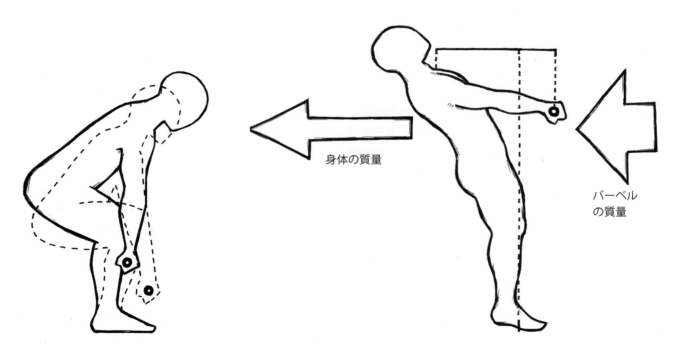

図4-24　バーベルを水平に動かすためには、リフター自身の体重を使うことが必要になる。私たちの身体は効率的にバーベルを上に引くことができるが、バーベルとリフターのシステムは鉛直に働く性質があり、バーベルを水平方向に動かすことには向かない。リフター自身の体重を水平方向に動かして、バーベルの重量に逆らうことでバーベルを水平に動かす。バーベルの重量は体重よりも大きいので、リフターはバーベルよりも大きく身体を水平方向に動かさなければならない。

4 | The Deadlift

されていて動きません。このとき、バランスの取れる位置よりもバーベルが前にあると、バーベルの後ろにある体重がバーベルを後ろに引っ張る働きをします。そして、バーベルは後ろに転がり、曲線を描きながら地面を離れます。身体は手を中心に回るように前に振り出され、肩がバーベルの前にくる位置で落ち着きます。この位置関係が成り立つと、バーベルが鉛直の軌道を描くようになります。スタートの段階でバランスが取れる位置にバーベルがあり、バーベルを引くために調和の取れる姿勢に入ることができていれば、バーベルを鉛直の軌道で挙げることができるので、このバーベルの前後移動はまったく不要のものになります。

　なぜ腕が地面に対して垂直にならないのか？というのは、ウェイトリフティングにおいて最も説明が難しい部分だと言えるかもしれません。バーベルを引き上げる動作の前半では、肩はバーベルの前にきて、腕が鉛直から7°〜10°ほどの角度で傾斜します。なぜこの姿勢が取れたときに背中の角度が安定するのか？肩が一定の距離だけバーベルの前にあり、腰が一定の距離だけバーベルの後ろにあるときに全体としての均衡が取れるのが見られるのはなぜなのか？現時点で私たちは、広背筋、大円筋、上腕三頭筋、上腕骨が協調することが決定的に重要なのだと考えています。広背筋は腕を安定させバーベルと股関節の距離を縮めることで、バーベルの軌道を鉛直に保つ補助をしています。広背筋が最も効果的にこの役割を果たせる背中の角度が存在し、高重量のデッドリフトでは背中が自然とその角度に落ち着くのです。ここがうまくいかなければデッドリフトはうまくいきません。

　上腕骨はたくさんの筋肉や靭帯で肩甲骨にぶら下がるようにつながっています。それなら、天井からひもに錘をぶら下げるとまっすぐ下に伸びるように、上腕骨も鉛直にぶら下がるのが自然なようにも思えます。しかし、背中や腕を引き締めなければいけないほど高重量になると、腕は鉛直にぶら下がる形にはなりません。これも自分でビデオを観て確認してみてください。天井からぶら下げたひもを鉛直以外の角度で垂らそうと思ったら、垂らしたひもにもう一本ひもを結び付けて、他の方向から力を加える必要があります。そして、1本目に対して2本目が直角になるようにして引っ張ると最も効果的に作用します。これは力を加えるのに直角が最も効率的な角度だからです。レンチを90°以外の角度で引っ張るのと同じように、ひもを90°以外の角度で引っ張ると、回転させる力を最大限に生むことはできません。そして、上腕骨が1本目のひもで、広背筋が2本目のひもだと考えると分かりやすくなります。

　上腕骨を引っ張る2本目のひもが存在するということで

す。厳密には、この2本目のひもは複数存在し上腕骨を引っ張っています。大円筋と上腕三頭筋は肩甲骨と上腕骨の角度をコントロールしています。大円筋は肩甲骨の下側と上腕骨近位部の前面をつないでいます。これは、脇の下の腕よりの部分にあたり、広背筋の付着部とはほんの数ミリほど離れているだけです。上腕三頭筋は肘から肩甲骨の上部につながっており、これは脇の下の肩よりの部分にあたります。ただ、上腕三頭筋の作用は弱いものです。もっと重要なのは広背筋です。広背筋は下背部に長く続く起始から上腕骨に直接つながっています。これは脇の下のすぐ下で、広背筋は上腕骨の前面に付着しているので、上腕骨の厚さ全体に引っ張る力をかけることができます。こういった筋肉がすべて肩関節付近につながっており、協働して体幹から腕へと力を伝えています。

　デッドリフトでは脊柱に負荷がかかった状態で、腕が肩から下に垂れるわけですが、これらの筋肉が後ろに引っ張るので腕は鉛直にならないということです。しかし、バーベルの重量は腕が鉛直になるように引っ張るので、腕を前に出そうとする力がかかります。つまり、これらの筋肉が腕を後ろに引く力は、バーベルが腕を前に引っ張る力と釣り合っていなければいけません。腕が前に引っ張り出されるとバーベルは足の中心よりも前に出て、バランスが崩れます。高重量でこれが起こると引き切ることができなくなります。上腕三頭筋と大円筋は、この動きに大きく貢献できない構造になっているので、広背筋、上腕三頭筋、大円筋を合わせた全体の貢献度は広背筋だけで考えた場合と大きく変わりません。肩がバーベルの前にあり、挙上動作中に背中の角度が安定していれば、広背筋が上腕骨に対しておよそ90°の角度になります。それは、筋肉が生み出さなければいけない力が最も小さくて済むのがこの角度だからです。バーベルの重量が腕を前に引っ張るのに対して反対方向に回転させる力を生み出し、釣り合わせるのに効率が良いのです。地面を離れたバーベルはできるだけ股関節に近づけて、足の中心の真上を通して引き上げなければいけません。これらの筋肉は、90°の角度になったとき最も効率的に上腕骨を引っ張ることができるので、挙上動作の中で最大限に力を伝達し、安定性を生むことができるのです（図4-25参照）。この角度が90°になるように、肩と股関節との均衡を保ちながら背中の角度は調整されます。

　腕を後ろに引く働きには複数の筋肉が関わっているので、正確な角度を求めることは難しいです。身体の個人差も影響するでしょう。しかし、広背筋が主要な役割を果たしており、挙上動作中に身体が安定していれば90°にかなり近い角度になるはずです。確実にハッキリしているのは、バーベルの軌道が鉛直になる背中の角度があるということ

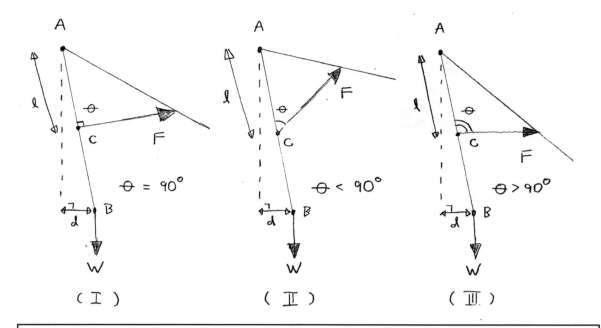

図 4-25　角度が 90°のとき広背筋は上腕骨を最も効果的に安定させるという理論の証明を Matt Lorig 博士がしてくれたもの。バーベルトレーニングについて物理学者に尋ねるとこういう分析が返ってくる。

です。このとき、肩はバーベルの前にあり、腕は真下に垂れるのではなく、腕を真下に垂らす姿勢よりもバーベルは股関節に近づきます。こうして鉛直の軌道ができたとき、広背筋やその他の関連する筋肉を使って軌道を維持し、足の中心にバランスを保つということが最も効率的にできるようになります。

　もっと簡潔に言うと、**腕を真下に向けて垂らすと広背筋が腕に対して 90°にならないので、デッドリフトで腕を真下に垂らすということはないのです。**安定した姿勢を作るためには、肩から垂れた腕はななめ後ろに引いた状態にならなければなりません。そして、広背筋と腕の角度が 90°になり、バーベルを鉛直の軌道で引くことができるような姿勢を取らなければいけません。腰を落とすと広背筋と腕の角度は 90°よりも小さくなります。身体が安定するように背中の角度が調整されると、股関節の位置は自然と高くなります。股関節の位置が高すぎる場合、角度が 90°よりも大きくなり、バーベルが前に出ようとするのを効率的に抑えられなくなります。

　デッドリフトを分析するには、スクワットを分析するために使った角度がそのまま使えます。股関節の角度は大腿骨と体幹によって決まります。膝の角度は大腿骨と脛骨、背中の角度は体幹と地面が作る角度で、地面は水平な

4 | The Deadlift

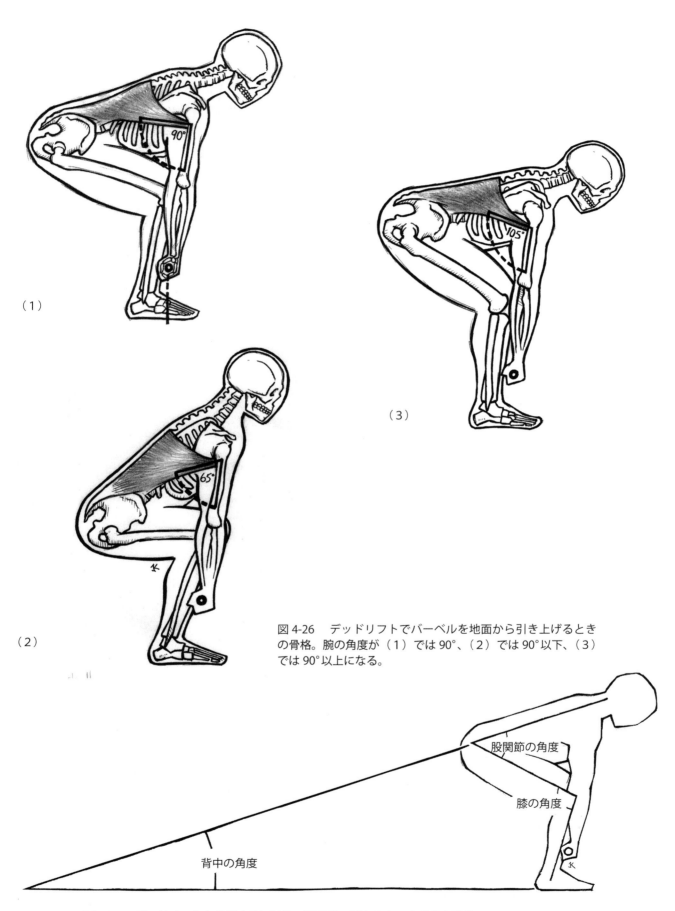

図 4-26　デッドリフトでバーベルを地面から引き上げるときの骨格。腕の角度が（1）では 90°、（2）では 90°以下、（3）では 90°以上になる。

図 4-27　デッドリフトを分析するには膝、股関節、背中の 3 つの角度を見る。

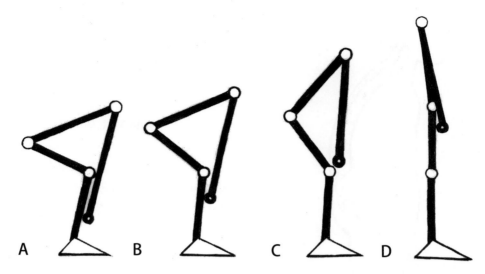

図 4-28　正しい挙上動作の流れ。(A) スタート姿勢。(B) 膝が伸び、膝の角度が開く。(C) 股関節の角度が開き、(D) 最後の位置まで引き切る。

ものと考えます。デッドリフトを正しく行うと、バーベルが地面から離れるときに膝が伸びます。これは負荷がかかった状態で大腿四頭筋が膝を伸展させていると考えられます。背中の角度はバーベルが膝に達するあたりまで変わりません。ここでは、ハムストリングが骨盤を安定させているので背中の角度を保つことができます。(これについては後ほど詳述。)

脛骨が立つにつれて、股関節の角度はほんの少し開きます。バーベルが膝の下端に達するあたりから背中の角度が大きく変わり始め、それにあわせて股関節の角度も変わります。この変化が起こる厳密な位置にはかなりの個人差があるようで、脛の中ほどから変化し始める人もいれば、もっと高い位置から変化し始める人もいます。個人の身体のつくりの違いが関係しているのでしょう。例えば、腕の長さは間違いなく各部位の角度のバランスを決める重要な要素になります。スナッチやクリーンでは、デッドリフトの場合よりも少しバーベルが脛の高い位置まで挙がってから、こうやって背中の角度が変わり始める人がほとんどのようです。挙上スキルの高いリフターでは、膝に非常に近い位置になることがほとんどです。このことから、各種目で扱う重量の違いが影響していると考えることもできます。クリーンではスナッチよりも大きな重量を扱うことができますが、スナッチでは手幅を広く取り、腕が短くなった状態で行うことが影響して重量の差を相殺しているのかもしれません。ここでは、広背筋の働きが変わります。背中の角度が立つにつれて、リフターとバーベルのシステムの重心を足の中心に保ちやすくなり、広背筋の力に頼る必要が小さくなっていきます。このことは、地面から引くすべてのプル種目においてバーベルの軌道に表れます。引き始めは非効率な動きであっても、バーベルを挙げたときには必ず足の中心の真上にくるものです。

股関節の角度が開くにつれて、大臀筋、内転筋群、ハムストリングがバーベルを動かすのに主要な働きをするようになります。バーベルが膝に達する前、引き始めの段階で大腿四頭筋は膝を伸ばすという仕事をほとんど終えています。バーベルを引き上げていく動作において、背中の筋肉は体幹を安定させ、肩甲骨を構造上自然な位置に保つ働きをします。そうすることで、膝と股関節が伸びることで生まれた力が背中から腕、バーベルへと伝えられます。引き切ったときには、膝と股関節が完全に伸展し、胸を張って肩を引いた状態になります。この挙上動作の流れが実践できれば、バーベルは脚に沿って鉛直の軌道で挙がります。

挙上動作の途中で背中が丸まると脊柱起立筋が伸びて、バーベルに伝えられるはずの力の一部を吸収してしまいます。重量がある程度を超えると丸まった背中を伸ばすことができなくなり、バーベルを最後まで引き切ることができなくなります。脊柱起立筋は身体が伸展した状態を保つアイソメトリックな働きをするもので、圧縮の負荷がかかった状態で屈曲した脊柱を伸展させるものではありません。膝と股関節がすでに伸びた状態では、膝はまっすぐで骨盤は大腿骨と直線になっています。膝と股関節の伸展筋群はすでに最大限に収縮しており、それ以上なにもできないのです。

膝、股関節、背中が実際にどのくらいの角度になればいいのかは、個人の体型によって変わってくるので、一人一人個別に答えを出す必要があります。大腿骨と脛骨が長く

4 | The Deadlift

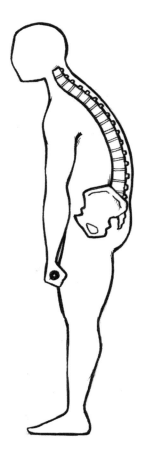

図4-29　高重量で背中が丸まると、それを伸ばすのは難しい。腰椎を伸展した状態に保つ筋肉は姿勢を保つ働きをするもので、椎骨の位置関係を変える働きをするものではない。この筋肉の本来の仕事は伸展を保つことであり、圧縮の力がかかった状態でコンセントリック収縮して脊柱を伸展させることではない。脊柱が屈曲すると、股関節も屈曲することになる。股関節の伸展筋群が働きを終えていれば、バーベルを引き上げる動作は本来終わっている。そこからさらに引き続けようと思うと、膝をもう一度曲げて、股関節の姿勢を少し変えて引き直すしかなくなる。こうして挙上に失敗するケースは多い。

胴体の短い人は、背中の角度が寝て股関節の角度が閉じる傾向があります。それに対して、胴体が長く脚が短い人は背中の角度が立ち股関節の角度が開く傾向があります。そして、膝、股関節、背中の角度は個人によってさまざまな組み合わせがあります。ただ、正しいスタート姿勢ではすべての人に共通して、ここまでに話してきた特徴があります。肩はバーベルの少し前に出て、バーベルは足の中心の真上にあり、脛がバーベルに触れ、足の中心とバーベルと肩甲骨が直線上に並びます。この直線の位置関係ができて、腕が伸びていて、足の裏全体が地面につき、背中は胸椎と腰椎が伸展した状態ができると、その結果として膝、股関節、背中はその人にとって正しい角度になります。この3つの角度の中でも、特に背中の角度は個人差がハッキリと表れる部分で、デッドリフトを理解した人間が見るとすぐに分かるものです。

　これらの角度を分析するときには、腕の長さを考慮する必要があります。腕以外の身体の部位の長さが同じであれば、腕の長い人は背中の角度が立ち、腕の短い人は背中の角度が寝ることになります。腕が長いと胴体が短いことの影響を緩和する傾向があり、腕が短く胴体も短い場合には、背中の角度が水平に近いところまで寝ることになります。こういう体型の人は、腕と胴体の短さを補うためにスモウスタンスを使うことが必要になるかもしれません。足幅を広げることで背中の角度を立てることができ、一般的な体型の人の角度に近づけることができます。

　バーベルを引くときの身体の使い方をよく理解しておけば、デッドリフトのフォームに関するほとんどの問題を分析することができるようになります。例えば、バーベルを下ろして行くときに腰が丸まってしまうのは、膝が先に曲がり始めていることが原因になっている場合があります。

図4-30　デッドリフトのスタート姿勢の個人差の比較

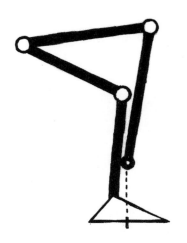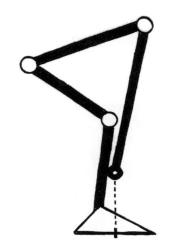

図4-31　胴体と脚の長さの違いがスタート姿勢の背中の角度に与える影響。左から右へと胴体が長くなり、脚が短くなっていく。

バーベルを下ろす動作はバーベルを引く動作の正反対だと覚えましょう。バーベルを引き切ったところで、背中はまっすぐ固定され胸を張った状態で膝と股関節が同時に伸び切るのであれば、バーベルを下ろす動作は膝と股関節の伸展を解くことから始まるべきです。もちろん背中はまっすぐ固定し、胸は張ったままです（図4-32参照）。股関節が曲がるのと同時に、膝はハムストリングの緊張を抜くために少しだけ曲がります。ここからは、背中をまっすぐに固めたまま、お尻を後ろに引いていきます。ハムストリングと大臀筋をエキセントリックに働かせながら、股関節の角度を閉じていきます。バーベルを太ももに沿って下ろしていき、膝を超えるあたりで、膝を曲げ始めるポイントがきます。膝を過ぎてバーベルを下ろしていくにつれて、膝は股関節と共に角度を閉じていきます。ここからバーベルが地面に着くまで、大腿四頭筋がハムストリングと共にエキセントリックに働きます。この一連の動作はバーベルを引き上げるときの反対の流れで、バーベルを鉛直の軌道で下ろすことができます（図4-32参照）。

この動作の順序から外れるとうまくいかなくなります。バーベルを下ろすときに膝が先に前に出ると、膝はバーベルの前に出ます。そうなるとバーベルをまっすぐ下ろすことができないので、膝をかわすためにバーベルを前に出すことになります（図4-33参照）。膝が前に出すぎると踵が浮こうとするので、背中を丸めてバーベルを前に出し膝をかわそうとすることになります。こうするとバーベルは足の中心よりも前に出て、バランスが崩れます。5レップの

図4-32　正しいバーベルの下ろし方は、引き上げるときの反対の動きになる（図4-28参照）。バーベルを引き上げる最後の動作が、バーベルを下ろす最初の動作となる。膝と股関節は同時に伸展した状態を解き、お尻を後ろに引いてバーベルを膝の下まで下ろす。そして、膝を曲げてバーベルを地面に下ろす。

4 | The Deadlift

セットの始めと終わりで自分の身体が前に移動していることに気付くことがあれば、こういうことが起こっているはずです。

バーベルを地面から引き上げるときには、背中の角度が変わらないまま膝と股関節が共に伸びます。これは、ハムストリングが背中の角度を維持する働きをしている状態

図4-33　バーベルを下ろし始める間違った方法。膝が先に前に出ると姿勢が崩れ膝の皿を痛めることになる場合も少なくない。膝が無傷で済んだとしても腰への負担が問題になる場合もある。

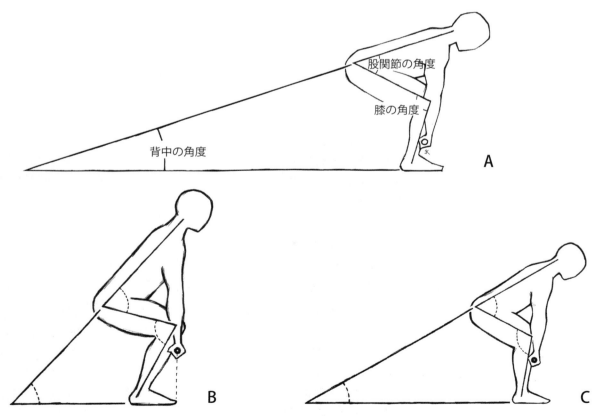

図4-34　正しいフォームで行うには、バーベルが地面から離れるときに身体の角度が開く順序が重要になる。（A）スタート姿勢での基準となる角度。（B）股関節の角度が先に開く場合、バーベルは膝をかわすために前に出なければならず、バーベルで脛をすりむくことになる。（C）正しい順序は膝の角度が先に開き、次に股関節が開く。こうするとバーベルを鉛直の軌道で引くことができる。

The Deadlift | 4

で、大腿四頭筋が地面を押してバーベルを動かし始めるということです。結果として膝と股関節の角度が開いていきます。股関節の角度を先に開こうとすると、バーベルの軌道が鉛直になりません。これは、膝はスタート時の角度のまま胸を持ち上げて股関節の角度を開こうとするということですが、膝がスタート時の位置にあるとバーベルは膝をかわすため前に出ます。高重量を扱う場合にはバーベルは直線的に動こうとするので、実際にこれができるのは非常に軽い重量を使っている場合に限られます。胸から始動して高重量を挙げようとすると、バーベルを脛に沿って引きずるような形になります。バーベルについた血を見ると「これはおかしい」と分かるはずです。さらに、本当に大きな重量になるとバランスが前にズレた状態で引き上げること自体ができないので、バーベルが膝をかわして前に出るという問題は起こらなくなります。

　膝の角度が正しく先に開いた場合、脛の角度が立って直立に近づき、足の前半分に対して後ろに引く形になります。これで脛が干渉することなく、バーベルを鉛直の軌道で脚に沿って挙げることができるようになるのです。膝の角度が先に開くことでバーベルは直線的に動くことができ、重たいバーベルに合った動きになるということです。もし、つま先に重心が移動するのを感じたり、踵が浮いているとコーチから指摘があれば修正をするチャンスです。つま先に体重をかけず、胸を張り、脚で地面を踏みしめながら、バーベルを脛に沿ってまっすぐ引け上げます。これができるとバーベルは正しい軌道に入るほかなくなります。そうすると膝を伸ばせるようになり、バーベルを地面から引き上げる動作を大腿四頭筋を使ってスタートすることができます。また、広背筋を使ってバーベルを脛に押し付ける意識を持つと、バーベルを脛から離さないことを徹底するのに有効かもしれません（図4-34参照）。

　高重量になるとバーベルが地面から離れる前に、バーベルが前に出て脛から離れてしまうということがよく起きます。これが起きると、バーベルが地面から離れる前に腰も高く浮いてしまいます。ここまでに話した引く動作のモデルに当てはめて考えると、バーベルが挙がる前に膝の角度が開き、股関節の角度は変わらず、背中の角度が寝るということになります（図4-35参照）。この状況では、大腿四頭筋が膝を伸展させたにも関わらず、まったくバーベルを動かしていないということになります。負荷のかかっていない状態で膝を伸ばし腰を浮かせるという動きで、大腿四頭筋はバーベルを挙げる仕事に参加せず、股関節の伸展筋群にすべてを任せる形になります。その分、股関節の伸展筋群は受け持たなければならない動作範囲が大きくなり、仕事が増えるということになります。さらに、背中の角度が寝るということは、背中の筋肉にとって力学的に不利な姿勢になるということになります。地面に対して水平という力学的に最も不利な姿勢からスタートすることになり、動作の角度がより大きくなります。そして、背中の筋肉はその大きな動作のあいだずっとアイソメトリックに働き続けなければならないということになります。

　なぜこういうことが起きるのかは、パッと見ただけで分かるものではありません。デッドリフト、クリーン、その他すべてのプル系種目において、胸の前に腰が浮いてしま

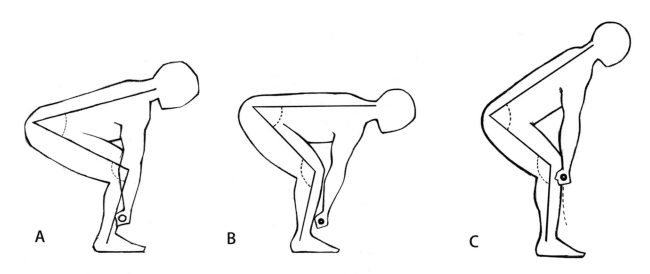

図4-35　（A）スタート姿勢　（B）バーベルが地面から離れる前に膝の角度が開く場合、大腿四頭筋をバーベルを挙げるために使えていない。ハムストリングが膝の角度をコントロールする働き（ハムストリングの遠位部の機能）を十分にできていない場合、背中の角度が寝ることになる。（C）こうなるとバーベルは脛から離れ、バーベルを挙げるための仕事は股関節の伸展に集中することになる。バーベルトレーニングでは、一部の筋群が本来の動作を実施するための役割を果たさないというフォームのミスがよく起きる。

117

4 | The Deadlift

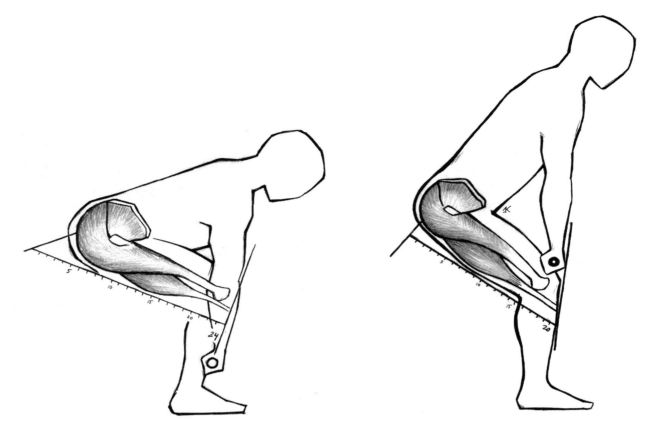

図 4-36　股関節の伸展筋群（主に大臀筋とハムストリング、そして内転筋群もある程度）は引き始めの段階では背中の角度を保つだけの働きをする。股関節の伸展筋群は収縮を続け、バーベルが膝あたりに近づくと股関節の角度を開き始める。

うのはよくあるミスなので、ここで取り上げておきます。大腿四頭筋が膝を伸ばすときに背中の角度が一定に保たれていれば、バーベルは脛に沿って鉛直に挙がります。この引き始めの段階で背中の角度を保つ働きをするのは股関節の伸展筋群です。大臀筋とハムストリングに加えて、内転筋群もある程度、腸骨と坐骨の付着部を後ろから引っ張る力を出しています。股関節の伸展筋群が骨盤を引っ張ることで背中の角度を決め、脊柱起立筋が骨盤と背中を固めてまっすぐに保つのです。つまり、実際にはハムストリングが胸を張ったり背中の角度を保ったりする働きをしており、それがあって大腿四頭筋は膝を伸ばして地面を押し、バーベルを挙げるという役割を果たすことができるのです。この引き始めの段階では股関節の角度は少し開きますが、背中の角度は地面に対して一定に保たれるべきです。背中の角度が変わるのはバーベルが膝あたりに達して、股関節の伸展筋群が股関節の角度を開き始めてからです。つまり、ハムストリングと大臀筋の役割は挙上動作の段階によって変わります。引き始めでは大腿四頭筋が膝を伸ばすあいだ背中の角度を保ち、そのあと股関節を伸ばして背中の角度を変え、引き切るところまで持っていくということです（図4-36 参照）。

ハムストリングが背中の角度を保つ役割を果たせないと、腰が浮き、肩が前に出ます。そして、バーベルが挙がっていないのに膝が伸びて、大腿四頭筋は本来受け持つはずの役割ができません。そこからバーベルを引き上げようとすると、股関節の伸展筋群が非常に非効率な形ですべての仕事を受け持たなければならなくなります。引き始めの段階では、股関節の伸展筋群は大腿四頭筋と共に働くはずなのに、背中が本来よりも大きく水平に近づいている状態から、背中の角度を立てていくことになります。いずれにしても股関節の伸展筋群は働きます。ただ、引き始めから引き切るところまで、力学的に不利な状態で股関節を伸展させるという動作になります。引き始めの役割は背中の角度を維持することで、引き切るところで股関節を伸展させる役割になる方が、股関節の伸展筋群には楽になります。これはハムストリングが弱いということではなく、身体の使い方の問題です。正しいタイミングと正しい順番で筋肉を使って骨を動かすということを覚えなければいけません。この問題の唯一の正しい対処法は、重量を下げて正しいフォームでデッドリフトを行うということです。身体の各部位の角度を正し、デッドリフトで使われるすべての筋肉を正しい順番で正しく使うことを覚えるのです。ここまで

の話で問題の出どころは分かったはずです。原因が分かっていれば対処もできます。引き始めるときに、ハムストリングと大臀筋をしっかり引き締める意識を持ちましょう。そうすることで、腰を浮かせないように引き止めておくことがうまくできるようになります。もし、これがうまくいかなければ、胸から先に挙げる意識を持って動作を行いましょう。ハムストリングと大臀筋が胸を先に挙げようと働き、結果的に背中の角度が維持されます。

　デッドリフトではフォームの問題が修正できて、バーベルを引くときにうまく身体が使えると、おもしろいことに動きが「短く」なったように感じます。バーベルの移動距離が短くなったかのように感じられるということです。もちろん実際にはそんなことはなく、バーベルの移動距離は変わりません。しかし、身体の使い方がうまくなることで挙上効率が改善し、まるでバーベルの移動距離が短くなったかのように感じられるのです。この感覚の変化は、主に膝と股関節に無駄な動きがなくなることで、挙上動作にかかる時間が短縮されることからきています。スタート姿勢を正しく取り、引く動作を正しく行うと、バーベルを引き始めてから少なくとも5cm程度は背中の角度は変わりません。

　デッドリフトのフォームで最も多い問題のひとつに、スタート姿勢で背中の角度を過度に立てようとしてしまうことがあります。ここまでに話したデッドリフトの学び方を実践するとこの問題は起こりませんが、頭のカタい人にはもう少し説明が必要かもしれません。デッドリフトで背中の角度を立てようとしてしまうのは、いくつか原因が考えられます。ひとつには、デッドリフトにおける背中の筋肉の役割を正しく理解できていないことがあるかもしれません。一般的にフィットネスやウェルネスと括られるタイプで、身体を鍛えることに興味のない人たちを対象としたデッドリフトの教材では、まともな重量を使ったデッドリフトでは不可能なほど背中の角度を立たせたフォームを推奨していることがあります。この手の教材は、脊椎と脊椎のあいだにかかるせん断力を減らすために背中を立てるべきだと言います。できるだけ背中を立てることで、脊柱にかかる力をせん断から圧縮に変えることができるということです。しかし、椎間関節では椎骨と椎骨に重なりがあり、椎骨と椎骨のあいだで滑りが起きるということは構造的にあり得ません。脊柱起立筋と腹筋群が脊柱をがっちり固めるという役割を果たしていれば、椎間関節に動きは生まれません。脊柱起立筋が背中の伸展を保てないほど重量が大

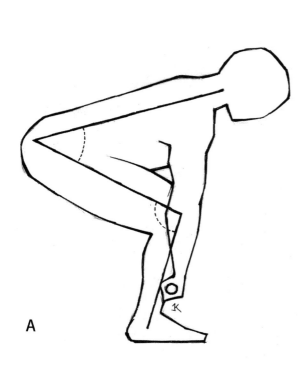
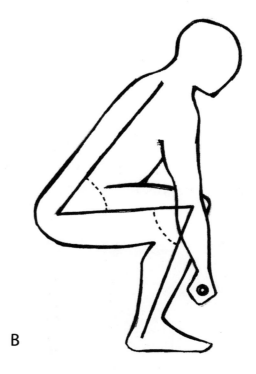

図4-37　（A）正しいスタート姿勢。（B）よくある間違った姿勢。正しいスタート姿勢は、バーベルを引くときの正しい身体の使い方を反映している。この姿勢からスタートするとバーベルを地面から引き上げ、引き切るところまで鉛直の軌道で挙げることができる。間違った姿勢では大きな重量を地面から引き上げることができないが、多くの人がこれを正しい姿勢だと誤解している。実際には、この姿勢を取ってバーベルを引き上げているつもりでも、バーベルが地面を離れるまでに腰の位置が高くなり、（A）の姿勢に移行する。少しビデオを観るだけで、高重量のデッドリフトでは必ずこうなることが確認できる。この姿勢の変化に伴って膝が後ろに引き、バーベルは脛から離れたところに残される形になる。ここからバーベルは脚に向かって曲線の軌道を描いたあと鉛直になる。バーベルの少し前に肩が出て、鉛直に引き上げるのが最も効率の良い軌道であり、このモデルに近づくほど良いフォームになる。

4 | The Deadlift

きくなると、脊椎に起こるのはすべりではなく屈曲です。デッドリフトにおいて、背中はがっちりと固められた状態で機能するもので、まっすぐの状態を維持しなければいけません。これはキツいときもあります。そして、キツいときもあるからデッドリフトは背中のトレーニングになるのです。

この他に、デッドリフトはバーベルを手に持って行うスクワットだという考え方が誤解を生んでいるかもしれません。スクワットのようなスタート姿勢を取ることで、もっと脚の力を使えるようになるという考えです。しかし、デッドリフトはプルであり、バーベルを手に持って行うスクワットではありません。力の使い方がまったく違うのです。もし、デッドリフトがスクワットの一種であれば、ハーフスクワットの方が深くしゃがみ込んだスクワットよりも大きな重量を扱えるので、できるだけ腰を高くした方が良いということになるでしょう。

さらに、バーベルの重量によって身体が前に引っ張られてはいけないので、バーベルを引く方向は後ろでなければいけないという考えが、スタート姿勢に関する誤解を生んでいるかもしれません。しかし、脚をすり抜けてバーベルを後ろに引くなんてことができないのは当たり前のことです。もしくは、パワーリフティング競技に出場する選手がスモウデッドリフトを選んで実施しているのを見て、ナロースタンスでどういう背中の姿勢を取るべきかを勘違いしてしまっている人もいるかもしれません。スモウスタンスでは足幅がずっと広くなり、スモウデッドリフトの正しいフォームではナロースタンスよりも背中の角度が立ちます。ナロースタンスで同じ背中の角度を再現しようとすると、腰を落とすことになりますが、そうすると肩がバーベルの後ろにきてしまいます。この状態でバーベルを地面から引き上げることはできないので、挙上動作に入ると腰の位置は高くなり、肩がバーベルの前にくるところまで背中の角度が寝ることになります。ここで始めてバーベルは地面から離れます。

背中、腕、バーベルの関係から自然に取れる姿勢よりも背中を立たせた状態からバーベルを引こうとするのは、身体の使い方を正しく理解できていない表れです。バーベルが地面から離れるとき肩が必ずバーベルの前にくるので、不自然に背中の角度が立った状態でバーベルを引き始めると姿勢を保つことができません。バーベルは脛から離れた位置に残され、バランスが崩れ、バーベルが地面から離れたあとにバーベルを水平に移動させることが必要になります。すでに説明したように最も適切なスタート姿勢では、足の中心の真上にバーベルがあり、肩甲骨がバーベルの真上にきます。この位置関係ができると、バーベルを楽に引けるようになります。

バーベルが地面を離れる前に、バーベルが皮膚かくつ下に触れていることを確認するようにしましょう。バーベルを脛に強くぶつけたり、引き上げながら脛の皮膚を削り取るほどまでする必要はありません。脛を擦りむいてしまうと、次にデッドリフトをするときに傷口を開いてしまうくつ下やバーベルに血を付けることになり、長いあいだ問題になります。1リットルのペットボトルを切り抜いて、くつ下の内側に入れると脛を守るプロテクターとして使えます。脛を擦りむいてしまったときには、傷が回復するまでこういう工夫が必要になるかもしれません。また、スウェットパンツをはくと脛を守ることができ、太ももに沿ってバーベルを挙げやすくなります。

バーベルのローレットがシャフトの中心に近いところまで続いていると、脛を傷つける原因になるかもしれません。標準的なオリンピックウェイトリフティング用のシャフトや、ほとんどのパワーリフティング用のシャフトは中心部

図 4-38　手幅の違いによって引き切った位置でのバーベルの高さが変わる。手幅をせまくすると、バーベルの移動距離が短くなる。写真に写っているラックのセーフティピンの位置に注目。

図4-39　Vince Anello 選手とGeorge Hechter 選手のつま先が外を向いた姿勢に注目。この強烈に強い男たちは、膝を外に押し出すことで挙上効率を向上することができた。

に42cmほどの幅でローレットが入っていない部分があります。これは非常に背の高い人を除いて、ほとんどの人の足幅に合うようになっています。しかし、一部にはデッドリフトに使われる可能性を考慮せずに製造されているような製品があるので、そういうシャフトは避けましょう。

足幅についてはすでに説明しましたが、デッドリフトではスクワットのように腰を落とすことなく脚で地面を押します。そのことを踏まえて足幅を決める必要があります。足幅が広すぎると、バーベルを挙げるときに両手の親指で脚をこすることになり、それを避けるには手幅を広げることになります。手幅は広くなればなるほど、バーベルの移動距離が長くなることになります。このように足幅と手幅は互いに影響するので、最適な手幅を取れるように足幅を決めなければいけません。最適な手幅とは、バーベルの引き始めから引き切ったところまでの距離を短くするため、前から見たときに肩からできるだけまっすぐ下に向けて腕を伸ばせることが重要で、これは実質的にはできるだけせまい手幅ということになります。足幅が広すぎると手幅を広げることが必要になり、効率よく挙げることができなくなります。スクワットでは足幅を広く取るからという理由でデッドリフトも足幅を広く取るべきだと考えている人がいれば、考えを改めるべきです。デッドリフトはスクワットではありません。デッドリフトでは両足で地面を押すのです。スクワットとはまるで違うのです。

足幅がせま過ぎるという問題はあまり起こりません。非常に強いデッドリフターの中には、両足の踵が触れ合うくらいに足幅をせまく取り、膝を外に押し出すスタイルで引く人もいます。Vince Anello 選手と George Hechter 選手が思いつきます。これは「フロッグスタンス」と呼ばれ、多くのリフターがこのスタンスを効果的に使っています。本書ではステップ3で膝を出すと話しました。スクワットの章では、大腿骨を外旋させることで深くしゃがみ込みやすくなり、骨盤と下背部を安定させやすく、さらに伸張反射が得られるというメリットについて詳しく話しました。地面からバーベルを引き始める動作では伸張反射は起こりませんが、膝を外に押し出すということは当てはまります。股関節の伸展を伴う動作において、骨盤と下背部を伸展した状態でしっかり固定するべきなのは分かりやすいですが、内転筋群と外旋筋群の働きは気付きにくいものです。膝を外に押し出して内転筋群を緊張させられれば、バー

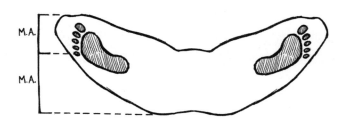

図4-40　太ももの角度は膝と股関節の水平距離に影響する。つま先を前に向けるとバーベルと股関節のあいだのモーメントアームが長くなる。つま先を外に向けるとこの距離が実質的に短くなり、モーメントアームも短くなる。足幅の広いスモウスタンスでは、この効果はさらに大きくなる。

4 | The Deadlift

図4-41　下を向いて足を見て、靴ひもとバーベルの位置関係を覚えておくと同じスタンスを簡単に取れるようになる。

ベルを引き上げる動作で内転筋群がより効果的に働き、背中の角度を安定させ、股関節を伸展させることができます。どんなプル系種目にも股関節の伸展は含まれるので、膝を押し出すとバーベルを引く動作で伸展筋群を動員しやすくなります。オリンピックウェイトリフターは、地面からバーベルを引く位置での問題点を修正したり、背中の角度を改善するために膝を押し出す姿勢を取ることがよくあります。

膝を外に押し出すと、バーベルと股関節のあいだの距離が実質的に少し短くなることになります。太ももの実質的な長さが変わると言うこともできますが、これはスナッチグリップやスモウスタンスを使ったときに似ています。角度を付けることで本来長さの決まっている部位が短くなった効果を生むということで、地面から鉛直な軌道でバーベルを引きやすくなります。大腿骨の長いリフターがスタート姿勢を改善したいという場合には特に重要になるかもしれません。（非常にレベルの高いパワーリフターは、上背部を丸めてバーベルと股関節の距離を縮め、股関節の力を効率的に使う挙上テクニックを使うことがあります。初心者はマネをしてはいけません。）一般的な体型のリフターであっても、膝を外に押し出すと股関節まわりの筋肉がバランスよく働くようになり、地面から股関節の伸展をより効果的に行えるようになります。

このスタンスが取れているかを確認し、いつでも同じスタンスを取れるようにするには、下を向いてバーベル、バーベルのローレット、靴ひもの位置関係を見るのが最も簡単な方法です。靴ひもを目印にすると同じスタンスを確実に素早く再現することができます。

神は細部に宿る

デッドリフトには細かく注意することはないと思っている人がいれば、いくつか考えるべきことを紹介しておきます。

筋力トレーニングで無視されがちな細かな注意点に呼吸があります。スクワットの章でバルサルバ法の詳細と、脊柱を安定させることの重要性について話しました。デッドリフトでバルサルバ法を行うには、バーベルが地面にあって引き始める前の段階で息を吸い込みます。バーベルを引き切った位置で吸うのではありません。そして、バーベルを地面に下ろしてから息を吐きます。バーベルを引き切った位置で背中の安定性を失うのは避けるべきですし、バーベルを下ろすのには大して時間がかからないので息を吐く必要がないのです。バーベルを挙げて自分自身が重量を支えている状態よりも、バーベルを下ろして地面が重量を支えてくれている状態の方がずっと安全に呼吸をすることができます。

デッドリフトは各レップが地面に始まり地面に終わります。毎回バーベルを地面に下ろすたびに背中の姿勢を作りなおし、呼吸をしなおします。1レップ目は普通に地面から引き、引き切った位置で呼吸をして、2レップ目以降はバーベルを地面にバウンドさせて行う人が多くいます。こうすると確かにデッドリフトは楽になりますが、楽であることと強くなることは、たいていの場合相反するものです。バーベルを引くたびに背中を固め、姿勢をコントロールする能力を身に付ける必要があります。デッドリフトは、まさにこれらのスキルと筋肉を鍛えるために行うのです。デッドリフトに限らずウェイトルームにおいて基本的かつ重要なことですが、ここではデッドリフトっぽい動きでただバーベルを挙げたり下げたりするのが目的なのではなく、筋力をつけるのに最適な形で正しくデッドリフトを行い身体を鍛えることが目的なのです。ただやれば良いのではなく、正しくやることが重要です。

バウンドさせない

デッドリフトの重要な特徴のひとつに、完全に静止した「デッドストップ」の状態から力を出すということがあります。これに対してスクワットを効率的に行うには、しゃがみ込む動作から立ち上がる動作への切り返しの際に、動きをコントロールしながら「バウンド」することが重要になります。どんな場合でも筋肉が収縮するときには、直前にストレッチが入るとよりパワフルに収縮することができます。ジャンプをするときには必ずこれが起こります。スクワットでは、このバウンドが力の方向を下向きから上向きに変える助けになります。デッドリフトではバーベルを地面から引くので、このバウンドの助けを得られません。

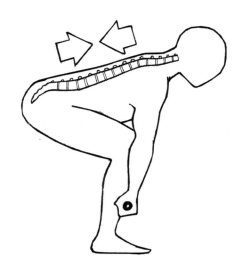 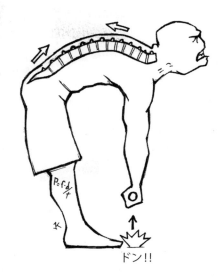

図4-42　引く力をすべてバーベルに伝えるために、椎骨の位置関係を維持し腰椎を伸展させておくための力を含めてデッドリフトの仕事だと理解する。本来自分の背中を使って行う仕事を、プレートを地面にバウンドさせてごまかすのは弱虫のすること。

これがデッドリフトが強烈にキツい理由のひとつです。バウンド無しで上向きに力を出してから、下向きに移行する方がキツいのです。デッドリフトのセットで2レップ目以降をすべてバウンドさせて行った場合、デッドリフトをする意味が大きく損なわれることになります。

　デッドリフトでは脊柱を伸展させなおして、バーベルを引き上げる動作の前半で脊柱の伸展を維持するという部分が重要です。デッドリフトに使うエネルギーの多くをここで使うことになります。可動域全体を使ってバーベルを挙げ下ろしすることができていれば、バーベルに対する仕事はされており、デッドリフトで行うべき仕事はすべて実施できていると考える人もいます。仕事とは「力×距離」と定義され、これはバーベルを重力に逆らって鉛直に動かした距離ということです。しかし、デッドリフトで使われたエネルギーの大きさは、バーベルに対する仕事量を計算するだけで求められるものではありません。デッドリフトはバーベルとリフターがシステムとなって行われるもので、バーベルに力を伝えるリフターの骨格と姿勢をコントロールするためにアイソメトリックに力を出す必要があります。効率的に力を伝えるためには脊柱をがっちりと固定する必要があり、このアイソメトリックな働きはもちろん楽なものではありません。バーベルが太ももの十分に高いところに到達する前に腰が丸まり股関節が伸展してしまうと、バーベルを引き切るところまで力を伝えることができず挙上に失敗してしまうこともあります。バーベルに対する仕事量を「力×距離」で求めるようにシンプルな計算をするのが難しいのですが、デッドリフトにおいて背中をアイソメトリックにコントロールするために使われるATPが大して重要ではないと言う人はいないでしょう。少なくとも本当に高重量のデッドリフトを行える人はそんなことは言いません。1レップ目をデッドストップから行い、2レップ目以降はセット終了まで地面にバウンドさせて行うのは、実質的にはデッドリフトを1レップ行ったあとに、続けてルーマニアンデッドリフトを1セット行ったようなものです。これでは、プレートのリバウンドと伸張した筋肉や結合組織に蓄積される弾性エネルギーに頼った状態でセットの80%を行うようなことになり、デッドストップから引く筋力を使っているとは言えません。こういう挙げ方をしていると、高重量を扱うときに腰椎の姿勢を保つ筋力が鍛えられることはありません。ごまかしのデッドリフトで目先の重量を追いかけて、長期的に見て筋力を伸ばせなくなってしまうことのないようにしましょう。

　デッドリフトを行うときに地面でバウンドさせると、セット中に背中の姿勢が崩れたときに適切に対処できないという問題も出てきます。セット中に腰が丸まり始めた場合、背中の姿勢を修正しなければ腰は丸まったままか、さらに悪化することが多いです。そして、これはバーベルを地面に下ろした位置で負荷がかかっていない状態で行うものです。

　バーベルを引き始める前に背中の姿勢を正すにあたって、意識の持ち方が2通りあります。自分の姿勢を感じ取る能力についてはすでに話しましたが、下背部を反らせるという意識を持つだけで十分な人もいます。結局のところ背中の姿勢を決めるというのは、これが大部分を占めます。ただ、バーベルを引き始める前、実際には体幹全体を固めます。大きく息を吸い込んで、下背部に加えてお腹まわりや胸も一緒に引き締める意識を持つと良いかもしれません。それぞれの部位を分けて考えるのではなく、すべて

4 | The Deadlift

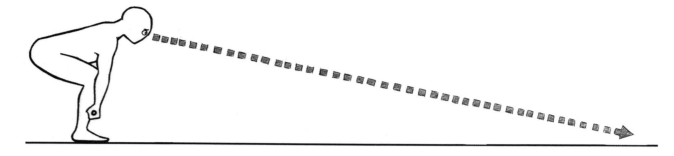

図4-43 デッドリフトでは、首の安全と身体のバランスを考慮して視線の方向を決める。

同時に行います。このアプローチではバルサルバ法の効果が高まり、バルサルバ法に関わるすべての筋肉をより強く収縮させ、安定性を高めることができます。

視線を正しく決める

スタート姿勢を取るときに見落としがちなのが、視点をどこに置くかということです。真下を向いて地面に視点を置くと、たいていの場合バーベルが前に出て脚から離れてしまいます。首がまっすぐ自然な姿勢になる位置に視点を定めると、胸を張って上背部の筋肉を引き締めた状態を維持しやすくなります。大きな部屋であれば床の一点を見る形になるかもしれませんし、プラットフォームの近くの壁を見る形になるかもしれません。視線を上に向けることについてはスクワットの章で詳しく話しましたが、デッドリフトにおいても上を向いて良いことはありません。スクワットで真下を向いても大きな問題にはなりませんが、たいていの場合デッドリフトで真下を向くとやりにくくなります。正しい位置に視点を定めると首を安全に保ち、なおかつ背中をデッドリフトで力を出すのに適切な角度にしやすくなります。また、視界に入るものが決まることで身体のバランスを取りやすくなります。ベンチプレス以外では上を向いても良いことはありません。

腕をまっすぐ伸ばす

デッドリフトでは、腕をまっすぐに伸ばした状態に維持しなければいけません。200kgのバーベルに肘を伸ばされる形になると、肘が見事にやられます。肘を壊すのにこれ以上の方法はありません。物理的になにが起こるのかを理解するのは難しいことではありません。股関節と脚が生み出した力は、固定された体幹から肩甲骨、腕に沿ってバーベルへと伝えられます。横から見ると肩はバーベルの前にあり、腕は鉛直にはなりませんが、まっすぐ伸びた状態でなければいけません。

力を伝えるために背中を安定させないといけないのと同じように、デッドリフトでは動作全体を通して肘がまっすぐに伸びていなければいけません。高重量のバーベルを扱うときに肘が曲がっていると、バーベルに伝えるはずの力がかかったときに肘が伸ばされることがあります。肘が曲がった状態でデッドリフトを行うというのは、自動車を牽引するのに鎖ではなくバネを使うようなものです。鎖は引っ張る力をすべて自動車に伝えますが、バネは伸びるときに力の一部を吸収します。肘を曲げるのは前腕の筋肉、上腕筋、上腕二頭筋の働きです。デッドリフトを行うのになにも役に立たないので、肘が曲がっているとこれらの筋肉が不必要に働いている状態になります。さらに、バーベルを引き切った位置が不必要に高くなるので、実際にはバーベルの移動距離が長くなるというデメリットになります。デッドリフトでは腕の筋肉を使わず、肘をまっすぐに伸ばして引くのがベストなのだと理解することが重要で

図4-44 デッドリフトで肘が曲がるのは、「物を持ち上げるには腕を使わなければいけない」と脳がどこかで勘違いしていることから起こる。デッドリフトでは肩とバーベルをつなぐのが腕の唯一の役割になる。悪いクセが定着しないように早い段階から腕をまっすぐ伸ばして引くことを覚えることが重要になる。

The Deadlift | 4

図4-45　引き切ったところではりきって腰椎を過伸展させるのは危険であり不必要。

す。これはパワークリーンを行うときにも重要になります。

引き切る

　太ももの上までバーベルが挙がってきたら、最後に引き切る部分はいくつかスタイルがありますが、胸を張り、膝、股関節、腰椎を同時に伸ばし切るのが唯一の正しいフォームです。この動きのどこかを大げさに強調して行おうとする人が多く、強調し過ぎて危険になることがあります。例えば、引き切ったところで肩を上や後ろに回そうとする人がいます。たしかに、胸を張って肩を後ろに引くまでデッドリフトは完了せず、挙上動作のこの部分をきっちり行うことは大切です。しかし、高重量のデッドリフトで僧帽筋はアイソメトリックに働いており、それ以上に動かそうと意識しなくても十分に鍛えられます。大げさに強調しようとすると首を痛める可能性も考えられます。高重量のバーベルを使ったシュラッグは、正しいやり方を知っている上級リフターにとっては良い補助種目になりますが、初心者にとってはデッドリフトで十分であり、わざわざ余計な動きを追加する必要はありません。

　股関節の伸展を強調しようとして腰椎を過伸展させてしまう人もいますが、これも不必要で賢明とは言えません（図4-45参照）。太ももの前面に高重量のバーベルがある状態で股関節を過伸展させるのは実質的に不可能で、実際には腰椎を過伸展させることになります。デッドリフトとしての動作は完了しているのに、その後に動作を追加するような形で行われることもあります。身体の前面からか後面からかを問わず、腰椎に不均等な負荷がかかるのは有害で、こういう動きが癖づいてしまうのは非常に危険なことです。

　バーベルを引き切るところで、股関節から上の部位を伸展させることに意識が集中すると、膝を忘れてしまう人がいます。膝を伸ばし切っていないために試合で挙上失敗と判定された人が多くいます。622lbsのデッドリフトを引き切ることができるなら、膝の最後の5°を伸ばし切る

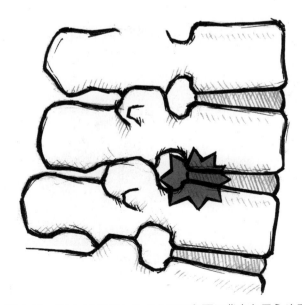

図4-46　図4-45に示したように不必要に背中を反らせると、不均等にかかった負荷が脊柱の後面に集中する。椎間板や椎間関節の障害につながるリスクのある状況。

125

4 | The Deadlift

図 4-47　私たちの友人で非常に強いリフターである Phil Anderson 選手がバーベルを引き切ったところで膝を伸ばし切るのを忘れてしまったところ。これを修正するには適切な指導が必要で、「立ち上がれ！」というキューが効く。Phil はこのあと Stryker という非常にクオリティの高い人工関節を膝に入れる手術を受け、その 11 ヶ月後に 600lbs のデッドリフトを引いて見せた。

のは必ずできるものなので、失敗という判定の理由を聞くとリフターは怒って抗議をするものです。バーベルを引き切ったら、それ以上の仕事は必要なく、ただ膝を伸ばし切ることを忘れてはいけないだけなのです。デッドリフトでは毎レップ確実に膝を伸ばし、定期的に確認するようにしましょう。パワーリフティングの試合に出場することが目的でトレーニングを行っているわけでなくても、膝を確実に伸ばし切るというのはデッドリフトの重要な要素です。

バーベルを引き切ったら、下ろし始める前にバーベルを保持した状態で 1 秒静止し、安定した姿勢を作る癖をつけましょう。後ろに倒れてしまいそうな姿勢からバーベルを下ろす動作に入ると、重大な事故につながります。バーベルをコントロールして正しく挙上動作を完了したという確認のため、身体を伸ばし切って静止した状態を 1 秒保つだけでいいのです。バーベルを下ろし始めるのはそれからです。

実はデッドリフトではバーベルを速く下ろしても構いません。デッドリフトはコンセントリック局面から動作が始まるので、先に話したように引き始めがキツく動作に伸張反射を使えないという特徴があり、トレーニング効果の大部分はここで得られます。バーベルをゆっくり下ろすとデッドリフトはさらにキツくなり、それでさらに効果を得られる場合もあるでしょうが、デッドリフトで重要なのは大きな重量を引き上げる部分です。重量が大きくなり引き上げるのがキツくなるにつれて、挙上速度はゆっくりになります。バーベルをゆっくり下ろそうとすると体力の消耗が激しく、そのエネルギーは次のレップを行うために使うべきです。ここまでに話した背中の姿勢を保って安全に動作を行える範囲であれば、バーベルを速く下ろしてしまって構いません。ある程度バーベルをコントロールすることができていればいいのです。バーベルをコントロールできていないと、膝の皿や脛に良くないのは分かるでしょう。また、使用しているウェイトプレートのタイプやプラットフォームの表面の構造によっては、バーベルをコントロールせずバウンドさせると問題になる場合があります。しかし、デッドリフトは引き上げるときよりも速く下ろして構わず、基本的にそうするべきです。

プラットフォーム

ウェイトルームにはプラットフォームがあると良いです。合板や木質ボードを何枚か重ねて接着剤とねじで固定し、バーベルが接触する部分か全体にゴムマットを敷きます。これが難しければ、地面のバーベルが接触する部分にゴムマットを敷くという方法もありますが、プル系種目を行うためにウェイトルームが正しく整備されていることが重要になります。クリーンとスナッチにはバンパープレートが必要になりますが、バンパープレートでデッドリフトを行うこともできます。ただ、安価なバンパープレートは非常に分厚くバーベルに付けたときに大きくスペースを取るので、挙上重量が伸びてくると鉄製のプレートを使うのは避けられなくなります。鉄製のプレートでデッドリフトを行えるようにジムが整備されていることが必要です。も

図 4-48　安価で耐久性のあるプラットフォームの基本的な構成。120cm × 240cm × 2cm の合板か木質ボードを互い違いの方向に 3 枚重ねて、ゴムマットを敷く。コンクリートの床の上に設置するとうまく機能する。写真のプラットフォームはあるジムで 16 年間実際に使われ続けているもの。

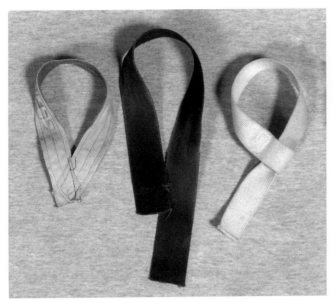

図 4-49　ジムで一般的に見かけるストラップにはいくつかの種類がある。最も広く販売されている画像右側のタイプはゴミのようなもの。長持ちせず高重量になると破れて使えなくなる。写真中央の黒いものは 1984 年から使われ続けているが、問題を招いたことがない。

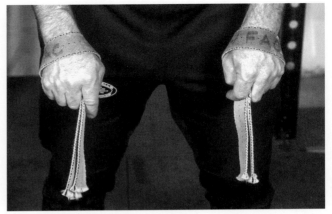

図 4-50　シンプルなシートベルトタイプの帯ひもか 4cm 幅のベルト状のものが筆者のオススメ。60cm ほどの長さのものを手首ではなく手に巻きつける。綿のものは使わない。

し、デッドリフトが禁止されているようなら別のジムを探しましょう。はじめに設備が十分でないジムを選んだ事情があるでしょう。ジム選びについてしつこく言って申し訳ないですが、どこかのタイミングで自分にとってトレーニングがそういった事情よりも重要になるかもしれません。それは自分が「リフター」へと成長している表れです。

ストラップとベルト

　デッドリフトではストラップが有用な場面があります。シートベルトでできたタイプを使いましょう。（しかし、自分の自動車のシートベルトを外して使うのは避けた方がいいでしょう。）その他のナイロンできた幅 4cm ほどのベルト状のものでも構いません。素材が綿のものは使えません。どんなに分厚く強そうに見えるものでも大事なときに使えなくなるものです。60cm ほどのシンプルなひも状のものか、両端を縫い合わせたものが良いです。

　ストラップは手首ではなく手に巻くものです。ストラップの片方の端が輪になるように縫われていて、ストラップを通す形になっているものは避けましょう。このタイプはセット中に手首への締め付けが強くなっていきます。バーベルに対する締め付けの調整が一定にならず高重量を使うときに安定が悪いのに加えて、傷みが早く高重量を扱うときに破れてしまいがちです。

　デッドリフトではベルトを巻く位置がスクワットと少し違います。スクワットのときと比べて、お腹側は少し低めの位置、背中側は少し高めの位置になるように巻くとしっくりくる人が多いようです。一部にはデッドリフト用に別のベルトを使う人もいます。薄くて幅のせまいベルトにするとデッドリフトのスタート姿勢に入りやすくなることがあります。スクワットでは、バーベルの負荷がかかった状態でしゃがみ込んでいくことでボトム姿勢に入るのに対して、デッドリフトでは負荷がかかっていない状態でスタート姿勢を取らなければいけません。スクワットではがっちり締まったベルトがフォームを固める助けになりますが、デッドリフトではベルトの締め付けがあることでスタート姿勢に入りにくくなる人がいます。こういう場合にはデッドリフト用にもう少し軽いベルトが必要になるかもしれません。人によっては腰椎の姿勢をうまく決められなくなるので、ほとんどのプル系種目においてベルトをまったく使わないという選択をすることもあります。ベルト無しで大きな重量を挙げている人はいるわけで、自分にはベルト無しの方が合うという場合もあるでしょう。

思い留めておくべきこと

　最後に、筆者は現役中それなりのデッドリフターであり、地面から力を出すということに関して多くの価値ある学びを得てきました。その中のひとつに、すべての人が高強度のデッドリフトをする必要はないということがあります。過去に背中を痛めた経験があって怪我を再発しがちな人や、正しいデッドリフトのフォームを身に付けられない人は、限界ギリギリの重量でデッドリフトを行う必要はありません。デッドリフトは実際に使える背中の筋力を鍛えてくれるので、実施できるならそれに越したことはありません。そして、高重量を扱うほど筋力は鍛えられます。しかし、

4 | The Deadlift

パワーリフティングを目的とするのでなければ、限界ギリギリの重量で行う必要はありません。身体を鍛えるという意味では、1RMの重量でデッドリフトを行っても大きな効果はありませんし、1RMの数字を求めることが必要なのであれば、5RMの数字から推定値を計算することができます。それを踏まえてですが、実際に使える背中の筋力を鍛えるにはやはりデッドリフトが最善の方法です。正しいフォームを身に付ける努力をしましょう。

ステップ1

ステップ2

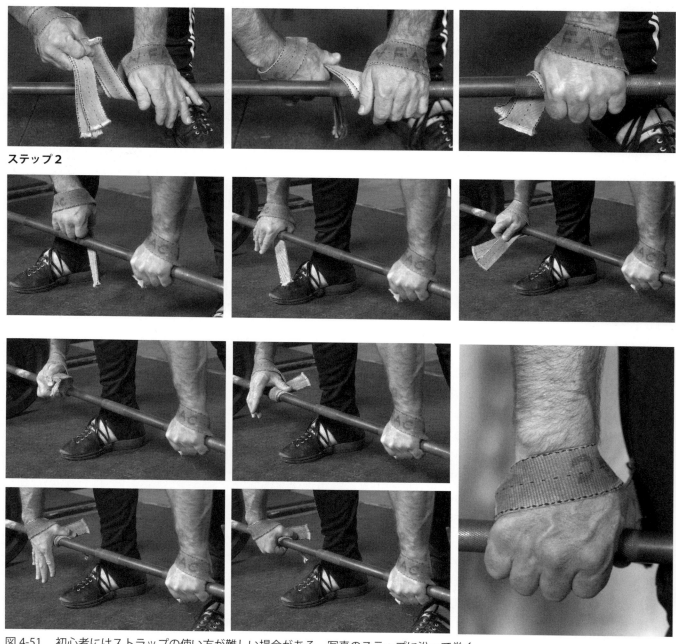

図4-51　初心者にはストラップの使い方が難しい場合がある。写真のステップに沿って巻く。

The Deadlift | 4

図4-52　デッドリフト

129

THE BENCH PRESS
ベンチプレス

世界中を見回してもベンチのないジムというのはほとんどありません。これは、1950年代以降レジスタンストレーニングの中でベンチプレスが世界で最も広く認知されたトレーニング種目になったからです。一般的にバーベルトレーニングと言えばベンチプレスを思い浮かべる人が最も多く、大多数のトレーニーがやりたがる種目です。また、他人の筋力レベルがどの程度なのかを知りたいときに挙上重量を最もよく聞かれる種目でもあります。

現代のサポートギアはおろか、まともなベンチプレス台さえ無かった頃からこれまでに、恐ろしく強い男たちが大きな重量を挙げてきました。Doug Hepburn、Pat Casey、Mel Hennessy、Don Reinhoudt、Jim Williams（彼は薄い安物の白いTシャツを着て700lbs以上を挙げました。）、Ronnie Rayといった人物はパワーリフティング創成期に活躍した選手です。ただ、悲しいことに21世紀に入ってからのパワーリフティングの全国大会と比べてしまうと、彼らの挙げていた重量はそれほど人目を引くものではありません。1980年代には、Larry Pacifico、驚異の男 Mike McDonald、George Hechter、John Kuc、Mike Bridges、Bill Kazmaier、Rickey Dale Crain、いまは亡き偉大なるDoug Youngといったベンチプレスを極めた選手たちが、あらゆる技を思いのままに駆使して、ベンチプレスのアメリカ記録や世界記録を打ち立てていきました（図5-1参照）。

現代のベンチプレスを実施するには、スクワットと同じようにバーベル以外の用具が必要になります。1950年代になって支柱付きのベンチプレス台が普及するまでは、地面に寝転がってバーベルをスタート位置まで持ってくるか、フラットベンチに寝転がって地面から頭の上を通して胸の上にバーベルを持ってこなければいけませんでした。テクニックが進化していくに従って、バーベルをスタート位置まで持ってくるのに補助者を付けることの是非、お腹からバーベルを押し上げることの是非、さらには下背部をベンチから浮かせることの是非に至るまで、世界中の体育会系の人間のあいだで多くの議論がありました。現在では、ただのフラットベンチではなく支柱付きのベンチプレス台がジムに導入されるのが標準的になりました。トレーニング種目とは複雑になるほど筋肉、神経、コントロールを要求するものです。古くからのベンチプレスのやり方はキツく、おそらくより効果が高いと考えられますが、今日この方法でベンチプレスを行っているのは、ごく少数の好奇心旺盛なパワーリフティング関係者くらいです。

ダンベルを使ったベンチプレスは専用のベンチプレス台を必要としないので、バーベルベンチプレスよりも以前から行われてきました。ダンベルでは別個の金属の塊がふたつ胸の上で揺れることになり、不安定になります。実際にセットの最後まで挙げ切るのがキツい重量になると、特に安定させるのが難しくなります。ほとんどの人はダンベルベンチプレスを軽い重量で行う補助種目として使っており、この種目を高重量で行うとどれだけキツく、有用であるかを実感することがありません。ダンベルベンチプレスはシンプルなフラットベンチに寝転がり、ダンベルをラックか床から持ち上げ、スタート位置まで持ってきてセットを行い、ダンベルを持ってベンチから降りなければいけません。鏡で自分の腕を見るのに時間をかける人がいますが、この一連の動きも同じくらい時間を食うものです。ダンベルはバーベルのようにひとつにつながっていないので、自ら意識的に動きをコントロールすることが必要でキツくなるので、バーベルほど広く行われていません。段階的に重量を上げていくプログラムでダンベルベンチプレスを使おうとすると、ダンベルならではの制約が出てきます。ほとんどのジムでは予算やスペースの都合で、細かな刻みで重量を変えるのに十分なダンベルが揃えられていません。プレートを取り付けるダンベルでは重量に細かな変化を付けることができますが、補助者を2人つけてあれこれ助けてもらわなくてもいい構造になっているものや、高重量でも安全に使えるクオリティのものは広く普及していません。そして、高重量になるとベンチに寝転がってスタート姿勢に入る作業や、ベンチから降りる作業が非常に大きな手間になります。

131

5 | The Bench Press

図5-1　ベンチプレスは長く深い歴史がある。左上から右下へ：Bill Kazmaier、Rickey Dale Crain、Pat Casey、Doug Young、Mel Hennessy、Jim Williams、Mike Bridges、Mike MacDonald、Ronnie Ray

　ダンベルベンチプレスは有効なトレーニング種目ではありますが、これまでの歴史や先例を踏まえてベンチプレスはバーベルで行います。ベンチプレス（編集のひどい情報ソースでは、まれに「プローンプレス」というものに関する記述があり、ベンチプレスはそれに対してスーパインプレスと呼ぶこともできます。）は人気でかつ有効なトレーニング種目です。正しく行えば、おそらく上半身を鍛えるのに最善の方法だと言えるでしょう。ストレングス＆コンディショニングプログラムに加えるのに価値ある種目です。

　ベンチプレスでは特に肩甲骨と鎖骨まわりの筋肉の前面と上腕三頭筋が鍛えられます。これに加えて、前腕、上背部、広背筋も動員されます。主動筋としては、大胸筋と三角筋前部がバーベルを胸から押し上げ、上腕三頭筋がバーベルを押し切るところまで肘を伸ばします。身体の後面にある僧帽筋、菱形筋といった比較的大きな筋肉や、頚椎や胸椎まわりにあるその他の小さな筋肉はアイソメトリックに働き、肩甲骨を内転させると共に、ベンチに対する背中の角度を維持する役割を果たします。僧帽筋と菱形筋が肩甲骨の位置を安定させると、小胸筋が胸を張った姿勢で胸郭を安定させる助けをします。ローテーターカフの後部は上腕骨を安定させ、動作中に上腕骨が回旋するのを防ぎます。広背筋は胸郭を持ち上げ、下背部に対して胸が反った姿勢を作り、身体の安定性を高めると共にバーベルの移動距離を短くします。また、広背筋には三角筋に拮抗する働きもあり、ボトム位置から上腕が挙がっていくときに脇が開いたり、肘が頭の方向に向かって広がったりするのを防ぎます。こうしてベンチプレス動作の前半の胸からバーベルを押し上げるところで上腕と体幹の角度を一定に保っています。胸と腕がバーベルに対して仕事をするのに対して、下背部、股関節、脚の筋肉は上半身と地面をつなぐ橋として機能します。ベンチプレスでは、頭の後ろをベンチに強く押し付けすぎるのは避けたいところです。首の筋肉はアイソメトリックに働き頚椎を安定させています。ベンチプレスをすると首が太くなり、ワイシャツを新調するのは避けられなくなります。ベンチプレスはフリーウェイト種目

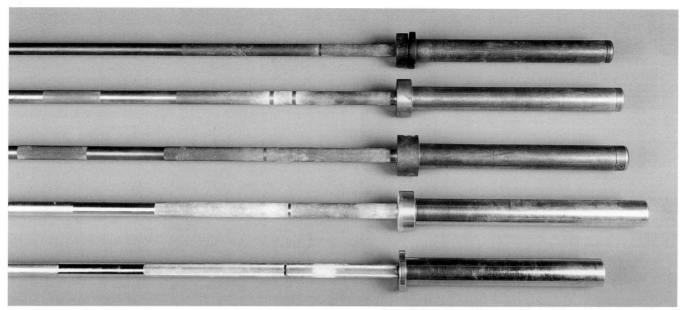

図5-2　ウェイトトレーニング用のバーベルにはいくつかの種類がある。パワーリフティング用のバーベルは、ローレットのラインの位置が本書のプログラムに含まれる種目の大半に最も適しておりベストの選択と言える。高品質のバーベルは同一の構成になっており、負荷がかかったときの使い勝手も似通っている。しかし、直径やシャフトの張りに微妙な違いがあり、用途によって向き不向きがある。しなりの大きなバーベルはクリーンとプレスに向き、しなりの小さなバーベルはスクワット、ベンチプレス、デッドリフトに向いている。実際に購入する前に違いを確認しよう。

なので、バーベルの動きをコントロールすることが欠かせません。そして、コントロールが改善することもベンチプレスで得られる効果に含まれます。

　ベンチプレスでは標準的なパワーリフティング用のバーベルとベンチプレス台を使用します。パワーリフティング用のバーベルは広く普及しており、長年の経験から一般的なジムでの使用にはこのバーベルの構成が最も使いやすいと受け入れられています。ジムでバーベルを使う場合はこのタイプに触れる機会が最も多く、自分自身で購入する場合もこのタイプが最も探しやすいはずです。オリンピックウェイトリフティング用のバーベルになると、かなりの価格差があります。パワーリフティング用バーベルの仕様はシンプルで、シャフトの直径が28mm〜29mm、長さが220cmになります。ローレットの刻みは鋭すぎない範囲でしっかりしたものが良いです。ローレットは両端のスリーブから刻まれ、シャフト中心部に約42cmの空白があり、さらにその中に11cm〜15cmほどローレットが刻まれます。また、81cmの間隔でローレットを区切るラインが両側に入っており、これがベンチプレス競技のルールで許される最大のグリップ幅を示しています。標準的なパワーリフティング用バーベルが使えない環境であれば、とりあえず使えるものを使いましょう。標準的でないバーベルを使わざるを得ない場合、本書で紹介するグリップ幅に関する記述を応用できるよう自分のバーベルのどういう位置にラインが入っているかをよく理解しておきましょう。

自分自身で購入する場合も、ジムに備えられたバーベルを使う場合も、バーベルにかけるお金をケチるのは愚の骨頂です（図5-2参照）。

　ベンチは製造が標準化されていないのですが、やはり標準的な仕様のものを使用するべきです。ベンチの座面の高さは43cmになりますが、身長の低い人にとってはこれが高すぎることがあります。その場合は、足の下にブロックやウェイトプレートを敷いて調節しましょう。支柱は約115cmの間隔で、バーベルを載せる部分が固定されている物と調整可能な物があります。もしくは、パワーラックに高さ43cmのフラットベンチを組み合わせてベンチプレス台として使うことも可能です（図5-3参照）。ほとんどのベンチはビニール製の表皮が使われていますが、自動車のシート用の生地の方が動作中に背中が滑りにくく、なおかつ長持ちです。この数十年、支柱のあるベンチプレス台もフラットベンチも、メーカーのいい加減な仕事が目につくようです。安全性という意味でも、トレーニングや競技において条件を一定に保つという意味でもジムは標準的な競技用ベンチプレス台を導入すべきです。バーベルと同じように、ベンチにかけるお金をケチるのは愚かなことです。

ベンチプレスを覚える

　ベンチプレスのフォームを覚えるとき、可能であれば補助者をつけるのが賢明です。ベンチプレスの補助をどのよ

5 | The Bench Press

図 5-3　ベンチプレスを行う用品の3通りの使い方。(A) ほとんどのリフターが支柱付きのベンチプレス台を好む。(B) パワーラックはフックやピン高さを調節可能で、限られた資金やスペースの有効活用になる。(C) また、パワーラックでは補助者がいなくても安全にベンチプレスを行うことができる。

階では非常に軽い重量を使います。補助者に頼らないといけないような重量を使うべきではありません。挙上動作中に手を出してくるような補助はトレーニングにかえって悪影響で、問題を防ぐどころか問題を増やす結果になることも少なくありません。ベンチプレスのフォームを覚えようとしている段階で、バーベルを適切に操作することができるか不安に感じるようなら重量を減らしましょう。20kgのバーベルシャフトだけでも重すぎるという場合もあるかもしれません。そのときは軽いシャフトを使いましょう。不安がある場合は、十分な経験があって有能でガマン強い人に補助を頼みましょう。自分もトレーニングに参加している感じが欲しい人は「補助」と称して不必要な手出しをしようとします。十分な経験のない人に頼まざるを得ない場合、具体的に補助者は何をすべきなのかできる限り徹底的に説明しましょう。この章の最後に詳しく解説します。

　他の種目と同じように、ウェイトプレートを付けずバーベルシャフトのみから始めます。初めてフォームを覚える場合も、自己記録更新に挑戦するためウォームアップを始める場合も、すべての種目はバーベルシャフトのみから始

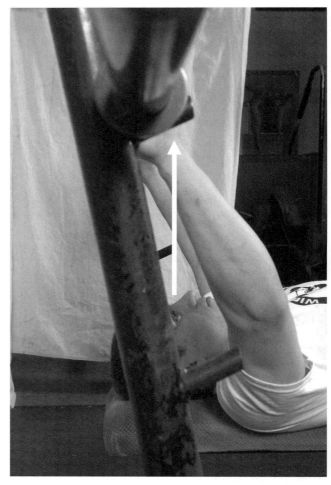

図 5-4　ベンチに寝転がったときの視線。目がバーベルよりも少しだけ下にくると身体とバーベルの距離が正しく取れる。

うに行うべきかは後ほど詳しく紹介しますが、ここではベンチプレスを覚えるはじめの段階で、バーベルをラックから外す動作と戻す動作を安全に行うために補助をします。この動作ではバーベルが肩よりも数センチ後方にある状態になり、てこの作用が働きます。軽い重量では特に問題ありませんが、重量を増やし始めるとすぐに問題になります。パワーラックを使う場合でラックが正しく調整されていれば、補助者は必ずしも必要ではなくなります。ベンチプレス台を使う場合であっても、フォームを覚えるはじめの段

The Bench Press

図 5-5　ベンチに寝転がったときの足と脚の位置取り。

図 5-6　ベンチプレスの手幅

めます。ベンチに寝転がり、視線を真上に向けます。このとき、ベンチのやや下寄りに寝転がり（「下」とは絶えずベンチの足寄りの方向を意味します）、視線を上に向けたときにバーベルの下の面が見えるようにします（図 5-4 参照）。これは細かな位置の調整で、10cm や 15cm も下にズラす必要はありません。寝転がる位置が下になりすぎるとラックからバーベルを外すのが難しくなります。

　両足は地面にべったりと着き、スクワットのスタンスと同じくらいの足幅を取ります。脛(すね)は地面に対してほぼ垂直にします。上背部はベンチにべったりと着き、下背部はまず身体の構造上自然に反った状態を保ちます。背中の反りに関しては、このあと修正していきます。

　ベンチに寝転んだら、バーベルを順手で握ります。手幅は両手の人さし指の間隔が 55cm ～ 60cm になるようにします。55cm ～ 60cm と幅があるのは肩幅の個人差に合わせるためです。このくらいの手幅を取ると、バーベルを胸まで下ろしたときに前腕が地面に対して垂直になり、ベンチプレスの動作で肩関節を最も大きく動かすことができ

ます。バーベルは前腕の骨の真上にくるように、指の近くではなく手のひらの付け根に載せます。こうすることで腕に沿って伝えられたパワーが手首で方向を変えることなくバーベルに直接伝えられます。バーベルを握るときには、まず手のひらの付け根にバーベルを正しく載せたあと、バーベルに指を回します。この握り方は腕を少し内側にひねって手を回内させるとうまくいきます。

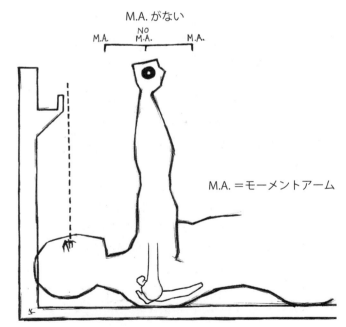

図 5-7　バーベルと肩関節(えんちょく)が鉛直の線上に並んだときバーベルはバランスが取れる。このバランスが取れる位置からバーベルがズレると、その水平の距離がモーメントアームとなり、それに抵抗する力を出さなければいけなくなる。ラックからスタート位置に入るまでの距離はモーメントアームであり、高重量になると影響が大きくなる。このようにリフター本人には対処しづらい力がかかるので、それをサポートするのが補助者の仕事。

135

5 | The Bench Press

図 5-8　ベンチに寝転んだトレーニー本人の視界。バーベルの位置は天井を基準に判断する。視点は天井に置いて、バーベルに焦点を合わせないことに注意。

　次にバーベルをラックから外します。ベンチに寝転んだ位置から真上にある天井を見て、肘を伸ばし切るところまでバーベルを上に押し上げます。肘を伸ばしたままバーベルを肩関節の真上に持ってきます。そうすると腕が肩関節と地面に対して完全に垂直になります。このとき、バーベルがあごや喉の上にある状態で止まらず胸の上まで持ってきます。バーベルを確実に肩関節の真上まで持ってくるようにしましょう。バーベルを動かすときには肩関節を支点としてバーベルとのあいだにモーメントアームが生まれますが、バーベルがこの位置にくるとモーメントアームが無くなりバランスが取れます。バーベルがこの位置にくるまでためらわずに素早く動かします。このあいだ肘はずっと伸ばしたままです。最初の数回は、バーベルが確実に顔や首を超えて胸の上まで持ってこれるように補助を頼めるといいでしょう。

　バーベルを挙げ切った位置では、視界が非常に重要になります。まず、視点はバーベルの真上にある天井に置きます。そして、天井の手前にあるバーベルが視界に入ります。この視覚情報を基にして、バーベルを挙げ下ろしするときにバーベルがどういう軌道を描いているかを判断します。バーベルは視界の下半分に入ります。天井に見えるものに対してバーベルがどういう位置にあるかに注意しましょう。焦点は天井に合わせて、バーベルは視界に入っているだけの状態にします。ここから少しバーベルを動かしてみると、少しの動きであっても天井に対するバーベルの位置関係が変わるのが分かります。バーベルが動いても天井は動かないので、バーベルの位置を判断するための基準として天井を使うのです。

　天井に対してバーベルがどういう位置にあるかに注意しましょう。バーベルを下ろし、胸につけ、完全に同じ場所まで押し上げます。目は天井のバーベルが来るべき位置をじっと見つめます。バーベルに焦点を合わせたり、目でバーベルの動きを追ったりしてはいけません。ただ天井の1点を見つめ、毎レップその位置にバーベルを押し上げるのです。

　肘をまっすぐ伸ばしてバーベルが肩の真上にある状態で、補助者に胸に触れてもらいます。触れる位置はバーベルのある鉛直線よりも数センチ下側、胸骨の中心あたりです。補助者の指が離れても触れられた位置が分かるくらい強めに押さえてもらいます。この触れられた感覚が、バーベルを胸のどこに下ろせばいいかを捉えるためのキューとして効果的に働きます。補助をしてくれる人がおらず、パワーラックを使って一人でトレーニングをしている場合、肘を曲げて真横に突き出し、バーベルを少しだけ足の方向に向けて下ろしましょう。ほんの少しです。これを正しく行うと補助者に胸に触れてもらった場合と同じように、バーベルが鎖骨の数センチ下、つまり肩関節の下で胸骨に触れます。バーベルが胸骨に触れる厳密な位置は、リフターが胸を張ったときの姿勢によって変わりますが、鎖骨の数センチ下、初めてのときは胸骨の中心から始めると良いでしょう。ここで重要なのは、鉛直ではない軌道でバーベルを下ろすということです。その理由については後ほど詳しく紹介します。

　このことを踏まえて、天井を見て、肘を曲げ、バーベルを胸まで下ろし、止まることなくバーベルを胸につけ、天井の視点を定めた位置までバーベルを押し戻します。5

The Bench Press

レップ 1 セット試してみてください。天井の定めた位置から視点を動かさなければ、バーベルが毎レップその位置に戻っていくことにすぐ気付きます。

　この視点を定めるというテクニックを初めて使うと、90％ほどの確率でベンチプレスの正しいバーベルの軌道を一発で作ることができます。いわゆる「運動音痴」な人でも、このテクニックを使って 2～3 セットも行えば、それなりに良い軌道でバーベルを押せるはずです。初心者はバーベルを目で追ってしまう傾向があり、バーベルの軌道がうまくいかないことがベンチプレスで最初に経験するイライラの原因になります。天井に視点を定めると、大多数の場合でこれを解決することができます。このテクニックを使うとバーベルは自然と正しい軌道を通るようになり、ベンチプレスを行う上で他に問題になりうる場所に意識を向けることができるようになります。

　このテクニックで重要なのは、動いているバーベルではなく動かないものを見つめるということです。動かないものを基準にバーベルを挙げる位置を決めると、毎レップその位置に、同じ軌道でバーベルを押し上げることができます。バーベルを目で追うと自分で動かしているものを見ていて、それを動かしたい位置を見ていないので、毎回同じ場所に向けてバーベルを押すことができません。これはゴルフボールやテニスボールを打つのと原則的には同じことです。こういうスポーツでは、ボールという標的に向けて道具を動かします。そして、視点は標的に定めます。たしかに、テニスではボールが動くのに対して、ゴルフではボールは打つまで動かないという違いはありますが、原則的には同じです。ゴルフクラブ、ラケット、ビリヤードのキュー、野球のバット、剣、ハンマー、斧、バーベルと手に持つ道具が変わっても、標的に視点を定め手に持った道具を標的にぶつけるように脳は身体を動かします。テニスボールが動くと、人はボールに合わせて目と頭も動かし

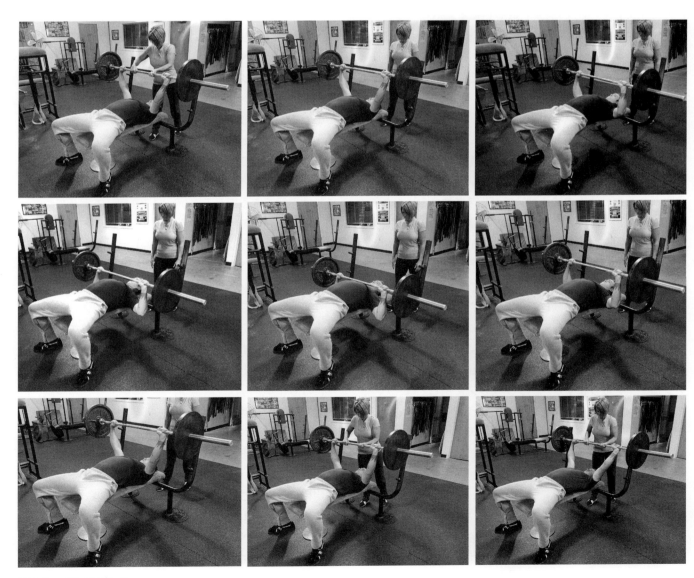

図 5-9　ベンチプレス

5 | The Bench Press

て、ボールが動いていないのと同じ状況を作ります。ありがたいことにほとんどのウェイトルームの天井は動かないものなので、一流テニス選手が行わなければならないこととくらべると、ベンチプレスはシンプルなものです。ただ、動かない標的に向けて手に持った物を動かすという意味では似通っています。表面的にはまったく違って見える運動でも、目を頼りに動作を行うという類似性があります。動作の標的が静止しているか動いているかは別にして、手に持った道具は視点を定めたところに行くのです。

視点を確実に定めてもう1セット行い、バーベルをラックに戻します。最後のレップを終えてバーベルをラックに戻すときには、肘はまっすぐ伸ばした状態でバーベルが支柱に当たるまで後ろに動かし、それからバーベルをフックに下ろします。補助者がいる場合には、この動作をサポートしてもらいましょう。この後のセットから重量を増やしていきます。女性や身体の小さな子どもの場合は1セットごとに5kg、身体の大きなトレーニーの場合は1セットごとに10kg〜15kgの刻みで増やします。バーベルの挙上速度が落ちてきたり、フォームに変化が見られたら重量を増やすのを止め、同じ重量であと2セット行ってその日のベンチプレスのトレーニングを終わりとします。

よくある間違い

ベンチプレスはウェイトルームで最も人気の種目なので、たくさんの人が行います。そして、ベンチプレスを行う人がたくさんいるので、ベンチプレスを教える人もたくさんいます。これまでに考えられないほど間違った教え方が編み出されてきました。力の使い方がまったく理にかなっていなかったり、なかにはかなり危険を伴う方法もあります。ベンチプレスではバーベルとベンチのあいだに身体を置くことから、事故が起きると自力でバーベルを身体から下ろすことができなくなります。これだけでもベンチプレスは最も危険なトレーニング種目です。通常は効率を優先して考え、その結果として安全性がついてくるというアプローチを取りますが、ベンチプレスに関しては、バーベルの下敷きになって命を落とすという事態を避ける方法を注意して考えます。

バーベルの握り方

ベンチプレスではバーベルが頭、顔、首の上を通るので、常識的な注意事項をおろそかにすると安全面に大きな問題を生じます。ベンチプレスの補助の仕方については後ほど詳しく取り上げるので、ここではリフター自身が行わなければいけないことについて話します。

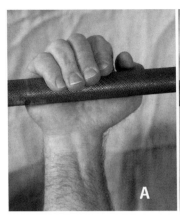

図5-10 （A）サムレスグリップ （B）サムアラウンドグリップ
ウェイトルームで深刻な怪我が起こるのは、ほんの数通りしかなく、サムレスグリップはそのひとつに数えられる。サムアラウンドグリップでも手のひらの端にバーベルを置いて握ることはでき、顔、喉、胸にバーベルを落としてしまうリスクを回避できる。

ベンチプレスでの手の使い方について、最も愚かで、最もよくある、最も大きな問題はおそらくサムレスグリップでしょう。**バーベルトレーニングにおいて、スクワット以外でサムレスグリップの出番はありません**。ベンチプレスを安全に行うにあたって、サムレスグリップを使うのは間違いなく最悪の選択です。また、サムレスグリップはパフォーマンスにも悪影響を与えます。多くのリフターは、バーベルを手のできるだけ端の方で握って手首にてこ作用が働くのを避けるためにサムレスグリップを使います。これは理解できることですが、親指を回して握っても同じ位置にバーベルを持ってくることは可能なので、サムレスグリップを使う必要はありません。しっかり保持できていない状態でバーベルを顔や喉の上に持ってくるのはリスクが高すぎます。スクワットでサムレスグリップを使うのは、動作を行うのは自分自身であり、バーベル自体は動かないからです。ベンチプレスでは親指を使って握ることでバーベルを固定します。親指をシャフトに回して握らなければ、バーベルは手の上でバランスを取って載せているだけの状態になります。

世界最高の補助者についてもらっていたとしても、ベンチプレスでバーベルを落としてしまったら、補助者が素早く反応して助けることはできません。これがどれだけ危険なことなのかは、実際にバーベルを落とす現場を見ないと本当に理解することはできません。アメリカではウェイトトレーニング中に命を落とす人が毎年平均11人います。実質的にそのすべての人がベンチプレスで亡くなっています。これは同時に、何百万人というリフターが安全にベンチプレスを行っているということも意味していますが、こ

The Bench Press

の11人の1人にならないように注意をするべきです。もし、どうしてもサムレスグリップじゃないとイヤだと言うなら、家でやりなさい。救急車が来たときに（119番に電話してくれる人がその場にいてくれればの話ですが）他の人のトレーニングの邪魔をせずに済みます。

　また、サムレスグリップでは挙上効率が下がるという問題もあります。手でしっかり握れない状態では、肩がバーベルを押し上げる力を十分に出せません。このことは、シャフト径の大きなバーベルやダンベルを使うと分かりやすいです。シャフト径が5cmあるバーベルは28.5mmのバーベルに比べて2倍くらい押しにくいものです。これは、一般的な手の大きさの人にとってシャフトが太すぎてしっかり握ることができないことが影響しています。しっかり握るためには、シャフトに十分な圧力をかけられるところまで、シャフトに回した指と親指を閉じていくことが必要です。こうすることで、前腕の筋肉がアイソメトリック収縮し、肘の遠位側にある筋肉の緊張が高まり、腕や上半身全体の筋肉の動員を高めて、より効率的に胸からバーベルを押し上げることができるようになります。（「遠位」とは身体の中心から遠いことを表し、「近位」は身体の中心に近いことを表します。）できるだけ強くバーベルを握るために、ローレットに自分の指紋を残すという意識を持つリフターもいます。サムレスグリップを使うと、こうやってバーベルを強く握る能力を自ら損なってしまうことになります。どういうことなのか実感するために、自分で試してみてください。ただし、軽い重量を使ってください。たしかに、これまでにサムレスグリップで大きな重量を挙げた人はたくさんいます。最高に効率的なフォームでないスクワットで高重量を挙げてきた人がいるのと同じことです。非効率なやり方であっても、そのやり方に慣れて、そのやり方でものごとを行うのがうまくなる人がいるものです。しかし、サムアラウンドグリップの方が安全で効率が高いのですから、親指のある人はサムアラウンドグリップを用いるべきです。

　先に話したように、サムレスグリップを使う狙いは、手の中でバーベルが良い位置にくるように握るということです。肩と上腕三頭筋が生み出した力は、前腕の骨を通してバーベルに伝えられます。バーベルの真下で鉛直になっている前腕を伝い、手のひらの付け根から直接バーベルへとパワーが伝えられるのが最も効率的で、そのとき手首とバーベルのあいだにモーメントアームが無い状態になります。ほとんどの人はベンチに寝転がって、目の上にあるバーベルを見て、手の指の付け根がバーベルに沿うように握ろうとします。こういう握り方をすると、手首とバーベルのあいだに2cm～5cm程度の距離ができます。これが不必

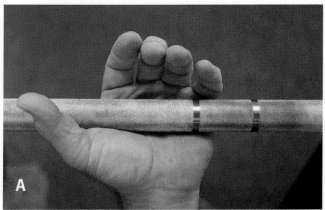
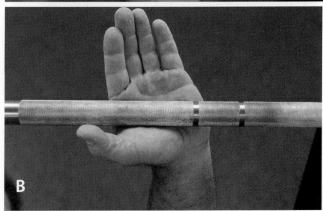
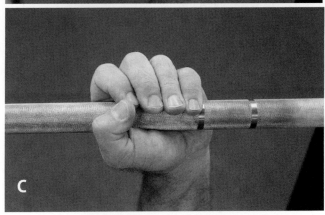

図5-11　（A）ほとんどの人は、指の付け根の線に対してバーベルが垂直になるように握ろうとする。（B）手を回して回内させるのがベストな握り方。（C）手に対するバーベルの位置関係に注意。

要なてこ作用を生み、効率的に力を伝えることができなくなります。

　プレスの章で話したように、人さし指で手幅を決め、親指を下に向けて手を回内させると最も効率的にグリップを決めることができます。こうやって握ると母指球と小指球のあいだにある橈側縦線にバーベルが沿います（図3-10参照）。そして、指をバーベルに載せ、指先をバーベルに強く押し付けます。ラックからバーベルを外すとバーベルは手のひらの付け根に載り、前腕の骨の真上にきます（図5-11参照）。

5 | The Bench Press

この握り方では親指をシャフトに回し、手首が運動のつながりから外れます。手の位置を決めたら、レップ中にバーベルが動かないように手のひらを閉じます。ここで親指はまったく使いません。デッドリフトのように重力に引っ張られてバーベルを落としてしまうことがないので、バーベルを指で握る必要がありません。ベンチプレスでかかる力は圧縮であり、張力ではないのです。デッドリフトで使う握り方をベンチプレスにも応用しようとするのはうまくいきません。

セット中にバーベルが手の中で指の方に向かって動くのはよくあることで、セットの始めとはまったく違う位置でセットを終えることになってしまいます。これはセット中にバーベルをしっかり握っておくことができていないのが原因です。バーベルの位置が大きくズレると、バーベルを押し上げる筋肉に対する負荷のかかり方が変わり、その結果、肘や肩の位置がブレやすくなります。手の中でバーベルが後ろに動くと、肘や肩に対してもバーベルが後ろに動いたことになり、バーベルを押し上げ続けるために肘や肩の動きを調整しなければいけなくなります。効率よく安全にベンチプレスを行うため、セット中にバーベルが動かないように固定しておくことが重要です。

どの程度の手幅を取るのがいいかは、ある程度の範囲内であれば個人の好みによる部分が大きくなります。ベンチプレスを行う目的は上半身全体の筋力を強化することなので、特定の筋群を強調するのではなく、すべての筋肉にできるだけたくさんの仕事をさせるフォームを取るべきです。そして、可動域を最も大きく取れるのは、バーベルが胸の上にあるときに前腕が鉛直になる手幅です。これよりも手幅を広く取ると、バーベルの移動距離が短くなり、バーベルを押し切るまでに上腕三頭筋が大して働かなくてよくなり、バーベルを挙げるのに必要な仕事の多くを大胸筋と三角筋が受け持つことになります。人さし指の間隔が55cm〜70cmの範囲におさまっていれば、大きな間違いにはなりません。あらゆる肩幅の人が本人にとって最も力を出しやすく、可動域を大きく取れる手幅をこの範囲内で見つけることができます。標準的な手幅のベンチプレスと比べて、クロースグリップベンチプレスでそれなりの重量を挙げられるリフターがほとんどですが、手幅をせまくし過ぎるとバーベルを押し切るところで比較的小さな筋肉である上腕三頭筋に頼る形になり、扱える重量が落ちてしまいます。手幅を広くすると可動域が小さくなり過ぎて、上腕三頭筋を十分に使えなくなるうえ、手と肩関節のあいだに生まれるモーメントアームが長くなってしまいます。手幅を広げると高重量を挙げられるのは、バーベルの移動距離が短くなるからです。（パワーリフティングのルールで認められた手幅は人さし指の間隔が81cmです。）

しかし、ここではベンチプレスを使って身体を強くすることが目的で、それは大きな重量を挙げることと必ずしも同じではありません。ほとんどの人は初めてベンチプレスをするとき、特に指示を受けなくても自ら広すぎずせま過ぎない手幅を取るものです。広い手幅はうまく使いこなせるようになるまでに徹底的な練習が必要なもので、そこまで広くない中間的な手幅の方が自然に感じられるものです。中間的な手幅を取ると、鎖骨と肩甲骨まわりにあるすべての筋肉に仕事を振り分け、ベンチプレスの狙いである肩や腕の全般的な筋力を鍛えることができます。

肘

効率よく安全にベンチプレスを行うには、肘の使い方を理解しておくことが不可欠です。肘関節は上腕骨の遠位側にあり、尺骨と橈骨につながっています。肘というとほとんどの人が思い浮かべる骨の出っぱりは、肘頭といいます。これは尺骨の端にあって、上腕三頭筋の腱が付着しています。大胸筋と三角筋は上腕骨の前面の肩に近い部分に付着しています。ベンチプレスではバーベルの真下に肘があり、前腕がバーベルの軌道と一直線に並んだとき、バーベルと肘のあいだにモーメントが生まれなくなります。ベンチプレスに動員される筋肉が生み出す力は、実質的にすべてこの状態で肘を上下に動かす働きをします。肩関節の動きも肘を動かすのに貢献しますが、上腕骨が動いているときに肩関節とベンチの位置関係は変わりません。少なくとも変わるべきではありません。肘が動き、肩は動かないと捉えましょう。（厳密には正しくないわけですが。）

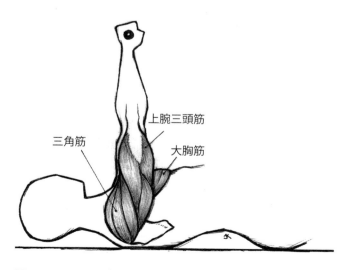

図 5-12　ベンチプレスで使われる主な筋肉。

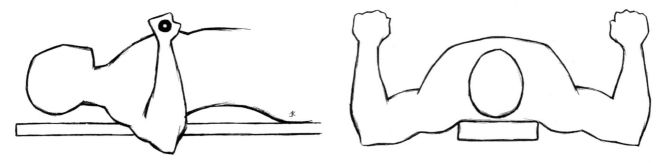

図5-13　モーメントを生まず、最適な力の伝達を実現するため、どの方向から見ても前腕は鉛直でなければならない。

　ベンチプレスを良いフォームで行うためには、バーベルを動かすときの上腕の使い方が非常に重要になります。腕をまっすぐ伸ばした状態からバーベルを胸に下ろし、押し上げていく動作を上から見たときに、上腕骨と体幹の作る角度が重要です。腕をまっすぐ伸ばした位置ではバーベルは肩関節の真上にあります。この位置では、バーベルと支点のあいだにモーメントアームが生まれません。バーベルはバランスが取れた状態になり、上腕と前腕をまっすぐに保って支えておく以外、バーベルの位置を維持するために力を使う必要がありません。バーベルを胸に下ろしたボトム位置では、上腕を完全に外転させた場合、上腕は体幹とベンチに対して90°で、バーベルに対して平行になり、バーベルは肩関節の真上にきます。このように上腕を動かした場合、可動域全体を通してバーベルと肩関節のあいだにモーメントが生まれないということになります。てこの作用に力を出して逆らう必要がないということなので、力学的な効率の良さだけを考えると、これが理想的な上腕の使い方になります。

　しかし、ここでは力学的なことだけを考えればいいのではありません。肩を痛めずにベンチプレスを行う方法を考えなければいけません。肩の手術が必要になっては一大事です。ベンチプレスでの身体の使い方を考えるときには、身体の構造を考慮することが非常に重要になります。

　プレスで肩を痛めるということは起こりません。立った姿勢からバーベルを押し上げるときには、肩甲骨は自由に上に回旋したり、背骨に向かって内転することができます。バーベルを押し切ったとき、肩甲骨は上腕骨に合わせて動くことができるので、肩峰や烏口突起といった肩甲骨の外側にある骨の出っぱりとローテーターカフや上腕二頭筋の腱といった組織がぶつかることがありません。肩甲骨はある意味浮いた状態にあり、上腕骨とぶつかってどこかを痛めることのない位置に逃げることができるのです（図3-5参照）。プレスでは肩をすくめてバーベルを押し切るときに、僧帽筋が肩甲骨を上腕骨の邪魔にならないように動かしているのです。

　これに対して、ベンチプレスで胸を張って背中を反った姿勢を作ると、肩甲骨は胸郭の下に敷かれ、ベンチのがっちりした座面に押さえつけられる形になります。この姿勢が正しく取れていると、肩甲骨が身体とベンチをつなぐ接触面となるので、肩甲骨は内転し互いに寄った状態で動きません。そして、肩甲骨は動かないので、上腕骨が骨の出っぱりに近づいてきても逃げることができません。そのため、ローテーターカフの腱に穴をあけたくなければ、上腕骨の動きを調整して、肩甲骨の骨のでっぱりにぶつからないように逃がしてやる必要があります。

　上腕骨の外転角度が90°から75°くらいになるように肘を下げることで、肩甲骨にぶつかるのを避けることができます。これで上腕骨は肩のインピンジメントを起こすことがなくなり、腕をまっすぐ伸ばした位置から、胸にバーベルをつくところまで動くことができます。ストレートシャフトのバーベルで行うベンチプレスで、最も可動域を大きく取れるということです。しかし、先に話したように、力学的な要素を無視することもできません。

　力学的な効率を優先するのであれば、肘を90°外転させて、バーベルが肩関節の真上を鉛直に動く軌道で挙げ下ろしすることになります。しかし、これでは肩のインピンジメントが問題になるので、効率をいくらか犠牲にして鉛直ではない軌道でバーベルを動かすことになります。肘を外転90°から少し下げて、バーベルを胸の下の方に動かす分だけバーベルの軌道は鉛直から外れます。そして、バーベルが胸についた位置では、バーベルと肩関節のあいだにモーメントアームが生まれます。このモーメントアームはバーベルと肩関節のあいだにできる矢状面の距離と同じ長さになります。肘を下げてバーベルを胸につける位置が下がるほど、このモーメントアームは長くなります。肘を動かすと、バーベルが胸につく位置も動きます。肘を体幹か

141

5 | The Bench Press

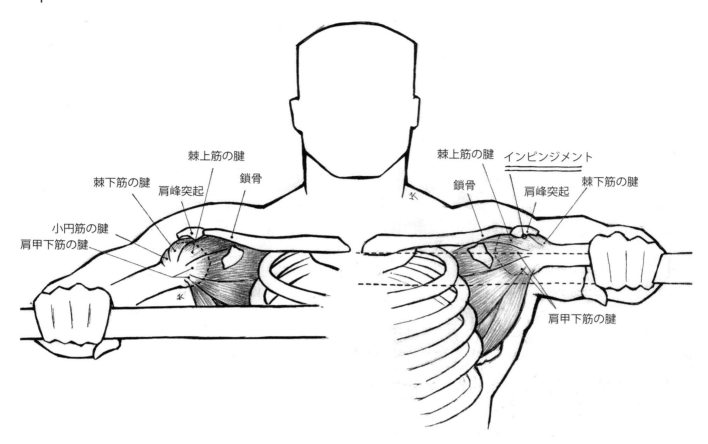

図 5-14　ベンチプレスでは、肩のインピンジメントが起きるリスクがある。画像右側は外転 90°で、ローテーターカフの腱が上腕骨頭と肩鎖関節にはさまれ押しつぶされる形になる場合がある。この問題を避けるためには、画像左側のように腕がバーベルと平行になるところよりも肘を下げ、肩関節をおよそ外転 75°にする。

ら離すとバーベルが胸につく位置は上がって喉に近づき、肘を胸郭に近づけるとバーベルが胸につく位置は下がってお腹に近づきます（図 5-15 参照）。

つまり、肘の位置はバーベルの位置に関係しており、さらに個人の身体のつくりによって変わります。例えば、上背部の柔軟性が高く、トレーニング経験が豊富で身体の使い方がうまいリフターであれば、胸を高く突き出すことができ、その結果としてバーベルの移動距離が短くなります。このテクニックでは胸郭がせり上がり、バーベルが胸につく位置は下になり胸骨の下端に近づきます。脊柱上部の柔軟性が高くない人が胸の同じ位置にバーベルを下ろそうと思ったら、例えば体幹から 45°くらいまで肘を下げるのが必要になるかもしれません。これは肘が胸郭に触れる位置と、肩の真横に突き出す位置のあいだになります。しかし、柔軟性が高く経験豊富なリフターは、胸を高く突き出すことができるので、横から見たときに肩関節と胸骨の水平距離が短くなります。これは、柔軟性が高く、胸と背中の角度を立たせることができることによる効果です。そ

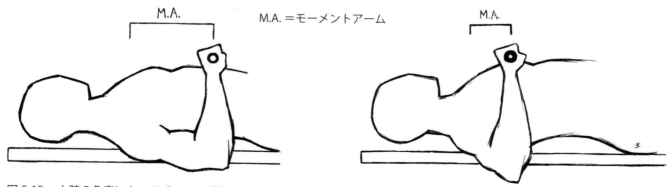

図 5-15　上腕の角度によってバーベルが胸につく位置が変わる。肘を下げるとバーベルが胸につく位置も下がり、肘を上げるとバーベルは喉に近づく。バーベルと肩関節の距離がモーメントアームとなり、その長さは肘の位置によって変わる。

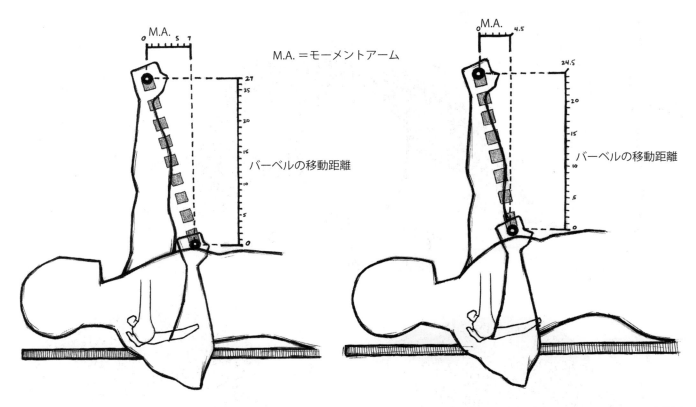

図5-16　バーベルを胸に下ろしたあと、胸をせり上げ、肩関節がバーベルの下に入るように回すことで、モーメントアームを短くして力学的効率を上げることができる。バーベルの軌道は鉛直に近づき、バーベルの移動距離は短くなる。

して、胸の角度を立たせることができると、柔軟性の低いリフターよりも肘を下げる幅を小さくして肩寄りにすることができます。

　さらに重要なこととして、先に話したように肘を外転75°まで下げてバーベルを胸に下ろすとき、胸をせり上げると肩関節が回ってバーベルとの距離が近づきます。これによってバーベルの軌道は鉛直に近づき、バーベルと肩関節のあいだの距離が短くなるのでモーメントアームが短くなり、挙上動作の力学的効率が改善します。

　上腕骨の適切な角度には個人差があります。上背部の柔軟性や、どれだけ高く胸を張ることができるかによって、75°から45°くらいまで考えられます。上腕骨がほとんど体幹と平行になるような角度にして、肩から遠い胸の下の方にバーベルを下ろすリフターもいます。このフォームではもちろんバーベルと肩関節のあいだのモーメントアームが長くなります。また、上腕骨がこういう角度になると大胸筋がほとんど働かなくなり、ベンチプレスに動員できる筋肉が減ってしまうので、上半身全体を鍛えるトレーニング種目としての効果が落ちてしまいます。ベンチプレスシャツを使うパワーリフターの場合は、胸からバーベルを押し上げる部分の仕事をベンチプレスシャツが大きく助け

てくれるので、こういうフォームが有効になりますが、一般的な身体を鍛える目的でベンチプレスを行う場合には使えません。

胸

　ベンチプレスにおいて胸と言うと、胸郭と胸郭に付着する筋肉が関連してきます。大胸筋という胸の筋肉は、上腕骨の上側 1/3 ほどにわたる長い範囲に停止しており、そこから扇状に広がる筋線維が胸郭を覆うように起始へと続いています。大胸筋の起始は胸骨の下端から鎖骨につながります。鎖骨の遠位部は肩まで続いていますが、大胸筋の起始はその全長の 2/3 まで続いています。三角筋前部は三角筋の他の筋線維と共に、上腕骨ほぼ中央の外側にある三角筋粗面に付着しています。三角筋も扇状に広がり、前部は鎖骨の遠位部 1/3 に、後部は肩甲棘にそれぞれ付着します。このように大胸筋と三角筋は幅広い起始を持ち扇状に広がっているので、さまざまな角度から上腕骨に力をかけることができ、ベンチプレスにおいてさまざまな肘の動きを可能にしています。

また、大胸筋と三角筋前部が上腕骨に付着している位置と、

5 | The Bench Press

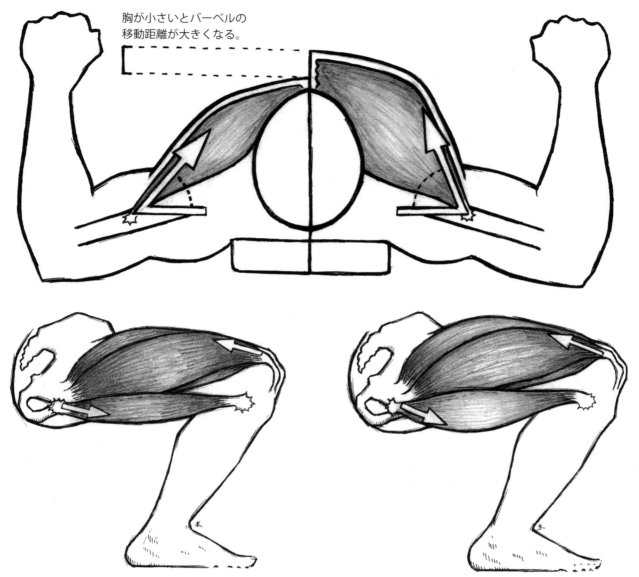

図 5-17　生まれ持った体型であっても、トレーニングの結果であっても、胸がデカいとベンチプレスの効率が上がる。大胸筋上部と三角筋が上腕骨に付着する角度が立つと、上腕骨を引っ張る効率が良くなる。「てこの作用」という言葉は、てこの仕組みに見られるこの特徴を指しており、体重を増やすことで得られる効果を説明することができる。このことは、バーベルトレーニング全般に当てはまる。

付着している角度の関係を理解することが重要です。水平方向（脊柱に垂直の断面）から見たとき、大胸筋と三角筋が上腕骨に付着する角度は胸の姿勢によって変わります。図 5-17 を見てください。胸の頂点が高くなり、胸郭の一番高い部分の位置が高くなると、大胸筋と三角筋が上腕骨に付着する角度が立ちます。上腕骨に付着する角度が立つと、筋肉の力が効率的に伝えられるようになるので、角度が立つのは良いことです。てこの仕組みでは、力のかかる方向がモーメントアームに対して垂直に近づくほど効率が良くなります。胸の位置が腕よりも高くなるほど、大胸筋と三角筋は効率よく腕を引っ張ることができることになります。これに加えて、バーベルと肩の関係について先に話

したように、胸を張ると力学的効率が良くなる効果もあります。つまり、ひと言にまとめると、ベンチプレスをするときには胸を高く保てということになります。

ベンチプレスを語るときには、広背筋が果たす役割についての説明を忘れてはいけません。多くのベンチプレスのスタイルにおいて広背筋は動員されますが、動作にどう貢献しているかを評価するには、広背筋の機能に目を向ける必要があります。広背筋は第 7 胸椎から胸腰筋膜と共に腸骨稜（ちょうこつりょう）までつづく非常に長い起始を持ち、背中全体を覆っています。この長い起始から大きく平たい筋腹がひろがり、分厚く平たい腱となって上腕骨の内側前面に停止します。これは脇の下の下で、付着部は大胸筋の腱と平行になりま

The Bench Press

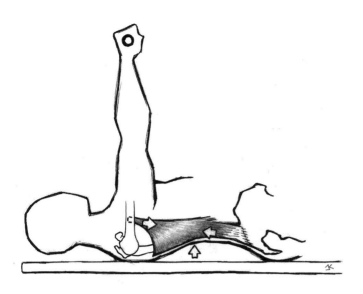

図 5-18　ベンチプレスにおける広背筋の役割。広背筋はバーベルを挙げる働きをすることはできないが、挙上効率に非常に重要な胸を張った姿勢を補強することができる。

す。この構造から、広背筋の動きは大胸筋と反対になります。大胸筋は上腕骨を前に引っ張るのに対して、広背筋は上腕骨を後ろに引っ張ります。チンアップで広背筋が鍛えられ、ベンチプレスで大胸筋が鍛えられるのはそのためです。

しかし、こうなっているのであれば、ベンチプレスで広背筋はどういう働きをするのでしょう。広背筋が収縮すると腕を後ろに引くので、腕を前に動かしてバーベルを上に動かすことはできません。広背筋が大きければ、バーベルを下ろしてボトム位置に到達するときに上腕三頭筋に当たって、動きの方向を変えるための台座として機能すると言えるかもしれません。しかし、広背筋が収縮すると胸を張った姿勢を作る助けになると考える方が理にかなっています。広背筋が収縮すると下背部を肩に近づける働きをします。そして、他の筋肉と共にベンチの上で胸を反らせた姿勢を作る働きをするのです。ベンチプレスにおいて、広背筋はバーベルを挙げることはできませんが、胸を張った姿勢を維持するという役割を果たしています。この姿勢が非常に重要であることはすでに話した通りです（図 5-18 参照）。

毎レップ胸につくところまでバーベルを下ろすことができないのはよくある問題で、胸に関連していると考えることもできます。バーベルを胸まで下ろすつもりだったのに、たまたま胸に触れなかったという場合もあります。こういう場合は次のレップで修正できるもので、こういう失敗はベンチプレスを始めてトレーニングを1〜2回行えば起きなくなるものです。しかし、わざとバーベルの移動距離を短くして自分に挙げられる重量をごまかそうとしてはいけません。同じ重量であれば、バーベルの移動距離を短くすると当然楽になります。バーベルを胸まで下ろさずに大きな重量を挙げたとしても、可動域全体を使えないという問題がついてきます。仕事とはバーベルにかかる重力の力とバーベルが鉛直に移動する距離を掛けたものです。例えば、3ヶ月のトレーニングでベンチプレスの重量が2倍に増えたとしても、バーベルの移動距離が半分になっていれば仕事量は変わりません。可動域の一部だけを使ったトレーニングをして3ヶ月を無駄にしたに等しくなります。

ときに意図的に可動域の一部に限定したベンチプレスが使われることがあります。上腕骨が前腕に対して90°になると、大胸筋はそれ以上動員されないので可動域全体を使う必要はないとする考え方があります。（この考え方では、スクワットでは大腿骨が脛骨に対して90°になると大腿四頭筋がそれ以上動員されないとして、パラレルよりも浅いスクワットが勧められます。）しかし、このモデルが見落としているのは、可動域全体を使って複数の関節を動かすトレーニング種目は、特定の筋肉に特化するものではないということです。特定の筋肉に特化しないからこそ有用なのです。可動域を大きく使って多くの筋肉を鍛えられることが重要です。動作の中である筋肉が働かなくなる場面で他の筋肉が働き始めるというように、筋肉の働きが変わっていくことに意味があります。なぜなら、私たちのトレーニングの目的は筋力だからです。大きく全般的な動作パターンの中で発揮できる力を伸ばしたいのです。「お気に入りの筋肉」を鍛えるのが目的ではないので、お気に入りの筋肉を特に気にしていませんし、そもそもお気に入りの筋肉など存在しないのです。

これを踏まえて、可動域全体を使うことが重要な理由がふたつあると言えます。ひとつ目の理由は、自分の行っている仕事量を把握できるということです。可動域の使い方が一定であれば、仕事量を決める要素のひとつである距離が一定になります。そして、負荷に対して出せる力が大きくなり、同じ回数設定で挙げられる重量が大きくなれば、仕事量も大きくなっていると確認することができます。バーベルを動かす距離が変わっていないことと重量が大きくなっていることが確かであれば、筋力が伸びていることも確かだと言えます。こうすることで他の人とパフォーマンスを比較することができるようになり、これまでの自分自身のパフォーマンスを比較することもできるようになります。毎回バーベルを胸まで下ろすようにすることで、筋力が伸びているかどうかを評価できるようになるのです。これは可動域の使い方が一定であれば、すべてのトレーニング種目に当てはまる原則です。

5 | The Bench Press

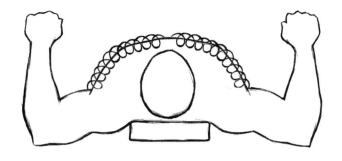

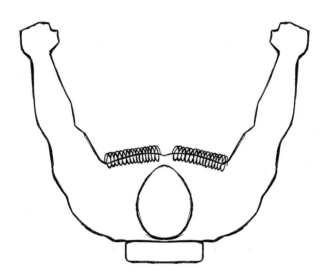

図 5-19　複数の生理学的、力学的現象がリバウンドを生み出し、筋肉をより強く収縮させることにつながる。まず、筋肉には粘弾性の性質が備わっている。これはばねのように働き、筋肉を長く伸ばすほど（一定程度までは）、力強く戻ろうとする。次に、筋節には収縮時に最も大きな力を出せる長さが存在し、この理想的な長さは少しストレッチされた状態と関連している。最後に、伸張反射はストレッチによって筋紡錘（錘内筋線維）を介して起こり、収縮時により大きな力を生むことにつながる。

　可動域全体を使ってトレーニングを行うべきふたつ目の理由は、関節が働くすべての位置で筋力を鍛えられるということです。筋力の伸び方というのは非常に「特異的」です。トレーニングを行ったそのままの位置やスタイルで筋肉は強くなるものだということです。そして、トレーニング動作で関節を動かすときには、ほとんどの場合、複数の筋肉が関係し合って役割を変えながら働くものです。例えば、レッグエクステンションマシンを使って大腿四頭筋を30°動かすトレーニングを行うと、この30°の範囲で大腿四頭筋の機能が向上するという適応が起こります。そして、大腿四頭筋の可動域の他の部分は大して強くなりません。そして、スクワットを可動域の一部に限定して行うと、大腿四頭筋のみが働き他の筋肉を動員することがないので、本来スクワットで鍛えられるはずの他の筋肉が強くなりま

せん。例えば、さまざまな姿勢で脚を使うことが求められるアスリートがそのための体力づくりをする場合、可動域全体を強化するため可動域全体を使ったトレーニングが必要になります。可動域を持つあらゆる関節は、その関節全体の機能を向上させる意味があります。つまり、関節を動かすのに関わるすべての筋肉を鍛えるべきで、できるだけ多くの筋肉を、できるだけ効率的かつ安全に鍛えられるトレーニング種目を使うべきです。

　スクワットと同じように、ベンチプレスでもボトム位置でリバウンドを得てバーベルを押し上げるのに活かすことができます。これは伸張反射という骨格筋の持つ特徴です（図5-19参照）。正しくリバウンドを得るには、動作のボトム位置で身体を引き締めることが必要で、毎レップ良いタイミングでできるようになるには練習が必要になります。トランポリンで弾ませるように胸骨と胸郭にバーベルをバウンドさせるのではありません。

　ベンチプレス競技では胸から押し上げる前に、バーベルをボトム位置で静止させることがルールで義務づけられているので、（少なくとも理屈上は）リバウンドが起こりません。バーベルを胸で静止させずに「タッチアンドゴー」のスタイルで挙げた方が大きな重量を扱えます。また、胸を突き上げた姿勢からバーベルを胸で強くバウンドさせ、股関節を使ったブリッジを組んでチーティングを使うとさらに大きな重量を挙げることが可能になります。では、タッチアンドゴーは良くて、バウンドとブリッジを使うのは良くないのはなぜでしょう。先に話したように、私たちの目的は必ずしも大きな重量を挙げることではありません。そして、ベンチプレスにおいて伸張反射は非常に自然と起きる動きなので、タッチアンドゴーの方がボトム位置で静止させるよりも習得しやすいフォームです。ボトム位置で静止した状態で身体の緊張を保つというのは、パワーリフティング選手でさえもマスターするのが簡単ではないスキルなのです。胸を突き上げ、お尻を浮かせてブリッジとバウンドを使うベンチプレスは、バーベルを挙げるのに胸郭の弾力と股関節の伸展を使うことで対象の筋肉の仕事を減らしています。ストリクトなタッチアンドゴーは扱える重量が大きくなるだけでなく、バーベルを押す筋肉にとって十分なトレーニングとなる良い落とし所だと言えます。

　強くバウンドさせ過ぎていれば修正が必要であることに自分で気付けるはずです。ベンチプレスでもスクワットでも効率的に伸張反射が起きるだけバーベルが速く動き、その結果として効率的にバーベルを挙げる動作を行えるのが理想的なバーベルの速度です。バーベルを下ろす動作で疲労してしまうようなら遅すぎです。セットを組むのに使うような重量を意識的にとてもゆっくり下ろそうとすると疲

労してしまうものです。しかし、バーベルを下ろすときに
ウェイトに勢いがついて、ウェイトそのものとバーベルに
ついた勢いをコントロールするために減速しなければいけ
ないようなら速すぎです。この場合、実質的には実際のバー
ベルの重量以上の負荷がかかることになります。

　バーベルが胸についたときの衝撃で姿勢が崩れ、バーベ
ルを胸から5cmほど押し上げたところで挙上速度が著し
く落ちるようなら、バウンドが強すぎるということです。
このようにバウンドが強くなりすぎるのは、力のリバウン
ドを大きくしようとして、バーベルを下ろす速度を速めた
ときに起こります。そして、胸から挙げ始めてすぐのバー
ベルの速度は自身自身の押す力よりも、物理的なリバウン
ドによるものになります。これはバーベルを下ろすときに、
身体の緊張を緩めてバーベルを落とすような形になったと
いうことです。ひどい場合には広背筋と上腕三頭筋の緊張
を十分に保てず、肘の位置がブレて、リバウンドのあとに
バーベルの軌道が変わることになります。すべての問題の
根源は、バーベルを下ろすときに身体の緊張を保てていな
いことにあり、これに対処する方法は2通りあります。

　胸からバーベルを押し上げるところで身体の緊張を保つ
ひとつ目の方法は、バーベルを下ろすときに胸に軽く触れ
るだけにするというものです。胸に軽く触れるだけにする
とバーベルを胸郭にバウンドさせることができません。そ
して、バウンドさせなければチーティングを使うことはで
きません。バーベルを胸につけるのではなく、服に触れる
だけにする意識を持ちましょう。もしくは、胸の上にガラ
ス板がある状態をイメージして、バーベルでガラス板に触
れなければいけないが割ってはいけないという意識を持っ
てもいいでしょう。

　胸に軽く触れるだけというイメージを持つとたいていの
場合はうまくいきますが、この方法は表面的な症状に対処
しているにすぎません。胸でバウンドさせてしまうのに対
処する最善の方法は根本を正すことです。動作中に身体の
緊張を保つことを覚えましょう。それも、他のトレーニン
グ種目にも応用できる形でです。バーベルを下ろしていく
動作では身体の緊張を保ち、弾性エネルギーを蓄積し、そ
れをバーベルを挙げる動作に活用するイメージを持つので
す。ベンチプレスはスクワットと同じように、バーベルを
下ろして挙げるという2つの動作で成り立っています。し
かし、バーベルを下ろすということを考えずに、ずっとバー
ベルを挙げることを意識して動作を行います。バーベルを
下ろす動作のあいだ、下ろす動作ではなく強く押し上げる
ことだけを考えます。バーベルを押し上げる動作に備えよ
うとする意識が働くことで、下ろす動作がゆっくりになり、
バーベルが胸に近づくところで身体の緊張を強めて動作の

切り替えの効率が上がり、胸郭にバウンドさせるのを最小
限に抑えることができます。バーベルを下ろす動作の最中
に押し上げることを考えると、動作のベストな位置で押す
ことに意識を集中し、押し始めることができます。バーベ
ルを下ろすこと自体はあまりに簡単です。その先の押し上
げる動作に意識を向けると、それに備えようとする中で下
ろす動作がゆっくりになります。このテクニックはエキセ
ントリックから動作が始まるトレーニング種目すべてに使
えます。

上背部

　上背部の筋肉には重要な役割がふたつあります。ひとつ
目の役割は、上背部をベンチにしっかりと固定し、腕がバー
ベルを押し上げるための土台になる必要があります。これ
を正しく行うには肩甲骨を引いて内転させ、上背部に平ら
な面を作り、ベンチに押し付ける形になります。身体はこ
の部分でベンチに接触して安定し、ここがバーベルを押す
動作の始まりになります。ベンチプレスを行うときに押し
上げるのはバーベルで、ベンチは動きませんが、実際には
両方を押していると言うことができます（図5-20 参照）。
バーベルを押す手が緊張しているのと同じように、上背部
と肩は緊張した状態でベンチを押します。ふたつ目の役割
は、肩が内転した状態で上背部の筋肉は収縮し、胸郭を高
く押し上げて胸を張った姿勢を作ります。先に話したよう
に、この姿勢を作ると大胸筋と三角筋の上腕骨に対する角
度が立ち、力学的な効率が良くなります。

　ベンチプレスではさまざまなことが同時に起こってい
るので、背中の緊張を保つのが難しくなることがありま
す。強く意識をしなくても済むように体得しなければいけ
ません。まず、ベンチを押すということと、なぜ胸を張る
ことが必要なのかを考えましょう。そして、ベンチに寝転
がってバーベルに手をかける前に、ベンチに座って同じ姿
勢を作ります。図5-21 に示したように、自分の肩甲骨の
あいだに誰かが手を当てているところを想像して、その手
をはさみ込むイメージで肩甲骨を動かします。こうやって
はさみ込むことで、上背部の筋肉が緊張して胸を張ること
につながり、さらに良い姿勢をつくることができます。こ
こでさらに意識的に胸を張ります。おっぱいを見せびらか
すように胸を突き出すと考えましょう。（下品な例えを繰
り返して申し訳ない。しかし、これで筋肉をどう収縮させ
れば良いかハッキリ分かるでしょう。）この姿勢をベンチ
に寝転がったときに再現するのです。ベンチに寝転がった
らバーベルをラックから外し、この姿勢を取ります。肩甲
骨を寄せて胸を高く張ることができているか確認しましょ

5 | The Bench Press

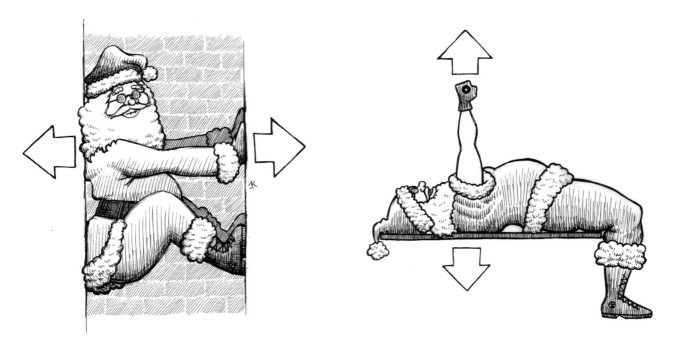

図 5-20　ちょうど煙突を登るときのように（いや、いまでも登る人はいるんです）、ベンチプレスではふたつの物にはさまれる形になる。バーベルは動きベンチは動かない。

う。レップごとに姿勢を正しながら何レップか行います。正しい姿勢で動作が行えたときの感触を注意深く感じ取りましょう。こうすると正しい姿勢を早く身体で覚えることができ、指示を受けたり頭で考えたりしなくてもこの姿勢を取れるようになります。

ベンチプレスの動作中、動くのは肘であり、肩の動きは最小限に抑えるべきです。肩が動くのは上背部の緊張がどこかで緩んだことの表れで、胸を張った姿勢が保てなくなります。もちろん肩関節では上腕骨が動きます。ここで言う肩の動きとは、バーベルを押し切った位置で肩が前に出てしまうことで、指導を受けていない初心者によく見られます。2〜3レップ以上行うセットでは、肩にわずかな動きが出てしまうのは避けられません。しかし、肩の動きが大きくなるとバーベルを押し上げる距離が長くなり、挙上効率が下がってしまいます。肩が前に出たときにバーベルの移動距離がどれだけ長くなるのかを確認すると、この影響が分かります。

ベンチに寝転がって肩甲骨をしっかり引いて内転させ、胸を張って背中を反らせます。肘をまっすぐ伸ばして腕を挙げ、ベンチプレスのスタート姿勢を取ります。ここで手がどういう位置にあるかを確認してください。ここで肩甲骨の内転を緩めて肩を前に出し、肩をベンチから浮かせます。そして、手の位置がどう変わったかを確認してください。肩甲骨を引いた状態から肩を前に出すと、手から胸までの距離が 10cm〜15cm ほど変わります。バーベルを押し上げなければいけない距離がこれだけ長くなるということです。

セットが長くなると（2〜3レップ以上）、トレーニング経験の浅いリフターのほとんどが肩を前に出し、上背部の姿勢を崩してしまいます。こうなるとレップごとに少しずつ身体の緊張が緩み、バーベルの移動距離が長くなっていくことになります。5レップのセットを終えたら、肩甲骨の位置と胸を張った姿勢をつくり直しましょう。肩が大きく動かせるようなら、それは肩が正しい位置からズレて

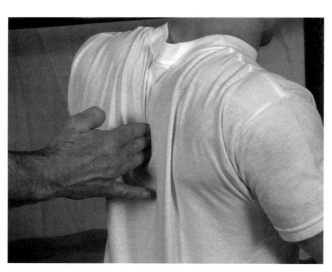

図 5-21　背中に触れている手をはさみ込む意識で肩甲骨を寄せる。これで効果的に上背部を緊張させ、ベンチを押すことができるようになる。

図 5-22　バーベルを挙げ切った位置で肩を前に出すと、バーベルの移動距離が長くなる。

しまっているということです。スタート時に決めた姿勢を崩すことなくすべてのレップを行えることが目標です。

首

首の筋肉はバーベルを下ろす動作で胸と上背部に負荷がかかるときに、首の姿勢を保ち頸椎を守る働きをします。つまり、首の筋肉は首が動かないようアイソメトリックに働きます。そういう意味では、デッドリフトでの下背部の筋肉の働きに似ています。ただ、背中の筋肉と違うのは首の筋肉はパワーを伝達するべきでないということです。言いかえるとベンチプレスでは首を使わないということです。頭をベンチに押しつけると、胸にバーベルがついたときにより強くリバウンドさせることができると言われることがあります。確かにそういう効果があるかもしれませんが、首を痛めるリスクが高まってしまいます。後頭部をベンチに押しつけなくても首を安定させられるようになることが必要です。実際にどうすればいいかですが、ベンチプレスの動作中、頭を 5mm 程度ベンチから浮かせます。ベンチに頭ではなく髪の毛が触れるくらいの意識を持ちましょう。頭がベンチから浮いていれば首の筋肉が緊張しているということです。首をベンチに押しつけると首の筋肉を収縮させ、上背部全体の緊張をさらに高めることができるので、そうしたくなるものですが、これが初心者の段階で癖づいてしまうのはあまりに危険です。選手として競技に出場するようになって、頭を強くベンチに押しつけることでリスク以上に挙上成績を伸ばせるメリットがあると判断したなら、それは構いません。しかし、メリットとデメリットを適切に評価できるようになるまでは避けるべきです。

また、バーベルをラックに戻すときに頭を動かして支柱を見ようとすることも癖づけてはいけません。頭を動かすには、セットの最後で疲労した首を負荷がかかった状態で回すことになります。これはただのバカです。ラックがど

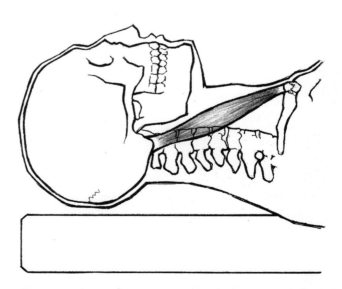

図 5-23　ベンチプレスにおいて首と頭が取るべき位置。非常に大きな重量を扱うときに、頭をベンチに押しつけると頸椎を痛めるリスクがある。この姿勢を取ると首の筋肉を不適切に使ってしまうことを避けられる。

5 | The Bench Press

こにあるかは分かっています。バーベルを正しく握り、肘をまっすぐ伸ばしていて、補助者がほんの少しでもやるべきことを理解していれば、バーベルをラックに戻すのが問題になることはありません。わざわざ支柱を見る必要はないのです。

下背部・股関節・脚

　ベンチプレスは上半身のトレーニング種目ですが、足を地面について行うので、上半身と足のあいだにある各部位もベンチプレスの動作にいくらか影響してきます。つまり、下背部、股関節、脚が上背部と地面をつないでいるのです。

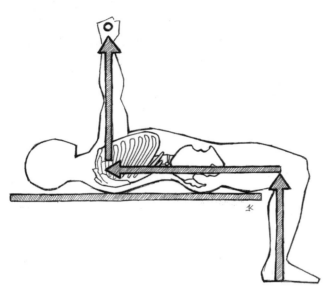

図 5-24　ベンチプレスで脚が地面に踏ん張る力は上半身を安定させ、正しい姿勢を維持することに貢献する。

　厳密にはベンチプレスの動作はバーベルに始まり、ベンチに接している上背部に終わります。ベンチプレスは足を宙に浮かせた状態でも足を地面につけた状態と大きくは変わらない重量を扱うことができるので、脚は動作に参加しているとは言えません。ベンチプレスの動作は足と脚がなくても行えるので、動作を行う部位ではないのです。これは、スクワットにおいて腕が動作に参加していないのと同じです。しかし、下背部、股関節、脚を正しく使うと地面への重要なつながりとして機能します。これはスクワットにおいて腕は動作に参加しないものの、腕とバーベルのつながりが必要であるのと同じです。ベンチプレスにおいて脚は、バーベルを挙げ下ろしするあいだ下半身を安定させるという役割が大きいですが、それだけではありません。脚を正しく使うと、脚が地面を押し、その力がベンチに沿って股関節を通して下背部へと水平に伝わります。そして、この力が肩甲骨を寄せて、背中を反らせ、胸を張った姿勢を安定させます。つまり、脚と股関節が上半身と地面をつなぎ、胸と肩の支えになる形で動作に貢献しているのです。

　誤解のないように言っておきますが、脚で踏ん張ることは「尻あげ」とは違います。尻あげとはベンチからお尻が離れることを言います。脚と股関節を正しく使った場合、力はベンチに沿って水平方向に伝えられ、胸と背中の姿勢を安定させます。ベンチから離れて鉛直方向に脚の力が伝えられることはありません。バーベルを胸に下ろすと胸を押し下げようとする力がかかり、十分に支えられていないと背中を反らせた姿勢を維持できなくなります。地面に脚を踏ん張った力はベンチに沿って伝わります。膝は伸展しようとする力をアイソメトリックに発揮し、股関節は大臀筋（だいでんきん）とハムストリングのアイソメトリック収縮によって少しだけ伸展します。この地面から伝わる力が背中を反らせた姿勢を支え、胸が押し下げられるのを防ぎます。

　しかし、ベンチプレスに脚が使えると気付いたがために

図 5-25　前の図で示した姿勢との違いに注意。尻あげを癖づけてはいけない。

図 5-26　背中を反らせた姿勢を覚える。

よく起こる問題があります。下半身を使って上背部の角度を立たせて胸の位置を高く押し上げ、バーベルの移動距離を縮めようとして、股関節がベンチから離れるところまで股関節を押し上げるリフターがいます。「尻あげ」と呼ばれるフォームです。尻あげをするとバーベルの移動距離が短くなり、対象筋の仕事を減らすことになります。（一般に広く人気のトレーニング種目にデクラインベンチプレスがあります。デクラインベンチプレスはこの姿勢を取ることで力学的効率が上がります。大多数の人がフラットベンチプレスよりも大きな重量を扱えるので人気が出るわけです。）ベンチプレスでは少しでも背中を反らせるとチーティングだと考える人も一部にいますが、本書のプログラムでは、ベンチプレスで筋力を鍛えるのに理にかなった方法はすべて取り入れます。そこで、尻あげが良い線引きになります。ベンチからお尻を浮かせるのは、サッカーで手を使ってはいけないのと同じことだと覚えると良いでしょう。ベンチプレスをしているとお尻を浮かせたくなるものですが、早くから正しいフォームを癖づけると、ほとんど問題にはなりません。

　背中を反らせた姿勢を覚えるのは簡単です。ベンチに寝転がり、お尻をベンチにつけた状態で、誰かが自分の下背部の下に手を入れたところを想像してください。次に、その人が手を握りしめて拳を作ったところを想像します。図5-26に示した状態です。背中を反らせた姿勢を覚えるには、はじめからお尻を浮かせないスタイルで行うのが一番です。お尻を浮かせたくなる誘惑に負けず、確実に正しい方法で行いましょう。

足

　足は地面へのつながりです。ベンチプレスで背中を反らせて胸を張った姿勢は下半身が支えているので、高重量を持ったときに足が滑ると身体の姿勢を維持できなくなります。地面に足をつける正しい位置と正しい足のつき方を押さえておかなければいけません。

　足をつく位置には足幅と、股関節に対する足の位置関係というふたつの要素があります。足幅は広めに取ることで股関節が横方向にぐらつかないように安定させ、さらにベンチに固定された体幹の筋肉の緊張を高めて体幹の安定性も高めることができます。足幅をあまり広く取ると違和感が出て維持するのが難しくなるので、足幅が広すぎることが問題になることはほとんどありません。また、ベンチプレス競技では足幅をせまくする選手も少なくなく、足幅がせまいと必ず大きな問題につながるというわけでもありません。実際のところ、競技でベンチプレスを行う場合には、

図5-27　ベンチプレスで足をつく位置は主に（A）前後と（B）足幅で決まる。

ベストな胸の姿勢を作りルールに沿ったフォームで挙上動作が行えれば足幅は個人の好みの問題です。しかし、初心者にとってはバーベルを正しく動かすだけでも覚えることがたくさんあります。適度に広げた足幅を取っておくと問題が出にくく悩みを減らせます。

　足幅よりも問題になりやすいのが、膝を曲げて股関節の下に足がくるところまで足を大きく引いた場合です。この姿勢ではベンチからお尻が離れてしまいやすくなります。そして、多くの人はベンチからお尻を浮かせやすいという理由でこの姿勢を取ります。お尻の下に足があり、足幅がせまく、踵が地面から浮いた状態では、高重量を持ったときにお尻がベンチから離れます。足幅を広く取るとこの動きが緩和される傾向があります。足幅がせまく、足を大きく引いて、膝が大きく曲がった状態では、膝が伸展しようとしたときにお尻が浮くのです。膝の角度がもう少し開いた状態であれば、体幹に平行に近い角度で力が働きます。股関節と脚の使い方をまだ覚えていない初心者によく見られるのが、足がもっと下に出て膝が伸びすぎた姿勢です。この姿勢では足で地面をしっかりつかめず、上半身の姿勢を維持するための力を出すのが難しくなります。両方向から見て脛が鉛直から数度以内におさまる程度に立つように足の位置を決めましょう。こうすると、どういう足幅でも大腿骨を内転させることなく膝が足のほぼ真上にくることになります。この姿勢では脚を効率的に使って胸を張った姿勢を補強することができ、お尻が浮きやすくなることもありません。

　これは、股関節の下に足を置く人すべてが尻上げをする

151

5 | The Bench Press

  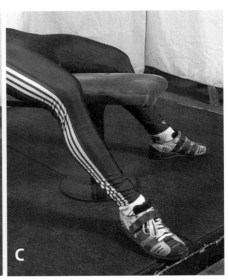

図 5-28　ベンチに寝転がった姿勢の取り方は重要。まず、足首と膝の位置を決め、次にベンチに寝転がって股関節の位置を決める。（A）良い姿勢が取れると骨盤には大きな傾きがなく、足首と膝は地面を押してベンチに沿って肩まで力を伝えることができる。（B）画像中央は悪い例で、尻上げが最も起こりやすい。足の裏全体を地面につけること。（C）膝が伸び過ぎていると地面をしっかりつかむことができない。

ということではありませんが、尻上げをする人はほとんどがこの姿勢を取ります。足幅を少し広げて、特に足の裏全体を地面につけるようにすると、股関節に動く余地がなくなり尻上げは起こりにくくなります。

脚に沿ってしっかり力を伝えるための土台として踵を使うため、足の裏全体を地面につけておくことが必要です。ウェイトルームで行うことのほとんどに当てはまりますが、踵で地面にしっかり踏ん張ることが重要です。踵を地面につけているときと比べて、つま先だけが地面についている状態では、足を股関節の下に持ってこない限り、膝の伸展で生まれる力を効果的に活かすことができません。足の裏全体をつけると接地面が大きくなり、地面にしっかり踏ん張ることができます。足の一部が浮いた状態では、完全に力を伝えることができません。足が左右どちらかに傾くと膝も合わせて動くことが多く、身体の緊張が緩んだり、地面とのつながりが途切れたりすることにつながります。足の裏全体を地面につけて、踵で踏ん張るようにすると問題は解消します。

足が滑ってしまうと大きな問題になります。たいていの場合、足が滑るのは非常に大きな重量を扱っていて、地面についた足にも大きく荷重がかかっていて、足と地面のつながりが非常に重要な場面で起こります。バーベルを挙げる上半身の姿勢は下半身が支えています。足が滑ると下半身の支えが崩れ、たいていの場合はバーベルを挙げ切れなくなって潰れてしまうことになります。そして、高重量で潰れるのは危険を伴います。足が滑るのは、ベビーパウダー（試合でデッドリフト時に脚に塗ったり、キツいスクワッ

トスーツを着るために使われたりするもの）がついていたり、単に地面が汚れていたりと、地面の表面や靴の接地面の状態が原因になることが多いです。

ベンチに足を載せるか宙に浮かせた状態でベンチプレスをやりたがる人がいます（図 5-29 参照）。たいていの場合、遊び半分のトレーナー、筋トレファン、引退したパワーリフターといった人たちです。どちらの場合も下半身で地面に踏ん張って支えるということができなくなり、ベンチプレスの効率が悪くなります。下背部に傷害があって脊柱を伸展させると痛みがあったり、動作に集中できなくなったり、脊柱を伸展させることが禁忌であったりするリフターが、それでもベンチプレスを行わなければいけない状況では有用な種目になります。また、足を上げてベンチプレス

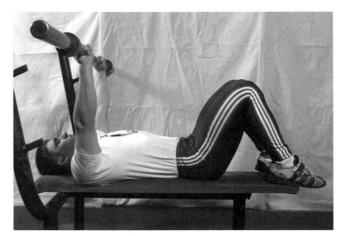

図 5-29　足を上げて行うベンチプレスは、通常のフォームよりも安定性が低く、初心者は行うべきではない。

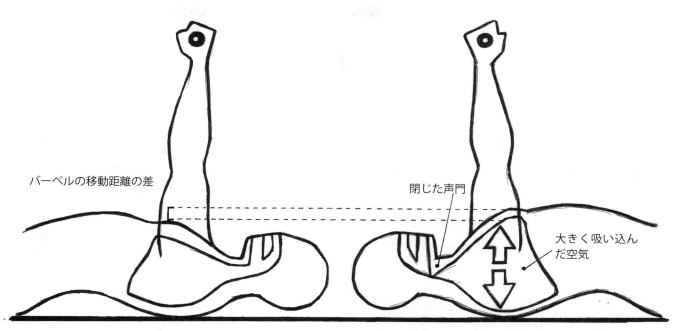

図 5-30　バーベルを下ろし始める前、腕をまっすぐ伸ばした状態で息を吸い込む。肺により多くの空気を満たすことができ、胸の角度が良くなり安定性も上がる。

を行いたいと感じるのは、下背部の柔軟性が不足していて違和感が出ることが原因かもしれません。脊柱の靭帯がかたく、通常のベンチプレスで必要なだけ脊柱を伸展させるのが難しい場合はストレッチが必要です。背中に問題がなければ、足を地面についてベンチプレスを行えるはずです。身体の固い人が十分な柔軟性を得るまでや、脚の短い人には、地面にブロックやウェイトプレートを置いて高さを出すことで対処することができます。下半身を使うことで扱える重量は大きくなります。足を上げると扱える重量が小さくなりますが、それでもベンチプレスを行うことはできます。足上げベンチプレスを行うかどうかはリフター自身が決断することですが、怪我を悪化させないようにトレーニングをするというメリットと、足を上げることのデメリットを考え合わせる必要があります。

呼吸

すべてのバーベル種目に共通することですが、ベンチプレスにおいても身体を安定させるために呼吸が重要になります。スクワットとデッドリフトでは、バルサルバ法（スクワットの章参照）が背中の安定性を高めます。ベンチプレスでは胸の安定性が高まります。大きく息を吸って止めることで圧力が高まり、胸腔全体の緊張が高まります。胸郭の緊張が高まると、胸郭に付着する筋肉が収縮したときにより効率よく力が伝えられます。胸壁から始まる大胸筋と三角筋が収縮したときに胸郭が動かなければ、この収縮で生まれた力はより効率的に手へと伝えられます。胸郭が緊張していると、胸の動きによって力が吸収され伝わりが鈍ることが起きにくくなります。この胸郭が緊張している状態と地面に踏ん張った下半身の支えが組み合わさると、ベンチプレスの効率が飛躍的に高まります。また、ベンチの上で胸を反らせるには脊柱を伸展させることが必要で、この姿勢では腹筋群が十分に収縮することができません。そのため、スクワットやデッドリフトと比べて、腹筋群は腹圧を高めて胸腔内の圧力を高めるのに貢献することができなくなり、ベンチプレスで胸の姿勢を安定させる役割は主に大きな呼吸が果たすことになります。

ベンチプレスでどういうパターンで呼吸を行うかは、リフターの能力とセットの長さによって変わります。初心者は毎レップ、バーベルを下ろし始める前に息を吸い、息を止めた状態で動作を行い、バーベルを挙げたところで息を吐くパターンで呼吸を行うべきです。レップ間に静止する短い時間に呼吸をして、身体の姿勢や位置関係が正しいことを確認します。トレーニング経験の長いリフターには、ひと息でセットの最後まで行うのを好む人もいます。息継ぎをすると息を吐いて吸いなおすときに、どうしてもいくらか胸の緊張が抜けることになります。リフターによっては、身体の緊張を保つことが重要で息が続く場合は、ひと息でセットを行って身体の緊張を保つことを優先することがあります。この方法では 5 レップを超えると低酸素状態になってセットに集中できなくなる人がほとんどです。それ以上長いセットでは素早く息継ぎを行うことが必要にな

5 | The Bench Press

ります。

呼吸を行うのはバーベルを下ろし始める前でなければいけません。バーベルを動かしている最中は大胸筋が収縮して胸郭に負荷がかかるので、肺いっぱいに空気を満たすことができなくなります。肘をまっすぐ伸ばしてバーベルを挙げた状態では、大胸筋が胸郭に負荷をかけていないので、もっとしっかり息を吸うことができるのです。さらに重要なこととして、バーベルを下ろす動作に入ると、地面から手の指先まで全身が緊張していることが重要です。こうして全身が緊張していると、大きく息を吸い込むことはできなくなります。バーベルを動かしている最中に十分に呼吸ができるようなら、身体を緊張させることができていないということです。

セット中の呼吸では肺の空気がすべて入れ替えられることはありません。肺の空気をすべて入れ替えるには身体の緊張を大きく緩める必要があり、時間がかかる上、そもそも必要ではありません。セット中の呼吸では、少し吐き出した空気を補充するだけです。これは1レップ目の前に大きく吸い込んだ空気の10%程度にしかならないかもしれません。こうやって素早く空気を入れ替えるだけで、不快感を抑えてセットを最後まで行うには十分です。実際には空気を入れ替える量が非常に少なくていいので、経験を積んだら身体の緊張を保つことを優先してセット中は息継ぎをしないという選択肢も出てくるということです。

ラックの使い方

バーベルをラックから外したりラックに戻したりする動作は、なにも難しくないことのように見えるかもしれません。実際、ほとんどの人が深く考えることなく行っています。しかし、プレートを付けたバーベルが顔や喉の上にあるというのは、危険を伴う状況であるということを理解してください。ベンチプレスという最も危険なトレーニング種目で実際に起こりうる危険の大部分は、バーベルをラックから外したりラックに戻したりする動作にあるので、はじめから正しく行わなければいけません。ウェイトルームで安全を確保するためのルールは以下の通りです。

1. **ベンチプレスでサムレスグリップは使いません。**バーベルを確実に保持できる握り方でなければいけません。バーベルに親指をまわして握ったからといって絶対にバーベルを落とすことがないと保証されるものではありません。しかし、サムレスグリップでは実際にバーベルを落としてしまうリスクが桁違いに高くなります。

2. バーベルをラックから外したりラックに戻したりするときには、バーベルが顔と喉の上を通ります。そのため、**バーベルを動かすとき肘はまっすぐ伸ばした状態でなければいけません。**補助者がいてもいなくてもこのルールは変わりません。バーベルがラックのフックに載っていないとき、腕の骨が一直線上に並ぶように上腕三頭筋で肘を伸ばし、バーベルが頭や首の上を通るあいだ、筋肉ではなく骨でウェイトを支えるようにします。バーベルをラックから外すときには、バーベルを動かす前にまず肘を伸ばします。バーベルをラックに戻すときには、バーベルが支柱に当たってから最後に肘を曲げます。

3. **すべてのレップでバーベルを下ろし始めるときと挙げ切ったとき、肩関節の真上にバーベルがある状態にします。**初心者はバーベルをラックから外すときに、肩の真上までバーベルを移動させず、喉の上あたりからバーベルを下ろし始め、より角度がついた軌道でバーベルを下ろし、バーベルを挙げ切ったところで正しい位置に入り、そこから2レップ目に移ることがよくあります。他には、バーベルをラックから外したら胸の上まで移動させるのが癖づいている人もいます。しかし、バーベルが正しい位置にくるまでは下ろし始めてはいけません。バーベルが正しい位置にない状態から下ろし始めると、はじめに天井に対するバーベルの正しい位置関係を確認することができず、さらに下ろし始めた位置とは違う位置に向かってバーベルを押し上げることになり、バーベルの軌道がおかしくなります。これらの問題は両方とも死につながるリスクをはらんでいます。どちらも避けなければいけません。バーベルを正しいスタート位置に持ってきて、天井に対するバーベルの位置関係を確認できて初めてバーベルを下ろし始めます。

4. **バーベルを挙げ切る前にバーベルをラックに向かって移動させてはいけません。**多くの人がセットの最後のレップで早くバーベルをラックに戻したくてこれをします。バランスが取れるスタート位置に確実にバーベルを戻してからバーベルをラックに向かって動かしましょう。もし、バーベルを押し切ることができず、さらに補助者もサポートすることができないことがあったら、顔よりも胸にバーベルを下ろす方がマシです。ラックに向かってバーベルを押し上げている途中で押し切れなくなったら、バーベルは顔の上にあり、肘が曲がった状態でバーベルの重量を支えることができなくなります。この手抜きをしようとする癖は、我慢がきかず、数秒余分に時間をかけてものごとを正しく安全に行う気持ちがなく、さらにこの姿勢で大きな怪我につながりうる高重量をナメていることの表れです。

The Bench Press

図5-31　セットの最後のレップで、胸の上で正しい位置までバーベルを押し切らずに、ラックに向かって押し上げようとする人が多い。最後のレップを挙げ切れなかったとき（挙げ切れなければそれが最後のレップになるでしょう）、バーベルが落ちてくるのは顔がいいか胸がいいかということです。すべてのレップを正しい位置まで挙げ切る癖をつけましょう。

5. 一人でベンチプレスを行う場合は、必ずパワーラックを使いましょう。 胸よりもほんの少し低い位置にピンを設定しておくと、バーベルを挙げられない場合も、バーベルをピンに下ろして安全に脱出することができます。**パワーラックが使えない場合、一人で高重量のベンチプレスを行ってはいけません。** バーベルの間違った使い方はいろいろとありますが、これほど命の危険を伴うものはありません。重たいバーベルの下敷きになると本当に命を落とすことがあるのです。

6. もし、どうしてもルール5が守れないのであれば、**せめてバーベルにカラーを付けないようにしなさい。** ジムの壁には「安全のためカラーを付けましょう」と貼り紙が出ているかもしれません。書かれた通りにカラーでバーベルにウェイトプレートを固定して、一人でベンチプレスをしてバーベルを挙げられなくなったら逃れられなくなります。カラーを付けていないと、バーベルを傾けてウェイトプレートを地面に落とし、バーベルの下から抜け出すことができます。プレートを落とすことで部屋がめちゃくちゃになってしまったとしても、その損害は自分の命よりは安いものです。

7. 補助者がバーベルに手を掛けた場合も、自分がバーベルを握る手を離してはいけません。 補助者と共にバーベルをラックに戻してください。自分が下から支えることなく高重量のバーベルを補助者に任せてしまうと、補助者の背中と自分の顔が怪我を被ることになります。補助者が役割を果たすために注意を払ってくれているなら、自分もバーベルをラックに戻すのに協力すべきです。補助者が非常に筋力が強い人で、バーベルが非常に軽い重量でない限り、補助者の重心のある位置から腕力だけでバーベルをコントロールすることは不可能です。そもそもバーベルを挙げられないのは自分のミスなのに、それを補助者一人に任せて逃げてしまっては、次に補助が必要なときに助けてもらえると期待するのは難しいでしょう。

補助のしかた

世界中のあちこちのジムでベンチプレスはチームで行う運動になっています。ベンチに寝転んだ人が胸を使って、その人の頭の後ろに立った人は僧帽筋を使って行う運動です。このチームワークが可能にする挙上重量はおどろくべきものがあります。大きなジムで見かけるベンチプレスの大半はただの見せかけだと言っても過言ではありません。セットの始めから終わりまで補助者がバーベルに手を掛けていたら、誰がどれだけの重量をどういう理由で挙げたのか分からなくなります。

ウェイトルームで補助を行うのが正当な場面は間違いなくありますが、それはメインセットの最中ではありません。補助者の役割はセットをこなすのを助けることではないのです。補助者の役割は、ラックからバーベルを外すときにラックと肩関節のあいだにできる長いモーメントアームが問題にならないように、バーベルを肩の真上のスタート位置まで移動させるのを手伝うことです。多くの人は補助者として問題を解決するのではなく、かえって問題を増やしてしまっています。ベンチプレスの正しいフォームを覚えるというのは実際にはシンプルなものです。ベンチプレスのフォームそのものよりも補助者が問題になっている人の方が多いくらいです。

補助者は安全を確保するためにつくものです。完全な初心者でなければ、ウォームアップセットでは安全の不安はありません。補助者が指導を行う役割を兼ねている場合を除いて、ウォームアップセットに補助者は必要ありません。そして、重量が大きくなるにつれて補助の必要が出てきます。最後のウォームアップセットで補助が必要な場面もあります。メインセットは大きな重量を扱うものなので、すべての人が補助者をつけるべきです。すべての人のすべてのセットに補助者がつくべきだと過敏になったり頑固になったりするのは、不必要で非効率、そして自分のトレーニングをするためにジムに来ている人に迷惑をかけることになります。ただ、補助をしてもらう正当な必要性がある

5 | The Bench Press

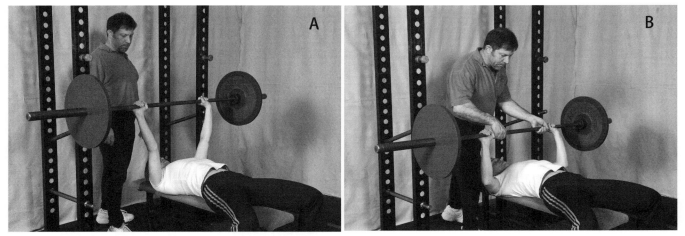

図5-32　補助者の標準的な立ち位置。(A)の位置では問題が起こったときに素早く安全に反応することができる。ただし、補助者が自身の役割を理解していることが必要になる。(B) 補助者はリフターに安全と安心をもたらす。セットの最後のレップをリフターが挙げ切れない場合は、補助者がバーベルを持ち上げたり、バーベルを確実にラックに戻すのを手伝ったりする。

ときに、ジムにいる人がみんな面倒くさがって協力してくれないような場合は問題になるかもしれません。いつ補助が必要なのかを知り、必要なときには補助者についてもらうようにしましょう。

ベンチプレスでは、本当に大きな重量で限界に挑むような場合を除いて、センター補助が一人つけば十分です。ここで例外になる本当に大きな重量のベンチプレスとは、本格的なパワーリフティングジムに所属してトレーニングをしているのでなければ、ベンチプレス競技の大会でしか見ることのないような重量のことです。バーベルをうまくリフターに渡せる補助者というのは貴重な存在です。下手な人が多いということです。バーベルを渡すのが下手だと、リフターのタイミングやバランスを乱し、さらに補助者がでしゃばると天井に向けた視線を遮りリフターの集中を乱すことになります。バーベルを渡すのがうまい補助者は、どういうタイミングでどれだけバーベルに触れるのか適切に判断できる経験があり、リフターが精神的に集中しなければいけないことを理解しているものです。そして、なによりもでしゃばらないように控え目に補助をします。

ベンチプレスにおいて、補助者はバーベルの中心に合わせてリフターの頭の後ろに立ちます（図5-32参照）。補助者の立ち位置は必要に応じて微調整して構いません。補助者の立ち位置に関して重要なのは、リフターにバーベルを渡したあとはリフターが天井を見る視界を遮らない距離を取りつつ、手を伸ばせばバーベルに届く範囲内にいることです。この条件を満たす立ち位置を取ると、リフターがセットをこなすのを見守るだけだったり、バーベルが支柱にぶつかるときにラックが動かないように押さえたり、リフターが自力で挙げられないときにバーベルを持ち上げたりと、セットを終えるときの状況に合わせて必要な行動を取ることができます。

挙上動作の途中でバーベルを挙げられなくなったら、これ以上挙げられないと補助者が判断して、バーベルに手を掛け、どの程度の力で補助をするかを決めなければいけません。これ以上挙げられないというのは、バーベルが上に向かってまったく動かなくなったときです。このあとすぐバーベルは下に向かって落ち始めます。リフターは補助者にバーベルを持ち上げるように頼むことができる場合もあれば、その余裕がない場合もあります。補助者はバーベルがまだ上に向かって挙がっている途中で補助に入ってしまってはいけません。しかし、バーベルが動かなくなった状態で長く放置したり、バーベルが大きく下に落ちてしまったり速く落ちてしまったりする前に補助に入らなければいけません。そのため、補助者はバーベルの移動している方向と速度を正確に判断する必要があります。

補助者が補助が必要だと判断したあと、どの程度の力でバーベルを持ち上げるかはそのときの状況と、補助者が状況をどう判断するかによって変わります。例えば、中級者リフターが行っている5レップ×5セットの最後のセットの最後のレップを補助する場合、経験レベルの高いリフターが自己記録更新を目指して1レップだけ行っている場合、初心者が3回目のトレーニングでメインセットの1セット目を行っている場合など、状況によってどれだけの補助が必要かは変わってきます。他にも、どれだけ素早く反応する必要があるか、どれだけバーベルの動きに注意する必要があるか、どの程度の力を出して補助をするか、バーベルの挙上速度を維持するように補助をすべきか、どれだけ速くラックにバーベルを戻すべきか、ラックにバーベルを戻すのにどの程度の力が必要かといったことも状況によって変わります。

The Bench Press | 5

リフターと補助者が建設的な関係を築くため、補助に関するルールを紹介します。

1. メインセットの重量では補助者はすべてのレップを見て、その場で反応できるように準備しておきます。 ウォームアップセットでは、補助者が初心者を指導している場合を除いてその場に張り付いて見ておく必要はありません。しかし、高重量を扱うセットで問題が起こりうる場合には、補助者がバーベルの動きを見ておかなければいけません。高重量のセットで補助者がよそ見をしているようなら、それは補助ではありません。

2. このルールはルール1と相容れないように見えて理解に苦しむ人が多くいるので、ニュアンスを読み取るようにしてください。補助者がリフターにバーベルを渡したあと、**セットが終わるか補助が必要なタイミングまで、補助者はリフターの邪魔にならないところに退かなければいけません。** セット中、リフターは天井に視点を置いています。つまり、邪魔にならないとは、リフターが天井とバーベルを見ている視界に補助者が入ってはいけないということです。補助者はリフターの顔を覗き込んだり、バーベルの近くに手を出してはいけません。こういうことをすると、リフターが天井の1点に焦点を定めて集中しているのを乱してしまいます。補助が必要とは、リフターがバーベルを挙げられない状態を言います。これは、バーベルが上に動かない状態が1〜2秒以上続いた場合、バーベルが下に向かって落ち始めた場合、バーベルが顔の方向、足の方向、左右など上以外の方向に向かって動いた場合を言います。

3. 補助が必要だと判断したら、補助者はバーベルを両手で握りラックに戻すところまで導きます。このときリフターはバーベルから手を離さず、補助者と共にバーベルをラックに戻します。ただし、リフターが実際に補助が必要な状況になるまでは、**ルール2に示したようにバーベルに触れてはいけません。** このルールは徹底されなければいけません。リフター以外の人間が挙上動作中にバーベルに触れると、そのレップはリフターが行ったと見なすことができなくなるからです。例えば、5レップ行うセットの最後のレップで補助が入ると、つまり補助者がどのような形であれバーベルに触れると、そのセットは4レップしか行っていないことになるのです。このルールがあることで、リフターとしては自分の行った挙上回数を正直に記録することにつながります。補助者がバーベルに触れたときに、どれだけの補助を受けたのかを知る術はないので、最後のレップを自分の力で挙げたものとして扱うことはできないので

す。

自分のトレーニングの内容を正直に記録しておかなければ、自分の行っているプログラムの成果を知る術がありません。自分のトレーニングに関して自分自身にウソをついても無駄なことで、補助を受けたレップを自力で挙げたことにしても長い目で見て意味がありません。その原則は補助者がつくすべてのトレーニング種目に当てはまります。メインセットで補助者にバーベルを挙げてもらうのを手伝ってもらっていると、自分がベンチプレスでどの程度挙げることができるのかすぐに分からなくなり、トレーニングの成果が出ているのかも分からなくなります。

4. 重要なことなので繰り返します。**リフター以外の人間がバーベルに触れたレップは、リフター自身が挙げたものとして扱いません。** 補助者はリフターのトレーニングに協力したくなる気持ちを抑えなければいけません。補助者の役割は必要なときに補助をすることであり、トレーニングと達成感を共有することではありません。実際に補助が必要な状況でない限りバーベルに触れてはいけません。補助者が余計なところで手を出すと、リフターにとっての自己記録を無かったことにしてしまうのです。そんなことをされたらリフターは補助者にビンタして構いません。私が許可します。

ラックにバーベルを戻すときには、まず支柱にバーベルを当てるようにします。これはリフターと補助者の両方が注意すべきことです。フックに直接バーベルを載せにいこうとしてはいけません。リフターが肘をまっすぐに伸ばした状態で、支柱に当たるまでバーベルを後ろに移動させると、あとは支柱に沿ってバーベルを下ろすだけでバーベルはフックに載ります。バーベルが落ちてしまうことを心配する必要はありません。バーベルをラックから外すときに、肘を伸ばすとバーベルがフックに当たらなかったのであれば、ラックに戻すときも肘を伸ばしておけばバーベルはフックよりも高い位置にきます。（腕が短い人はフックの位置を調整することができるベンチプレス台を使う必要があるかもしれません。）フックの水平部分に直接バーベルを載せようとすると、支柱に当たるところまでバーベルが後ろに移動しません。そこからフックに向けてバーベルを下ろしていると、バーベルがフックに載らずに落ちてしまうことがいずれ起きます。たいていの場合はどちらか片方のフックに載らないという状態になります。まったく同じ理由でスクワットにもこれが当てはまります。

パワーリフティングの試合で特に大きな重量に挑戦する場合のように特殊な状況では補助者が二人必要になること

157

5 | The Bench Press

がありますが、一般的なウェイトルームでのトレーニングでは、頼りになる補助者が一人いれば、それ以上が必要になる場面はほとんどありません。補助者が二人つく場合、一人のリフターに対して、二人の人間が完全にバランスが取れた形で補助を行うことは不可能だということが問題になります。リフターにかかる負荷が不均等になり、それが怪我の原因になるリスクをはらんでいます。経験豊富な人が注意をしながら行っても、二人の人間がバーベルの両端に分かれて、完全に同じだけの力をかけてバーベルを上に持ち上げるというのは物理的に不可能なのです。自力で

挙げ切るには重すぎるバーベルを押している最中というのは、負荷のバランスが乱れると最も怪我につながりやすいタイミングで、まさにそこでリフターに左右不均等な負荷をかけることになってしまいます。これはベンチプレスだけでなくスクワットにも当てはまりますが、ベンチプレスの場合には、一人の補助者で対応することで問題を解消することができます。正しく重量設定が行われていれば、大多数のベンチプレスのトレーニングにおいて補助者を一人にするのは理にかなった方法です。

The Bench Press | 5

THE POWER CLEAN
パワークリーン

　パワークリーンというトレーニング種目はゆっくり行うことができません。そのため、パワークリーンがどういう運動であるかはハッキリしています。詰まるところ、パワークリーンはバーベルを手に持って行うジャンプです。そして、ジャンプしたあとバーベルを肩で受け止める動作がついてきます。パワークリーンでは瞬発力が鍛えられるので、スポーツのための体力づくりに使われます。パワークリーンを正しく行うと、他のトレーニング種目で鍛えた筋力をパワーに転化するのに最も効果的な種目になります。パワークリーンの他にも、垂直跳びのように習得が容易な運動でも瞬発力は要求されます。このことから、ストレングス＆コンディショニングの世界ではプライオメトリクスが注目されるようになりました。しかし、クリーンとスナッチは徐々に重量を大きくすることで段階的に負荷を大きくできるという特徴があり、シンプルなプログラム調整で瞬発力を鍛えることができます。大多数のスポーツ動作は爆発的に行うもので、アスリートが自分自身の身体や対象物を加速させる能力が関わってきます。スポーツパフォーマンスにおいて、加速させる能力は極めて重要なのです。そして、この慣性との戦いにおいてパワークリーンは最も重要なツールになります。

　「The Strongest Shall Survive」という有名な著書の中で、Bill Starr は彼が選ぶ「BIG3」の中にパワークリーンを含め、さらに「もし、プログラムにたったひとつのトレーニング種目しか入れられないのであれば、パワークリーンがベストだろう」と話しています。ウェイトリフティングでは、クリーンの補助種目としてパワークリーンが使われ続けています。クリーンはパワークリーンよりも動きが複雑になるバリエーションです。数十年前のルールでは、バーベルを地面から肩まで持ち上げる途中でバーベルが身体に触れてはいけないとされていたことがあり、クリーンという名称はこれに由来します。バーベルが身体に触れて汚れることがないから「クリーン」だということです。ひとつの動作でバーベルを挙げるとクリーンと呼ばれ、ふたつの動作（挙げる途中でベルトや胸でバーベルを止める）に分かれるとコンチネンタルと呼ばれます。これは大陸ヨーロッパでは、当時これを禁止するルールがなかったことが影響しているようです。現在では、クリーンと言うとフルスクワットクリーンのことを指しますが、ずっとそうだったわけではありません。オリンピックウェイトリフティングのジャークのように両足を前後に開く「スプリット」というテクニックを用いたスプリットクリーンが以前は広く使われていました。1960年代になってからは、フロントスクワットを取り入れたテクニックを使うとより大きな重量を挙げられることからスクワットスタイルが好まれるようになりました。

　トレーニング種目名のはじめに「パワー」という言葉がつく場合、複雑な動作を簡略化したバリエーション種目であることを示しています。「パワー」という言葉がつかない複雑なバリエーションでは、より大きな重量を挙げるためのテクニックが必要になり、実施するのが難しくなります。例えば、パワースナッチは「スクワットやスプリットを含まないスナッチ」のことを言います。スナッチにお

図 6-1　パワークリーンはクリーンのバリエーションのひとつ。一般的にクリーンと言われるスクワットクリーンは、オリンピックウェイトリフティングで使われる。写真は 1969 年の全米選手権で 435lbs を挙げる Bill Starr。

6 | The Power Clean

いてスクワットやスプリットは、バーベルの移動距離を短縮するためのテクニックとして使われます。クリーン&ジャークの後半に行うジャークには、パワージャークというスプリットを行わないバリエーション種目があります。これと同じように、パワークリーンはクリーンのバリエーション種目で、スプリットやスクワットを行いません。つまり、バーベルの下に身体を落とし込む動作がなく、バーベルをより高く爆発的に引き上げることが必要になります。また、身体動作に関する科学との関連を考えると、ここでの「パワー」という用語は正しく使われていると言えます。

どのバリエーションでも、クリーンでは脚と股関節で生み出したパワーを使って、肩でキャッチできる高さまで素早くバーベルを引き上げることが必要になります。身体が生み出す力は、手に持ったバーベルと地面のあいだで働くので、足が地面を離れるとバーベルに力を加えることはできなくなります。足が地面と離れるとき、バーベルが上に向かって動く速度は最大になります。そのあとは、足が地面を離れるまでに生まれた勢いによってバーベルは上に動き続けます。バーベルを素早く引けば引くほど勢いがつき、バーベルは高く挙がります。バーベルの重量が大きくなるほど、バーベルを素早く引くのは難しくなります。バーベルをより加速させることができるリフターほど、バーベルにより勢いをつけることができ、より大きな重量を挙げることができます。

当然のこととして、バーベルをそれほど高く引き上げられなくても、バーベルの下にうまくもぐり込むことができれば、より大きな重量を挙げることが可能になります。これがスプリットやスクワットを行う目的です。スプリットやスクワットを行うと、より低い位置でバーベルの下に飛び込むことができるようになるので、バーベルを引き上げなければいけない距離が短くなります。しかし、本書ではクリーンでできる限り大きな重量を挙げることそのものではなく、スポーツのための体力づくりを目的とします。そのため、本書ではできるだけ大きな力を上に向かって爆発的に出すため、パワークリーンを使います。

トレーニング目的でクリーンを行うのであっても、ほとんどの場合においてスクワットクリーンの方が優れていると考える専門家もいます。バーベルの下に身体を落とし込むためにクリーンの動作にフロントスクワットを取り入れると、足の動きが大きくなり、スポーツのパフォーマンス向上効果も大きくなるという考えです。そういう意味では、スプリットクリーンの方が効果的だと考えることもできます。また、スクワットクリーンではハムストリングや内転筋群（ないてんきんぐん）がバーベルをキャッチするときの衝撃を吸収する助けになるので、膝に優しいと言うこともできます。ただ、トレーニングを始めて間もない頃は膝がそれほど過敏ではありません。しかし、注意しなければいけないのは、フロントスクワットとバックスクワットを同時に習得しようとすると、お互いに干渉し合ってしまうということです。初心者が本書のトレーニングに取り組む際、大腿四頭筋（だいたいしとうきん）に頼ったスクワットのフォームを矯正することに多くの時間と労力をかけることになります。これは、それまでに受けた指導が的外れだったり、まったく指導を受けたことがなかったりした結果です。クリーンにフロントスクワットを取り入れたとしても、より爆発的に行えるようになるわけではないので、クリーンを行う目的には役立ちません。スクワットを覚える過程が複雑になってしまうだけになります。

フロントスクワットとバックスクワットはまったく違う運動です。オリンピックウェイトリフティングの選手はフロントスクワットを習得して強化することが不可欠ですが、バックスクワットは全般的な体力づくりのための重要性がもっと高くなります。クリーンの一部としてフロントスクワットを行うとしても、まずは数ヶ月のトレーニングでバックスクワットのフォームを確実に習得して、中級者レベルに到達してから取り組むようにすべきです。さらに、パワークリーンではスクワットクリーンよりもバーベルを高い位置まで引き上げることになります。こういった

図6-2　1960年代まではスプリットクリーンが一般的に使われていた。ウェイトリフティング競技において、スクワットスタイルを行うのに十分な柔軟性がなく不利になる場合には有効な選択肢になる。写真はオリンピックと世界選手権でチャンピオンになったRudolf Pflugfelderのスプリットクリーン。

理由で、初心者が行う爆発的トレーニング種目にはパワークリーンが適しているのです。

　力学という学問において、「パワー」という言葉には厳密な定義があります。まず、物体に力を加えて移動させることを「仕事」と言い、一定の時間あたりにどれだけの仕事が行われたかを示すのがパワーです。このことを方程式として書くと、(FD)/T＝Pとなります。Pがパワー、Fが力、Dが力の作用した距離、Tが仕事の行われた時間の長さを示します。例えば、5レップのセットのようにある程度長い時間をかけて行われる仕事について語る場合には、「平均パワー」という言葉が使われます。クリーンやスナッチを1レップだけ行う場合のように非常に短い時間について語る場合には、「瞬間パワー」という言葉が使われます。物理学者は1秒あたりのジュールやワットという単位を使ってパワーを測定します。本書でパワークリーンについて考察する目的や、パワークリーンを爆発的トレーニングやスポーツのための体力づくりに活用する目的には、瞬間パワーが重要になります。パワーは爆発的に力を出すこと、素早く筋力を発揮することと捉えるのが最適です。

　もう少し言葉の意味について話します。「スピード」とは物体が移動する速さを指します。「バーベルが毎秒2メートルで上に挙がる」というように速さに方向が加わると「ベロシティ」または「速度」という言葉が使われます。そして、時間が経過するにつれて速度がどれだけ大きくなるかを表すのに「加速度」という言葉が使われます。（速度が小さくなる場合には「減速度」です。）加速度を生むのは「力」です。物体を加速させるには力を加えなければいけません。「筋力」とは外的抵抗に対して力を生む身体能力を指します。（アイソメトリックに発揮される筋力は測るのが難しいものです。力を出しても筋肉や骨格といった身体の中にとどまり、他の物体の動きとして表れないからです。バーベルトレーニングにおいてアイソメトリックに力を出すのは重要な要素ですが、本書では主にバーベルの動きを見て筋力を測ります。）

　このことを踏まえて、ウェイトルームにおいてパワーとは素早く力を発揮する能力だということになります。特に身体の動きに注目して考えると「素早さ」という言葉がしっくりくるかもしれません。多くのスポーツでは筋力があるだけでは十分ではありません。自分自身の身体や対戦相手の身体、もしくは投げる物体などを加速させるために、自分の持つ筋力を素早く発揮できることが重要になります。筋力があれば重たいウェイトを動かすことができますが、パワーがあるとそのウェイトをより素早く動かすことができるということです。

　パワーを測定するためには垂直跳びが有効なテストにな

ります。素早く力を出して自分の体重を加速させる能力を直接測ることができ、生まれ持った素質を推し量ることができます。NFLのコンバインというテストでも、このパフォーマンス要素に関してどれだけ素質があるかを見るために垂直跳びが行われます。これまでの研究で、垂直跳びの成績からスポーツパフォーマンスが推測でき、パワークリーンのパフォーマンスから垂直跳びの成績が推測でき、パワークリーンのパフォーマンスからスクワットの挙上重量も推測できるといった関連が見られています。さらに、スクワットのパフォーマンスからスクワットジャンプのパフォーマンスが推測でき、スクワットジャンプのパフォーマンスからパワークリーンのパフォーマンスが推測できます。アスリートが重たいウェイトを素早く動かす能力を鍛えることで、筋力トレーニングとスポーツパフォーマンスをつなげるという役割をパワークリーンが果たすのです。

　パワーという概念をウェイトルームの環境で理解するには、パワークリーンとデッドリフトの挙上重量を比較するという方法があります。デッドリフトの章ですでに話したように、デッドリフトはバーベルを握って立ち上がり、腕を下に向けてまっすぐ伸ばした位置まで地面から引き上げる運動です。それに対してパワークリーンでは、爆発的な動作を経てバーベルを肩で受け止めるところまで引き上げる動作が続きます。パワークリーンはバーベルの移動距離がデッドリフトの2倍程度になり、デッドリフトの50%〜75%程度の重量を使います。バーベルトレーニングでの「仕事」は、バーベルの重量を引き上げるために出した力とバーベルの鉛直（えんちょく）の移動距離をかけ合わせたものです。そして、パワークリーンはデッドリフトの半分程度の重量で行うので挙上速度はおそらく6倍程度になります。このことから、パワークリーンで発揮されるパワーはデッドリフトの5〜7倍程度にもなるかもしれません。デッドリフトはバーベルの移動距離が短いうえ、バーベルを大きく加速させることは必須ではないので、デッドリフトの方が大きな重量を挙げられるのは自然なことです。バーベルを引き上げ続けることができれば、挙上速度が遅くても挙げ切ることはできます。パワークリーンでは挙上速度が遅いと肩でバーベルを受け止めるところまで持っていくことができません。高重量のデッドリフトは挙げ切るまでに5〜7秒程度かかることもありますが、それでもデッドリフトとして成立します。

　トレーニングの目的が筋力であれ、パワーであれ、スポーツであれ、もしくはそれ以外も目的があったとしても、変わらず重要なことがあります。**デッドリフトで250kg挙げられる人は、100kgしか挙げられない人よりもクリーンで必ず大きな重量を挙げることができます。**最も根本的

図6-3 パワークリーンを行うとデッドリフトが伸び、デッドリフトを行うとパワークリーンが伸びる。パワークリーンではタイミングと、複数の関節を使った複雑な動きをうまく同調させることを身体に覚えさせる。デッドリフトよりも「落とすか取るか」が白黒ハッキリしており、バーベルの下に身体を落とし込むことに集中することが求められる。運動単位の動員率が鍛えられ神経筋の効率が高まり、効率よく運動単位を動員し爆発的に動くための意識づけが養われる。クリーンでは高重量になると動きがゆっくりになる部分がある。ここで姿勢を保持するのに必要なコンセントリックとアイソメトリックな筋力はデッドリフトで鍛えられる。クリーンでは爆発的に股関節を伸展させることでセカンドプルの効率が上がり、1回の筋収縮で動員される運動単位を増やすことにつながる。この股関節を伸展させる動作中に背中を安定させる能力もデッドリフトで鍛えられる。デッドリフトでは限界ギリギリの重量をゆっくり引き上げるときに、姿勢を乱さずに耐える我慢強さが鍛えられる。高重量のデッドリフトに慣れることで大きな重量を持ったときに神経系の抑制がかからなくなり、高重量のパワークリーンが軽く感じられるようになる。そして、デッドリフトでは最も基本となる力を生み出す能力が鍛えられる。

なこととして、パワーとは筋力に依存するものなのです。力を出すのが素早いか遅いかという以前に、力を出す能力がなければ始まらないということです。しかし、デッドリフトで250kg挙げられる人を二人比較したときには、挙上速度が速い人の方が大きな加速度を生み出しています。これは短い時間でより大きな力を生み出しているということであり、大きなパワーを生み出しているということです。突き詰めると、これが「筋力のある人」と「筋力のあるアスリート」を分ける違いになります。そして、パワークリーンでは段階的に負荷を上げながらパワーを鍛えることができます。

非常に強いパワーリフターは、パワークリーンの2〜3倍もの重量をデッドリフトで挙げられることもあります。これは、ひとつにはトレーニングの中でクリーンをまったく行っていないことが影響しています。パワーリフティングの創成期には、ほとんどの選手がウェイトリフティングを行った経験があったり、ウェイトリフティング経験のあるコーチの指導を受けていたりしたものでした。現在では状況が変わり、パワーリフターにパワークリーンをさせるとデッドリフトの40%程度の重量になることがあります。それに対して、オリンピックウェイトリフティングの選手は、デッドリフトの85%くらいの重量をパワークリーンで挙げられることも考えられます。こういった違いは遺伝的特性とトレーニングの特異性から来ています。エリートレベルで活躍するには、それぞれのスポーツに向いた遺伝的特性というものが存在します。エリートレベルのパワーリフターは高重量を引き上げることが得意なアスリート

で、エリートレベルのウェイトリフターは中程度の重量を素早く引き上げるのが得意なアスリートです。そして、ウェイトリフターは比較的軽いウェイトを爆発的に挙げるトレーニングを行う傾向があり、パワーリフターのトレーニングは比較的動きが遅く高重量を挙げられる種目に集中する傾向があります。デッドリフトが200kgなのにクリーンで170kg挙げられるウェイトリフターがいれば、おそらく高重量を使って最大筋力を伸ばすトレーニングを十分に行っていないということでしょう。地面からバーベルを引く絶対筋力が伸びれば、クリーンの挙上重量も伸びるはずです。デッドリフトが200kgでクリーンが170kgのリフターがさらに上を目指すのであれば、この数字からデッドリフトの挙上重量を伸ばせない理由はありません。また、デッドリフトでは250kg挙がるのにクリーンが100kgしか挙がらないパワーリフターがいれば、それは地面からバーベルを引く「パワー」を鍛えることをおろそかにしている表れでしょう。（パワーリフティングというのは、このスポーツに合わない名前です。「ストレングスリフティング」とする方が適切だと思いますが、この提案が採用されることは当分ないでしょう。）パワーリフティングとウェイトリフティングは、お互いのトレーニング方法にもっと触れると学べることがあるかもしれません。

こういった例を挙げたのは、絶対筋力とパワーの関係を捉えてもらうためです。デッドリフトの挙上重量に対する割合でパワークリーンを考えることができます。言いかえると絶対筋力の何割かが爆発的筋力として発揮されるということです。絶対筋力と爆発的筋力の比率は、トレーニ

ングと遺伝的特性によって変わりますが、垂直跳びの成績がその比率を知る手がかりになるかもしれません。トレーニングによって、ある程度この比率を改善することができますが、どこまで向上するかは遺伝的特性によって決まります。ハッキリと言えるのは大きな力を発揮できるようになると、その力の一部として発揮されるパワーにも伸び代ができるということです。このことがエリートレベルで競うときにどの程度まで活かせるかはハッキリと言えませんが、初心者がクリーンを伸ばすにはデッドリフトを伸ばすのが最善の方法だということは間違いありません。

しかし、デッドリフトでクリーンが伸ばせるのであれば、そもそもクリーンを行う必要があるのかということになります。一部の人にとっては、これは十分に考えてみる価値のある疑問です。年配で肘、肩、手首に不安のある人や、逆に非常に若いトレーニーはクリーンをまったく行わないという選択もあるでしょう。それ以外にも身体を動かすことが苦手な人、年配の女性、骨粗鬆症や膝蓋腱炎のある人、その他の問題でパワークリーンを行うとメリットよりもデメリットの方が多くなる人もいるでしょう。しかし、そういった条件の当てはまらない一般人の大部分とすべてのアスリートにとって、パワーを発揮して爆発的に動く能力を鍛えることは重要で、そのためにはパワークリーンが最善の方法になります。

神経筋系

私たちの体がどのようにしてパワーを生み出すのかを知るには、神経系がどのようにして筋肉をコントロールしているかを理解することが必要になります。ただ、筋収縮の生理学を詳しく紹介するのは本書の趣旨ではありません。これについては「Practical Programming for Strength Training, 3rd Edition (Aasgaard, 2013)」で取り上げており、他にも多くのソースから学ぶことができるので、ここでは手みじかにまとめます。筋肉は筋線維でできており、筋線維は運動神経線維によって支配されています。そして、全身の筋肉とそれを支配する全身の神経をまとめて「神経筋系」と呼びます。ひとつの運動神経線維は数多くの筋線維を支配しており、ひとつの運動神経線維とその運動神経線維が支配する筋線維をまとめて「運動単位」と呼びます。筋収縮は神経筋系によって運動単位が発火することで起こり、これを「動員」と呼びます。これは「オン/オフ」のスイッチのように働くと考えられています。神経インパルスによって運動単位が発火すると、筋線維は収縮できる最大限まで収縮するということです。これはつまり、筋肉が全力で収縮しないときには、その筋肉に含まれる筋線維の一部が収縮しているということになります。そして、大きな力を出すことが必要になるほど、より多くの筋線維が動員され収縮するということです。

運動単位を効率よく動員する能力というのは、瞬間的に大きな力を出すことが求められる場面で素早く多くの運動単位を動員する能力であり、これはほぼ個人の遺伝的特性によって決まります。各筋肉に含まれる運動神経線維の密度、神経組織の特性、神経が筋線維に接合する部分の特性、筋線維のタイプの違いや各筋肉での筋線維タイプの割合、さらに多くの要因がこの能力に影響します。これらの要因にはトレーニングのストレスに適応して変化できるものもあれば、そうでないものもあります。そして、神経筋系の特性は垂直跳びで直接見ることができ、爆発的に力を出すことに関してどれだけ才能に恵まれているかを推し量ることができます。

神経筋系の中にはトレーニングのストレスに適応できる要素があります。大きな負荷をかけながら、運動単位を爆発的に動員して身体を動かすトレーニングを行うと、こ

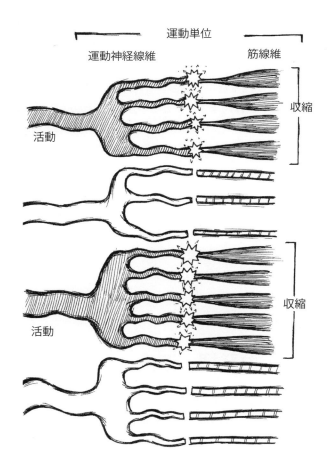

図6-4　筋肉が収縮するときには動員される運動単位の数が変化する。動員される運動単位は最大限に働き、動員されない運動単位は働かない。

6 | The Power Clean

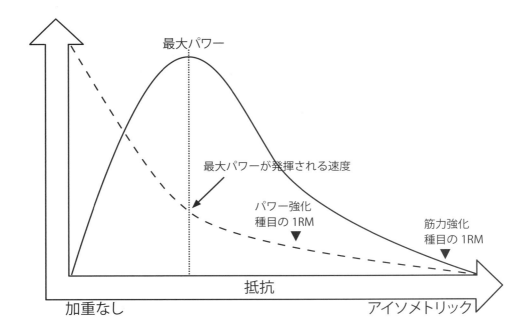

図 6-5　速度とパワーの関係を示したグラフ。点線は速度を示し、実線はパワー発揮を示している。最大アイソメトリック力発揮の約 30％、最大動作速度の 30％ 付近でパワー発揮はピークに達する。これはトレーニング種目によって 1RM の 50％〜 80％ の範囲におさまる。筋力強化種目とは、筋力によって挙上重量の限界が決まるスクワット、プレス、デッドリフトなどを指す。パワー強化種目とはパワー発揮によって挙上重量が決まるスナッチ、ジャーク、クリーンなどを指す。Practical Programming for Strength Training, 3rd Edition (The Aasgaard company, 2013) より。

ういう要素を発達させることができます。垂直跳びのパフォーマンスが優れているアスリートは、垂直跳びのパフォーマンスが良くないアスリートよりも爆発的に動く潜在能力が高いと言えます。しかし、垂直跳びのパフォーマンスが良くなくとも神経筋の効率を高めるために努力するアスリートは、垂直跳びのパフォーマンスが優れていても努力しようとしないアスリートを上回る可能性が残されています。パワークリーンやその他の段階的に負荷を高めることができるトレーニング種目では、リフターの能力に合わせてトレーニングのセッションごとに正確に重量を調整することができ、確実に適応を促すことができます。トレーニングのプログラムに合わせてコントロールしながら爆発的に力を出す限界とパワーを高めていくことができるのです。

パワー・力発揮・速度

　パワーを効果的に鍛えるにはどうすればいいか、そしてパワークリーンはなぜパワーを鍛える効果が高いのかを考えるには、パワーを理解し、力発揮と速度がパワーに与える影響を理解することが不可欠になります。図 6-5 は速度とパワーの関係を示しています。図中の点線は速度です。重量が軽いときには速度は非常に高く、限界の重量に近づくにつれて速度は下がっていきます。図中の実線はパワー発揮を示しています。素早く発揮された力ということです。

　グラフ左側は重量が軽くパワーは低くなっています。これは軽い重量を素早く動かすのは簡単で、大きな力を出す必要が無いためです。グラフ右側でもパワーは低くなっています。これは非常に大きな重量は素早く動かすことができないからです。これまでに話したようにパワーには速度が必要です。パワーは 1RM の 50％〜 75％ の範囲で最大になります。これはそれなりに重いものの、まだ比較的速く動かすことができる重量です。こうやって幅があるのはトレーニングを行う際の状況の違いを反映しています。トレーニング種目が上半身中心か下半身中心か、アスリートのスキル、筋力、経験、性別といった要因が影響します。（女性は男性と比べて、1RM のより高い割合にあたる負荷を爆発的に扱えることが多いです。）また、デッドリフトと比較したときに、パワークリーンの挙上重量も 50％〜 75％ の範囲におさまることが多いです。

　Louie Simmons 氏の開発した Westside Dynamic Effort という方法では、スクワット、ベンチプレス、デッドリフトを MAX の 50％〜 75％ の重量で最大限に加速させるように行ってパワー発揮を鍛えます。最大限にパワーを発揮できる重量を使うことで、Louie はスクワット、ベンチプ

The Power Clean | 6

レス、デッドリフトをまるでオリンピックウェイトリフティング種目のように使う術を見出したのだと言えます。

「パワーを鍛えるのが目的なら、なぜスクワットやデッドリフトで筋力を鍛える必要があるのか？」という疑問が思い浮かぶ人もいるかもしれません。先ほど話した疑問とは反対の理屈です。両方のタイプのトレーニングが必要で、それぞれのタイプがお互いを伸ばすのに貢献します。**繰り返しになりますが、デッドリフトで250kg挙げられる人は、100kgしか挙げられない人よりもクリーンで必ず大きな重量を挙げることができるのです。**そして、これは力を発揮する能力に大きな違いがあることが理由です。しかし、デッドリフトで250kg挙げられる人を二人比較したときには、挙上速度が速い人の方が大きな力を出しています。つまり、挙上速度の速い人の方が筋力が強いということです。また、この人は筋肉や神経系をうまく使ってより大きな力を出せるようにトレーニングを行っているということです。バーベルを加速させるには力が必要なので、同じ重量のバーベルをより速く挙げるためには、より大きな力を出さなければいけません。そして、力を出す能力が高まれば、より大きな重量を挙げられるようになります。パワークリーンを行うとデッドリフトが伸び、デッドリフトはパワークリーンを伸ばすことにつながる理由はこういうことです。

高重量のパワークリーンで使用する重量は、ほとんどのアスリートにとってパワー発揮を向上させるのに適した重量です。手抜きをできない程度の重さがあり、なおかつパワークリーンはもともと爆発的に挙げなければ行えません。バーベルを引き上げたところで速く動いていなければ、肩でバーベルを受け止めることができなくなります。パワークリーンの唯一の難点は、テクニックが非常に重要な種目であるということです。パワークリーンのやり方を見ていきましょう。

パワークリーンを覚える

パワークリーンは動作を上から下へと覚えるのがベストな方法です。つまり、バーベルを肩で受け止める「キャッチ」というテクニックから覚えるということで、はじめからバーベルを肩に載せた姿勢に意識を置くことになります。パワークリーンを覚えるときには、挙上速度が重要なのは地面からの引き始めではなく、引き切った位置だということを頭に入れておきましょう。地面から太ももの中ほどまでの挙上動作の前半で、次の爆発的な動作を行うのに適切な位置にバーベルを持ってきます。この爆発的な動作で肩までバーベルを挙げますが、少なくとも覚え始めの段階では挙上動作の前半は素早く行うことではなく、正しく行うことが重要です。挙上動作の途中からは動作を速めることが必要になりますが、地面からの動作が正しくなければ、そのあとも正しく行うことができません。パワークリーンは挙げ切るところから始め、その後バーベルを地面に下ろす動作を覚えることで、挙上動作の最も重要な部分を優先することができます。パワークリーンの前半は、結局のところデッドリフトです。パワークリーンを覚え始めるときには、デッドリフトのやり方はすでに理解しているものです。挙げ切るところを覚えたら、少しずつ動作範囲を下に広げて前半部分のデッドリフトに入り、パワークリーンの後半部分だけから挙上動作全体へと移行していきます。

ほとんどの人にとって、パワークリーンを覚える際にはウェイトプレートを付けず20kgのバーベルシャフトのみで行うのが適切です。身体の小さな子どもや女性は、さらに軽いバーベルシャフトが必要になる場合もあります。15kgの女性競技用バーベルシャフトや、それよりも軽いシャフトも選択肢になります。はじめは動作を覚えることが目的なので、大きな重量を使う必要はありません。スクワットではバーベルを使わずに動作を覚えるのに対して、パワークリーンでは肘を回してくるところでバーベルの抵抗が必要になるので、バーベル無しでこの動作を覚えるというのは理にかないません。ほうきの柄やPVCパイプは軽すぎるので、肘を回してくるところでPVCパイプの位置が安定しません。さらに、PVCパイプを使って動作を覚えようとすると、腕の使い方に悪い癖がついてしまうことになりがちです。

スタンスの取り方はデッドリフトと同じで、足をべったり地面につけて垂直跳びを行うときや、立ち幅跳びを行うときのスタンスに近くなります。踵（かかと）を20cm～30cmほど

図6-6　クリーンの基本的なスタンスは垂直跳びと同じになる。

167

6 | The Power Clean

開き、つま先を少し外に向けましょう。

このスタンスを取ったときに地面に対して出せるパワーが最大になり、さらに「パワークリーンとはジャンプなのだ」ということを実感することができるようになります。また、ジャンプのあと着地するときには実質的にスクワットのスタンスを取ることになるので、スタンスは毎レップ取りなおすことが必要になります。

ウェイトプレートを付けず自分に合った重量のバーベルシャフトを用意して、正しくスタンスを取ったら、ここからハングポジション、ラックポジション、ジャンピングポジションの順番で動作を覚えていきます。

ハングポジション・ラックポジション・ジャンピングポジションを覚える

まず、バーベルを握って引き上げ、腕と膝をまっすぐ伸ばし、胸を張った姿勢を**ハングポジション**と呼びます（図6-8参照）。ウェイトプレートを付けていないバーベルを正しい手幅で握り、地面からデッドリフトで挙げた姿勢がハングポジションになります。ほとんどの人にとって、デッドリフトよりも左右の手をそれぞれ5cm〜7.5cmほど外に広げた手幅が適切になります。パワークリーンの手幅は、バーベルを肩で受け止めるときに肘を高い位置までスムーズに回り込ませることができるだけの間隔が必要になり、これはもちろん個人の肩幅によって変わります。バーベルの握り方については、後ほどフックグリップを紹介しますが、はじめは普通にサムアラウンドのダブルオーバーハンドグリップを使って問題ありません。視点はデッドリフトと同じように自分の3.6m〜4.5mほど前の地面に定めます。

ハングポジションでは腕を内側に回旋させます。これはバーベルの握りを回内させるのと同じ動きです。クリーン

図6-7　パワークリーンでのスタンスの変化。（A）クリーンを開始するスタンス。（B）バーベルを肩で受け止めたときのスタンス。安定性の高いスタンスで、足が地面から離れたあとは反射的にこの姿勢を取ろうとする。実質的にスクワットのスタンスと同じ。

図6-8　ハングポジション。肘はまっすぐ伸ばして内側に回旋させ、胸を張っていることに注意。視線はやや下向きで、足はプル種目のスタンスを取る。

The Power Clean | 6

では肘をまっすぐ伸ばした状態を維持することが非常に重要ですが、これを難しいと感じる人が多いようです。ハングポジションで腕を内側に回旋させるのが、腕を伸ばすことを覚えるための第一歩になります。クリーンの動作を行うときには必ず肘をこの状態に持ってくるように癖づけましょう。

次のステップでは肩にバーベルを載せます。正しい手幅でバーベルを握ったハングポジションから、バーベルを挙げて肩に載せます。いまの段階ではどんな挙げ方でも構いません。バーベルを載せるのは三角筋前部（肩の前部の肉が盛り上がった部分）の上で、胸骨と鎖骨からは確実に離れた位置になります。この姿勢を**ラックポジション**と呼びます（図 6-10 参照）。

この姿勢では肘が重要になります。肘を高く挙げてまっすぐ前を向け、上腕を地面に対してできるだけ平行に近づけるようにしましょう。柔軟性の問題でこの姿勢に入るのが難しい人もいます。これは手幅を調整することで解決する場合が多く、特に前腕が上腕よりも長い人には手幅を調整することが有効です。姿勢が改善するまで少しずつ手幅を広げていきましょう。肘を十分に高く挙げられていれば、バーベルが骨に当たることなく三角筋にうまく載ってくれます。手にはバーベルの重量がまったく載りません。バーベルの重量が載るのは肩であり、手はバーベルを腕と肩のあいだにはさみ込む働きをします。これはスクワットでの手の働きとよく似ています。この姿勢は痛みもなく非常に安定しており、この姿勢でバーベルを保持できないような

図 6-9　ハングポジションでは、腕を内側に回旋させるように意識することで肘をまっすぐに保てる。バーベルを握って腕を下ろした姿勢では、肘がこの状態になるように癖づけよう。

図 6-10　ラックポジション。胸を張り、肘は前に向く。

6 | The Power Clean

図6-11　バーベルの真下に肘がくるのは間違いで、この姿勢ではバーベルの重量が肩ではなく、腕や手首に載ることになる。

重量をクリーンで挙げることは一生ありません。バーベルは胸に載せたり、手に持ったりするのではなく、この位置で保持するのだということを理解するのが不可欠です。肘が下を向いた状態で止まってしまってはいけません（図6-11参照）。

胸に沿ってバーベルを下ろし、ハングポジションで止めます。ここでは、アップライトロウやカールを逆再生したような動きでバーベルをハングポジションまで下ろすわけではなく、バーベルを肩から落とし、ハングポジションでつかみ取るということになります。腕を使ってバーベルを下ろそうとするのではなく、ただハングポジションでつかみ取るだけです。要領を得るまではバーベルをつかみ損ね

図6-12　肘の位置が正しく取れない場合の矯正方法。肩でバーベルを受け止めたあとに肘を十分に挙げられない場合、正しい位置まで肘を上げるか、だれかに挙げてもらうことを繰り返す。繰り返し行うことで反射的に正しい姿勢でバーベルを受け止めることができるようになる。

て落としてしまう人もいますが、このステップで学ぶべき重要なことがふたつあります。ひとつ目は、物理的な効率を高めるため、クリーンのバーベルの軌道はできるだけ鉛直に近くなければいけないということです。そして、肩からバーベルを胸に近いところを通して落とすと、鉛直の軌道でバーベルを下ろすことになります。バーベルを挙げるときにも、これと同じ軌道を使うのです。バーベルカールを行うようにバーベルを下ろすと、バランスが取れる鉛直線から離すようにバーベルを前に押し出すことになります。胸に近いところを通してバーベルを落とすと、バーベルを足の中心の真上に保つことができます。ふたつ目には、クリーンにおいてバーベルを挙げるのは腕ではないということがあります。クリーンでバーベルを挙げるのはジャンプであって、アップライトロウのように腕を使うことはありません。（アップライトロウとは、これまでに生み出された中で最もザンネンなトレーニング種目かもしれません。理由は複数あります。）腕はバーベルを挙げる働きも下ろす働きもしないことをはじめから理解しておけば、腕を使ってバーベルを挙げてしまう「アームプル」という問題が起こることもありません。こういう風に練習すると、クリーンを行うときにバーベルの軌道の練習量を2倍にできることになります。こういったことから、「ただバーベルを落とし、つかみ取る」という方法ではじめから練習を進めるのです。

バーベルをつかみ取ったらハングポジションに戻り、膝と股関節を少し曲げます。膝を曲げると共にお尻を後ろに突き出します。このとき、バーベルは太ももの真ん中あたりまで太ももに沿って下ろしていきます。これは垂直跳びを行うときに身体を落とし込む姿勢と同じで、そのことからこの姿勢を**ジャンピングポジション**と呼びます（図6-13参照）。ハングポジションと同じように、肘はまっすぐ伸ばし内側に回旋させた状態です。腕は鉛直で膝と股関節を少し曲げた状態です。バーベルの位置は太ももの真ん中あたりで、あまり下ろし過ぎてはいけません。バーベルの位置は腕の短い人なら太ももの真ん中よりも高くなり、腕の長い人なら太ももの真ん中よりも低くなるかもしれません。バーベルは太ももに触れている状態になります。

最後に挙げた部分は非常に重要です。ジャンピングポジションは、膝と股関節を少し曲げた姿勢とも捉えられますし、バーベルが太ももに触れる位置と捉えることもできます。そして、ジャンプするために脚と股関節を動かすと、この位置を見つけることができます。バーベルが身体に触れるのを最後に感じるのがこの位置で、その次はバーベルを肩で受け止めるということになります。**クリーンにおいて、バーベルが太ももに触れるのを感じることがなければ、**

The Power Clean | 6

それはフォームが間違っています。

　重要なので繰り返します。バーベルが太ももに触れると、バーベルが足の中心の真上にあってバランスが取れているということを意味しており、ジャンプするのに正しい姿勢ができているということです。クリーンを行うときには、確実にバーベルで太ももに触れるようにしましょう。

　ジャンピングポジションからまっすぐ上にジャンプします。腕はまっすぐ伸ばしてバーベルをぶら下げた状態です。肘を曲げてはいけません。ここでの動作はジャンプであり、地面から身体が離れることに意識を集中して、できる限り高くジャンプします。そのためには膝と股関節を完全に伸展させなければいけません。まずはジャンプに集中して何度か行い、次に腕を曲げないことに集中して行います。この時点でプル動作を行うスタンスから、バーベルをキャッチするラックポジションのスタンスに足を移行させるのが普通です。ほとんどの人にとって、このラックポジションでのスタンスはスクワットとほぼ同じスタンスになります。これには、スクワットですでに身体に馴染んだスタンスであるということと、下降している自分の体重やバーベルの重量を膝を曲げることで吸収し、うまく地面へと伝えるということが背景にあります。足が横に大きく動いてスクワットよりも足幅が広くなるということがなければ、この段階ではスタンスに関して神経質にならなくて大丈夫です。

　ジャンピングポジションに向けて太ももに沿ってバーベルを下ろしていくときには、肘を曲げないことを強く意識します。バーベルを滑らせていくのではなく、肘を曲げようとしてしまう人が多いですが、これをやってはいけません。肘を曲げてしまっていることに気付いたら、上腕三頭筋を使って肘をしっかり伸ばします。これを実践しながら、さらに何度かジャンプしてみましょう。

　「バーベルを手に持って、肘を伸ばした状態でジャンプする」ということがしっかり身に付いたら、ジャンプの後に肩でバーベルをキャッチしラックポジションに入ります。肘を上げて練習したのと同じ位置でバーベルをキャッチします。ここでバーベルを受け止めるのは肩であり、手ではありません。ジャンプの頂点に達したら肘を振り上げてラックポジションに入ります。肘をまっすぐ伸ばした状態から、肘を前に振り出した姿勢に直接入ります。肩をバーベルに押し付けにいくようにします。肘に関しては、まっすぐ伸ばした状態からラックポジションへの移行の途中になにもステップがないかのように、肘を上げることは考えません。

　クリーンはジャンプがカギです。パワークリーンは決して腕を使う運動ではありません。はじめから腕をまっすぐに伸ばした状態でジャンプする運動として覚えると、腕を使ってバーベルを挙げてしまうことが問題になることはありません。バーベルを上に動かすのはジャンプです。そして、フォームが良くなってくると、ジャンプとはプル動作

図6-13　ジャンピングポジション。太ももに触れたバーベルの位置に注意。すべてのクリーンにおいて、バーベルはジャンプの前に太もものこの位置に触れなければいけない。

171

6 | The Power Clean

の頂点で爆発することだと捉えられるようになります。いまの段階では、とにかくジャンプして肩の上にバーベルを載せる練習をしましょう。肘をまっすぐに伸ばしてバーベルが太ももに触れるジャンピングポジションから始めること、確実にジャンプすること、肩でバーベルを受け止めるときに肘を高く挙げることを毎回確認しましょう。バーベルが胸の前を通るときに、バーベルが服に触れるくらい身体に近いことを確認しましょう。

この練習をしていると手が疲れてきます。必要に応じて休憩を取りましょう。視線も重要ですが、練習中には忘れてしまいがちなので注意が必要です。自分の3.6m〜4.5mほど前に視点を起きましょう。真下を向くのでもなく、真上を向いて天井を見るのでもありません。疲労によって集中力が削がれたり、フォームを犠牲にしてしまうと良い練習ができません。このプロセスは非常に重要なので、必要なだけ時間を取りましょう。

ジャンプからラックポジションまでの動作を確実に良いフォームで行えるようになったら、実質的にパワークリーンの「クリーン」の部分ができるようになったということです。ウェイトプレートの付いたバーベルを地面に置き、ジャンプを開始する太ももの位置までバーベルを引き上げるというのが残る課題です。これはデッドリフトを動作に追加するということでしかありません。もっと複雑にすることは可能ですが、それは生産的ではありません。デッドリフトを追加するには、動作の上から地面まで段階的に下げていきます。本書ではこのプロセスを3段階に分けて行います。

バーベルを身体に近いところに維持し、肘をまっすぐ伸ばして、腕を内側に回旋させた状態で、ジャンピングポジションまでバーベルを下ろします。そして、ジャンプしてキャッチを行います。これが第1ステップで、ここまでにすでに何度か練習しました。

第2ステップでは、膝の皿のすぐ下までバーベルを下ろします。膝を曲げ、腰を後ろに引き、バーベルを太ももに沿って下ろしていきます。ここで膝の皿のすぐ下とは膝蓋靱帯の真ん中あたり、脛骨の上端の上になります。膝は少し曲げた程度にとどめ、腰を後ろに引いて肩を前に出すことでバーベルを下ろしていきます。バーベルは太ももから離しません。バーベルを太ももに押し付ける意識を持つと良いかもしれません。バーベルは足の中心の真上にあり、肩はバーベルの前に出ます。肘は伸ばしたままです。太ももに沿ってバーベルを下ろしていくにつれて肘を曲げたくなるものです。しっかりバネを使ってジャンプできるように、バーベルを下ろす動作中から備えようとしている表れかもしれませんが、肘はまっすぐ伸ばしたままでなければいけません。胸を張り、下背部はしっかり固定して動かしません。

膝の皿のすぐ下の位置から、ジャンピングポジションま

図6-14　パワークリーンの基本姿勢は3種類。(A) ハングポジション、(B) ジャンピングポジション、(C) ラックポジション。

The Power Clean | 6

でゆっくりとバーベルを挙げていき、ジャンプし、キャッチしてラックポジションに入ります。ここまでの練習でジャンピングポジションと認識した太ももの位置にバーベルが来たらジャンプします。この位置にバーベルが来たら、ここまで太ももに沿ってゆっくりバーベルを挙げてきた動作は途切れることなくジャンプに切り替わります。まるでバーベルが引き金に触れて爆発が起こり、発火と同時にジャンプが起こるかのようです。バーベルを太ももに沿って挙げ下ろしする動作全体を通して、ジャンプするまでバーベルは太ももの表面に接しています。太ももに沿ってバーベルを動かすあいだ、肘はずっとまっすぐ伸ばしたままで、ジャンプの後まで曲げることはありません。

この第2ステップは、クリーンとデッドリフトというふたつの動作をつなぐ最も難しい部分です。クリーンはジャンプしてキャッチするだけの動作で、デッドリフトは腕をまっすぐ伸ばして地面からバーベルを引き上げるだけの動作です。このふたつの動作をつなぐ第2ステップが最も苦労するところで、パワークリーンでよくあるミスが起こる部分です。ジャンプする前に肘が曲がってしまったり、バーベルを引き上げる動作が遅くなってしまったり途中で止まってしまったりして、ジャンプとキャッチに進めないということがあります。両方のミスをやってしまうかもしれません。肘を伸ばしておくには、腕を内側に回旋させ、自分自身に向かって「肘まっすぐ！」と叫ぶことです。そして、バーベルがジャンピングポジションで引き金に触れるまで、バーベルの挙上速度を維持しましょう。バーベルがジャンピングポジションに触れるまで待つことが重要です。

膝下からの動作を何度か繰り返したら、第3ステップに進みます。ここではバーベルを脛（すね）の真ん中あたりまで下ろします。実際にウェイトプレートを付けて地面にバーベルを置いたときには、バーベルがこの位置にきます。これまで太ももに沿ってバーベルを下ろしてきたのと同じように、腰を後ろに引いて、肩を前に出し、脛に沿ってバーベルを下ろしていきます。バーベルが膝を越えたら膝を少し曲げて、デッドリフトのスタート位置と同じ姿勢に入ります。ここでバーベルを十分に低い位置まで下ろせていないことが多くあります。バーベルにウェイトプレートを付けて地面に置いたときと同じ高さまで確実にバーベルを下ろしましょう。ここから今度はゆっくりと脛に沿ってバーベルを引き上げていきます。膝を越え、ジャンピングポジションまで来たらジャンプして、ラックポジションでキャッチします。ここでバーベルを引き上げる動作は、挙上速度の遅いデッドリフトと同じように行います。素早く挙げる機会はあとで出てきます。この段階では素早く挙げることではなく、肘をまっすぐ伸ばした状態を保ち、ジャンピングポジションにバーベルが到達するまで待つことに集中しましょう。ジャンプするのはバーベルがジャンピングポジションに達したときで、早まってはいけません。

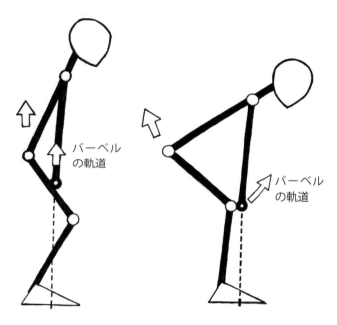

図6-15　ジャンピングポジションまで正しく引くと、バーベルは効率的な鉛直の軌道で挙がります。バーベルがジャンピングポジションに到達するまで待ちきれずに、バーベルが低い位置からジャンプすると、バーベルは前に動きます。これが起こる理由は、背中の角度が十分に立っていない状態では、ジャンプの力が鉛直方向に向かわないからです。

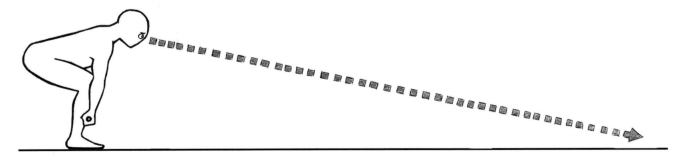

図6-16　視線は正確にコントロールしましょう。挙上動作のバランスと頚椎（けいつい）の安全を保つことができます。

6 | The Power Clean

プル動作のこの段階で、バーベルを肩まで挙げることに気を取られて動作を急いでしまうとよく起こるミスがふたつあります。ひとつ目はバーベルの挙上速度が速くなりすぎてコントロールできなくなるミスです。ふたつ目はジャンプするのが早すぎるミスです。バーベルがまだ太ももの低い位置にあって、ジャンピングポイントに到達していないのにジャンプしてしまうということです。このフォームを覚える過程で挙上速度が速くなり過ぎると、バーベルの軌道に問題が出てきます。脚に沿ってバーベルを動かすのが難しくなり、結果として足の中心の真上でバランスが取れた状態を維持するのが難しくなります。正しい軌道で速くバーベルを動かせるようになるため、いまの段階ではゆっくりバーベルを動かすことが重要です。また、ジャンプするのが早すぎる場合には、バーベルは上ではなく前に移動します。こうなると、ラックポジションでバーベルをキャッチするときに、足を前に出して自分も前に動くことになり、同じ場所でバーベルを受け取れることができなくなります。前に跳び出すのは効率が悪いので、早くジャンプしないことが重要です。バーベルが挙がってくるのを我慢して待ち、ジャンピングポジションに達したところで爆発してクリーンに入るのです。また、ここで視線がおかしいとさらなる問題を招くことになるので、繰り返し確認しましょう。ウェイトプレート無しのシャフトのみで、この位置から何度か練習しましょう。

ウェイトプレートを付ける

ジャンピングポジションからの動作、膝下からの動作、脛の真ん中からの動作をそれぞれ正しく行えるようになれば次の段階に進みます。標準サイズのウェイトプレートをバーベルに付けます。高い位置からでもクリーンが行える重量を設定しましょう。重量が大き過ぎて問題が出るようではいけませんが、プレートが付いたことを感じられる重量にします。設備が整ったジムであれば、バーベルシャフトに 10kg のバンパープレートという組み合わせがほとんどの男性に適した重量になります。子どもや女性はさらに軽いプラスティック製のプレートが必要になるでしょう。ウェイトプレートを付けたら、ここまで上から下に動作を練習して来たプロセスを繰り返します。まず、ハングポジションまでデッドリフトでバーベルを引き上げ、ジャンピングポジションまでバーベルを下ろし、ジャンプしてラックポジションでバーベルをキャッチします。ここまで来ると、クリーンというトレーニング種目の目的が感じられるようになります。バーベルの重量が大きくなるとどうすればいいのか？強くジャンプすることが必要になります。ク

リーンを行う理由はこれなのです。

ジャンピングポジションからのクリーンの後は、膝下までバーベルを下ろして、そこからクリーンを行います。バーベルを太ももに沿って下ろすときも挙げるときも、バーベルが身体から離れてはいけません。バーベルがジャンピングポジションに達したときに初めてバーベルは太ももを離れます。1cm でも 0.1 秒でも早すぎてはいけませんが、バーベルがジャンピングポジションまで達したらためらってはいけません。この後は、プレートが地面につくところまで下ろします。地面についたら身体の緊張を抜かず、そのまま脛に沿ってバーベルを挙げていきます。ここで初めて正式なパワークリーンの動作全体を行うことになります。こうやって姿勢を移行していくときに、各段階をたくさん繰り返さないようにしましょう。これは 1 回 1 回の動作に集中するためです。私が指導をしているなら、各段階を実施するのは 1 レップずつのみに制限するでしょう。このプロセスを終えたらバーベルを地面に下ろし、クリーンのグリップでデッドリフトの姿勢を取り、地面からデッドリフトでバーベルを挙げ、クリーンを行います。このように地面からの挙上を 2 〜 3 レップ行いましょう。踵の高いウェイトリフティングシューズを履いている場合、引き始めるときにつま先に体重をかけないように注意しましょう。

ここまででタイミングの問題や、その他の理由でどこかのステップを繰り返す必要が見られなければ、この先クリーンはすべて地面から行います。上から下へと動作を学ぶのは、クリーンはジャンプであるということを強調するためで、これを理解し身に付けた後は地面から動作全体を行うべきです。ここで「理解し身に付けた」とは以下の条件を満たした状態を指します。

1. 地面からバーベルを引き上げる動作中、バーベルが脚から離れない。

2. ジャンプした後まで腕が曲がらない。

3. バーベルがジャンピングポジションに到達するまでジャンプに入らない。

4. バーベルを肩で受け止めるときには肘が前を向き、バーベルを手で受け止めない。

5. この段階では、挙上動作が速くなるのはジャンプの時点で、地面から挙げる動作はゆっくり行う。

バーベルを速く引くのは気分が良いもので、地面から引

き上げる動作も速くなりがちですが、いまの段階では正しくゆっくり引き上げ、ジャンプで速く動くことを意識しましょう。繰り返しますが、視線は前で少し下を向けます。視線がおかしいと正しくクリーンを行うのがずっと難しくなります。クリーンのフォームがおかしいとき、単に視線を正すだけで修正できることもあります。

膝と股関節の使い方について確認しておきます。ハングポジションからバーベルを下ろし始めるときに膝を少し曲げますが、その後はバーベルが膝に到達するまで膝はそれ以上前に出しません。膝が前に出るのはバーベルが膝を越えてからです。つまり、膝までバーベルを下ろすのは股関節の動きで、膝から地面までバーベルを下ろすのは膝の動きだということです。そして、バーベルを挙げるのはこれの正反対の動きになります。バーベルが膝を越えるまで膝を伸ばしていき、そこからは股関節を伸ばすことでバーベルを太ももに沿ってジャンピングポジションまで挙げるのです。

フックグリップ

クリーンのトレーニングを2〜3回行って、細かなことを気にする段階までフォームが固まってきたらフックグリップを覚えましょう（図6-17参照）。大きな重量を扱うにはフックグリップが不可欠で、選択の余地はないと考えるべきです。実際に大きな重量を扱うようになる前にフックグリップを覚えるようにしましょう。フックグリップとは、バーベルを握るときに親指の爪の上に中指をかぶせる握り方です。そして、バーベルは親指以外の4本の指でできた「フック」に載る形になります。バーベルを握った拳の中ではなく、指の曲がった部分にバーベルが載るということです。親指の爪と中指のあいだに起こる摩擦によって安定してバーベルを握ることができます。そして、そのおかげで通常バーベルをしっかり握るために緊張する前腕の筋肉をリラックスさせることができます。こうやって前腕がリラックスすると、バーベルを肩で受け止めるときに肘を素早く回しやすくなります。ほとんどの人はバーベルを肩で受け止めるときに手首の柔軟性の限界がきてフックグリップを解くことになります。レップごとにフックグリップで握りなおしましょう。

フックグリップを取り入れて、動作中の身体の使い方も良くなると、地面からバーベルを引き上げる動作を洗練させて効率を上げていくことができます。はじめに覚えるモデルは「ジャンピングポジションまではゆっくり挙げ、ジャンプを速く行う」というものです。地面からバーベルを引き上げる動作が馴染んできたら、「バーベルを高く挙げる

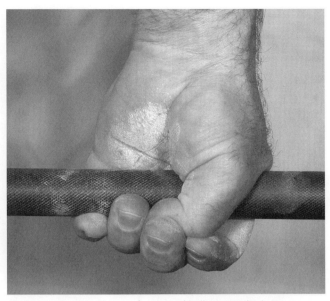

図6-17　フックグリップ。中指が親指の爪を押さえていることに注目。バーベルを握っている部分がバーベルの重量に押さえつけられることで、中指と親指の摩擦が増し、握力のみに頼って握るよりもグリップの安定性が大きく増す。また、通常のグリップよりも手の中でバーベルの位置が少し低くなり、実質的に腕が長くなった効果を生む。

ほどバーベルは速く動く」というモデルに変わります。これは大きな重量を肩まで挙げるのに必要な加速を生むためのモデルです。バーベルを足の中心の真上に置き地面から引き始めたら、これまでよりも速く引き上げましょう。ここでは、バーベルが太ももに触れたらできるだけ速く引くというのが目標になります。ジャンプの後はすぐにバーベルの速度が落ち始めるので、バーベルに勢いを与えられるのはジャンプまでになります。

高重量のクリーンに欠かせない爆発的な動きを行うには集中力が必要で、ウォームアップセットから集中を高めることが重要です。軽い重量でもバーベルは勢いよく肩まで挙がり、胸の前を通過するバーベルはピンボケのように見えているべきです。この引き上げる動作を行っているときに、自分がどれだけ爆発的に動くことができるかを知るのです。ここでしっかり加速に集中することがスポーツパフォーマンスにも効いてきます。この集中を促すのにバーベルは最高の的になります。クリーンを行っているときには、向かってくる対戦相手もおらず、ボールを取ったり打ったりする必要も、グラウンドを気にする必要もありません。そこにはバーベルと自分自身の引く能力しかありません。前回よりも速く引くことが、前回よりも大きな重量をクリーンで挙げることにつながるのです。

6 | The Power Clean

図 6-18　パワークリーン

本書の指導方法のコツ

　本書の方法には、一般的に複雑だとされるスキルを効率よく短期間で習得するための工夫がいくつかあります。動作に関わる細かな要素は、大きな動作パターンの中に自然と組み込まれていれば、一般的に個別に取り上げて教えることが必要だとされるものでも反射的に実践できる場合があります。そして、こういった要素を指導方法に組み込んでしまうことは可能です。例えば、一般的なパワークリーンの指導方法では、シュラッグを入れるように指導されます。しかし、このパワークリーンの章でシュラッグという言葉はここまでにまったく登場していません。重たいバーベルを手に持ってジャンプをすると、反射的に肩をすくめるものです。ジャンプして身体が挙がると共に、手に持ったウェイトは肩甲骨を下に引っ張りますが、このウェイトから肩を守ろうとして僧帽筋はコンセントリック収縮します。実際にシュラッグをしようという意識がまったくなくても、バーベルを持ってジャンプしたときから僧帽筋はコンセントリック収縮しています。もっと大きな重量を扱うようになったら、シュラッグを意識してみるのも良いですが、いまの段階で特に考えなくてもすでに動作の中に組み込まれているのです。本書の指導方法は、肘をまっすぐ伸ばす、高くジャンプする、バーベルを身体に近いところに維持するといった初心者にとってもっと重要なことに集中できるように構成されています。

　もうひとつ、クリーンを効率よく行うために重要だとされる動作に「ダブルニーベンド」や「セカンドプル」と呼ばれるものがあります。パワークリーンの動作の流れを図6-18に示しました。はじめの5つの画像での膝の姿勢に注目してください。バーベルを地面から引き始めるところで膝が伸び、脛が立ち、膝は後ろに下がり、バーベルを鉛直の軌道で挙げられるスペースができています。バーベルが膝を越えて太ももに沿って挙がるところでは、股関節が伸びると共に膝が少し前に出てバーベルの下に入ります。この動きで背中の角度は立ち、腕にバーベルをぶら下げた状態でジャンプをする姿勢になります。そして、膝と股関節が爆発的に伸展しジャンプが起きます。つまり、バーベルを地面から引くときとジャンプのとき、実際には2回膝が伸びるのです。バーベルを上に挙げるのに大腿四頭筋が2回働いているということです。オリンピックウェイトリフティングの指導者はこの動作を「セカンドプル」と呼びます。地面を押すという意味で「セカンドプッシュ」とした方が正確な表現になるかもしれません。ジャンピングポジションに入り、ジャンプするときにバーベルが太ももに触れると、身体の自然な反応としてこの動きが起こります。

「ジャンピングポジションでバーベルで太ももに触れる」というアドバイスを実践しようとすると、膝をもう一度曲げることになります。この一連の動作は「教えようにも複雑すぎる」とまで言われることがありますが、ただ単にバーベルで太ももに触れるようにするだけでダブルニーベンドを実践できてしまうのです。クリーンという動作の根幹を成すのはジャンプとキャッチです。練習方法の中に組み込まれていて、まったく意識せずに実践できるステップが多いほど、根幹の部分に集中する時間が増やせるのです。

爆発的プル種目である
パワークリーン

　パワークリーンをシンプルに捉えると、デッドリフトの後にジャンプをするだけだと言うことができます。デッドリフトから加速してジャンプし、ジャンプのあとはバーベルを肩で受け止めます。デッドリフトを正しく行うための条件は、パワークリーンでバーベルを地面から引くときにも重要になります。バーベルが太ももの真ん中まで来るとジャンプに入りますが、バーベルを最も効率よくラックポジションまで挙げるためには、足の中心の真上で、できる限り鉛直に近い軌道を通さなければいけません。ジャンプのあとまで肘を曲げることはありません。そして、パワークリーンを行う目的はパワー発揮に集約されるので、爆発的に動作を行うことが必要です。

スタンスとグリップ

　スタンスはできる限り大きな力を地面に伝えられるように取り、グリップはできる限り効率的にラックポジションに入れるように取ります（図6-19参照）。デッドリフトや足の裏全体を地面につけて垂直跳びを行うときと同じように、踵を20cm～30cmほど開いたスタンスになります。できる限り大きな力を地面に伝えるためという理由も変わりません。パワークリーンでは地面に素早く大きな力を伝える必要がありますが、それにはこのスタンスが最適です。デッドリフトでは太ももが体幹に干渉するのを避け、内転筋群と外旋筋群を動員するためにつま先を外に向けましたが、パワークリーンでも同じ理由でつま先を外に向けます。非常に背が高く、股関節の幅と肩幅が広い人では、これよりも足幅を広く取る必要がある場合がありますが、大きな差にはなりません。股関節の幅が広く足幅を広く取らないといけないと感じるときには、足幅を広げる前に、つま先をいまより広く開いて改善するか試してみましょう。いろいろな足幅で垂直跳びをしてみるとすぐに分かることです

6 | The Power Clean

図 6-19　パワークリーンのスタンスとグリップ

が、足幅を広く取りすぎると、しっかりジャンプすることができなくなる場合があります。

　デッドリフトのときと同じようにバーベルは足の中心の真上に置きます。立って行う主なバーベル種目すべてにおいて、バランスを保ち、力を地面へと伝えるためにはバーベルがこの位置になければいけません。バーベルは足の中心の真上を鉛直に移動しようとするので、足の親指の付け根の上にバーベルがくるようなスタンスを取ると、バーベルが地面を離れてから修正しなければいけなくなります。バーベルが地面を離れるときに足の中心の真上になければ、この位置にバーベルを持ってくるために余計なエネルギーを使わなければなりません。それができなければバーベルは最後までバランスが取れる位置よりも前にある状態で挙がっていくことになります。バーベルが前にズレた状態で挙上すると、バーベルを肩で受け止めるときに後ろに引き戻す動作が必要になります。挙上動作の前半でバーベルの軌道がいつも後ろに弧を描くリフターは、ほとんどの場合、足の位置がバーベルから遠すぎるか、腰を落として膝と脛を前に出し、バーベルを前に押し出してしまっていることがこの問題の原因になっています。鉛直線が最も効率の良いバーベルの軌道なのであれば、身体に近いところで鉛直に引くことができるスタート姿勢を取ることで最も効率的なプル動作を行えるということになります。バーベルを身体の近くに維持して、腰を落とさないようにしましょう。

　先に話したように、パワークリーンの動作に馴染みが出てきたらすぐにフックグリップを取り入れるようにしましょう。ウォームアップセットからメインセットまで重量を増やしていくあいだずっとフックグリップを使い、親指に圧力がかかるのに慣れるようにしましょう。デッドリフトでは 800lbs を超えるようなものすごい重量を引き上げるのにフックグリップが使われてきました。パワークリーンで扱うような重量で問題にはなりません。痛みで集中できなかったり、トレーニングを続けるうちに親指の皮膚が破れてしまったりすればアスレチックテープが役に立つかもしれません。

　前腕が長く上腕が短い人がせまい手幅でバーベルを握ると肘を高くあげることができなくなるので、前腕の長い人は手幅を広く取ることが必要になるかもしれません。高重量を扱うためラックポジションでバーベルは肩で受け止めなければいけません。しかし、前腕が長すぎるとバーベルが三角筋に載るところまで肘を持ち上げることができず、手でバーベルを受け止める形になってしまいます（図6-20 参照）。手幅を広げると実質的に前腕を短くした状態ができます。スナッチグリップやスモウスタンスを使ったときにそれぞれ身体の関連する部位の有効長が変わるのと同じことですが、これがこの腕の長さのバランスを変える唯一の方法になります。腕の長さのバランスが非常に変わっている人は、そもそもクリーンのラックポジションを

図 6-20　前腕が長いと手幅を広く取らないとラックポジションに入れない場合がある。非常に前腕が長い人は、パワークリーンを行うことができないことも考えられる。

取れないということがあるかもしれません。そういう場合、一生ストレッチを続けてもパワークリーンがやりやすくなることはないので、代わりの爆発的挙上種目としてパワースナッチを覚えることが必要になるかもしれません。

引き始め

　地面からバーベルを引き上げるときの身体の使い方については、本書のデッドリフトの章で詳しく話しました。どの高さまで引き上げるかに関わらず、バーベルを地面から引くときのバーベルと人間の骨格筋系の関係は不変のものなので、デッドリフトの章で解説した内容はすべてパワークリーンにも当てはまります。クリーンとスナッチのフォームに関してオリンピックウェイトリフティングの文献を見ると、そのほぼすべてで、バーベルを足の中心よりも前に置いた状態から引き始めるように勧めています。そして、バーベルが地面から離れるときにバーベルが後ろに水平移動するのが効率的であり適切だとされています。これは現象論というものの一例です。現象論とは、「観察された現象の結果を、その現象の根本的な意味合いに対して詳細な注意を払うことなく、数学的に表す理論」とされます（Concise Dictionary of Physics, Oxford: Pergamon Press, 1978, p. 248）。ただ単に、これまでに非常に強いエリートレベルのウェイトリフターがこういうスタイルでバーベルを引いているのが見られてきたからというのは、見たものを見たままに伝えているに過ぎず、分析をしたうえでの結論だとは言えません。そのような理由で、ハッキリと非効率だと論証できる引き方を取り入れるべきではありません。強いリフターと比べて才能に恵まれなかったリフターにとっては、確実に挙上を成功させるのにミスを許容できる余地が少なく、力学的効率がより重要になります。

　そもそもバーベルを湾曲した軌道で引く必要がないのです。重力や動作中の力がどう働くかに対応してバーベルをまっすぐ鉛直の軌道で引き上げるというのは、人間の身体にとって大して難しいことではありません。このあと解説しますが、こうやって引くと引き始めと引き終わりの効率が上がります。できるだけ効率的に地面からバーベルを引き始めることは重要です。バーベルを引き上げたときに起こる問題の大半は、引き始める前の姿勢が悪かったり、その結果として地面からバーベルを引き始める動作が悪かったりすることが原因になります。

　引き始めからラックポジションに至るまでにバーベルが描く軌道はバーベルとリフターの関係を表しているので、挙上動作の効率を分析するのに重要な要素になります。リフターを真横から見られる位置からバーベルの端に注目し、バーベルの軌道を観察します。バーベルの端が空中で線を描いていると想像してください。この線がバーベルの軌道であり、この線を目で見て捉えられる能力を身に付け

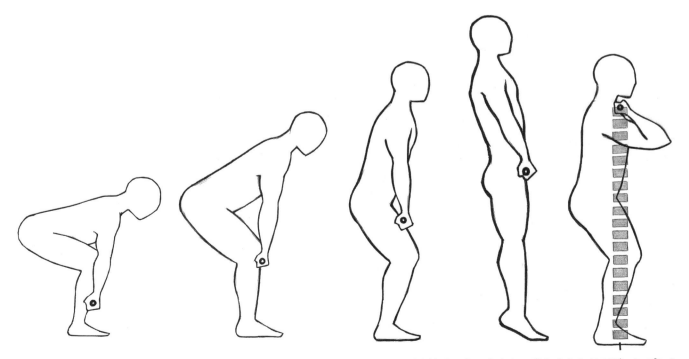

　図6-21　パワークリーンのバーベルの軌道。足の中心の真上からバーベルを引き始めると、太ももの真ん中あたりでジャンプに入るまで、バーベルは実質的に鉛直の軌道を描く。バーベルが足の中心の前にある状態から引き始めると、この理想的なバーベルの軌道が乱れることになる。

6 | The Power Clean

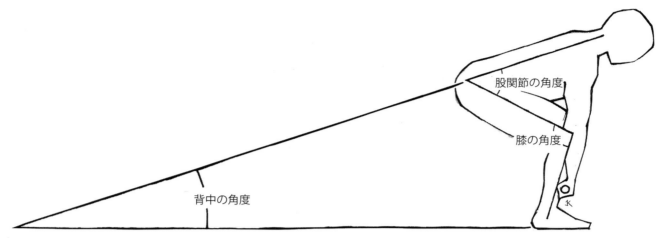

図6-22　パワークリーンを分析するのに用いるのは膝、股関節、背中の角度であり、デッドリフトや他のプル種目でも共通。

ることは非常に重要です。他のリフターの動作を観察し、地面からラックポジションまでバーベルが描く軌道を目で捉え、実際のバーベルの動きの理解と結び付けていく練習をしましょう。

バーベルの軌道に関する情報を記録し表示することができる高度な動作分析ツールが複数ありますが、経験豊富なコーチの目ほどその場ですぐに役立つものはありません。パワークリーンの動作は複雑で、本書で紹介するすべてのトレーニング種目の中で、最もコーチのフィードバックを受ける意味が大きい種目です。

理想のバーベルの軌道は図6-21に示しています。バーベルが足の中心の真上で正しい位置にあり、背中の角度を正しく取ると、バーベルを引き始めて少なくとも数インチは背中の角度が一定に保たれ、膝が伸びるのに合わせてバーベルは鉛直の軌道を描いて挙がります。実質的にジャンピングポジションに到達するまでバーベルは鉛直に挙がります。そのあとは、肘がバーベルの下に回り込むのに合わせてバーベルはリフターから少し遠ざかる軌道を描きます。バーベルが一番高い位置まで挙がると、バーベルは肩で受け止める位置まで落ちていき、このときバーベルはかぎ針状の軌道を描きます。身体の各部位の長さや太さには個人差がありますが、全体として見たときパワークリーンを正しく行うと、バーベルは必ずこういう軌道を描きます。

プル動作に関わる身体の角度を復習し、これらの角度が変わるとバーベルの軌道にどういう影響があるかを見ていきましょう。パワークリーンでバーベルを地面から引くと

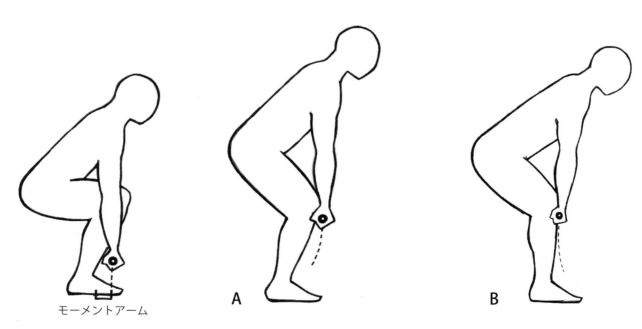

図6-23　膝を前に出して腰を落とした姿勢によって起こるバーベルの軌道の問題。（A）軽い重量ではバーベルが前に出て膝をかわす。（B）膝がバーベルを前に押し出したあと、足の中心に向かって後ろに引き戻される。どちらも地面から鉛直の軌道で引くことができていない。

180

きの膝、股関節、背中の角度はデッドリフトと同じです。正しいスタート姿勢を取ると効率的に引くことができます。膝が前に出すぎていると、膝の角度が閉じ過ぎることになり、背中の角度は立ち過ぎることになります。肩はバーベルの後ろにきて、腰が低く落ち過ぎた姿勢になります。ここからのバーベルの動きには2通りの可能性がありますが、どちらの場合もバーベルはまっすぐ挙がりません（図6-23参照）。

ひとつ目は、バーベルが膝をかわすために前に出るパターンです。通常、これは重量が軽い場合にのみ起こります。こうやって膝をかわすためにバーベルを前に出す形で引くと、バーベルが前に出すぎてバランスが崩れます。バーベルがジャンピングポジションまで挙がると、バーベルを後ろに引き戻すか、身体をバーベルに寄せるように前傾させるか、ラックポジションに入るときに前にジャンプするかして対応しなければいけません。ふたつ目は、バーベルが地面から離れるときに、足の中心に向かって後ろに動くパターンです。通常これは高重量を扱う場合に起こります。バーベルを引き始めるときには重心がつま先方向にズレているので、バランスが取れるように足の中心の真上まで引き戻す形になるのです。バーベルが膝の下にあるプル動作の前半で、バーベルが曲線を描いてバランスが取れる位置に移動します。このとき膝の角度は開き、背中の角度は前傾します。この間違ったフォームでは、背中の角度が前傾しすぎてバーベルとの調和が取れなくなるという問題が同時によく起こります。こうなると肩が大きく前に出て、バーベルは肩の動きについていく形になり、足の中心でバランスが取れる位置から前にズレることになります。身体の使い方がうまいリフターは、背中が前傾し過ぎる前に背中の角度を安定させることができますが、そもそもバーベルが足の中心の真上にある位置から鉛直に引き始めることができていれば、そんな必要はありません。スタート位置が正しければ、バランスの取れた鉛直の軌道でバーベルを引くことができるのです。

バーベルが前に動いてしまう場合も後ろに動かしてしまう場合も、腰を上げてバーベルを脛まで引き付けて、バーベルが地面を離れる前に正しい軌道で引ける位置に持ってくることで修正できます。特に踵が高いウェイトリフティングシューズを履いている場合は、踵に体重を載せる意識を持つ必要があるかもしれません。トレーニングに適したシューズ選びは重要ですが、ウェイトリフティングシューズを使うことでバーベルを引き始める前に身体が前に出てしまうなら、ウェイトリフティングシューズがかえって問題を増やしていることになります。つま先に体重が載ってしまわず、足の中心で踏ん張った状態でバーベルを引き始めるようにしましょう。

膝の角度は閉じ過ぎ、背中の角度は立ち過ぎ、肩がバーベルの後ろにあり、腰が落ち過ぎているというのがひとつの極端な姿勢です。その対極にあってやはり極端なのは、膝の角度が開き過ぎ、股関節の角度が閉じ過ぎ、背中は地面に対して平行に近い角度にまで前傾した姿勢です。ほとんどの人は腰を落とし過ぎる傾向があるので、頻度はずっと低くなりますが、こういう姿勢を取ると別の問題が出てきます。この姿勢ではバーベルが地面から離れる前に膝が

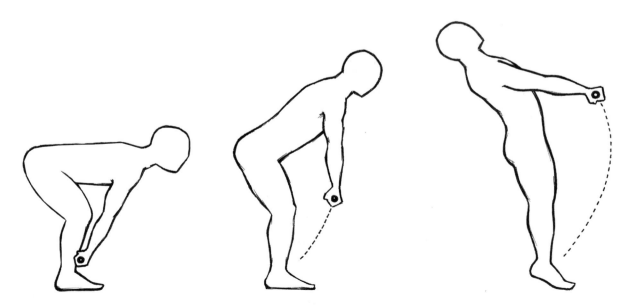

図6-24　スタート姿勢で腰が高すぎる場合。バーベルは足の中心の真上の正しい位置にあるが、肩が前に出すぎてしまう。通常のプル動作では上腕骨が広背筋に対して90°の角度で安定するのに対して、この姿勢から引くとバーベルが前に振り出され、本来よりも前の位置にバーベルが取り残される形になる。

6 | The Power Clean

図6-25 （A）スタート姿勢で身体が前に出すぎてしまっている場合。（B）つま先に載った体重を後ろに移動させ足の中心でバランスを取るのがシンプルな対処法になる。

伸びてしまっているので、大腿四頭筋が挙上動作から抜けてしまいます。バーベルが動く前に膝が伸びると、パワークリーンの動作の前半部分に大腿四頭筋が貢献できなくなるのです。さらに、このスタート姿勢のズレは挙上動作の後半でも問題を生みます。背中は地面に平行に近い状態で、肩はバーベルよりも前に出ています。バーベルは地面から離れると前に動いて肩甲骨の下に入り、足の中心よりも前に出ることになります。このミスを乗り越えてバーベルを引き上げたとしても、ジャンピングポジションに到達したときには膝はまっすぐ伸び過ぎ、背中は前傾しすぎた姿勢になります。ジャンプという動作には膝と股関節をバランスよく伸展させることが必要なので、この姿勢からでは効率良くジャンプすることができません。背中が前傾しすぎると、股関節の角度が開くにつれてバーベルは身体から離れるように弧を描いて振り出されます。バーベルが上に挙がるのではなく、前に出てしまう典型的な失敗例です。これはクリーンやスナッチにおいてバーベルの軌道が弧を描いてしまうパターンのひとつに過ぎませんが、バーベルの軌道が弧を描いたときに、それをキャッチするには前にジャンプせざるを得なくなります。これではもちろん効率的にバーベルを引き上げることはできません。この問題はスタート姿勢を修正するだけで簡単に正すことができます。腰を落とし、胸を張り、バーベルを脛に押し当てた状態で引き始めればいいのです。

ここで重要なのは、バーベルを地面から鉛直に引き上げると、バーベルが高く挙がってクリーンの動作に入ってからの軌道のブレが少なくなるということです。バーベルを地面から確実に鉛直の軌道で引き上げられるスタート姿勢を取ると、バーベルは足の中心の真上でバランスが取れた状態でセカンドプルに入るので、バーベルが高く挙がった位置での動作も再現性が高くなります。正しいスタート姿勢を取るとブレが少なくなり、挙上動作の効率が向上するだけでなく、リフターはバーベルの軌道やテクニック上の問題よりも爆発的に動くことに集中しやすくなります。

ここまでに挙げたのは、バーベルを引き始めるところで起きるミスの両極端な例です。人によって身体の構造、スキル、才能に違いがありますが、ほとんどのミスは、ここに挙げた両極端な例のあいだのどこかにおさまります。ただ、スタート姿勢の微妙な違いをリフター自身が感じ取るのは非常に難しいものです。エリートレベルのウェイトリフターであっても、複数回のトレーニングを行う期間に良いスタート姿勢から悪いスタート姿勢に徐々に崩れてしまうことはあります。ビデオ撮影をして身体の各部の角度を確認したり、経験豊富なコーチの目で見てもらうことができれば、クリーンのフォームの乱れを防ぐのに非常に有効です。

バーベルを地面から引き上げるというテーマについては、次に話すことを理解しておくことが最も重要だと言えるかもしれません。パワークリーンの習得方法に関する最後の部分で話したことですが、バーベルは地面から高い位置へと挙がるのに合わせて加速していきます。つまり、バーベルが地面から離れるときには遅く、高く挙がるにつれて速度が上がるということです。挙上動作の前半でデッドリフトを行う部分の目的は、バーベルをジャンピングポジションまで持っていくということに集約されます。バーベルを地面から引く動作は「速く」行うことよりも「正しく」行うことの方がずっと重要です。このことは覚え始めでは特に重要になります。挙上動作の下の方では正しく引き、

The Power Clean | 6

図6-26 （A）バーベルを地面からゆっくり引き上げようとする姿勢。（B）一気にバーベルを引き上げようとする姿勢。肘が曲がり背中の角度がマズく、そのあとのプル動作がめちゃくちゃになる。（C）肘が伸びてバーベルを一気に引き上げる段階で姿勢はさらに悪化する。

上の方では速く引くと覚えましょう。バーベルを地面から引くところでは、ゆっくり正しい動き、そのあと速い動きになり、一番高いところまで挙げて挙上動作は完結します。先ほど話したスタート姿勢のミスは、気持ちがはやってスタート姿勢を確認するのがいい加減になったときや、バーベルを地面から一気に引き上げようとしたときに起こるものです。バーベルを地面から一気に引き上げようとすると、自分の姿勢を正しく保つことができなくなります。正しい姿勢が保てないと、ジャンプがおかしくなります。バーベルを急いで地面から引こうとしないことです。バーベルが地面から離れるときには、脛や太もものあたりを通るときよりもゆっくり挙がるものなのです。

先に話したように、バーベルを急いで地面から引こうとして姿勢が乱れると、バーベルが挙がるにつれて問題は悪化していきます。急いで引くと動作が速くなるので、ミスを修正している時間はありません。それに対して、バーベルを地面からゆっくり引き上げると、バーベルが大きく加速して手遅れになる前に運動感覚が自分の姿勢を感じ取り、細かな修正を行ってバーベルを正しい位置に戻すだけの時間を取ることができるかもしれません。バーベルを地面からゆっくり引き上げるのは、バーベルの位置をコントロールするために他ならず、そうすることで確実に正しいジャンピングポジションに入ることができるのです。

バーベルを地面から一気に引き上げようとするのは、本書のパワークリーン習得方法を実践していない人によくあるミスです。まず、スタート姿勢で肘を少し曲げた状態から、一気に腕を伸ばすと同時に勢いよくバーベルを地面から引き上げようとする人が多くいます。こういうスタイルでは力がかかっていない状態で膝が伸び、背中が前傾します。このフォームの間違いは、初めてやらかしてしまったときにすぐ気付き対処しなければいけません。バーベルを

地面から引き始めるときに聞こえる音に注意しましょう。ウェイトプレートやバーベルがガチャガチャと音を立てていたら、バーベルを一気に引き上げようとしてしまったということです。これを修正するためには、「ぐいーっ」とバーベルを地面から挙げる、「腕をまっすぐ」伸ばす、シンプルにバーベルを地面から引き上げる動作は「ゆっくり」など、いくつかの意識の持ち方が使えます。

視線は真下に向けず、ある程度前に向けるようにしましょう。目が真下を向いていると腰が上がってしまうことにつながりがちです。自分から3.6m～4.5mほど前の地面を見ると目は正しい方向を向き、ずっと正しい姿勢でプル動作を行いやすくなります。自分の前の地面の一点を見つめていると、自分の背中の姿勢がどういう状態にあるかの感じ方が変わります。地面の一点を見つめることで、自分と地面の距離感の変化をリアルタイムで感じることができ、バランスを保つのがずっと容易になります。スタート姿勢がマズいとき、目の使い方に関するキューで素早く簡単に修正できることが多くあります。

デッドリフトからクリーンへの中継点

パワークリーンにおいて、バーベルを地面から引き上げる基本的なプル動作は実質的にデッドリフトであり、そこから実際にクリーンを行う動作へと移行する部分は、最も多くの問題が起こりうる可能性を秘めています。バーベルを地面から引き始めた段階でフォームのズレがあると、この移行段階で悪化します。さらにこの移行段階で新たに起こる問題もたくさんあります。力の伝達に関する原則がパワークリーンではどのように働くかを考えていきましょう。

ジャンプを行うまで肘はまっすぐ伸ばしておかなければ

183

6 | The Power Clean

いけないということは繰り返し話してきました。そろそろ飽き飽きしてきた頃でしょう。腕を内側に回旋させて腕を伸ばすというアドバイスを早い段階でしたのは、ジャンプの前に肘を曲げてしまわないためです。パワークリーンの前半はデッドリフトであり、デッドリフトでは腕をまっすぐ伸ばします。パワークリーンでも早い段階から腕を曲げてはいけません。これも先に話したことですが、脚と股関節が生み出した「引くパワー」をバーベルに伝えるのが腕の役割です。最も効率的にパワーを伝えられるのは鎖のような弾性のない媒体で、バネのように伸びてしまう媒体ではありません。鎖は一方の端からもう一方の端までパワーをすべて伝えることができますが、バネは伸びることで力をいくらか吸収してしまいます。

バーベルを地面から引き上げるときに腕が曲がっている場合、動作中に肘が伸びていくのが実質的にバネが伸びて変形するのと同じような状態になり、バーベルに伝わるべき力がいくらか吸収されてしまう可能性があります。肘の曲がる角度が一定でなければ、バーベルに伝えられる力も一定にならず、バーベルの軌道が予測不可能になります。目指すべきは毎レップが「完璧な挙上効率」の手本となるような再現性の高いクリーンで、毎回まったく同じ動作で行えるのが最高のクリーンです。レップごとにバーベルの軌道がブレる場合、肘が曲がっているのが原因であることが多くあります。一旦肘が曲がると、挙上動作の中で修正することができません。腕を伸ばすためには前腕の筋肉、上腕二頭筋、上腕筋をリラックスさせる必要がありますが、頭で意識して緊張を解こうとする時間はありません。そんな時間があったとしても、実際にはうまくいかないものです。

バーベルカールやアップライトロウのように腕を使ってバーベルを挙げようとしていることが原因で腕が曲がっている可能性も考えられます。ラックポジションに入るところで肘は非常に速くバーベルの下に回り込みます。腕の筋肉がリラックスしていて抵抗とならなければ、腕の動きは目で捉えられないくらい速くなります。しかし、バーベルを挙げるのに前腕、上腕二頭筋、上腕三頭筋を使おうと緊張させた途端に動きが遅くなります。ラックポジションでバーベルを受け止めると、腕の筋肉が収縮した状態で使える可動域いっぱいまできたところで肘の動きが止まります。このときバーベルは胸骨に載り、肘は下を向くことになるのです。（このことはフックグリップを使う理由のひとつです。フックグリップでは前腕の筋肉を収縮させてバーベルを強く握り締めようとしなくてもグリップが安定します。）

下背部の力の伝達についても同じような分析が可能です。背中は脚と股関節というエンジンに取り付けられたトランスミッションのように働きます。地面に対して生み出された力は、背中から肩甲骨、腕へと伝わりバーベルに届けられます。下背部が伸展した状態でがっちりと固定されていなければ、完全に安定しているとは言えません。背中が丸まるのは腕が曲がった場合と同じで「変形しうる状態」です。そして、力の伝達が一定でなくなるとバーベルの軌道が不安定になるという問題は避けられません。決まったパターンのないフォームの問題が出ていれば、下背部を十分に安定させられていないことが原因かもしれません。完璧なフォームでクリーンを行うためには、肘をまっすぐ伸ばすことと背中の姿勢を安定させることは基本として押さえておかなければいけません。

バーベルがジャンピングポジションに近づくと、パワークリーンで最も重要な部分に入ります。正しくバーベルを引き上げることができていれば、バーベルは脛の皮膚かスウェットに触れ、加速しながら挙がっていきます。そして、太ももの真ん中あたりに到達したところで、バーベルはジャンピングポジションに触れます。それが引き金となって、バーベルを手に持って地面からジャンプします。この爆発の際に地面を押した力がバーベルに勢いを与えます。膝、股関節、足首が同時に伸展し、特に膝と股関節が力を生むのに貢献します。ただ、実際にジャンプが起こる前からバーベルは加速し始めていることを理解しておくのが重要です。バーベルが加速していき挙上速度がピークに達するのがジャンプの時点だということです。

背中のモーメントアームが生むてこ作用は2通りの捉え方ができます。（おさらいですが、背中のモーメントアームとは背中そのものの長さではなく、バーベルと股関節の水平距離です。）消極的な見方をすると、腕の先にあ

図6-27　とにかく肘を曲げると、ろくなことがない。癖づいてしまうと非常にしぶとく、矯正しにくく、非常に悪影響が大きくタチが悪い。肘をまっすぐに保つことを重視して練習しよう。

The Power Clean | 6

図 6-28　プル動作では胸椎と腰椎を確実に伸展させておくことが必要になる。胸を張り、腰を反らせた姿勢が安定していないと、脚と股関節が生み出した力を肩甲骨を経てバーベルへと伝える役割を背中が十分に果たせなくなる。

るバーベルの負荷は股関節にモーメントをかけており、背中の角度を立たせてモーメントアームを短くすれば、股関節や下背部にかかる負荷を減らすことができて効率的になると捉えることができます。積極的な見方をすると、背中のモーメントアームはバーベルをより効果的に加速させるためのツールだと捉えることができます。これは、野球のピッチャーが前腕の長さが生むモーメントアームを利用してボールを加速させるのと同じだと言えます。（ピッチャーにとって腕が短いと有利になると主張する人はいないでしょう。）リフターはバーベルを引き上げていくときに、背中のモーメントアームを利用してバーベルを加速させる

のです。強い背中があればこれが可能になります。クリーンで高重量を挙げるためにはデッドリフトが効く理由のひとつです。

スクワットの章では、レンチの例えを使ってモーメントという概念を解説しました。この例えでは背中がレンチの柄で、肩に担いだバーベルが股関節というボルトを回す力を生むということでした。

しかし、パワークリーンにおいては、股関節からバーベルに向かって力が伝えられます。そして、股関節の角度を開く筋肉が生む力を使ってバーベルを加速させるツールとしてモーメントアームは働きます。スクワットではしゃがみ込んでいく動作の中で、股関節と背中の筋肉はバーベルの負荷によって身体が回転させられないように抵抗する働きをしています。それに対してクリーンでは、股関節と背中の筋肉を使って身体を回転させ、バーベルを上に向かって加速させるように働きます。

人間の股関節は「第1種てこ」であることを思い出してください。背中と骨盤がてこの腕、股関節が支点となり、ポステリアルチェーンの大臀筋、ハムストリング、内転筋群が股関節を後ろから引っ張る力を生みます。そして、手に持ったバーベルの負荷は股関節を前から引っ張る力になります（図 6-31 参照）。筋肉が収縮できるのはその全長のほんの少しだけなので、物を効率的に動かすためには、骨格がてことなって距離を増大させなければなりません。筋肉が収縮できる距離を骨格が増幅させるという仕組みは、筋肉がより大きな力を出さなければいけないということを意味します。ポステリアルチェーンに十分な筋力があって大きな力を出すことができれば、骨盤の坐骨がつくる股関節の後ろ側の短いモーメントアームが股関節の前のモーメントアームを起こすことができます。そして、背中の長さ

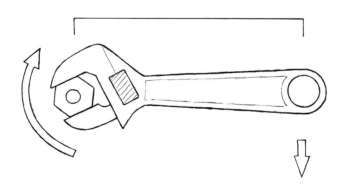

図 6-29　レンチとボルトの関係に見るモーメントアームは力学の重要な概念。

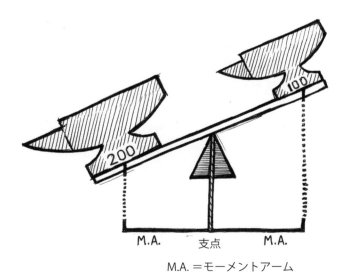

M.A. ＝モーメントアーム

図 6-30　第1種てこ

185

6 | The Power Clean

が股関節の回転する速度を増幅してくれます。**短い方が短い距離を移動するときに十分な力を伴っていると、長い方にかかった負荷を大きく動かすことができるのです。**挙上動作の途中、バーベルが膝に差しかかるあたりから背中の角度が変わり、バーベルと股関節のあいだのモーメントアームが短くなります。そして、挙上動作のこのあたりからバーベルが加速し始めます。このように身体の角度が変わるなかで、背中の角度は一瞬のあいだに60°程度も変わります。こうしてバーベルは加速するのです。

　背中の角度が立ち、動作が速くなるにつれて角速度が上がります。これは股関節を軸とした背中の角度の変化の率が高まるということです。そして、腕の先にあるバーベルの挙上速度も上がります。つまり、背中の角速度が加速するのに合わせてバーベルも加速するということです。これはボールを投げる動作において、上腕が加速しながら内旋するときに前腕が素早く大きな角度で動いてボールが放たれるのとよく似ています。

　この現象についてもう少し考えます。背中の角度が変わるときに、バーベルの軌道が背中が描く弧に沿っていれば、挙上速度が上がるということになります。つまり、バーベルの軌道も弧を描いた方がこの現象を利用でき、バーベルを挙げるのに有利になるのではないかと考えることができます。実際に、こういう狙いを持ってバーベルを曲線の軌道で挙げるリフターもいます。しかし、バーベルは身体に近いところを鉛直の軌道で挙げなければ、バーベルに水平方向の動きが生まれて効率が悪くなります。バーベルを身体から離さず軌道を鉛直に保つのは広背筋の役割です。ジャンプに向けて背中の角度が大きく変化しますが、背中が直立していくのに合わせて腕の角度を変えていくのです。広背筋が十分に役割を果たせずバーベルが身体から離れてしまうと、バーベルが前に出るのに対応するために上半身を後ろに反らせなければいけなくなります。鉛直の軌道はバーベルを引き上げているのであり、水平の動きはバーベルを振り回しているのだと理解しましょう。

　クリーンというトレーニング種目を覚えるにあたって、ここまでクリーンをジャンプに例えてきましたが、この部分では少し当てはまらなくなります。股関節を跳ね上げ、背中のモーメントアームを使ってバーベルを加速するわけですが、バーベルが加速し始めるのは膝よりずっと下の位置で、上にジャンプする位置ではありません。バーベルが膝を越えると膝がもう一度曲がります。こうすることで大腿四頭筋がもう一度膝を伸ばすことができるようになりますが、バーベルはもっと低い位置からすでに加速し始めています。地面から引き始めるところから引き切るところまでの動作全体を通してバーベルは加速するのであって、ジャンプする位置だけではないということです。地面からバーベルを引き上げていくと股関節から膝へとモーメントアームが移行し、通常バーベルの速度の上がり方がゆっくりになります。このことから多くの人は速い動作はジャンプの位置だけだという印象を受けます。バーベルの挙上速度が落ちるのは、モーメントアームの移行に伴ってバーベルになされる仕事量が急激に小さくなるからです。バーベルを挙げ続ける体勢を作り直すために、バーベルではなく自分自身の身体を動かしている瞬間ができるということです（図6-34参照）。

　股関節の角度が開くにつれて股関節のモーメントアームは短くなり、股関節の伸展筋群が背中と太ももを動かしてバーベルを加速させることができなくなっていきます。股関節がバーベルを加速させるための「ツール」を効果的に使うことができなくなり、モーメントアームを再構築することが必要になります。膝がもう一度曲がることで膝からバーベルまでモーメントアームが生まれます。こうすることで大腿四頭筋が働き、ここまでの挙上動作で得たバーベルの速度をさらに加速させることができるようになります。このセカンドプルで太ももに沿って生まれるモーメントアームは、股関節と膝の両方に関わっています。これは、パワークリーンはやはり一定程度ジャンプであり、バーベルが弧を描くのをジャンプが防いでいるということです。（デッドリフトでは、こういったモーメントアームの移行

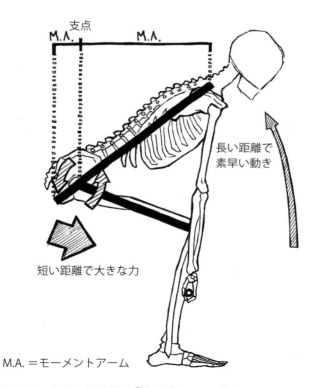

図6-31　人間の股関節は「第1種てこ」である。

The Power Clean | 6

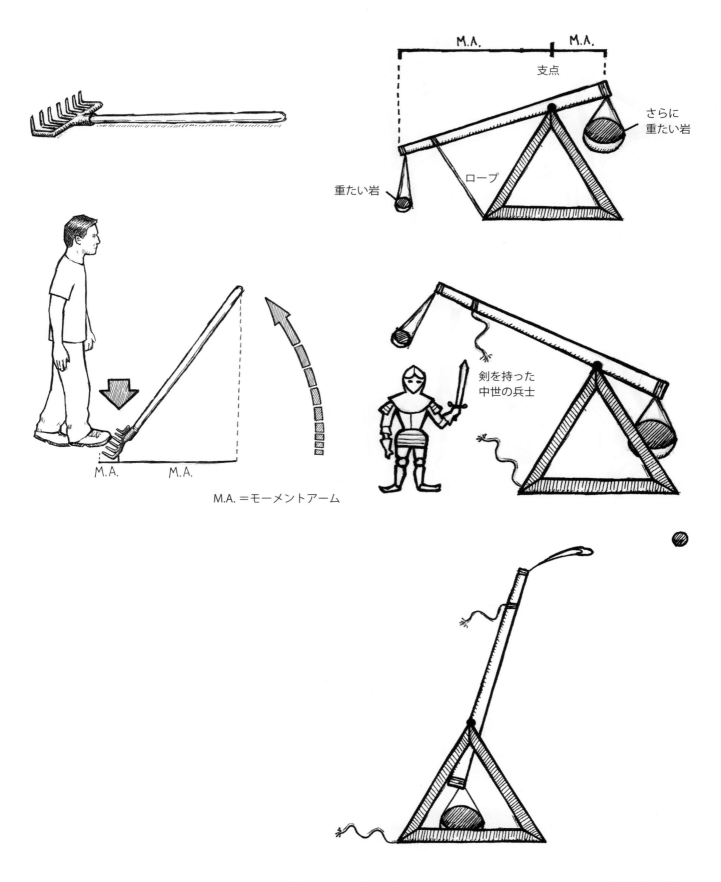

図 6-32　クリーンでは、腕の先にあるバーベルを加速するために背中の長いモーメントアームを使っている。これは股関節で起こる跳ね上げを利用する形になる。中世の城攻めに使われた投石機は、これと同じてこの原理を用いている。背中の角度を立ててモーメントアームを短くしようとするよりも、この比較的長いモーメントアームを積極的に利用することができる。

187

6 | The Power Clean

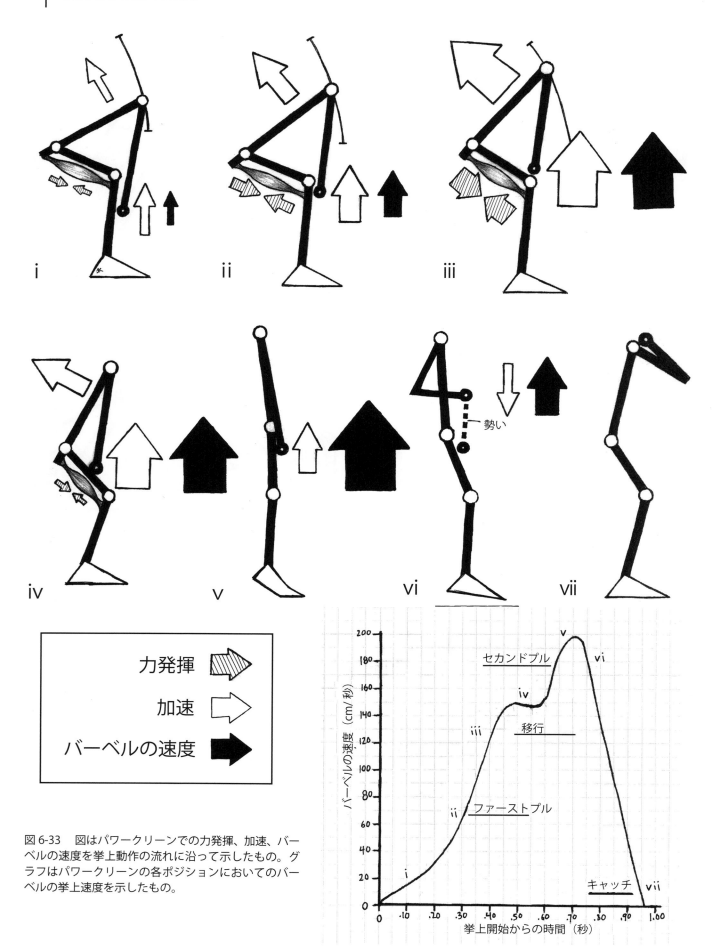

図 6-33　図はパワークリーンでの力発揮、加速、バーベルの速度を挙上動作の流れに沿って示したもの。グラフはパワークリーンの各ポジションにおいてのバーベルの挙上速度を示したもの。

The Power Clean | 6

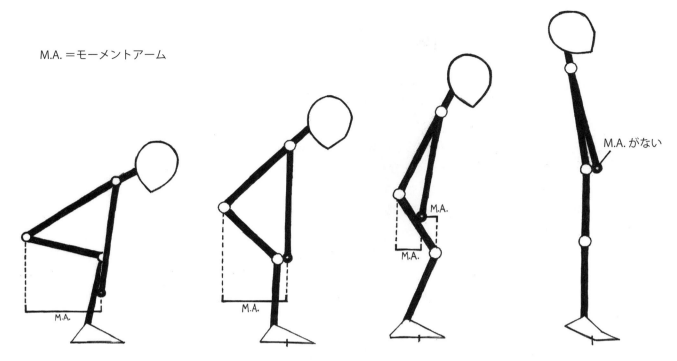

図6-34 バーベルと股関節、バーベルと膝のあいだにできるモーメントアームの長さの変化。膝が曲がり直すとき、太ももに沿って生まれるモーメントアームは膝を伸ばす筋肉の働きになる。

は起こりません。高重量のデッドリフトは挙上速度が遅く、体勢を作り直そうとしてバーベルの速度がさらに落ちるとバーベルの動きが止まってしまいます。パワーリフティングのルールで禁じられた「ヒッチング」の状態になってしまうのです。)

挙上動作のこの段階で、立ち上がろうとするのが早すぎたり、直立しようとし過ぎたりすると膝の曲がりが大きくなり過ぎて、背中の角度を起こして加速することがうまくいかなくなります。膝が曲がりすぎると、ハムストリングが遠位側で緩み、最大限に収縮することができなくなります。そして、挙上動作の最も重要な部分でポステリアルチェーンを十分に使えなくなります。意識的に股関節とバーベルのあいだのモーメントアームを短くするために、加速する前に身体を直立させようとするのはクリーンにおけるてこ働きを理解できていない表れです。バーベルの上に肩がある状態を維持しておくことで、背中を使ってバーベルを素早く跳ね上げることができるのです。つまり、ジャンピングポジションよりも前にバーベルの加速は始まります。背中の角度が立ち上がるのに合わせて、バーベルをさらに加速できる位置に膝が入り、プル動作の一番上まで持っていくのです。クリーンでは、バーベルを地面から引いた方がハングポジションからよりも大きな重量を挙げられるのはこれが理由になっています。

つまり、プル動作では2段階でバーベルを加速させるということです。1段階目はプル動作の中間で、背中が水平に近い角度から立ち上がります。2段階目は膝が曲がり直したあと、膝の伸展筋群がバーベルをさらに加速させます。1段階目がうまくいけば、2段階目が始まるまでに大きく速度が失われることはありません。そのためには、プル動作の前半がどのようにバーベルを加速させるかを正しく理解していることが必要です。

ここではバーベルが脚から離れてはいけません。肘をまっすぐに保ち、バーベルが脚の皮膚に触れた状態で引き上げるのです。バーベルがまっすぐ上に挙がるように膝と股関節が協調して伸展することで、バーベルの軌道は鉛直になり、前後へのブレ(バーベルの軌道の水平の動き)は最小限に抑えられます。先に話したように、プル動作のこの部分でバーベルが前に動いたら、ほとんどの場合でスタート姿勢に問題があります。スタート姿勢が悪いとバーベルが挙がるにつれて問題が大きくなります。バーベルを挙げていく動作中に脚から離れてしまうなど、バーベルが前に出すぎてしまっていると感じる場合にはスタート姿勢のチェックをしましょう。スタート位置で腰を落とし過ぎていたり、バーベルが前に出すぎていたりするかもしれません。または、挙上動作中、広背筋を使ってバーベルを身体に引き付ける意識を持つのが良いかもしれません。

プルの中間動作を毎回確実に正しく行うためには、正し

6 | The Power Clean

く行えたかを確認する指標を設けるという方法があります。毎レップ、バーベルで積極的に太ももの高い位置に触れるようにして、バーベルが触れる位置を感じ取ったりコントロールしたりすることができるようになると、動作を意識的にコントロールしてパワークリーンの精度を高めるのに大いに役立ちます。ジャンピングポジションを正しく捉えるためには、バーベルで太ももに触れることが必要です。そして、バーベルが触れたのをキューとして利用するとクリーン動作を正しく行える確率が大きく上がります。さらに、このキューを使うと、バーベルに太ももをぶつけにいくように関節を強く伸展させて大きなパワーを生むようになることで、クリーン動作の速度を上げることにもつながります。また、服に隠れていなければ、バーベルが太ももに当たった位置を見てフォームチェックを行うこともできます。バーベルが接触すると太ももに赤い線ができます。最も効率よく挙上動作を行うためにはバーベルが太もものどの位置に触れるべきかを考え、実際に赤い線ができた位置と見比べることでプル動作の問題を見つけることができます。

図6-35　バーベルが太ももに触れていることが重要。プル動作のこの時点では背中の角度がかなり立った状態になり、膝はここから伸展動作を完了させるための位置に入る。バーベルはこの位置から、できる限り爆発的で、なおかつできる限り鉛直に近い動きで足の中心の真上を上昇しなければならない。プル動作のこの位置は非常に重要で、ここでバーベルが太ももの前に出ていると、正しく上方向に向かうパワーを最大限に発揮することはできない。

プル動作の最終段階

　正しいスタート姿勢から膝を越えるところまでバーベルを引き上げた後は、ジャンピングポジションまでバーベルは実質的に鉛直の軌道で挙がるべきです。最も効率的にパワーを発揮するためには、プル動作のこの段階でバーベルが足の中心の真上にあることが必要です。ジャンプして足が地面から離れるとラックポジションに向けて身体をバーベルの下に落とし込むことができるようになるのですが、バーベルには力が伝えられなくなります。力が伝えられていないので、このときにはバーベルの軌道が鉛直から外れても構いません。そして、バーベルが上に向かって加速しなくなると肩でバーベルを受け止める段階に入ります。バーベルが最も高い位置に達したら、ラックポジションに入るため肘を回り込ませるときに起こる動きによって、ある程度バーベルの軌道は鉛直から外れます。バーベルが鉛直の軌道から大きく外れ過ぎてしまわなければ問題にはなりません。およそ5cm程度まででしょう。大きく軌道がズレてしまう場合には、挙上動作のどこかに問題があったということです。

　ビデオで見てみると分かりますが、クリーンとスナッチには必ずシュラッグの動作が入ります。シュラッグとは僧帽筋がコンセントリック収縮する動作で、上に向かって爆発的に動く中で肩まわりの骨に絡む組織を守ると共に、プル動作の終わりの位置でバーベルに上向きの力を加える働きをします。肩甲骨は上背部の筋肉にぶら下がる形になっており、僧帽筋や他の関連する筋肉によって脊柱とつながっています。肩甲骨が他の骨につながるのは腕と鎖骨だけです。手に重いバーベルを持ってジャンプをすると、脊柱には上向きの力がかかり、それに伴って肩甲骨は爆発的に胸郭に押し付けられる形になります。ここで僧帽筋は反射的に収縮します。クリーンを初めて覚える段階でシュラッグについて語る必要がないのは、手にバーベルを持ってジャンプした結果として起こることだからです。しかし、筋力が伸びて大きな重量を扱うようになると、バーベルの負荷に負けずに上向きにしっかり爆発するためには、意識的にシュラッグの動作を行うことが重要になります。

　ジャンプして身体が少し後ろ方向に動くなかでシュラッグは起こります。バーベルは身体の前にあるので、シュラッグを行うときに身体が前に引っ張られることのないように、少し後ろ向きの動きでなければいけません。こうすることで、このプル動作の最終段階でバーベルとリフターのシステムの重心は足の中心の真上に保たれます。ここまでに股関節は強く伸展し、バーベルを身体から少し押し離した状態になっています。また、バーベルを肩で受け止

The Power Clean | 6

図6-36　プル動作の終わりでは膝と股関節が完全に伸展する。僧帽筋がシュラッグの動作を生み、プル動作の勢いが足首を伸ばす。プル動作の終わりでは必ずこの姿勢ができる。

が重要です。肘を引き上げて腕を使ってバーベルを挙げようとする動作ほどクリーンの挙上速度を落としてしまうものはありません。

　ボディビルにはアップライトロウと呼ばれるトレーニング種目があります。手幅のせまいダブルオーバーハンドグリップでバーベルを顎まで持ち上げる動作です。ほとんどの人は脳みそのどこかに「モノを持ち上げるときには腕を使うもので、特に腰より上に挙げるなら腕を使え」と命令したがる部分を持っています。そして、ボディビルダーがアップライトロウを行っている姿が頭に浮かぶのです。アップライトロウは腕と三角筋を使います。表面的にはクリーンに似ているところがありますが、ここで取り上げる爆発的なパワークリーンとはまったくの別物です。バーベルが太もものジャンピングポジションを離れたあと、腕に意識を向けることはまったくありません。ゼロです。クリーンとはバーベルを手に持って行うジャンプであり、ジャンプのあとバーベルを肩で受け止めるために肘を前に押し出す運動です。ここでは肘の関与がまったくないかのような意識で動作を行うのです。バーベルはジャンプによって挙がり、そのあと肘が前に出て、肩がバーベルを受け止めるのです。

　バーベルがジャンピングポジションを離れたあと、ラックポジションに入るときにバーベルを大きく後ろに動かさ

めるためには、ここからバーベルの下に肘を回り込ませる必要があります。こういった要因によって、この時点でのバーベルの軌道は鉛直よりも少し前に外れるかもしれません。こうやってバーベルの軌道が鉛直から外れる直前に、パワー発揮がピークに達しています。ただ、ジャンプの前にバーベルの軌道が鉛直からズレることがあれば、それはフォームの問題でパワー発揮に悪影響を及ぼします。

　バーベルが十分に高い位置まで挙がると肘を曲げなければいけません。そして、肘を回り込ませて肘を持ち上げ、ラックポジションに入ります。肘が完全に回り込んで肘の先が前を向くとクリーンは完了します。この回り込む動作で、肘が肩よりも高い位置にくることは決してありません。もっと言うと、バーベルを肩で受け止めるまでは、肘が肩の高さに近いところまでくることさえありません。ジャンプしてバーベルに力を伝え終わったあと、肘は伸びた状態を解いて曲がり、少し高い位置へ動きます。そのあと肘は前に動いてラックポジションに入ります。**肘が曲がるのは、「地面に対して力を出すのが終わったあと」だということ**

図6-37　身体を大げさなまでに反らせるのは、バーベルが前に出すぎてしまったのに対して、リフター自身の体重を使ってバーベルを水平方向に動かそうとしている表れ（図4-24をあわせて参照）。

191

6 | The Power Clean

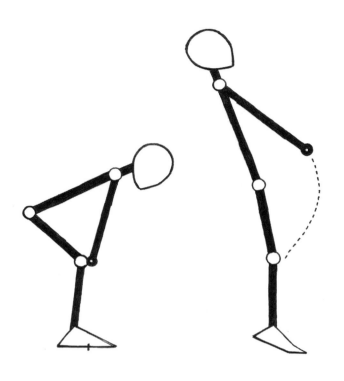

なくて済むように、バーベルは胸に近いところを通さなければいけません。ジャンプのあとバーベルを肩で受け止めるまでに、バーベルが弧を描いて身体から離れてしまうと、バーベルと肩のあいだにできる距離を詰めなければいけなくなります。これには、バーベルを後ろに引き戻す（軽い重量なら可能）か、さらに現実的なのは自分が前にジャンプしてバーベルを迎えに行く形を取るかになります。どちらの動きも効率的とは言えません。バーベルをまっすぐ上以外の方向に動かすのは力の無駄遣いです。その力をもっと有効に使うべきです。

バーベルが弧を描いてしまうのを矯正するには、まずバーベルが前に動いている理由を考えます。バーベルがまだ太ももの低い位置にあるのに早くジャンプしてしまうと、背中の角度が十分に立っておらず、バーベルは前に出て弧を描きます。バーベルをまっすぐ上に挙げるためには、ジャンプの前に股関節の伸展がほとんど終わって背中が十分に立っていることが必要です。これができていないと、股関節の伸展の残った分がバーベルを振り出すことになるのです（図6-38参照）。

この問題が起こっている場合には、ジャンプするときにバーベルが太もものどの位置にあるかを確認します。クリーンを終えたらすぐにズボンを脱いで（控えめにね）、太ももにバーベルが当たってうっすら赤い線が浮かんでいるのを見つけます。バーベルが当たったあと数秒程度は、この赤い線が見えるものです。もしくは、バーベルにチョークを塗って、ズボンにバーベルが当たった位置を確認しや

図6-38　バーベルが太ももの低い位置にあるのにジャンプに早く入ると、バーベルは前に振り出される。これは背中の角度に原因がある。プル動作の最後は股関節の伸展によって、まっすぐ固定された背中に生まれる角速度が重要になる。背中の角度が十分に立っていないと、ジャンプが生む力は鉛直ではない方向に向かってしまう。

  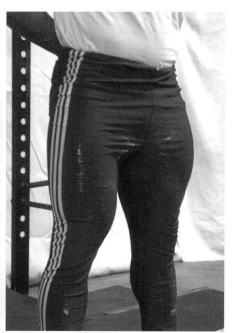

図6-39　ウェイトルームでチョークはさまざまな目的に使える。この場合、ジャンプするときにバーベルが太ももに触れた位置を確認し、フォーム調整の判断材料とすることができる。

The Power Clean | 6

すくするという方法もあります（図6-39参照）。バーベルが太ももの低い位置にある段階でジャンプしていると分かった場合には、ジャンプするのをもう少し待つか、太ももの高い位置にバーベルが触れてからジャンプするという意識を持ちましょう。

プル動作のはじめの方で体重がつま先にかかっているのが原因でバーベルが弧を描いている場合、地面についた踵がフワついて感じられます。そして、バーベルが膝を越えるときに膝の位置が前に出た状態になります。こういう動作でバーベルが弧を描くのは、地面から引き始めた段階ですでにバーベルは前に動き始めているからです。これはバーベルの軌道をビデオで確認したり、コーチに見てもらうと分かります（図6-40参照）。バーベルを地面から引き始めるときに、体重をつま先から足の中心に移しましょう。そして、バーベルが太ももの高い位置に来てからジャンプするまで、しっかり踵を地面につけておくことです。

正しい位置でジャンプしているにもかかわらずバーベルが弧を描いてしまう場合、バーベルを太ももから前に押し出してしまっているのかもしれません。これはどちらかと言うと珍しいミスですが、バーベルを身体に沿ってまっすぐ上昇させるのは「上にジャンプする」という動作であり、これができていないことが問題です。パワークリーンの動作を正しく理解できておらず、「クリーンではバーベルを太ももで弾ませて振り上げ、肩で受け止める」というイメージを持っていると、このミスが起こります。本書のパワークリーン習得方法ではこのようなミスがほぼ起こり得ないのですが、この習得方法を実践する前に受けた指導で悪い癖がついていて、それが影響することはあります。ジャンプすることと腕を正しく使うことを強く意識すると、プル動作の最後の位置でバーベルを身体に近く保つことができます。必要であれば、この位置でシュラッグを行う意識を持っても良いですし、バーベルがシャツに触れるように挙

図6-40　バーベルの軌道の問題が膝の下から起きている場合。スタート姿勢が特に悪いときに起きる。踵がしっかり地面についておらずフワついた状態で、膝が前に出て、バーベルも足の中心よりも前に出る。

図6-41　バーベルをシャツに触れるように挙げると、理想的な鉛直の軌道に近づく。シャツに触れるという意識を持つと、問題の原因となったプル動作のミスを正すことにつながる。バーベルをシャツに向かって引き上げていると、バーベルを前に振り出すことはできなくなる。バーベルの引き始めから身体からバーベルを離さないように挙げていると、膝と股関節はバーベルを前に振り出すような動きができなくなる。ただし、腕を使ってバーベルをシャツに触れるように挙げるとアップライトロウであり、世界で最も役に立たないトレーニング種目になる。

6 | The Power Clean

図6-42　プル動作からバーベルを受け止めるまでの移行は非常に素早い動作になる。バーベルの加速が終わると、身体はすぐに上向きから下向きへと動きの方向を変えラックポジションに入る。プル動作で重力に逆らってバーベルを持ち上げる力が加わらなくなると、バーベルはすぐに減速し始め、上向きの速度がゼロになり、下向きに落ち始める。バーベルが大きく落ちてしまう前に肩で受け止めなければならない。バーベルがいくらか下に落ちてしまうことは避けられないが最小限に抑えることが必要になる。重力によってバーベルが下向きに加速して大きな勢いがついてしまうとコントロールするのが難しくなる。

げるのも良いでしょう。バーベルが胸の前を通るときに、それを感じられるくらいバーベルを身体に近いところを通すようにしましょう。こうすると自然とシュラッグは起こるものです。

　実際のところ、バーベルがシャツに触れるように挙げると、バーベルを地面から引き始めるところで問題があったとしても、たいていの場合は解決してしまいます。一連の動作の後半にある問題に意識を向けると、動作の前半で起こっていた初めの問題が無意識のうちに解決されるというおもしろい一例です。つま先よりもシャツは後ろにあり踵に近いので、ラックポジションに入る前に実際にバーベルでシャツに触れると体重が踵よりにかかります。問題点とは違うところに意識を向けることで問題が解決するこういった工夫は、ウェイトルームや運動全般で有効な場面が数多くあります。

　クリーンでもスナッチでもプル動作の最終段階では同じ姿勢になります。膝と股関節は完全に伸展し、足首は底屈（つま先立ちの状態）し、肩は僧帽筋によってシュラッグした状態になります。顎は少し上を向くかもしれませんが、首が過伸展することはなく、頭は首に対して自然な位置になります。この時点では肘は伸びたままで、身体は少し後

ろに反ります（図6-36参照）。プル動作で膝と股関節が伸展することで生まれるパワーを出し切った場合に、この姿勢ができあがります。しかし、膝と股関節を可動域いっぱいまで伸展させず、この力学的に最もパワーの出る姿勢に到達できていないことがよくあります。ジャンプで得られるパワーを出し切らせるために、世界中のトレーニング施設でコーチがアスリートに向かって「引き切れ！」というキューを叫ぶのです。

　プル動作の終わりで完全に伸展した姿勢では、リフターはつま先立ちの状態になりますが、積極的に足首を伸ばすことが爆発的な動作に大きく貢献しているわけではありません。ふくらはぎの筋肉は確かに収縮して力を出しますが、プル動作の最終段階でつま先立ちの状態になるまで身体が持ち上がるのは、膝と股関節の伸展によるものです。一部には、カーフレイズをプログラムに入れて成果を上げているコーチもいます。これはプル動作の最終段階で、リフターがこの部分を意識できるようになることが効いているのかもしれません。プル動作の終わりでどういう姿勢に入るべきかを意識させる意味で「つま先！」というようなキューを使うと、引き切らせるために有効になるかもしれません。しかし、足首を強く底屈させようと意識をしても、クリー

The Power Clean | 6

ンが大きく改善することはほとんどありません。

バーベルを受け止めるためラックポジションに入る過程で足が地面から離れます。そして、先に話したように足が地面から離れるとパワー発揮は止まります。プル動作のスタンスから足が動くと、それ以上足で地面を押すことはありません。逆に、足が地面を押していれば足は動くことができないのです。膝と股関節が完全に伸展するのがプル動作の最終段階で、この姿勢に入ったらバーベルに力を加えて上昇させるプロセスは終わります。プル動作のあと、腕の力で大きな重量を挙げることはできません。腕の力が強かったとしてもバーベルを引き上げる力は落ち、結果としてバーベルの挙上速度は落ちることになります。実際にはバーベルが上に向かう勢いはあっという間に失われ、そのあとバーベルは落ち始めます。バーベルが落ちる前に肩で受け止めなければいけないので、急がなければいけません。プル動作のスタンスからキャッチのスタンスへの移行が速いほど、バーベルが減速する時間を短縮することができます。

パワークリーンにおいて、特に意識しなくても自然と起こることがいくつかあると話しました。同じように、プル動作のスタンスからスクワットで取るのに近いスタンスに足が動くのも自然と起こります。ジャンプして足が地面から離れ、再度着地した結果として起こることです。両足が横方向に動いて少し外に出ることで、膝と股関節が着地の衝撃をうまく吸収できるようになります。ここで足が横方向に動くのは反射的なもので有効ですが、前にジャンプしてしまうのはいけません。前にジャンプしてしまうのは、たいていの場合バーベルの軌道に問題があり、バーベルを

上に挙げるのに使うべき時間とエネルギーを無駄遣いしてしまいます。また、ジャンプのあと足幅が広くなりすぎるのも良くありません。足幅を大きく広げるにはそれだけ時間がかかります。つまり、プル動作の最終段階でバーベルを引き切るために使えた時間を、足幅を広げるために使ってしまっていることになるのです。

ラックポジション

肘を回り込ませて持ち上げ、肘の先が前を向いた姿勢がラックポジションです。肘を回して持ち上げると三角筋が収縮した状態になります。三角筋が胸よりも高い位置にくるので、バーベルが胸骨に当たることがなく、苦痛なくバーベルを保持することができます。ここでは、ほとんどのリフターがグリップをいくらか緩めます。一部にはフックグリップで握っていたのを解くリフターもいます。フックグリップを解くのは問題ではなく、さらにラックポジションをうまく取るために薬指と小指をバーベルから離すことがあっても構いません。柔軟性が非常に低いリフターでは、完全にバーベルを放してしまうこともありますが、これは良くありません。ラックポジションにおいて最も重要になるのは、肘を上げることと、それによって三角筋を盛り上がらせ、バーベルを載せる場所を作ることです。

これは、フロントスクワットで正しくバーベルを担いだときと同じ姿勢になります。正しいバーベルの担ぎ方とは、三角筋で最大限に重量を支えることができる姿勢です。正しい姿勢を取るとバーベルは三角筋の筋腹に載ります。三角筋は肘を高く保ち、バーベルが胸骨に載るのを防ぐ働き

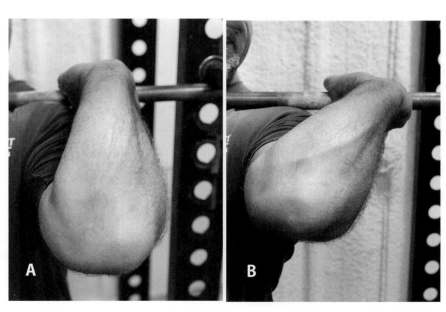

図6-43 (A) ラックポジションで前腕が上腕の上に重なった状態。(B) 腕が回旋し、上腕と前腕がとなり合った状態。

195

6 | The Power Clean

図6-44　パワーラックを使ったこのストレッチでは、ラックポジションに必要な柔軟性を伸ばすことができる。

図6-45　（左）バーベルの下に指4本が触れているのが理想的な状態。柔軟性が不足していると、バーベルから指を離すことが必要になるかもしれない。最も重要なのは肘の位置なので、肘を上げるために必要なことをする。

をします。胸郭は上背部の筋群の張力で持ち上げられ、肩は僧帽筋が持ち上げ、体幹全体はアイソメトリック収縮によってがっちり固定され、さらにバルサルバ法によって安定性が高まります。この姿勢ができると、クリーンで挙げられる重量は楽に保持することができます。

　ラックポジションでバーベルを担いだとき上腕骨が外旋した状態になると、上腕に対する前腕の位置がベストになります。これは前腕が上腕の上に重なるのではなく、上腕の横に並ぶ形になるということです（図6-43参照）。肘を上げると共に内側に向ける意識を持つとうまくいきやすいです。この姿勢ではバーベルを支えるのに使える筋肉が増え、前腕と上腕の骨が重なりあった状態よりも肘を高く上げることが可能になります。このようにラックポジションでバーベルを担ぐときには腕が外旋します。これはクリーンを覚えるときに肘を曲げないように腕を内旋させた結果として起こります。この腕の外旋は、ジャンプからラックポジションへと移行するあいだに起こり、クリーンの動作に見られるキレにもつながります。

　バーベルをキャッチするときに肘が地面を向いてしまう人が多くいます。このミスが起こってしまう原因には、ラックポジションの意味を取り違えている場合、柔軟性が不足している場合、前腕の長さに対して手幅がせま過ぎる場合などがあります。さまざまな理由からこの姿勢を取ろうとしない人がいますが、柔軟性が十分にあって、自分の身体の構造に合った手幅を取っていると、身体的には肘をこの位置に持ってくることができるはずです。バーベルの担ぎ方が悪くて肘が上がらず、それによって三角筋が十分に盛り上がらず、バーベルを胸骨にぶつけてしまうという経験を何度かすると、おじけづいてしまい、手でバーベルを持ち上げようとして問題を悪化させてしまうことがあります。一度バーベルを担ぎ、そこから肘を正しい位置まで持ち上げてみてください。バーベルが胸骨から離れるまで肘を高く上げるのです。こうすると、肘をどこまで上げるべきなのかが分かります。もし、これができないようならストレッチを行うか、この姿勢に入れるように手幅の調整を行うことが必要になります。

　手首や上腕三頭筋の柔軟性が不十分で、肘を素早く正しい位置まで回り込ませることができない場合が多くあります。手首の柔軟性が不足しているのは比較的分かりやすいですが、上腕三頭筋の柔軟性が不足していることで肘を高く上げられず、十分に三角筋を収縮させられない場合もあります。可動域を広げるには、パワーラックとバーベルや

棒状のものを使うと手首や上腕三頭筋のストレッチを行うことができます（図6-44参照）。

柔軟性の不足によって、しっかり肘を回り込ませてラックポジションに入ることができない場合、バーベルの下に指を入れるのを諦めても構いません。指はバーベルに力を伝える最後の部位ですが、プル動作が終わったあとは指が力を伝える役割も終わります。このことを話すと混乱を招くことがありますが、ラックポジションにおいて指はバーベルを保持する働きをしておらず、肘が回り込み始めると指はクリーンの動作に不可欠ではなくなります。そのため、ラックポジションでは柔軟性に合わせて指を動かして構わないのです。バーベルを握ったままでもいいですし、人さし指、中指、薬指だけがバーベルに触れている状態でも構いません。

柔軟性は十分にあるものの、バーベルを素早くラックポジションに持ってくることができない場合、バーベルを強く握ろうとし過ぎて肘を上げることができなくなっているのかもしれません。この場合は、少し手をリラックスさせて、肘を正しい位置まで素早く上げる気持ちが必要なだけです。2～3回やってみて、正しく実施できたときの感覚をつかみましょう。素早くラックポジションに入るのに役立つ心理面での工夫がいくつかあります。コーチの手に自分の肘をぶつけるところをイメージしてみてください。また、肘を上げていくときに、肩をバーベルに向かわせたり、肩にぶつけにいくイメージが効く場合もあります。ここで絶対に理解しておかなければいけないのは、肘の先が前を向くまではバーベルを肩で受け止めることができないということです。この位置まで肘が上がってくる前に肘を回り込ませる動きを止めてしまうのは許されません。

バーベルを肩で受け止めると同時に、足は地面をたたきます。ジャンプをすると足は地面から離れ、もう一度着地することになります。そして、この動作を爆発的に行うために地面に足をたたきつける意識を持つのです。クリーンの頂点では、すべての動作が爆発的でなければいけません。足を地面にたたきつけることで、同時に起こっている他の動作すべてを同調させることができます。足で地面をたたく方が感覚が良く、身体は同時にバーベルを肩で受け止めようとし、まったく同じタイミングでバーベルが肩に載ります。足で地面を素早くたたくと、それにつられてバーベルを肩で受け止める動作も素早くなります。このふたつの動作はかなり自動的に同時に起こります。足で地面をたたくのとバーベルを肩で受け止めるタイミングがズレる人は多くありません。ズレると大きな違和感があるものです。つまり、足で地面をたたくとバーベルを肩で受け止める動作にキレが出るのです。足が着地するときには、バーベ

図6-46　足を大きく横に広げてしまうのは、初心者や指導を受けたことのない高校生アスリートに非常に多い。肘の位置が悪かったり、身体を反らせてしまったりといったラックポジションでの他のテクニック上の問題と同時に起こることが多い。この問題は、地面をたたくという仕事を足に与えると矯正できる。このときはスタート時と同じ足幅や、ほんの少し広い程度の足幅を使う。

ルの重量をキャッチする衝撃を吸収するために、ある程度膝を曲げることが必要になります。膝が完全に伸びた状態でバーベルをキャッチするのは望ましくありませんが、これも違和感が大きいので実際にはあまり起こりません。つまり、足で地面をたたくことで動作が素早くなり、さらにキャッチの衝撃を吸収することができるのです。

先に話したように、足を地面にたたきつけたときには、おおむねスクワットのスタンスと同じ位置になります。実際には、左右それぞれ5cm程度外側に足をつくことになります。スクワットのスタンスよりも広く足を広げる人もいて、スクワットよりも大幅に広くなる人もいます。これはバーベルを高く引き上げる代わりに、身体を低く落とし込んでバーベルの下に入ろうとする試みです。ここまで足幅を広げるには距離が大きく時間がかかり過ぎ、足の角度が地面をたたきづらくなるので、しっかり地面をたたくことができなくなります。足を地面にたたきつけるのは素早い動作ですが、足を外に大きく広げる動作は素早くできません。これを矯正するには、バーベルを持たずにスタート姿勢の足の位置で地面に足をたたきつける練習をします。

6 | The Power Clean

そして、バーベルを肩で受け止める動作を正しく行える軽めの重量を使って、足の位置に注意しながらクリーンを行います。問題がしぶとく残る場合は、足が横に広がるのを十分に修正するために、プル動作で使うスタンスや、それ以上にせまいスタンスで足を地面にたたきつける練習が必要になるかもしれません。足を横に広げる動作は危険で、コントロールが効きにくく、効率も悪いので癖になるのは良くありません。パワークリーンでの狙いはバーベルをできるだけ高く素早く引き上げることです。バーベルの下に楽に身体を落とし込みたいのではなく、バーベルを高く引き上げたいのです。バーベルの下に身体を落とし込みやすくするのであれば、スクワットのスタンスを使うか、スプリットクリーンを行うべきで、こんなヘンテコな劣化テクニックの出番はありません。

足を地面にたたきつけるときに起こる問題がもうひとつあり、英語では「ドンキーキック」と呼ばれます。踵を後ろに高く跳ね上げてから地面にたたきつけるという動作で、横から見ると膝の屈曲のようにも見えますが、ただ音をたてるためだけの動きのようにも見えます。プル動作をしっかり引き切るために効率的な動きとは言えません。素早く動作を行わなければいけない場面で時間を無駄にしてしまい、プル動作の最後の10%～20%程度を台無しにしてしまうことがあります。バーベルをできるだけ高く引き上げるのを阻害するものは、すべてクリーンで挙げられる重量に悪影響を及ぼします。ドンキーキックはプル動作の最終段階での足の動きを誤解していることが原因で起こるもので、本書の習得方法を使ってクリーンを覚えると問題にはなりません。ドンキーキックは、つま先立ちの状態でバーベルを高く引き上げることに意識を集中させると矯正することができます。

バーベルを肩で受け止めたら、肘をラックポジションに保ったまま直立した姿勢に戻ります。完全に直立した姿勢でバーベルを安定させる前にバーベルを下ろしてしまう癖をつけないようにしましょう。ラックポジションに入ったあと急いでバーベルを下ろそうとしていると、気付かないうちにラックポジションに入ることを急いでしまうようになり、ラックポジションへの入り方がおかしくなってしまうかもしれません。こういう癖がつくとすぐ事故につながります。クリーンは各レップを正しく行いましょう。

パワークリーンは、スクワットやデッドリフトのように歯を食いしばりながら粘って挙げ切れる動作ではありません。例えば、デッドリフトでは多少姿勢が崩れても、十分な筋力があればとにかく強く引くことで挙げ切ることができます。フォームに多少の問題があっても、動作がゆっくりなので引き切るまでに修正する時間があります。それに

対してクリーンは1秒もかからないので、フォームに問題があればバーベルをラックポジションまで挙げることができません。クリーンを構成する筋力、パワー、テクニックという要素がすべて揃って始めてバーベルをラックポジションまで挙げることができるのです。クリーンはスクワットやデッドリフトのような「遅い種目」よりも身体の使い方がずっと複雑になるので、ひとつひとつの要素の影響を敏感に受けやすくなるということです。このことは、すべてのリフターが「100kgなら何度も成功しているのに、105kgになるとまったくラックポジションに持っていけない」というような経験をすることに表れています。プル動作の最終段階ですべての要素が揃い、ラックポジションまでバーベルを挙げ、肩で受け止める動作に貢献するのです。遅い種目は全力を出したときの絶対筋力がものを言います。シンプルに「正しい姿勢で力を出す」という能力です。それに対して、クイックリフトでは正しいタイミングで正しい場所に最大限のパワーを出す能力が求められます。両者ははっきりと違うスキルであり、トレーニングに取り入れたときには種類の異なるストレスとなり、種類の異なる適応につながります。遅い種目と爆発的挙上種目のこういった違いを認識しておくことが、バーベルトレーニングを理解するためには不可欠になります。

バーベルを肩で受け止めたあと

バーベルを肩で受け止めて直立姿勢に入ったら、自分自身やトレーニング用品を傷付けないようにバーベルを安全に落とさなければいけません。どういう方法を採るかは使っている道具によって変わります。プラットフォームとバンパープレートを使えるのが理想で、その場合はラックポジションからバーベルを落とすことができます。ただし、バーベルがバウンドして地面に着いた場所から動いてしまわないようにバーベルをコントロールすることが必要です。これにはバーベルを水平に保って落とすようにしましょう。バーベルを肩から落としたら、バーベルが地面に触れる直前まで手を離さずに添えておくのです。手を添えずにフリーな状態で落下させると、バーベルが左右非対称にバウンドしてしまう確率がずっと高くなります。さらに左右非対称に地面に落ちるとバーベルがしなって曲がる可能性も高くなります。そして、減速によるせん断力がシャフト全体に伝わります。高級なバーベルでもこれで歪んでしまうことがあります。

バンパープレートが使えない場合は、バーベルを下ろすのがキツくなります。ラックポジションからバーベルを放し、ハングポジションでキャッチし、そこから地面に下ろ

The Power Clean | 6

図6-47 爆発的挙上種目をリフターにとって安全で、バーベルやプラットフォームにやさしいものにするためにバンパープレートが使われる。バンパープレートは落下の衝撃を吸収するように作られているので、リフター本人がエキセントリック動作を行って下ろすのではなく、バーベルを地面に落としてしまうことができる。バンパープレートが開発される以前は、リフター本人の力で下ろさなければいけなかった。ただし、バウンドをコントロールするため正しく使うことが求められる。一般的に通用するルールとして、バーベルが地面に触れる直前まで手を離さないと覚えておこう。

します。こうして床やバーベルが傷付くのを避けるのです。バンパープレートが広く普及するする前には、クリーンやスナッチではこうしてバーベルを下ろすものでした。つまり、不可能なことではまったくありません。ただ、バーベルを太ももに直接落とすと非常に痛いのでコツが要ります。バーベルは落とさなければいけませんが、手を離さず、ある程度の力をかけてバーベルが太ももに当たるときの落下速度を抑えるのです。バーベルの落下を減速させるのは僧帽筋です。ジャンプ時のシュラッグと逆の動きになります。ここでバーベルをコントロールした状態で一旦止めて、それから地面に下ろします。また、金属プレートを使う場合には床を保護するためにゴムマットを敷いておくのが賢明でしょう。しかし、それよりもバンパープレートを手に入れましょう。バンパープレートは「必要」と考えてもいいくらい重要なものです。

パワースナッチ

パワースナッチはフォームが非常に複雑で習得するのも教えるのも難しいと言われがちですが、実際にはパワークリーンと比べて、より複雑だということはありません。パワースナッチもバーベルを手に持ってジャンプしたあとにラックポジションでバーベルをキャッチします。パワークリーンではバーベルを肩で受け止めていたところが、パワースナッチのラックポジションではバーベルを頭の上でキャッチし、肩関節の真上でバランスさせるというだけです。パワースナッチもバランス、力の伝達、てこの作用に支配されています。パワークリーンよりも可動域が大きく、バーベルに力を伝え終えてからの移動距離が長いという特徴があり、そのためパワークリーンよりも軽い重量で行い、ジャンプ前後で高い速度が必要になります。しかし、なんらかの理由でパワークリーンのラックポジションに入れない人にもパワースナッチなら行えるという場合がよくあり、パワースナッチでは軽い重量を使うという特徴が合うプログラムもあります。パワースナッチを恐れる必要はありません。フォームを習得するのは大して難しくありませんし、有効なトレーニング種目なのですべてのリフターがパワースナッチのやり方を覚えるべきです。

パワースナッチで最も目につきやすい特徴は手幅の広さでしょう。身長が高く腕の長い人では、バーベルの長さいっぱいの手幅を取ることになる場合もあります。バーベルの端のスリーブからスリーブまでいっぱいに手幅を広げるということです。こうやって手幅を広く取るのはバーベルの移動距離を短くするためです。クリーンと同じようにジャ

図6-48 ふたつのプル動作の手幅のちがいによって背中の角度が変わる。

199

6 | The Power Clean

図 6-49　パワースナッチ

The Power Clean | 6

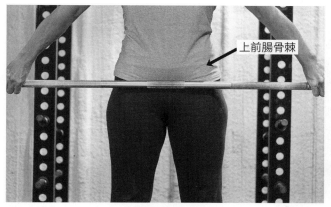

図6-50　バーベルが上前腸骨棘と恥骨のあいだにくる手幅

ンプのあとはバーベルに力を伝えることができません。バーベルは足が地面から離れるまでについた勢いで上昇するしかないので、バーベルを挙げなければいけない距離を縮めることができれば有利になります。手幅を広げるとスタート姿勢が変わることになりますが、バーベルを挙げる距離は12cm〜15cm程度抑えることができます。手幅を広げると実質的に腕が短くなったのと同じ効果を生み、スタート位置で背中が前傾することになります。背中が前傾することでお腹と太ももが干渉しないように、つま先と膝をさらに外側に向ける必要が出てくるかもしれません。

　表面的には、パワースナッチでは腕を使ってバーベルを頭の上に持ち上げているように見えます。手幅が広いことが素人の目には誤解の素になるのかもしれません。クリーンの方がプル動作であることが分かりやすいようです。しかし、パワースナッチはバーベルを手に持ってジャンプする動作として理解しなければいけません。ジャンプのあと頭の上でバーベルをキャッチします。このキャッチは、身体を落として腕を伸ばす姿勢に入ることで可能になります。腕を使ってバーベルを挙げるのではなく、弧を描く軌道でバーベルを振り上げるのでもありません。効率的に行えばジャンプによってバーベルは実質的に鉛直の軌道で挙がります。地面に立って行う他のバーベルトレーニング種目すべてとまったく同じです。

　パワースナッチは高校を卒業したアスリートを指導するストレングスコーチに人気のトレーニング種目です。本書で言うところのジャンピングポジションから行うハングパワースナッチがよく用いられます。パワースナッチを実施するには、ある程度の運動能力が求められ、バーベルの移動距離が大きく、爆発的な動作であることなどが人気の理由です。人間の行う運動の中で最も大きなパワー発揮が記録されたのはスナッチのセカンドプルだという事実もあります。クリーンではうまくラックポジションには入れない体格の大きなリフターでも実施できますし、パワークリーンと比較して習得が難しいということもありません。すでにやり方を覚えていれば大学のウェイトルームでトレーニングに詳しい人に感心してもらえるでしょう。しかし、扱える重量が小さくなるので、パワークリーンほどの適応を促す効果がありません。パワースナッチではバーベルの軌道が弧を描きやすく、バーベルを肩関節の上まで挙げたときにしっかりシュラッグを入れるには、肩の柔軟性が十分になければいけません。また、バーベルの移動距離が長い分だけミスをする時間ができ、パワークリーンよりもフォームに問題が出る場面が多いと言えるかもしれません。

　パワースナッチの習得には実質的にパワークリーンと同じ方法を用い、習得までにかかる時間もおおむね同じです。パワークリーンの場合と同じように動作を上から下へと覚えていきます。まず、ジャンプとラックポジションでのキャッチを確実に押さえ、そのあと動作の前半部分に地面からバーベルを引き上げるデッドリフトを入れる形になります。

　まずは、ウェイトプレートを付けずバーベルシャフトのみを手に持ち、プル動作の終わりの位置からスタートします。クリーンと同じように、これが**ハングポジション**となります。動作を習得するあいだ、ハングポジションはレップ間にバーベルを保持する基本姿勢になります。また、プル動作を覚えるにはPVCパイプやほうきの柄ではやはり軽すぎます。自分に合ったトレーニング用品を確保しましょう。女性がスナッチを覚える際には、15kgのバーベルを使うことを真剣に考えるべきです。女性は手が小さいことが多く、スナッチでバーベルを握る角度でグリップを取るのが難しい場合が多いです。男性は20kgのバーベルであれば、はじめはなんでも構いません。スナッチやクリーン&ジャークを高重量で行うにはオリンピックウェイトリフティング用のバーベルの方が適しているのは間違いありませんが、初心者が動作を覚える段階では、どんなバーベルでもほとんどが十分に役割を果たしてくれます。

　スナッチでは腕の長さを測り、その何パーセントかに合わせてバーベルに印を付けて手幅を決めるという方法を勧める指導者が多くいます。しかし、はじめにどれだけ正確を期して手幅を決めたとしても、結局は実際に動作がうまくいく手幅に調整するものです。実際に動作がうまくいく手幅とは、ジャンプをするときにバーベルが身体のどの部分に当たるかで決まります。手幅がせま過ぎると、手幅を広く取った場合の利点を得ることはできません。（当たり前の話です。）手幅が広すぎると骨盤上部をぶつけてしまいます。つまり、バーベルが上前腸骨棘と恥骨のあいだにくる手幅が最適ということになります（図6-50参照）。

6 | The Power Clean

図 6-51　手幅を適切に取ると手に角度がつき、薬指と小指がバーベルに接触する面積が小さくなる。スナッチでは主にフックの部分がバーベルを保持する形になる。

　手幅を決めるには、まずバーベルをオーバーハンドグリップで握って立ち、両手をバーベルのスリーブの近くまで少しずつ広げていきます。バーベルが下腹部の上前腸骨棘と恥骨のあいだにくる手幅を使うのがベストな方法です。この方法でバーベルの位置と手幅を決めると、下腹部に対するバーベルの位置は 5cm 程度の範囲におさまり、両手の位置には左右それぞれ 2cm ～ 3cm 程度の範囲ができます。迷ったときには手幅を広めに取るようにしましょう。バーベルを挙げる距離を短くすることができます。手幅が決まったらバーベルに入ったラインと自分の手の位置関係を確認しましょう。これで毎回確実に同じ手幅を取れるようになります。

　クリーンで覚えたフックグリップの出番です。スナッチでは手幅を広く取ることからバーベルを握る手の角度がキツくなります。結果として、薬指と小指は大きな働きをせず、主に親指、人さし指、中指を使ってバーベルを握ることになります。バーベルを保持する仕事を少ない指が行わなければいけないので、フックグリップを使う重要性が高くなります。フックグリップはすでにクリーンを行うために覚えているので、この段階では問題なく使えるはずです。チョークを使うことも重要になります。スナッチが行えるジムであれば、適度な範囲でチョークを使うことが大きな問題にはならないはずです。

　バーベルを握ったら、下腹部に対するバーベルの位置を確認しましょう。まっすぐに立ったときにバーベルが皮膚に触れている状態になります。胸を張り、肘は伸ばして内旋させ、股関節と膝は伸展し、目は前を見つつ少し視線を下に向け 4.5m 程度前の地面に視点を置きます。足はプル動作の標準的なスタンスを取ります。クリーンやデッドリフトと同じように踵を 20cm ～ 30cm の間隔で広げ、つま先を少し外に向けます。スタンスの調整は後で行います。

　肘が内旋していることが重要です。こうすることで腕を

図 6-52　ハングポジション

The Power Clean | 6

図 6-53　パワースナッチのラックポジション。僧帽筋がシュラッグした状態でバーベルは頭の上で保持される。僧帽筋は肩甲骨を支えるので、間接的に腕も支えている。

完全にまっすぐに保つ意識づけができます。バーベルを握ったら、手のひらを地面に向けて立つときと同じ方向に腕を回し、次に親指を地面に向けます。スナッチの最後でバーベルを受け止めるときには腕が外旋します。腕を反対の方向に回すということです。スナッチでバーベルを受け止める動作に特有のキレの大部分は、こうやって腕を回すことからきています。

次は**ラックポジション**です。スナッチでは頭の上でバーベルを受け止めるときには、ちょうどプレスでバーベルを挙げ切った位置で手幅を広げたような姿勢になります。バーベルが肩関節の真上にあるとき、バーベルの負荷と回転軸のあいだにモーメントアームがなくなりバランスが取れます。また、ラックポジションでバーベルを保持した状態で首はかなり自由に動けることを考えると、ラックポジションに頭や首は関係ないと言うことができます。ラックポジションでは、バーベル、肩関節、足の中心が鉛直線上に並びます。これは重量が大きくなると非常に重要になります。

スナッチグリップでバーベルを握り、どんな形でも構わないので頭の上までバーベルを挙げます。フックグリップを解かないようにしましょう。腕は完全に伸ばします。ハングポジションでは腕が内旋していたところから、頭の上では外旋した状態になります。手のひらをまっすぐ天井に向けるようにすると、腕が外旋した状態になります。フッ

図 6-54　（A）正しい握り方。フックグリップを解かず手のひらを上に向ける。（B）親指を絡めて握ろうとすると腕で正しくバーベルを支えることができず、肘が内旋して危険になる可能性がある。

203

6 | The Power Clean

図 6-55　頭の上に挙げたバーベルは肩関節の鉛直線上にくる。ここから少しでも前か後ろにズレると、モーメントアームが生まれて姿勢を保持しにくくなる。

クグリップを解かずにバーベルを握っていると、手の中でバーベルが指の方に転がってバーベルと手首のあいだに長いモーメントアームが生まれるのを防ぐことができます。てこの作用がいくらか働くことは避けられませんが、フックグリップを解かないことで過剰になるのを防ぐことができます。

バーベルを頭の上まで挙げたら肩関節の上でバランスが取れていることを確認します。バーベルを少し後ろに押してみて、どこまでバランスが保たれるか試してみましょう。次にバーベルを前に動かして、重量がバーベルを前に引っ張り出そうとするのを感じます。バランスが取れるのはちょうど真ん中で、肩を回そうとする力が前にも後ろにもかからない位置になります。この位置は、ほとんどの人が正しいと思う位置よりも少し後ろになります。このことは特にバーベルを頭の上で保持すると教えられてきた人に当てはまります。ここでは腕を完全に伸ばした状態を保ちましょう。

バーベルのバランスが取れる位置が分かったら、ラックポジションの仕上げを行います。手のひらで天井を触ろうとするような意識で肩をすくませて持ち上げます。ラックポジションで肩をすくませるのは、僧帽筋が主に肩甲骨を支えており、それがバーベルを支えるために重要だからです。三角筋と上腕三頭筋が腕をまっすぐに保ち、僧帽筋がバーベルを支えていると考えましょう。また、肩をすくませることで上背部の最も強い筋肉でラックポジションを支えることができます。つまり、腕だけで支えるのではなく、上半身のしっかりした土台ができることになります。手のひらを天井に向け、肘は完全に伸ばし、目は前で少しだけ下に向けることを忘れないようにしましょう。

ラックポジションからバーベルを下ろします。まず、バーベルを正しく下ろすことが、はじめからスナッチでのバーベルの軌道をよく理解するのに重要になります。クリーンで行ったのとまったく同じように、はじめから身体に近いところを鉛直の軌道でバーベルを下ろす練習をします。後の動作に向けての準備をするのです。バーベルは足の中心の真上にあるときにバランスが取れるので、ラックポジションから下ろすときにもバーベルをこの位置に保ちましょう。手首を固定した状態を解き、バーベルを顔と胸の前を通してまっすぐ落とし、ハングポジションでキャッチします。バーベルを挙げるときには最後に手首を後ろに曲げます。バーベルを下ろすときには最初に手首を前に曲げます。ウェイトプレートを付けていない軽い重量であっても、バーベルを足の中心の真上に維持してまっすぐ落とす中で、**スナッチでは腕を使わない**のだと覚え始めることができます。バーベルを下ろす場合にもバーベルは落としてキャッチするもので、腕は使わないのです。ロウイングで使う筋肉を使ってバーベルが落ちる速度を抑えようとせず、膝と股関節を曲げてバーベルが落ちる衝撃を吸収しましょう。バーベルを下ろすとき、どれだけ身体に近づけることができるかを覚えるため、はじめの2〜3回はバーベルを鼻に当てる意識を持ちましょう。バーベルが顔を通り越したら、バーベルをシャツに触れさせます。腕を使っ

The Power Clean | 6

図6-56　ハングポジションからラックポジションへの移行で、腕は内旋から外旋へと変わる。これにより挙上動作後半のバーベルの軌道を鉛直にすることができる。

てバーベルの速度を抑えることなく、バーベルを落とし始める段階から身体に近いところを通すのです。このとき足の中心を意識して、そこから溝が空中を走っていて、その溝に沿ってバーベルを落とすとイメージするとうまくいきます。ハングポジションでバーベルを落としてしまわないように、ここでもフックグリップは解きません。

　次は**ジャンピングポジション**です。ここもクリーンと同じように行いますが、ひとつ重要な違いがあります。クリーンではバーベルが最後に触れるのは太ももの真ん中あたりでした。このとき膝と股関節は曲がっており、バーベルは太ももに触れ、肘はまっすぐです。そこからバーベルが太ももを離れます。クリーンのジャンピングポジションとは膝と股関節が曲がった状態で、バーベルが太ももの特定の位置に触れたときということです。スナッチでは、肘を伸ばしてバーベルを身体に沿って挙げていき、お腹に触れたところでバーベルが身体を離れます。**クリーンでは太ももにジャンピングポジションがあるのに対して、スナッチのジャンピングポジションはハングポジションと共にお腹にあるのです。**

　垂直跳びか立ち幅跳びを行うときのように膝と股関節を曲げ、バーベルを太ももに沿って下ろしていきます。バーベルを太ももから離してはいけません。ここで膝だけを曲げてしまうことがよくありますが、そうすると肩がバーベルの後ろにきてしまいます。爆発的に伸展する関節がひとつだけになるよりも、ふたつある方が大きなパワーを出せるので、ジャンプには膝と股関節の両方が関与していることが不可欠です。両方の関節を曲げると肩はバーベルの真上にきます。このときバーベルは太ももの高い位置にあります。（バーベルを下ろしたときには通常のプル姿勢になり肩はバーベルの前に出ます。）肘はやはりまっすぐ伸びた状態で内旋し、目は前で少し下を向き、足はプル動作のスタンスを取ります。

　このバーベルが太ももに触れた姿勢から、お腹までバーベルを挙げ、できる限り高くジャンプします。バーベルを身体に沿って挙げていくのは、スムーズで徐々に加速する動作になります。バーベルが身体から離れる前に、お腹のハングポジションと同じ位置にバーベルが触れます。ジャンプして地面から離れるときには、肘はまっすぐ伸ばし、できる限り高く跳ぶようにしましょう。膝と股関節を完全に伸ばさないといけないところまで高く跳ぶということです。しっかりジャンプできると、つま先が地面を向きます。これは爆発的な動作の一部にカーフレイズが含まれているのではなく、爆発的に膝と股関節を伸展させることで身体が持ち上がり、つま先立ちのような姿勢になるということです。こうして膝と股関節が伸展することでバーベルがお腹に触れます。確実に触れるようにしましょう。はじめの数回は肘の使い方を気にする必要はありません。とにかく肘をまっすぐにして、できる限り高くジャンプすることを考えましょう。

　肘をまっすぐにしてジャンプするのがうまくできるようになったら、ジャンプしたあとにラックポジションでバーベルをキャッチします。バーベルは胸に近いところを通して挙げますが、そのためには**ジャンプのあとに肘を曲げる**ことが重要になります。ジャンプの前に肘が曲がってしまうと、腕からバーベルへと伝えられるパワーが逃げてしまいます。（自動車を引っ張るのに鎖とバネを使う例を思い出してください。）さらに、上腕二頭筋が緊張することで、バーベルを受け止めるために腕を回旋させるのが遅くなってしまいます。また、ジャンプの後に肘をまっすぐに保とうとすると、バーベルは前に振り出される形になって軌道

205

6 | The Power Clean

図6-57　ジャンプからラックポジションへ。

が弧を描きます。つまり、肘と手首を曲げなければいけないことになるのですが、曲げるのはジャンプの後です。ラックポジションでバーベルをキャッチすることだけを考えて動作を行うと、肘と手首は正しく動いてくれるものです。

　ジャンプのあと肘は内旋から外旋へと瞬時に切り替わり、手首も動いて、ラックポジションでもう一度固定されます。ジャンプの後にこうやって肘と手首が動くことで、バーベルは足の中心の真上の鉛直線に近い軌道で胸と顔の前を挙がります。関節がこのように曲がることで、腕は肩とバーベルをつなぐ鎖のつなぎ目のように動きます。ジャンプがもたらすパワーによってバーベルが挙がり、さらにバーベルに力が伝えられなくなったあとも勢いでラックポジションまで挙げることができます。腕は背中とバーベルをつないでパワーを伝えているだけで、腕がパワーを生むことはありません。

　スナッチの最後はバーベルを挙げたところで手首と肘を伸ばす動作です。ジャンプした結果として身体が持ち上げられ、つま先が伸びた状態になり、バーベルが胸と顔を越えたらバーベルの下に身体を落とし込みます。これは膝と股関節をもう一度曲げるということで、ちょうどジャンプをしたのと同じ姿勢に戻る形になるかもしれません。ここで膝と股関節が曲がるのは、肘を伸ばした状態でバーベルを受け止めるときに、その衝撃を吸収できる姿勢を取るためです。股関節と背中の位置が下がり、この動作で肘と手首を伸ばします。バーベルを引き上げる筋肉を使ってこの

The Power Clean | 6

図6-58　スナッチ習得のための3姿勢。ハングポジション、ジャンピングポジション、ラックポジション。

姿勢に入るのではありません。（そういう動作は「マッスルスナッチ」と呼ばれ補助種目として使われます。）

こうやって身体を落とす動作が、ラックポジションに入るときに腕を素早く外旋させるのに効いています。また、バーベルの下に身体を落とし、腕を伸ばしてバーベルを受け止めることにしっかり集中できるかでスナッチの最後10%の部分の速度が変わってきます。バーベルがガチャガチャと音を立てるくらい動作は素早く行うべきです。勢いよくバーベルを動かし身体を落として受け止めましょう。素早くキレのある動作を行うため、身体を落とすときには両手をバーベルに突き刺すような意識を持つのが良いかもしれません。この動作を何度か練習したら、バーベルを地面に置き手を休ませましょう。

バーベルを下ろすときには、はじめに手首の固定を解くことを忘れないようにしましょう。そして、バーベルが胸より下に落ちたところでキャッチします。スナッチでラックポジションまでバーベルを挙げるのはプレス動作ではないので、バーベルを下ろすときにもプレス動作の逆再生にはなりません。バーベルをプレス動作で押し上げてしまった場合、肘より先に手首が伸展します。ジャンプがバーベルを挙げる力を生まず、身体を落とし込むときに肘と手首が瞬時に回旋と伸展をすることもなく、動作全体が非常にゆっくりになります。手首が伸展して固定された状態から最後の数センチを挙げている場合が少なからずあり、そういうフォームが許されてきた人は間違った動作のイメージを持ってしまっています。間違ったフォームでは、どれだけ速く動作を行えても意味がありません。早い段階でバーベルを切り返して、スナッチグリップでプレス動作を行うフォームでは、ジャンプの爆発の最後の部分を殺してしまっています。ジャンプの最後の部分から得られるはずのパワーを失い、身体を落とし込む部分でのスピードも失うことになります。スナッチを覚え始める段階から、バーベルを下

ろす動作を始めるときにはまず手首を固定した状態を解くようにすると、この問題は起こりません。

身体を落とし込み、肘と手首を素早く動かしてラックポジションに入れるようになったら、スナッチの基本的な動作はできています。次はクリーンのときと同じように、バーベルを地面からジャンピングポジションまで挙げる部分です。バーベルを地面から引き上げるプル動作は、やはりデッドリフトが最も効率的なモデルになります。ここでも上から下へと動作を確認します。ハングポジションから身体に沿ってジャンピングポジションまでバーベルを下ろします。そして、身体に沿ってバーベルを引き上げ、ジャンプし、ラックポジションでキャッチするという動作を2～3回行いましょう。次は、膝のすぐ下あたりまでバーベルを下ろします。膝関節より下で、脛の上端から大きく下には下ろさないというのが目安です。そこからバーベルを身体に沿ってゆっくり挙げていきます。太ももの真ん中あたりから加速し、ジャンプします。バーベルで確実にお腹に触れ、ジャンプするときには肘をまっすぐ伸ばしておきます。太ももの真ん中まで来たところでは、止まらずに加速を始めます。クリーンのときと同じように、この位置を「引き金」と捉えると良いでしょう。つまり、プル動作の途中で止まらないということです。ラックポジションでバーベルをキャッチし、またバーベルを下ろし、この姿勢からスナッチの練習を2～3回行いましょう。スナッチは手がキツいので、これらのステップを踏んでいく途中、必要に応じてバーベルを地面に下ろして構いません。

膝を越えてすぐのあたりか、太ももの真ん中あたりでバーベルが太ももから離れてしまうというミスがよく起こります。プル動作の途中で急いでしまうと、正しい位置よりも早い段階でジャンプに入ってしまいます。こうなると身体もバーベルも必ず前に出てしまいます。バーベルがジャンピングポジションで身体から離れていると自分では

6 | The Power Clean

図6-59　膝の下までバーベルを下ろした姿勢。

図6-60　脛の真ん中までバーベルを下ろした姿勢。ウェイトプレートを付けたバーベルを地面に置いた高さ。

思っていても、これは動きを誤解しているだけです。バーベルが決して太ももから離れないように、バーベルが皮膚に接した状態で引き上げましょう。バーベルが身体から離れたときに鉛直で効率的な軌道に入れるように、バーベルをお腹まで挙げるまでは皮膚から離れてはいけません。ここは時間をかけて練習しましょう。挙上速度が速くなるのは動作の上の方で、地面から引き始めるときではありません。スナッチの動作を覚える段階では、挙上動作の中盤も速く行わないことを覚えておきましょう。

次は脛の真ん中までバーベルを下ろします。ウェイトプレートを付けたバーベルを地面に置いたときの高さです。スナッチでは手幅を広く取るので、この高さまでバーベルを下ろしたときにデッドリフトの正しいスタート姿勢を取るのが難しくなるかもしれません。肩をバーベルの前に出し、背中をしっかり伸展させます。通常のデッドリフトよりも背中が前傾するので、膝をしっかり外に出しましょう。**正しく姿勢を取れると、ほとんどの人は通常のデッドリフトのスタート姿勢を取ったときのように、膝の外側が肘の内側に触れることになります。**こうして膝を外に出した姿勢では、太ももがお腹に干渉せず背中を前傾させやすくなります。プル動作に向けて全身を引き締める前に、肘に触れるまで膝を外に押し出します。このステップ以降、スタート姿勢ではこのことに注意しましょう。つま先が十分に外を向いていると膝を外に向けるのがずっと楽になるので、この段階でつま先の向きを調整しておきましょう。この姿勢から膝を伸ばし、脛に沿ってゆっくりバーベルを引き上げていきます。脛から膝を越え、太ももの真ん中までプル動作全体を通して、バーベルは脚から離しません。バーベルが太ももの真ん中まで挙がったら、ジャンプしてラックポジションでバーベルを受け止めます。

スナッチを行うとき、ほとんどの人はバーベルを地面から引く動作が速すぎる傾向があります。また、正しい方法

でスナッチを覚えたあとでも、バーベルを地面から引き始めるところで急いでしまう傾向があります。バーベルの引き始めはゆっくり正しく行い、プル動作の後半までバーベルを挙げてきて初めて爆発的に動くのだと自分に言い聞かせましょう。

ここまで来たらパワースナッチ全体ができあがりです。少し休憩をはさんでバーベルにウェイトプレートを付けましょう。すでにかなり筋力が高い人でなければ、特にパワースナッチの練習は軽い重量から始めるのが適切です。一般的に普及しているのは10kgのプレートですが、それよりも軽い重量が適切な場合もあります。適切な重量を設定できるようにプレートを用意しましょう。軽いウェイトプレートは高価なことが多く、軽いプレートが使えない場合には、40kgの重量を扱えないトレーニーにとってはパワースナッチを取り入れるかの決断を左右する要因になるかもしれません。軽いプレートがある環境では積極的に使いましょう。少しずつ重量を増やしながらジャンプすることを覚えるにあたって、20kgから40kgへと重量をいきなり増やすよりも、軽いプレートがあるとプロセスがスムーズに進みます。いきなり重量を増やすと、腕を使ってバーベルを挙げてしまう結果になり、ここまで慎重に段階を踏んで進めてきた過程がすべて無駄になってしまいます。スナッチとは肘をまっすぐ伸ばしてジャンプし、身体を落としてバーベルを受け止める動作なのだと自分に言い聞かせて、ゆっくりと重量を増やしていきましょう。パニクってワイドグリップのアップライトロウに成り下がってしまってはいけません。

バンパープレートをバーベルに付けて40kgまで重量が増えると、ほとんどの人は頭の上からプラットフォームにバーベルを落とすようになります。衝撃を吸収する仕事はバンパープレートのゴム素材に任せるということです。バ

208

The Power Clean | 6

ンパープレートが開発されて広く普及する前には、エキセ
ントリックな動作でバーベルを下さなければいけませんで
した。これはトレーニングにさらなる側面を加えます。楽
しくはないですが、おそらく有益なものでしょう。バンパー
プレートのある環境に恵まれれば、正しい使い方を覚えま
しょう。頭の上からバーベルを落とすときには、バーベル
が地面につく手前まで手を離さず、バーベルを正確にコン
トロールしてできる限り水平に着地させましょう。片側が
先に落ちると最高級のバーベルシャフトでも曲がってしま
うことがあります。ウェイトプレートを付けていないバー
ベルを地面に落としたり、頭の上からバーベルを落とすと
きに手を離すのがカッコいいと思っている人が一部にいま
すが、こういう人はどこか他所でトレーニングしてもらう
しかありません。トレーニング用品は高価なものです。そ
して、ジムに対するリスペクトを持ち、目立ちたがりの子

どものような衝動は抑える場所だと理解しておかなければ
いけません。

　パワースナッチはダブルかシングルで行うのが最適で
す。1セットあたり2レップか1レップだけ行うというこ
とです。挙上動作が長く、疲労の影響を受けやすいので、
例えば1セットあたり5レップのような設定では疲労に
よってミスが出てしまいます。こういうミスは疲労してい
なければ避けられるものです。高回数のセットではいい加
減なフォームの練習をする形になってしまいます。正しい
フォームで行ったレップよりも間違ったフォームで行った
レップの方が多くなると、間違ったフォームがしっかり身
につくということになります。1セットで高回数をこなす
のではなく、1セットあたりの挙上回数を2レップまでに
抑えて、複数セットを行うことでトレーニング量を確保し
ましょう。

USEFUL ASSISTANCE EXERCISES
有効な補助種目

スクワット、ベンチプレス、デッドリフト、プレス、パワークリーンが基礎を成し、あらゆる効果的なトレーニングプログラムは組み立てられます。しかし、これら5種目のパフォーマンスに関わる特定の要素を補完し、向上させるのに有効な種目が他にもあります。

しっかり設備の整ったジムでは、文字どおり何千という数のトレーニング種目を行うことができます。「Keys to the Inner Universe」という不朽の名著の中で著者の Bill Pearl は、1621 もの種目をざっと紹介しています。ただ、核となるバーベル種目を伸ばすのに実際に役立つ種目は限られているので、すべてが筋力を鍛える目的に使えるわけではありません。

このことが重要なのには理由がふたつあります。トレーニングを行う目的は、自分自身がアスリートとして成長するために必要な筋力、パワー、筋量といった要素になります。トレーニングをどれだけ続けるかや、どれだけ筋力、パワー、筋量が伸びたかに関わらず、基礎となるこれら5種目やバリエーション種目がトレーニングから無くなることはありません。トレーニングにかけられる時間、身体の回復力、家族や友人の理解といったことが絶えず制約になるので、いかに効率よく目的を達成するかを考えることが重要です。そして、最も大きな効果を得られる基本種目のパフォーマンス向上に役立つのがベストな補助種目ということになります。

これらの基本種目に大きな不足があるというわけではありません。これらの基本種目は身体の構造的に自然で、機能的に有用な形でたくさんの筋肉を使ってたくさんの関節を動かすことができ、完成されたものです。しかし、真剣にトレーニングを始めて数ヶ月など、トレーニングを一定期間続けていると、基本種目だけを行って得られる刺激ではさらなる適応を促すのに十分なストレスにならなくなります。こういうことが起きるのは基本種目に問題があるからではなく、基本種目で得られるストレスに適応するトレーニーの能力が要因になっています。トレーニングを行う理由はトレーニング効果を得るためですが、いくら

か身体の適応が進むと身体の変化はゆっくりになるという経過をたどるのが自然です。これについては、「Practical Programming for Strength Training, 3rd Edition」で詳しく取り上げています。

例えば、チンアップはベンチプレスとプレスの優れた補助種目になります。チンアップでは上腕三頭筋、前腕、上背部への刺激が得られ、ベンチプレスでこれらの筋群が十分に使えていないトレーニーにとっては補強になります。複数の関節を使うファンクショナルなトレーニング種目で、この刺激を得ることができるのです。チンアップは非常に有効な種目で、本書のプログラムでも非常に早い段階から取り入れており、プログラム内で唯一バーベルを使わないトレーニング種目です。この目的を達成するために、ケーブルエクステンションのような上腕三頭筋のアイソレーション種目を使うのは効率の悪い方法になります。ケーブルエクステンションはマシンを使った種目であり、正しいとされるフォームで行うと広背筋、上背部、前腕、三角筋後部、握力といった要素を鍛えることができません。ベンチプレスではこれらの筋肉をすべて使うことを考えると、複数の関節を使う種目ですべて同時に鍛える機会を逃す理由がないでしょう。チンアップの方が補助種目として優れているのです。ライイングトライセップエクステンションも使えます。これは一般的に正しいとされる動作とは違うフォームで行うと実際には効果が上がります。

まず、プログラムにトレーニング種目を追加するということについて話しておきましょう。新しい動作を覚える場合、初めて行うときには必ず重量を控えめに設定するようにしましょう。このことは手痛い失敗を繰り返すうちに自ずと学ぶことになりますが、いまここで学んでおければベターです。新しいトレーニング種目を取り入れるときには、必ずこれまでに経験のない動作パターンを行ったりトレーニング用品を使ったりすることになります。すでに馴染みのあるトレーニング種目の可動域の一部を使う場合であっても、その部分だけを使う動作を行うのは初めてになります。これまでは動作全体の中で使っていた一部分を切

7 | Useful Assistance Exercises

り出して行おうとすると、動作全体を行う場合と比べて力学的に違いが出てきます。動作全体ではなく一部分を行うというだけで十分に違うのだということです。その新しいトレーニング種目には身体が慣れておらず、その結果として筋肉痛が出るものです。非常にキツい筋肉痛になるかもしれません。筋肉痛が出るのは、もととなった種目と補助種目で挙上回数設定が違ったというシンプルな理由かもしれません。身体が適応していない回数設定でも筋肉痛は起こります。

しかし、まったく初めての動作パターンを行うとシンプルな筋肉痛にとどまらない可能性があります。適応できていない筋肉に痛みが出るのと、適応できていない関節に痛みが出るのはまったく意味が違います。ハッキリと組織に損傷がなければ、たいていの場合、関節に痛みが出るのは炎症が起きているということになります。筋肉に痛みが出る場合も炎症が起きているのですが、筋腹には血管や毛細血管が通っており、血液が届けられることで速く回復が進みます。しかし、関節にはこれがありません。筋肉痛だけでなく筋肉の傷害と比べても関節の痛みはより深刻な問題です。筋腹の傷害は数日や数週間で回復するものですが、関節の問題は何年も続くことになる場合もあります。そして、関節の痛みの多くは新しいトレーニング種目で限界ギリギリの重量やレップ数に挑戦した日から始まるものです。

なにも「腰抜けになれ」と言っているのではありません。新しいトレーニング種目は慎重に、賢く行いなさいと言っているのです。あとになって頑張る意思はあるのに腰抜けなトレーニングしかできなくなるのを避けるためです。このことは年配のトレーニーにとっては特に重要になります。新しいトレーニング種目を行う場合は、しっかりウォームアップを行ったあと、「やりごたえのあるウォームアップセット」と呼べる程度の重量やレップ数までにとどめましょう。さらに追い込むのは次にとっておくのです。こうしておくと、どこかを痛めて回復を待たなければいけないという事態にならず、次の機会はすぐにやってきます。

補助種目は3つのカテゴリーに分けることができます。(1) 可動域を限定したデッドリフトのように動作の一部分を鍛える種目（ラックプルやホルティングデッドリフト）。(2) スティフレッグドデッドリフトのようなバリエーション種目。(3) チンアップのように基本種目で使われる筋肉を基本種目とは違った使い方で鍛える種目。本書ではこういった補助種目を「付加種目」と呼びます。有効な補助種目はすべてこれらのカテゴリーに当てはめることができます。

可動域を限定したデッドリフト

先に話したように、デッドリフトは強烈にキツくなる種目です。強いトレーニーは非常に大きな重量を扱えるようになり、プログラムの中で高重量のデッドリフトを行う時期には身体を回復させるのが難しくなる場合があります。220kgを超える限界ギリギリの重量で5レップ×1セットを行うと、もう一度行えるところまで十分に回復するまでに1週間以上の時間が必要になることもあり、その間はスクワットも思うようにはいかなくなります。デッドリフトで大きな重量を扱えるようになり、5レップのセットを行うとトレーニングのスケジュール内で回復するのが難しいほどのストレスがかかるようになると、デッドリフトの代わりに補助種目を交互に行うのが有効になります。ホルティングデッドリフトはバーベルを地面から膝の皿の上まで引き上げる種目で、デッドリフトの挙上動作の下側をカバーします。ラックプルは膝の下から始め、身体を伸ばしてバーベルを引き切った位置まで挙げます。この2種目を組み合わせることでデッドリフトを行うよりも回復の負担を減らしつつ、プル動作全体をカバーすることができます。

ホルティングデッドリフト

ホルティングデッドリフト（図7-1参照）はデッドリフトと同じスタンスを取り、ダブルオーバーハンドグリップで行います。デッドリフトと同じようにデッドストップからバーベルを引き上げます。プル動作の身体の使い方をおさらいしておくと良いかもしれません。必要であれば第4章を読み返してください。まず、膝の伸展筋群がバーベルを地面から引き上げます。その間、ハムストリングと大臀筋が背中の角度を保ち、それから股関節が伸展します。膝と股関節から力が効率的に伝えられるように脊柱起立筋が脊柱を伸展した状態でがっちりと固定します。僧帽筋と菱形筋がこの力を肩甲骨に伝えます。肩甲骨からは腕が伸びており、その腕を広背筋が後ろに引くことで、バーベルは足の中心の真上を通って地面から膝の上まで挙がり、そして下りてきます。

通常のデッドリフトのスタンスを取り、デッドリフトと同じ手幅のダブルオーバーハンドグリップでバーベルを握ります。胸を張り、背中を伸ばした状態で固定し、第4章で話した通常のデッドリフトのスタート姿勢に入ります。デッドリフトでは、膝の数センチ下にある脛骨粗面という

Useful Assistance Exercises | 7

図7-1 （A）スタート姿勢 （B）中間姿勢 （C）ホルティングデッドリフトの最高点

脛のでっぱりにバーベルが近づくあたりから背中の角度が立ち始めます。ホルティングデッドリフトは少し違い、バーベルがこの位置を通るときに意識的に背中の角度を一定に保つようにします。こうすると、デッドリフトの中間地点にあたる部分で背中がより強く使われることになります。バーベルが膝を越えるまで肩をバーベルの前に維持する意識を持ちましょう。実際にはバーベルが膝に到達する前に背中の角度が変わり始めるはずですが、この種目では肩を前に出した姿勢をできるだけ長く維持することで脊柱起立筋と広背筋をできるだけ働かせることが重要です。背中により強い刺激を入れるのがこの種目を使う目的のひとつです。バーベルを足の中心の真上に保つ働きをする際に広背筋を非常に強く使えるのが、この種目の素晴らしいところです。

膝を超えるところまでバーベルを脛に沿って挙げ、下ろします。バーベルをゆっくり下ろそうとする必要はありません。ホルティングデッドリフトの挙上動作は、ほぼコンセントリックであるものです。すべてのレップを毎回デッドストップから行うことを忘れないようにしましょう。Bill Starrが居れば、バーベルを膝の上まで引き上げた位置で1秒我慢してからバーベルを下ろすように言ったでしょう。こうすると背中と広背筋に強い刺激が入ります。両足で地面を押し、バーベルを脛に押し付けながら引き上げ、肩をできるだけ長くバーベルの前に出しておくという意識を持つのが非常に有効です。呼吸はデッドリフトと同じように行います。引き始める前に大きく吸い込んで、バーベルを地面に下ろすまで息を止めます。60kgから始めて自身のメインセットの重量まで自分の力に見合った増やし幅で重量を上げていきましょう。

基本種目のあとに小さな筋肉を鍛えるための補助種目を行う場合には身体が温まっていますが、ホルティングデッドリフトをデッドリフトと同じ日のトレーニングで行うこ

とはないので、身体が温まっていない状態から始めることになります。ホルティングデッドリフトはデッドリフトと同じようにウォームアップが必要です。ホルティングデッドリフトは高レップ数を行うのが合っているように見受けられます。しかし、ホルティングデッドリフトは動作の範囲がせまいので、8レップ×1セットであっても、例えばデッドリフトの5レップ×1セットよりも大きな重量を扱うことになります。1RMの85%くらいの重量にまでなるかもしれません。このくらいの重量になると、メインセットを1セットで十分です。

呼吸はバーベルを地面に置いた状態で行いますが、このときの姿勢の影響で呼吸がこの種目の最も大きな問題点になります。高レップのセットの終盤で息がもたなくなると非常に苦しいうえ、バーベルを地面に置いた状態でしっかり呼吸をすることができません。先に話したように、両腕を伸ばしてダブルオーバーハンドグリップでバーベルを握ります。クリーンと同じ手幅が目安になります。試合であれば片方を逆手で握るのは必要悪と言えますが、一方の肩が内旋し、もう一方が外旋した状態で複数レップを行うと、左右の肩にかかる負荷が不均等になり、これが問題につながる人もいます。ホルティングデッドリフトではデッドリフトの1RMにあたる重量を使うことはなく、ダブルオーバーハンドグリップはオルターネイトグリップよりもキツいので、ホルティングデッドリフトは握力を鍛えるのにも非常に効果的です。握力強化の種目としても使いましょう。握力がもたなくなる重量を扱えるだけの筋力がある場合は、ストラップを使うか、オルターネイトグリップでレップごとに手の向きを入れ替えるようにしましょう。手の向きを変えるのは少し面倒なものです。高重量のデッドリフトで握力に問題が出ていなければ、ホルティングデッドリフトはストラップを使って構いません。

バーベルを引き上げるときには、バーベルが脛から離れ

7 | Useful Assistance Exercises

ないように注意しましょう。これは広背筋の仕事です。ホルティングデッドリフトは、引き始めるところでは足で地面を押し下げ、バーベルが膝まで挙がったところでロウイングのような動作だと捉えることができます。

ラックプル

ラックプルはホルティングデッドリフトと対を成します。ラックプルはパワーラックの内側に立ち、膝より低い位置にピンを設定して行います。膝よりどのくらい低い位置にピンを設定するかによって、ラックプルとホルティングデッドリフトの可動域がどの程度重なるかが変わります。膝蓋骨のすぐ下ではおそらく不十分で、脛の真ん中あたりまで低く設定するとデッドリフトをふたつの動作に分ける意味がなくなってしまいます。膝関節の7cm～10cm程度下が適度な高さで、これは脛骨粗面のすぐ下あたりになります。ホルティングデッドリフトを行う目的はバーベルを地面から引き始める部分を鍛えることで、この動作はバーベルを引き上げるのに大腿四頭筋を強く使い、背中の角度を維持するのにハムストリングを強く使います。ラックプルでは大腿四頭筋の力をできるだけ使わず、ハムストリングと大臀筋を使って股関節を伸展させることに主眼を置きます。そして、動作のあいだ背中をまっすぐに保つことが何より重要です。股関節を伸展させることが主な目的なので、もちろんラックプルもデッドストップから行います。

ラックプルのスタンスはデッドリフトと同じように足幅を取りますが、デッドリフトよりも脛が立ちます。バーベルは地面から引き上げた場合と同じように足の中心の真上にあり、膝のすぐ下で脛に触れます。肩はバーベルよりも前に出て、バーベルが太ももに差し掛かるまで肩をバーベルの前に維持することが非常に重要です。デッドリフトではバーベルが膝の下にある段階から背中の角度が自然と立っていくので、この点においてホルティングデッドリフトとラックプルはデッドリフトとは違います。背中は腰椎と胸椎を伸展させた状態でがっちり固定します。胸を張り、下背部は反らせるものの過度に伸展はさせません。スクワット、デッドリフト、そしてバーベルを使ったすべてのプル動作で解説した身体の構造上自然な姿勢を取るということです。バーベルが脛の高い位置まで挙がるとハムストリングが骨盤や腰椎を引っ張る力が小さくなるので、この姿勢に入りやすくなります。ホルティングデッドリフトと同じように、ラックプルはダブルオーバーハンドグリップで行います。大きな重量を扱うので、たいていの場合はストラップを使用することになります。

このスタート姿勢からバーベルを太ももに沿って挙げていきます。バーベルを太ももから離すことなく、肩はバーベルの前に維持します。胸を張り、膝は前に動くことなく同じ位置に維持します。肩を前に維持しておくことができない高さまでバーベルが挙がってきたら、力強く股関節を伸展させます。この動作には「腰を突き出す」というキューが有効です。バーベルを挙げ切った姿勢はデッドリフトと同じになります。肩を後ろに引き、胸を張り、膝と股関節はまっすぐ伸び、視点は3.6m～4.5mほど前に定めた状

図 7-2 （A）スタート姿勢 （B）中間姿勢 （C）ラックプルの最高点

態です。意識的に肩をすくませる必要はなく、そうするメリットもありません。バーベルを挙げ切る位置では、胸を張った状態を維持しながら股関節を力強く前に押し出すだけです。呼吸もデッドリフトと同じように各レップの開始前に大きく吸い込んで止めます。ラックプルは5レップでセットを組むのが有効です。可動域が小さいので、かなり大きな重量を扱うことができます。ラックプルの5RMがデッドリフトの1RMに非常に近い数字になるのは珍しくありません。ラックプルはデッドリフトと同じように段階的に重量を増やしてウォームアップを行います。

ラックプルは非常にシンプルに聞こえますが、非常にミスが起こりやすいトレーニング種目です。ほとんどの人が、バーベルが膝を越えると膝を前に出し、背中の角度を立たせ、斜めになった太ももに沿ってバーベルを引き上げようとしてしまいます。バーベルの軌道は鉛直ではなく、太ももで重量の一部を受け止める形になります。このように膝を動かすと、一旦バーベルは少し下がることになります。これは「ヒッチング」と呼ばれ、パワーリフティングの試合ではルール違反になります。クリーンのセカンドプルと同じ状態で、動作中に膝を曲げると、もう一度膝を伸ばすときに大腿四頭筋を使うことができるので、身体は自然とこういう動作をしたがるものです。しかし、クリーンと違って、ラックプルはハムストリングを強化することに特化して行うので、背中をまっすぐに保ったまま股関節を伸展させるという本来の働きをさせなければいけません。上半身をバーベルの上に維持し、膝は前に出さず、バーベルを脚から離さず、バーベルが十分に太ももに差し掛かってから股関節を伸展させることが重要です。

バーベルシュラッグ

バーベルシュラッグはラックプルの一種で、デッドリフトで股関節を前に突き出してバーベルを挙げ切った位置から動作を始めます。バーベルシュラッグは可動域が非常に小さく、力学的に効率が良いので非常に大きな重量を扱うことができます。デッドリフトで挙げられる最大重量よりも50kg以上大きな重量にもなり、バーベルシュラッグが効果を発揮するにはこれだけ大きな重量が必要になると言うこともできます。しかし、バーベルシュラッグは上級者向けのトレーニング種目であり、すべての人が行うべきものではありません。非常に大きな重量を扱えるということは、骨密度や関節の強さ、身体の動きをコントロールする能力といった意味で高重量に適応できていない初心者が行うと、正しく行ったとしても短期間で深刻な怪我を招く場合があります。筆者の友人は時期尚早にも関わらずバーベルシュラッグを取り入れ、第6頸椎の棘突起を骨折しました。バーベルシュラッグ（図7-3参照）は、少なくとも2年以上はトレーニングを積み重ねたバーベル競技の選手のためにあるもので、パワーリフターやウェイトリフター以外のアスリートが行わなければいけない理由はまったくありません。本書ではバーベルシュラッグという種目の存在が忘れられることがないように紹介しています。

バーベルシュラッグを行うべき時期にきたという確信があれば、ラックのピンを太ももの真ん中あたりの高さに設定し、バーベルをラックの内側に入れて重量を60kgに設定しましょう。シュラッグの動作はパワークリーンの後半のように行います。シュラッグのウォームアップには、この高く設定したピンの位置から肩でバーベルを受け止めるラックポジションまでバーベルを挙げる動作を行うのがベストです。このウォームアップでそのあと高重量を扱う

図7-3　バーベルシュラッグ

7 | Useful Assistance Exercises

セットでの動作パターンを確認することができます。また、ピンの上でデッドストップの状態から 60kg で軽くハングクリーンが行えないようなら、高重量のシュラッグに手を出すときではないので、このウォームアップでは初心者をふるい落とすこともできます。60kg で 5 レップを 2 セットほど行ったら、両側に 20kg プレートを 1 枚ずつ追加し、クリーンをさらに 5 レップできるか試しましょう。クリーンができれば良いですし、できなければシュラッグの動作になります。シュラッグの力の使い方はパワークリーンのセカンドプルと同じであるべきで、重量が大きくて肩までバーベルを挙げられないことを除けば動作は変わりません。最後のウォームアップセットまで重量が大きくなっていくほど、バーベルの移動距離は小さくなっていきます。そして、メインセットでは肘が曲がらなくなり、股関節、膝、肩のみが動くことになります。

これだけ大きな重量を使うのは、股関節と脚から始まった動きの仕上げを僧帽筋にさせるためです。バーベルを挙げ切った位置で僧帽筋を働かせるためにはキレのある動作がカギになります。ピンから引き始める段階ではバーベルはゆっくり挙がります。胸を張り、下背部をがっちりと固定し、肘はまっすぐ伸ばします。そして、僧帽筋の上部を頭蓋骨の後部にぶつけにいくように爆発的に肩を後ろにすくめます。これは頭を後ろに動かすということではありません。また、僧帽筋を耳に向かって斜め前に動かすのでもなく、斜め後ろに向かって動かすということです。バーベルを挙げ切った位置では、姿勢を維持して止まろうとはしません。毎レップ、デッドリフトでバーベルを挙げ切った位置でバーベルをキャッチし、そしてピンにバーベルを下ろします。ハングポジションでバーベルをキャッチすることなく、シュラッグからピンまでバーベルを落としてしまってはいけません。これをやると確実に背中と股関節を痛めてしまいます。すべてのレップはピンに始まり、ピンに終わります。これが正しいバーベルシュラッグと間違ったフォームを分ける条件です。ハングポジションから動作が始まり、爆発的動作が入らないのは間違ったシュラッグです。ピンから引き始めるときに股関節と脚を使って、僧帽筋をすくめる位置まで挙げることで非常に大きな重量を扱うことができ、バーベルシュラッグが非常に効果的なトレーニング種目になるのです。

高重量のシュラッグで僧帽筋が肥大することには疑問の余地がありません。デッドリフトの 1RM くらいの軽めの重量で 5 レップのセットを行うとクリーンを伸ばすのに効果的です。さらに大きな重量を使うとデッドリフトでバーベルを引き切る位置で僧帽筋を使えるようになるのに加えて、非常に大きな重量に脳が対応できるようになりま

す。僧帽筋がバーベルを挙げ切った位置での動作にはキレが無くてはいけません。そのため高重量を扱う場合には必ずストラップを使うことになります。ウォームアップのあとメインセットは 1 セットで十分です。1 レップにかかる程度の短い時間であってもシュラッグで使用する高重量を支えるために骨格にかかる負荷は大きく、同じ重量で複数セットを行うのは極めて大きなストレスになります。また、バーベルシュラッグは無理のないスケジュールで行うべきです。適切に組み立てられたプログラムの中で 2 週間に 1 回程度くらいが目安になるかもしれません。

パワーラックについて注意すべきことがあります。ラックプルとバーベルシュラッグを行うにはパワーラックが必要になりますが、ラックプルとバーベルシュラッグだけでなくパワーラックを使って行うトレーニング種目にはラックのデザインが非常に重要になります。良いパワーラックとは高価なものではなく、最もシンプルなデザインのものが実際にはベストだと言えます。ラックには床が付いているのが望ましいです。自分の立っている床にラックがただ載っているだけで固定されていない状態ではいけないということです。ラックのフレームが底面で合板の床に固定されていると、自分の体重とバーベルの重量が絶えずラックを押さえつける形になり、ピンにバーベルを載せるときにラックが動くことがありません。ラックの支柱のあいだで、どの位置に立てばいいかはラックの奥行き（前と後ろの支柱の距離）によって変わります。

ラックの寸法が適切でないと使いづらく、奥行きのないラックはうっとうしいものです。ラックの中でスクワットを行っても前後に多少の余裕を持てるだけの奥行きがあるべきです。どれだけ注意していてもセット中にフォームがブレることは出てきます。支柱の前後の距離が短く、少し動くだけでぶつかってしまうようであればトレーニングの質に悪影響が出ます。ラックの奥行きが大きすぎると、ピンのしなりが問題になります。前後の支柱の距離が長くなると支柱のあいだに通すピンが長くなり、弾みやすくなってしまうのです。セット中にピンの上でバーベルが弾んでしまうとセットに集中しにくくなってしまいます。図 7-2 に写るラックは奥行き 55cm です。

ラックの横幅が十分にないと、バーベルにプレートを付ける作業に問題が出ることがあります。バーベルにプレートを付ける過程では、重りが左右非対称になる場面が出てきます。このときラックの横幅がせま過ぎるとバーベルが傾いてしまうのです。また、スクワットのあとにバーベルをラックに戻すとき、ラックの横幅がせまいと手を痛めるリスクがあります。こういったことを踏まえて、支柱の外側から外側までの距離が 122cm 〜 125cm 程度のパワー

Useful Assistance Exercises | 7

図 7-4　バンパープレートを積み重ねて行うボックススクワット。頑丈でさえあれば、あるものを使えばいい。

ラックが非常に使いやすくなります。支柱の穴は 7.5cm 以内の間隔で設けられるべきです。これでピンの高さを十分に細かく調整することができ、ラックの中で行うすべてのトレーニング種目に加えて、ラックの外でスクワットやプレスを行うのにも使いやすくなります。（第 8 章のトレーニング用品の節で、ラックに関するさらなる詳細や自作するための図面を紹介しています。）

パーシャルスクワットとパーシャルプレス

もととなる種目のバリエーション種目や可動域の一部を補助種目として使うという基本的な考え方はスクワットとプレスにも当てはめることができます。ここでは、こういうものをまとめて「パーシャル種目」と呼びます。ただし、スクワットとプレスは根本的に性質の違う種目なので、使い方にも違いがあります。デッドリフトでは伸張反射がなく動作が地面から始まり、スクワットとの違いはバーベルの位置だけにとどまりません。デッドリフトのスタート姿勢よりもスクワットでは股関節と膝がより鋭角に曲がります。スクワットはデッドリフトよりも可動域が長く、この長くなった部分が力学的に最もキツいので、スクワットと

デッドリフトを分ける非常に重要な違いになります。この力学的にキツい位置で唯一助けになるのが、ハムストリング、大臀筋、内転筋群の伸張反射によって得られる弾みです。伸張反射で得られる弾みを取り除いて、デッドストップから行うスクワットはかなり有効です。パラレルよりも少しだけ深い位置、パラレルよりもずっと深い位置、パラレルよりも少しだけ高い位置というようにスタート位置を変えて行うことができます。ポーズを入れることで立ち上がるのが非常にキツくなります。パラレルよりも深くしゃがみ込んでポーズを入れるボックススクワットを 5 レップ行うときには、スクワットの 1RM の 50％～60％ 程度の重量しか使えないということになるかもしれません。こういった複数のスタート位置でデッドストップからスクワットを行うと、ボトム位置で弾むことなく立ち上がるために爆発的に力を出すことを強いられます。これを行うと、弾みを得られるフォームで行ったときにもスクワットが強くなります。

ポーズドスクワット

ポーズドスクワットには 2 通りのやり方があります。

7 | Useful Assistance Exercises

ボックスを使う方法とパワーラックを使う方法です。ボックススクワットは古くからあるトレーニング方法で、これまでに何世代ものリフターが効果的に使用してきました。リフターの後ろの地面にボックスを設置します。ボックスに向かって後退するのを安全に行うため、ボックスの位置はスクワットを行うときの通常の立ち位置よりも1歩分後ろにします。一般的な木製や金属製の箱を使ってもいいですし、プライオメトリックス用のボックスを使ったり、バンパープレートを積み重ねて使ったりする方法もあります。ボックスの高さは調整可能であるべきで、地面や自分のお尻に対して滑りにくく、非常に頑丈でなければいけません。スタンスは通常のスクワットと基本的に同じで構いません。少しだけ足幅を広く取ると、内転筋群が通常よりもう少しストレッチして、デッドストップから立ち上がる動作に貢献させやすくなるかもしれません。

ラックからバーベルを外したら、慎重に後ろに歩きます。腰を引いてボトム位置までしゃがみ込んだときにボックスにしっかりと触れられる位置まで移動します。ボックスとの距離の取り方は、どういうボックスを使うかによって変わりますが、踵がボックスの前面と平行になるのが一般的です。バンパープレートを重ねて使う場合には、プレートの曲線のおかげでプレートの前面よりも後ろに踵を置くことができます。スクワットの動作は、本来の正しいフォームの特徴を大げさに行う形になります。腰を後ろに引く意識を強く持ち、膝は外へ押し出し、腰を後ろに引いた状態でバランスを取るため体幹を十分に前傾させます。しゃがみ込んだら完全に静止し、パラレルよりも深い静止した状態から弾みを得ることなく股関節を押し上げていくには、こういう大げさに強調した動作が必要になるのです。弾みを得ることなくしっかりヒップドライブを行うにはボトム姿勢を安定させる必要があり、それがスタンスの違いにつながっています。

ボックスに近づいたら、お尻でボックスを叩く形にならないように動作をゆっくり行いましょう。ここでは背中を圧縮してしまわないように、慎重にボックスに荷重をかけることが重要です。1〜2秒静止して、力強く腰を上に押し上げます。ボトム位置で息を吐いてはいけません。空気によって身体の安定が保たれています。人生の中で身体の安定が必要な場面があるとすれば、それはスクワットのボトム位置においてです。ボックススクワットは、どういう効果を求めるかに合わせてさまざまなレップ数やセット数で行うことができます。ボックスの高さもパラレルより10cm以上深い位置からパラレルよりも2cm〜5cm程度浅い位置まで使い分けることができます。ただし、これ以上浅くすることはありません。深くしゃがみ込む方が扱う

重量は小さくなります。背の高いボックスを使う場合には、スクワットの1RMを大きく超える重量を扱えてしまうこともあります。（これだけでもパラレル以下までしゃがみ込むことがいかに重要かが分かるはずです。浅いスクワットは可動域全体を使わないのでずっと楽で、ずっと大きな重量を挙げることができます。ほんの5cmが本当にこれだけの違いを生むのです。）

ボックススクワットには「ロッキングボックススクワット」と呼ばれるバリエーション種目があります。（1960年代にCalifornia州Culver CityのWestside Barbellで考案されました。）ロッキングボックススクワットでは、身体を少し後ろに傾けることで足に荷重がかからない時間を少し作り、そのあと足を踏ん張ってボックスからお尻を押し上げます。ただし、ボックススクワットは上級者向けのトレーニング種目であり、経験が十分でなかったり、体力的に未熟なトレーニーが行うと怪我のリスクが大きいということを頭に入れておきましょう。ボックスとバーベルのあいだで脊柱が圧縮されてしまうリスクは非常に高く、高校で指導するコーチはそんなことが起こらないように配慮しなければいけません。準備が整わない状況ではボックススクワットを行わないでください。これは責任を負いませんという宣言です。

ラックを使ったパーシャルスクワット

パーシャルスクワットには、もうひとつパワーラックを使って行う方法があります。狙った深さまでしゃがみ込んだときに、背中に担いだバーベルがピンに当たるようにピンの高さを設定します。これには2通りのやり方があり、非常におもしろい違いがあります。楽な方法では、狙った深さにピンを設定し、ラックの内側にフックを付け、フックからバーベルを外したらピンに当たるまでしゃがみ込み、静止してから立ち上がります。この方法では、ボトム位置で弾むことはありませんが、それでもしゃがみ込んでいく動作で身体を引き締め弾性エネルギーを蓄積することができます。エキセントリック動作のあとにコンセントリック動作があることによる効果は残るということです。キツい方法では、狙った深さに設定したピンにバーベルを載せた状態でプレートを付け、バーベルの下に入ってスクワットのボトム姿勢を取り、これ以上なく完全に静止した状態からバーベルを担いで立ち上がります。この方法を深い位置から行うと軽い重量でも非常にキツいです。ボックススクワットと同じように、この方法もパラレルよりもずっと浅い位置にピンを設定すると楽になります。大腿四頭筋ばかりが使われ、ポステリアルチェーンを使うことが

Useful Assistance Exercises

図7-5　パワーラックを使ってスクワットを行う2通りの方法。（A）立った姿勢から動作を始めると、伸張反射が無くともエキセントリック収縮がコンセントリック局面の助けになり、ずっと大きな重量を扱うことができる。（B）ボトム位置でバーベルをピンに載せた状態から動作を始めると、スクワット動作の最もキツい姿勢からコンセントリック収縮を始めなければならず非常にキツくなり、扱える重量が小さくなる。

なくなり、膝の痛みを起こす以外には使い道がなくなります。

　バーベルをピンにぶつけて弾ませると、ハムストリングと内転筋群が生む弾みの代わりになり、パワーラックを使ってこの種目を行う意味がなくなってしまいます。バーベルをピンまで下ろしたら完全に静止し、それから立ち上がります。ピンを使って完全に静止した状況を作ると、ボックススクワットと同じようにボトム姿勢から立ち上がるのに爆発的に力を出す場面を作ることができます。そして、この方法では脊柱がはさまれた状態で圧縮されるというリスクはありません。ボックスやピンに向かってしゃがみ込む動作があると身体を引き締めやすくなります。立った状態から正しく姿勢を作りストレッチしながらボトム位置までしゃがみ込む動作がないと、ボトム位置でくしゃっと身体を丸めた状態で効率よくスクワットを行う姿勢を作るのは難しくなります。それぞれの方法にメリットとデメリッ

トがありますが、パーシャルスクワットを行う段階に到達する頃には、どの方法が自分に適しているかを判断できるようになっているものです。とにかく、**この種類のスクワットトレーニングは初心者が行うべきではない**ことだけ覚えておいてください。

　ここで紹介した深さの設定にはハーフスクワットが含まれていなかったことに注意してください。ハーフスクワットでは膝と股関節の角度が概ねデッドリフトのスタート姿勢と同じになります。身体の構造的にハーフスクワットを行う理由がないので、動作を始めるにも止めるにも深さの決め方がいい加減になります。フルスクワットが効果的なのは、この深さでハムストリングと内転筋群が最大限に伸ばされるからですが、ハーフスクワットの深さではなにも良いことは起こりません。有効な補助種目を使ってスクワット強化につなげることができる姿勢というのは、すべてフルスクワットの姿勢に近いものになります。ボトム位置で静止して弾みを得ることなく立ち上がる種目が有効なのに加えて、ボトム位置から動作の中間付近まで立ち上がり、またしゃがみ込むのも有効です。（スクワットの動作の上半分は力学的に楽なので、動作の下半分が強ければ、上半分は非常に楽なものです。逆に、動作の上半分を鍛えても下半分は強くなりません。）しかし、デッドリフトを分割して行うのとは違い、スクワットを上半分と下半分に分けて強化を図るのは、あまり生産性が上がりません。スクワットの上半分はわざわざ鍛える必要がなく、ハーフスクワットは膝に良くありません。そもそもスクワットは下半分がキツいものです。それに対して、デッドリフトには楽な部分というのが存在しないので、下半分と上半分に分けて行うことで効果を上げることができるのです。

可動域を限定したプレスとベンチプレス

　プレスでは少なくともセットの1レップ目や1RMに挑戦する場合、デッドリフトと同じようにデッドストップから動作を始めることになります。ラックのピンをいろいろな高さに設定して行うパーシャルプレスは非常に有効な補助種目になります。ラックの構造上ピンをセットしてプレートを付けることができれば、目の高さからバーベルを押し上げて肘を伸ばした高さまで、あらゆる姿勢でデッドストップから爆発的な力発揮を鍛えることができます。さらには、肘を伸ばした状態から頭の上でバーベルを支えるトレーニングも行うことができます。ベンチプレスもラックを使ってスクワットと同じように行うことができます。デッドストップから挙げるバリエーションを補助種目として行うと、通常のベンチプレス動作に戻ったときにリバウ

7 | Useful Assistance Exercises

図7-6　ラックを使っていろいろな高さからプレスを行う。

ンドの有効性を高めることができます。

　プレスでは、あごの高さ（肩にギリギリ触れない高さ）から肘を伸ばし切る手前までの範囲で、目的に合った高さにピンを設定します。そして、通常のプレスを行うときと同じようにバーベルを握りピンから押し上げます。胸を張って肘を適切な位置に保ち、バーベルが顔の近くを通るように動作を行います。挙上動作に入る前に身体を引き締め、肘と肩の遊びをなくし、それからバーベルをピンから押し上げます。挙上動作に入るとプレスにおいて非常に重要な体幹の動きを崩さないように注意しましょう。ピンを高い位置に設定するほど大きな重量を扱うことができます。そして、重量が大きくなるほど挙げ切った位置で安定させるのが難しく、身体を反らせ過ぎてしまいやすくなるほか、肩と腹筋にかかる負荷が大きくなります。ここではぜひベルトを使いましょう。

　プレスで扱える以上の高重量を使って何セットも行いたくなるものですが、特に初めて行うときには自制しましょう。動作の中間でバーベルがおでこの上端あたりにくるところで、三角筋から上腕三頭筋に負荷が移ります。そして、ほとんどの人はこの位置でバーベルを挙げられなくなります。パーシャルプレスはこのあたりの高さにピンを設定して行うのが有効です。パーシャル種目全般に言えることとして、もととなるトレーニング種目の動作でバーベルを挙げるのが最もキツくなる位置に焦点を当てて行うと効果的です。ほとんどのパーシャル種目はこの目的に特化して考えられたものです。挙上回数は1セットあたり3～10

レップ程度まで幅広い設定を使うことができますが、調子に乗ってボリュームを増やし過ぎてしまわないようにしましょう。デッドストップからの挙上を同じ重量を使って複数セット行うと肩への負担が大きくなります。重量を決めたら、あらかじめ決めておいたレップ数を行います。もし重量設定がズレていたら、調整するのは次回のトレーニングにしましょう。

　ベンチプレスも同じように行うことができます。目的に合わせてピンの高さを設定し、バーベルを載せてプレートを付けます。バーベルの下で身体が正しい位置にくるようにフラットベンチを確実に中心に置きましょう。バーベルを胸からピンを設定した位置まで挙げた場合と同じ位置に頭、胸、肘がくるように調整するということです。プレスと同じように、バーベルをピンから押し上げる前に肘や肩の遊びをなくします。このことは力学的に正しい挙上動作を行い、上腕骨にある腱の付着部に動作による過度な衝撃がかからないようにするために重要になります。1セットあたり5レップという設定はプレスにもベンチプレスにも有効ですが、やはり高重量で1セットに限定しましょう。高重量を扱うパーシャルベンチプレスは非常に負荷が大きく、ボリュームが多くなり過ぎると大胸筋付着部の腱炎につながります。膝や股関節と比べて肩は痛めやすく、使い過ぎに陥りやすい部位です。高重量をデッドストップから挙げるトレーニングでは、頻度やボリュームが高すぎると筋肉の付着部にひどい炎症を起こしやすくなります。可動域を限定すると高重量を扱えるということに夢中になって

Useful Assistance Exercises | 7

図7-7 ラックを使ったベンチプレスでは、通常よりも大きな重量を使っていろいろな高さから挙上動作を行うことができる。ただし、やり過ぎると負担が大きいので慎重になること。

無茶をしなければ、パーシャルベンチプレスは強くなるのに非常に有効です。

　プレスでもベンチプレスでもバーベルを挙げ切って肘を伸ばした姿勢から挙上動作を行うこともできます。肘を伸ばした高さにフックを設定して、ここからバーベルを外し、ピンまでバーベルを下ろし、また押し上げるという動作です。パワーラックを使うパーシャルスクワットと同じ要領です。パーシャル種目では、可動域の中でバーベルを挙げるのがキツい部分に絞ってデッドストップから挙げることに意味があります。バーベルを下ろしたときにピンに当てて弾ませるとこのトレーニング種目を行う意味がなくなってしまいます。バーベルをピンに載せたときに位置がズレてしまわないようにコントロールしなければいけません。プレスのパーシャル種目はあまり一般的ではありませんが、有効になる場面はあります。もっと一般的に行われるパーシャル種目にボードプレスというものがあります。ボードプレスでは、いろいろな厚みの木の板を胸の上に載せることで可動域を限定します。バーベルを胸から押し上げるのを助ける働きをするベンチプレスシャツが競技で広く使われるようになってから、挙上動作の後半部分を強化するために考案されました。パワーラックは必要ありませんが、ボードを胸に載せたり外したりする補助者が必要になります。

　これらのトレーニング種目は、これまで何年にもわたって多くの人間によって多くのバリエーションが考案され、それぞれ程度の差はあれ効果が見られてきました。適切なフォームを使うこと、パーシャル種目で鍛えたい機能を理解しておくこと、慎重に重量設定を行うことが重要になります。

　通常は伸張反射が起こるトレーニング種目であっても、もともとデッドストップから行う種目であっても、すべての基本種目においてデッドストップから行うパーシャル種目は有用だと考えられます。デッドリフトとプレスにおいては基本的な身体の使い方を変えることなく、動作の中のいろいろな位置でデッドストップからのスタートを鍛えることができます。スクワットとタッチアンドゴーのベンチプレスにおいては、伸張反射の助けを得ることなくバーベルを上に動かすことを強いられます。どちらの場合もパーシャル種目は有効だと言えます。

　ただし、パーシャル種目を行えばもとのトレーニング種目を行わなくていいということではありません。可動域全体を使った種目がトレーニングの中心であり、可動域を限定する種目は補助として機能します。可動域を限定した種目で代わりがきくのであれば、すでに取って代わっているはずです。可動域全体を使うトレーニング種目での筋肉や神経筋の動員は、可動域を限定すると得られなくなるものです。つまり、可動域全体を使うトレーニング種目と比べてパーシャル種目はパフォーマンスを伸ばす効果に劣るのです。デッドリフトでさえ可動域を限定したバリエーション種目の出番は限られます。デッドリフトは高重量を扱うキツい種目です。テクニック面でも練習が必要で、十分な経験を積んだリフターだけがホルティングデッドリフトやラックプルといったパーシャル種目に置き換えるべきです。より大きな重量を扱えたり、よりキツい姿勢で行ったりするパーシャル種目を行うのは、可動域全体を使う動作よりも大きなストレスをかけたり、より特異的なストレスをかけたりすることに意味があります。なぜパーシャル種目を使うべきなのか、どのように使うべきなのかを理解できるだけの経験があるトレーニーが、適切な状況下で慎重に使うべきものです。

221

7 | Useful Assistance Exercises

スクワットのバリエーション種目

フロントスクワットとハイバースクワットという基本的なバーベルスクワットのバリエーション種目について取り上げておきます。ハイバースクワットはオリンピックスクワットとも呼ばれます。これらは補助種目として広く使われています。バックスクワットの動作の一部を切り出したものではなく、スクワットのバリエーション種目であり、必要に応じて基本的なバーベルスクワットと置き換えて使うことができます。人によって見解の違いがありますが、これらが抜け落ちてしまわないようここで取り上げておきます。

オリンピックスクワット

本書で紹介するロウバースクワットよりもオリンピックスクワットを好む指導者は少なくありません。その理由はオリンピックスクワットは指導をする必要が無いからかもしれません。トレーニーは特に指示を受けなければ、ハイバーポジションと呼ばれる僧帽筋の上にバーベルを載せようとするものです。また、オリンピックスクワットのボトム姿勢では膝が前に出ますが、意識的にポステリアルチェーンを使おうとしなければ自然とそうなるものです。トレーニング経験のない学生に「あっちのラックでスクワットやってろ。オレは習得の難しいスナッチとクリーンアンドジャークを教えるのに忙しいんだ（ついでに言うとこっちのがおもしれぇんだよ）」とでも言うと、彼はハイバースクワットをするでしょう。つまり、フォーム指導なしでスクワットをさせるとハイバースクワットになるものだということです。多くのトレーニーを抱える指導者は、バーベルを担ぐ位置はトレーニング全体で見れば大した問題ではないということにして、ハイバーポジションで担がせたいと考えるかもしれません。

肩の柔軟性が十分でない人にとってはハイバーポジションの方がバーベルを担ぎやすくなります。高齢のトレーニーが慢性的な肩の問題を抱えているとハイバーポジションで担ぐしかないという場合があります。そういう状況ではまったくスクワットができないより、もちろんハイバースクワットを行う方が良いということになります。そこまで肩の柔軟性に問題がある場合、改善することもありますが、特に高齢のトレーニーであったり、肩関節内の骨の変形が原因であったりすると目立って改善しないこともあります。ロウバーポジションを優先すべき理由はすでに話したので、ここではハイバーポジションを代替手段として使わざるを得ない事情があるという前提で考えます。

ハイバーポジションでは胸を張る意識を強く持つことが重要で、そのためには背中の筋力が必要になります。ハイバーポジションでは実質的に背中が長くなることになりますが、背中の角度が立つほど背中の長さの影響が小さくなります。また、どのようなスクワットでもバランスを保つためにはバーベルが足の中心の真上になければいけません。そのため、ハイバースクワットの動作中にバランスを保つには背中の角度が立っていることが不可欠になります。しかし、背中の角度が立ち、膝の角度が閉じるほどスクワットの動作でハムストリングが使われなくなります。股関節が曲がらず膝が曲がった状態になるからです。**膝が前に出るほど股関節が動作に貢献しなくなるのです。**こういった姿勢の取り方が必要になることや、てこの作用をうまく使えなくなることが影響して、オリンピックスクワットではロウバースクワットよりも軽い重量を使わざるを得なくなります。ハイバースクワットが有効だと考えるならハイバースクワットを中心に行い、胸を張って背中を立てるようにしましょう。ヒップドライブは大きく損なわれることになるので、キューとして役に立たなくなります。

フロントスクワット

フロントスクワットには重要な特徴がいくつかあり、スクワットとは完全に別のトレーニング種目です（図7-8参照）。スクワットとの違いが大きいので、スクワットを習得しようとしている段階の初心者は行うべきではありません。フロントスクワットはスクワットとは違った動作モデルになります。具体的には、動作中にリフター本人が意識を向けるのは股関節ではなく、膝と胸が重要になります。

フロントスクワットとスクワットの動作の違いはすべてバーベルを担ぐ位置によるものです。バーベルを担いで立った姿勢でも、しゃがみ込んで立ち上がる動作の過程でも、バランスを保ってスクワットを行うにはバーベルが足の中心の真上になければいけません。そして、足の真上にバーベルを維持するために、ロウバースクワットでは個人の体型によって背中が30°〜50°ほど前傾することになります。しかし、フロントスクワットではバーベルは三角筋に載り、肘を上げて手でバーベルを定位置に保つことから、バーベルを肩から落とさず足の中心の真上に維持するためには背中を直立に近い角度まで立たせることが必要になります。フロントスクワットでバーベルを挙げられなくなるのは、重量が大き過ぎてしゃがみ込んで立ち上がることができない場合と、バーベルを保持するために背中を直立させておくことができない場合があります。どちらの場合でも、バーベルを身体の前に落とすことになります。

Useful Assistance Exercises | 7

図7-8　フロントスクワットの外観。背中の角度が非常に立っていることとバーベルが足の中心の上にあることに注目。

　背中を直立に近い姿勢に保つため、膝と股関節はそれに合わせた動きをしなければいけません。フロントスクワットではしゃがみ込む動作のはじめから膝が前（と外）に動き、股関節はバーベルのほぼ真下に保たれます。この動きの組み合わせにより、スクワットと比べて脛骨は大きく前傾します。そして、このフロントスクワットの姿勢では、膝、足首、股関節、下背部への力のかかり方が大きく変わることになります。

　ボトム位置からどう立ち上がるのが良いかはバーベルを担ぐ位置によって決まります。ロウバースクワットでは、立ち上がり始めるところで意識的に力強くヒップドライブを使います。ボトム位置からお尻をまっすぐ押し上げることで、大臀筋、ハムストリング、内転筋群をより効果的に収縮させるという考えです。ロウバースクワットではバーベルを担ぐ位置が低く、背中が前傾するのでヒップドライブが可能になります。バーベルを背中に担いだ状態でお尻を押し上げるには、胸を張って背中の角度を保つことが必要になるだけです。

　フロントスクワットでヒップドライブは機能しません。背中が前傾していると大臀筋の上部、仙骨、下背部の最下部あたりをコーチが押さえることでトレーニーに意識させることができます。コーチがこのあたりに手を置いてトレーニーに「押し返せ」と指示することで、トレーニーはそれを身体で直接感じ取って、ヒップドライブに動員される筋肉を効率的に収縮させることができます。フロントスクワットでは、股関節がバーベルの真下に近い位置にあるので、コーチが触れてキューを出すことができません。体幹部は胸と肩まで直立し、胸と肩に加えて肘がキューイングの対象になります。フロントスクワットで高重量を担いで立ち上がるには直立した姿勢が欠かせません。胸、肩、肘に意識を向けて、しゃがみ込む動作中もこれらの部位を持ち上げる意識を持つことで姿勢を保つのです。姿勢という意味でも動作のイメージのしかたという意味でも、この意識付けはスクワットとはハッキリと異なります。この違いは重要なので混同してはいけないのですが、実際にはよく混同してしまうことが起きます。そのため、スクワットの動作パターンを十分に身体で覚えるまではフロントスクワットに手を出すべきではないのです。

　フロントスクワットのフォームはここまでハッキリと違うので、スクワットとは得られる効果も違うのではないかと思うかもしれません。実際に背中、股関節、脚への効果に違いがあります。フロントスクワットでは背中の角度が立った状態になるので、スクワットの背中が前傾した姿勢よりも直接的に脊柱に圧縮の負荷がかかるように見えます。これは間違いではありません。下背部はほぼ直立した姿勢になりますが、上背部は身体の前のかなり遠い位置にあるバーベルの負荷を支えるというさらにキツい役割を担っています。バックスクワットでは、ロウバーでもハイバーでもバーベルを載せた筋肉がバーベルを支えています。フロントスクワットでは胸の厚みの分だけバーベルが前に出ることになります。身体の大きな男性では30cmを超えるような距離が生まれます。この距離がモーメントアームとなり、胸椎の伸展を保つ筋肉にとって力学的にキツい状況をつくります。フロントスクワットを取り入れて間もない段階では、肩甲骨のあいだに強い筋肉痛が出るリフターが非常に多いです。そして、バーベルは股関節から見ても前にあるので、股関節に対するモーメントアームも生まれます。ただ、この距離はスクワットよりは短いことが多く、重量は確実にスクワットよりも軽くなります。つまり、下背部はたしかに直立しているものの、胸椎の伸展

223

7 | Useful Assistance Exercises

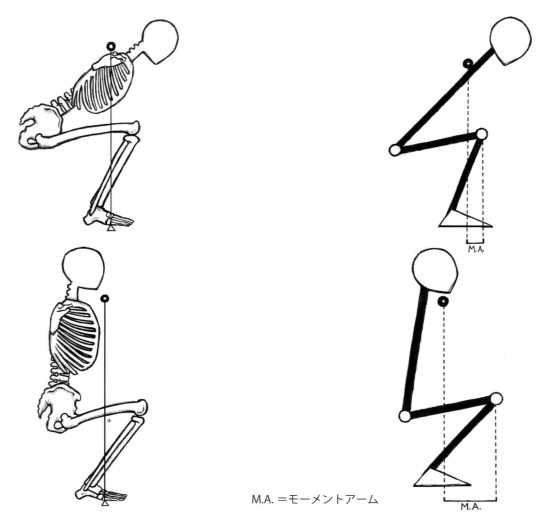

図7-9　2種類のスクワットにおけるバーベルを担ぐ位置と背中、膝、股関節の角度の関係

M.A.＝モーメントアーム

図7-10　フロントスクワットで背中を直立させるための膝の位置。これが脛骨にモーメントアームを生む。スクワットではここまでのモーメントアームは生まれない。

筋群にはかなりの負荷がかかるということです。実際の動作中には圧縮からモーメント、そして下背部から上背部へと徐々に負荷が移行するということが起こります。見た目から受ける印象よりも複雑なのだということです。フロントスクワットでは胸椎の伸展を保つことができれば、スクワットよりも下背部にかかる負荷は小さくなります。そのため、フロントスクワットは下背部にやさしいと感じる人が多くいます。ただし、これを裏返すとフロントスクワットは背中を鍛えるという意味ではスクワットよりも効果が小さいということになります。

　フロントスクワットを行うときには背中ではなく膝の使い方に注意しましょう。背中を直立させるには膝が前に出なければいけません。そうすることでバーベルの真下に股関節を保つことができるのです。フロントスクワットのボトム位置ではスクワットよりも脛が大きく前傾し、膝の角度は閉じ、足首は背屈した状態で、脛骨に大きなモーメントがかかります。実際に動作を行うと、ほとんどの人がボ

トム位置でふくらはぎの筋肉とハムストリングが接触することになり、アキレス腱と大腿四頭筋にかなりダイナミックな負荷のかかり方をする場合があります。一部の人にとっては、膝の角度が閉じることで膝の後側の軟骨にくさびを打つような形になり、安定性を損ねたり怪我を招いたりすることがあります。これは正しいフォームで行うロウバースクワットでは実質的にまったく起こらない現象です。また、フロントスクワットの方が可動域が大きく、脛が前傾することで生まれるモーメントに逆らって膝を伸ばしていく仕事はずっとキツくなります。これはすべての人にとって同じです。

　フロントスクワットのボトム位置ではスクワットと比べて膝が大きく前に出るので、股関節の伸展へのハムストリングの貢献がずっと小さくなります。フロントスクワットでは、背中と骨盤が直立し脛骨の角度が前傾することでハムストリングの起始と停止の距離が近くなり、筋腹が短く

Useful Assistance Exercises

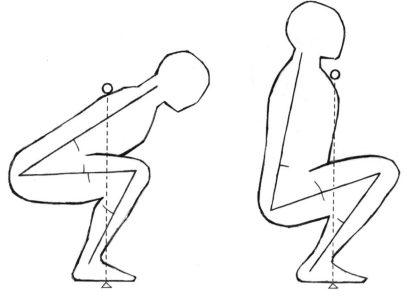

図7-11 スクワットとフロントスクワットの違いはバーベルを担ぐ位置によって生まれる。結果として各関節の角度が変わり、動作を行う際の身体の使い方に違いが生まれ、トレーニング効果にも違いを生む。

なった状態になります。ハムストリングがすでに収縮した状態になっていると、そこからさらに収縮して股関節の伸展に貢献する余地が少なくなるのです。フロントスクワットにおいてハムストリングは背中が直立した姿勢を保つ働きをしていますが、すでに収縮した状態にあるのでさらに強く収縮することはできません。

しかし、股関節は伸展させなければいけません。ハムストリングの力が使えない分、大臀筋と内転筋群がこの仕事の大部分を受け持ちます。膝が前に出て背中が直立した姿勢では、最も大きく角度を変える必要があるのは膝になるので、大腿四頭筋が最も強く働きます。大腿四頭筋を形成する4つの筋肉のうち、3つは膝関節のみをまたぐ構造になっているので、膝を伸展する運動では毎回大腿四頭筋の大部分が動員されます。フロントスクワットの場合は、取り入れてから数回はトレーニングのあとに大臀筋にハッキリと分かる筋肉痛が出ることが特徴です。

つまり、スクワットとフロントスクワットでは、動員される筋肉が動作に貢献する程度に違いがあるということです。膝が前に出る姿勢では脛骨にかかるモーメントが大きくなり、膝を伸展させるときの力の効率が悪くなります。そして、背中が直立していることで股関節が動作に貢献する程度が小さくなります。結果として、フロントスクワットではロウバースクワットと比べて扱える重量が小さくなります。こういった違いが生まれる最も大きな理由は、バーベルとリフターのシステムのバランスが取れる姿勢にあります。フロントスクワットでもスクワットでもバーベルは足の中心の真上になければならず、そのために背中の角度が変わってくるのです。

図7-12 フロントスクワットとクリーンでは、上腕に対する前腕の長さによって肘の位置が変わる。（A）上腕と前腕の長さの比率が極端な例。（B）前腕が長いと肘の位置が下がることになる。（C）前腕が長い場合には手幅を広げることで対処できる。

7 | Useful Assistance Exercises

図 7-13　胸を張った姿勢を作るためのキュー。手を目標にする。

　フロントスクワットを習得するにはパワーラックかスクワットラックを使うのが最適です。バックスクワットを覚えるときと同じように胸骨の真ん中あたりの高さにバーベルを設定します。フロントスクワットではバックスクワット以上にグリップが重要になります。肘を上げて肩の上でバーベルを安定させ、動作中に背中を直立した状態に保てるようにバーベルを握ることが重要になります。手幅は主に柔軟性によって決まります。柔軟性には個人差があるだけでなく、同じトレーニーでもトレーニングを続ける中でストレッチを行って向上したり、怪我によって悪化したりするものです。一般的に柔軟性の低いトレーニーほど手幅を広く取る必要があります。また、上腕に対して前腕が長い人は普通の手幅を取ると肘を上げるのが難しい場合があります。バーベルを安定させられるところまで肘を上げられるように必要に応じて手幅を調整しましょう。ストレッチをしたり、十分に肩、肘、手首のウォームアップを行ったりした上で、少なくとも何本かの指をバーベルに掛けた状態でバーベルを三角筋の上で安定させることができなければ、フロントスクワットで良いトレーニングができないかもしれません。

　バーベルをラックから外す前に胸を張り、肩を引き締め、肘を上げた状態でバーベルの重量を肩で受けます。三角筋の肉の上に重量を載せるのです。バーベルをラックから外す段階で肘を上げることができていなければ、そのあと肘を正しい位置まで上げることはできません。肩が安定するように上背部の筋肉を使って胸を張ります。バーベルをラックから外すときから最後のレップを終えるときまで、できるだけ胸と肘を高く上げてこの姿勢を保ちます。この姿勢を作るためには胸骨の上に手をかざして、その手に触れる意識を持ちましょう。

　バーベルをラックから外し、2〜3歩後ろに下がります。ウェイトはバンパープレートを使えると望ましいです。フロントスクワットに補助者はつかず、重量が大きくなって挙げられないときはバーベルを前に落とす形になります。バーベルをなにかにぶつけることなく地面に落とせるようにラックとの距離を十分に確保しておくことが重要です。スタンスの取り方はスクワットと基本的に同じで、踵を肩幅に開き、つま先を 30°ほど外に向けます。スタンスが決まったら胸を張り、肘を高く上げて、大きく息を吸い込んで姿勢を安定させ、スクワットに入ります。しゃがみ込むときには背中が直立した姿勢を保つため膝を前と外に出し、胸を張って肘を上げた状態を保ちます。場合によっては少し背中を後ろに反らせる意識を持つと良いかもしれません。ボトム位置までしゃがみ込むと、ふくらはぎとハムストリングが触れるのですぐに分かります。

　ボトム位置で静止はせず、立ち上がる動作に入ります。ここでは肘ではなく胸を持ち上げる意識を持ちましょう。肘は上げておくのですが、肘を高く上げるだけでは上背部の姿勢を作ることができないので、胸を張るというキューが重要になります。胸を持ち上げていくと、それに合わせて胸の真下にある股関節がまっすぐ上がります。バーベルは三角筋の上で安定させ、前に落としてしまわないように身体の直立した姿勢を維持します。肘を上げた姿勢によっ

図 7-14　フロントスクワットでは背中が直立した姿勢が必要になる。こういう意識を持つのが役立つこともある。

Useful Assistance Exercises | 7

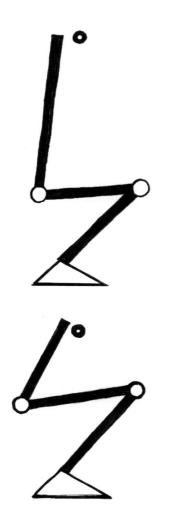

図 7-15　身体の各部の長さによってフロントスクワットで効率の良い姿勢を取れるかが変わる。体型的特徴はすべてのバーベル種目に影響するが、フロントスクワットは胴体が短く脚が長いとやっかいになる。

てバーベルは指と首のあいだにはさまれて固定されます。バーベルの重量は手ではなく三角筋で受け止めます。立ち上がった位置でもしゃがみ込んだ位置でも動作中に背中の緊張を解いてはいけません。意識的に身体を引き締めて脊柱が直立した姿勢を保ちます。フロントスクワットでは首の前にバーベルを担ぐので上背部にかかるてこ作用が強くなり、この姿勢を保つのがキツくなります。

　フロントスクワットとスクワットでは、バーベルを担ぐ位置とハムストリングの働き方に違いがあるので必要なキューも変わります。スクワットはヒップドライブが中心になり、先に話したようにこれは仙骨部に意識を置いて行います。それに対して、フロントスクワットで意識を向けるのは肘と胸になります。胸の姿勢を作るには大きく息を吸い込むことが不可欠です。呼吸は脊柱起立筋上部の筋力を発揮するのにも重要になります。フロントスクワットを取り入れてしばらくはこの姿勢で脊柱起立筋の上部が強く

使われ筋肉痛が出るものです。しゃがみ込むときに身体を後ろに反らせる意識を持つと、この姿勢を作る感覚が掴みやすいかもしれません。バランスを失わないことが条件になりますが、ほとんどの人は後ろに尻もちをついてしまうことなく感覚をつかむことができます。

　一部には身体の構造的にフロントスクワットを行うのが難しい人がいます。胴体が短く脚が長い体型はフロントスクワットに向かず、対策としてできることはほとんどありません。四肢の長さのように修正できない体型的な理由で、極端な場合には正しいフォームを維持できなくなることもあり、フロントスクワットを行わないという選択がベストなこともあります（図 7-15 参照）。

　フロントスクワットは繊細にフォームを維持する必要性が高くなるので、たいていの場合 1 セットあたり 3 レップという回数設定で行います。そして、同じ重量でセット数をこなすことでボリュームをかせぎます。

　フロントスクワットでは呼吸をコントロールすることが非常に重要です。バーベルと脊柱のあいだの距離が長くなると上背部に働いてこの作用が強まり、より大きなモーメントに逆らうことが必要になります。胸腔内の圧力を高めて姿勢を安定させることができるかは、高重量を担いで最後の 1 レップを挙げ切れるか落としてしまうかの違いになって表れることがよくあります。大きく息を吸い込むと上背部全体を引き締めることができ、胸を張り、肩と肘を上げた姿勢を維持できるようになります。毎レップ立ち上がったところで息継ぎをしましょう。身体の緊張を解かない範囲で少し空気を入れ替える程度でも良いかもしれません。

　先に話したように、フロントスクワットを挙げ切れないときには、バーベルを前に落とすことになります。ハードにトレーニングを行っていれば避けられないことで、いずれフロントスクワットでバーベルを落とす場面が出てくるので、ウォームアップ中にでも練習して備えておくと良いでしょう。バーベルを落としたときに身体をかわすのに慣れていて、うまく距離を取ることができるわけでなければ、膝や太ももの下の方にバーベルを落としてしまうかもしれません。ほとんどの人は身を守るための本能的な感覚で避けることができますが、フロントスクワットで何度かバーベルを落とす練習をしておく方が賢明だとは言えるでしょう。

　フロントスクワットではバーベルを担ぐ位置によって問題が起こる場合があります。バーベルを担ぐ位置が肩の後ろに寄り過ぎていて喉が強く押しつぶされる形になると、意識を失ってしまうことがあります。バーベルによって頸動脈が圧迫されることが原因です。意識を失うこと自体に

227

7 | Useful Assistance Exercises

図 7-16　カリフォルニアフロントスクワット。本書では推奨しない。

害はありませんが、完全に意識を失って無防備に倒れてしまうと危険です。感覚がおかしくなると自分で分かるものです。意識を失う前にバーベルをラックに戻すか安全に地面に落とし、膝を地面につきましょう。こうすると本当に意識を失って倒れてしまっても地面までの距離が短くなります。意識を失って勢いよく倒れ、ラック、バーベル、ウェイトプレートなどに頭をぶつけると重症を負う危険があります。繰り返しておきますが、意識を失うこと自体に害はなく、バーベルを喉から離すと症状は回復します。フラつく感じが治まりバーベルを担ぐ位置を修正したらセットの続きを行って構いません。しかし、一度意識を失うと、その日のトレーニング中は再発しやすくなるものです。バーベルを担ぐ位置を修正するときには注意しましょう。

また、フロントスクワットにはもうひとつバリエーションがあります。著者の周囲では「カリフォルニアフロントスクワット」と呼ばれます。このフォームでは身体の前で両腕を交差させ、右手を左肩、左手を右肩に載せます。通常のバーベルの握り方よりも上半身の柔軟性が要求されなくなります。その代わり、バーベルを肩の上で安定させにくくなり高重量を扱うときの安全性が下がります。本書の方法では高重量を扱うので、このスタイルは使いません。

通常のバーベルの握り方はクリーンに由来しています。オリンピックウェイトリフティングではたいていクリーンのあとに続けてフロントスクワットを行います。このとき、肘を高く上げることで手の掛かったバーベルを肩のラックポジションに押し込む形になります。身体の前で腕を交差させる方法では肘の位置だけが頼りになり、手を使ってバーベルを安定させることができません。このスタイルでフロントスクワットを行うのは、身体の前に腕を出した「前にならえ」の姿勢で肩にバーベルを載せてバランスを取るのと変わりません。また、バーベルを挙げ切れずに落とすときに腕を組んだ姿勢ではコントロールするのが難しくなります。フロントスクワットをするときには、まずクリーンでウェイトを肩まで挙げるべきだという考えがあり、カリフォルニアフロントスクワットの存在はこの考えを後押しするものでしょう。

ベンチプレスのバリエーション種目

ベンチプレスはとにかく人気のトレーニング種目なので、当然のようにバリエーション種目もたくさんあります。多目的に使えるタイプのマシンには、ベンチプレスも定番の機能として付いています。ウェイトスタック付きでバーの軌道をコントロールする形です。胸の頂点よりも低いところまでバーを下ろせるように設計されており、本来よりも深い位置まで肘を引くことができるタイプもあります。他には片側ずつ動かすことができるタイプもあります。ダンベルで行うような動きですが、ただ高価になるだけです。ペックデックを使うと上腕三頭筋を動作から切り離す

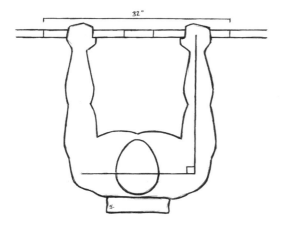
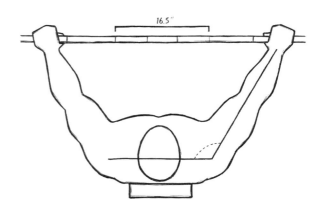

図 7-17　クロースグリップベンチプレスとワイドグリップベンチプレスのスタート姿勢の比較。腕を鉛直に突き出した状態になる手幅でバーベルの移動距離は最も大きくなる。

Useful Assistance Exercises

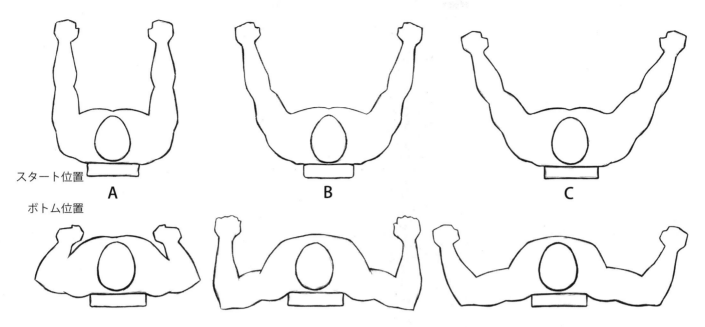

図7-18 （A）クロースグリップ（B）通常の手幅（C）ワイドグリップでのスタート位置とボトム位置の比較。ボトム位置で前腕が鉛直になる手幅で肩関節が最も深く動く。前腕がこの角度にならない手幅では肩の可動域全体を使う前にバーベルが胸に触れる。

ことができます。テクノロジーの進歩と言えばそうですが、この手のバリエーション種目に特に役立つものはありません。ベンチプレスというトレーニング種目に価値があるのは、高重量を扱えるのに加えて運動をコントロールするというバーベルトレーニングの特徴があるからです。これらのマシンにはこの利点がありません。ベンチプレスのバリエーション種目で価値があるのは、この利点を損なうことなくベンチプレスの動作で不足する部分を補うことができるものです。大きく分けて、バーベルを握る手幅を変えるタイプとプレス動作での肩の角度を変えるタイプがあります。

手幅を変えるバリエーション種目

通常の手幅よりもせまく握ったり広く握ったりします。手幅をせまくするほどボトム位置で前腕が身体の中心に向かって傾きます。また、バーベルを押し上げた位置までの移動距離は長いのですが、バーベルを胸へ下ろしていく早い段階で肘が止まり、それに伴って肩まわりの動きが小さくなります。バーベルを下ろすときに上腕骨の動く角度が小さくなるほど、胸の筋肉の行う仕事は小さくなり、肘の角度が大きく開閉するほど上腕三頭筋の行う仕事が大きくなります（図7-17参照）。

通常の手幅ではボトム位置で前腕が鉛直になり、肘の移動距離が最も大きくなります。それに対して、手幅を大きく広げると肘とバーベルの移動距離が短くなります。これ

はバーベルが胸に触れるまでに肘があまり下に動く余地がなくなるからです。上腕三頭筋が肘を伸ばす範囲が小さくなり、バーベルを動かす仕事は大胸筋と三角筋が主に行うことになります。つまり、バーベルの移動距離が最大になるのはスタート位置で腕が鉛直になる手幅で、肘の移動距離が最大になるのはボトム位置で前腕が鉛直になる手幅です。ワイドグリップベンチプレスが胸を鍛える種目だと言われるのはこのためです。バーベルの移動距離が小さいので大きな重量を扱うことができ、その重量を挙げるのに上腕三頭筋があまり働かないので、主に大胸筋が仕事をする形になるのです。

クロースグリップベンチプレスは上腕三頭筋を鍛える種目だと言われがちですが、それだけではありません。肘を開く角度が大きくなり上腕三頭筋への刺激が強くなります。大胸筋と三角筋は上腕骨を内転させる働きをします。スタート位置で上腕骨は鉛直に近づきますがボトム位置では最も深いところまで到達はしないので、クロースグリップベンチプレスでは動作の範囲が変わります。通常の手幅と比べてボトム位置での大胸筋と三角筋の働きが弱まる影響で、大きな違いではありませんが扱える重量はやや小さくなりがちです。ワイドグリップと比べると、バーベルの移動距離の影響に加えて大胸筋と三角筋の働きが弱まる影響で大きな重量を挙げるという意味ではずっと不利になります。ワイドグリップベンチプレスではバーベルの移動距離が短く仕事が小さくなりますが、大きな重量を扱うことができます。上腕三頭筋の働きが小さくなり、大胸筋と三

229

7 | Useful Assistance Exercises

角筋にもっと強く頼る形になります。クロースグリップベンチプレスでは上腕三頭筋が強く働き、大胸筋と三角筋の働きは弱まり、種目としてはキツくなります。もし、パワーリフターのようにできるだけ大きな重量を挙げることが主な目的であれば、ルールで許される範囲で最も広い手幅を使うべきです。できるだけ多くの筋肉に刺激を入れて適応を促すことが目的であれば、通常の手幅が有効です。上腕三頭筋を鍛えたい場合にはクロースグリップが有効になります。

最も大きな効果を得るためにはできる限り手幅をせまく取るということになり、これには柔軟性が影響します。一般的なパワーリフティング用のシャフトでは、ローレットのあいだに 40cm ～ 43cm の間隔があります。ローレットの内側の端を握る手幅を試してみるのは良いでしょう。ベンチプレスのトレーニングのあと、1RM の 50% 程度の重量に設定し、ローレットの内側の端に人さし指を合わせるように握ります。通常のベンチプレスと同じように呼吸をし、背中の姿勢を作り、足の位置を決め、胸を張って同じように挙上動作を行います。セットを終えたらバーベルをラックに戻し、少し休みます。次に、指1本分だけ手幅をせまくしてもう1セット行います。1セットあたり5レップで、セットごとに指1本分ずつ手幅をせまくしていきます。ボトム位置で手首がつらくなり始めたら、指1本分だけ手幅を広げ直しましょう。重量が伸びてきたらそれに合わせて手幅を広げていくことが必要になるかもしれません。軽い重量では問題なかった手幅でも重量が大きくなると痛みが出ることがあります。

クロースグリップベンチプレスは高回数の設定で行われることが多いですが、これは単にそうしてきた人が多いというだけで、高回数でなければいけない理由はありません。通常の手幅よりも軽い重量を使うので、通常のベンチプレスのあとに行うこともできますし、別の日に軽い種目として取り入れることもできます。

クロースグリップベンチプレスは通常の手幅と比べて握りが安定しないので、バーベルをしっかり握る意識が特に重要になります。バーベルを押し上げる動作の途中で手首がブレるとバーベルを落としてしまうことがあると知られています。また、クロースグリップベンチプレスはいきなりバーベルを挙げ切れなくなることが多いことでも知られています。限界に到達してバーベルを挙げられなくなることが前のレップで感じ取りにくいということです。一般的に言えることとして、動作に動員される筋量や筋群の数が少ないトレーニング種目では、多くの筋肉を動員する種目に比べて突然限界に達して挙げられなくなる傾向があります。

角度を変えるバリエーション種目

ベンチプレスを行うベンチの角度を変えることで、胸に対して上腕骨が動く角度を変えるという方法も有効です。つまり、背中の角度によって大胸筋と三角筋の動員のされ方が変わるということになります。背中が水平の状態から角度を変えるには2通りの方法があり、股関節よりも肩を低い位置に下げるデクラインと、股関節よりも肩を高い

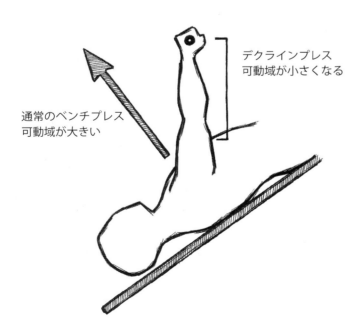

図 7-19　ベンチプレスとデクラインプレスの可動域の比較。

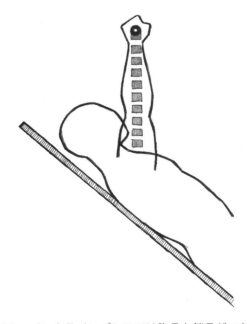

図 7-20　インクラインプレスでは胸骨と鎖骨がつながる点より少し下の点の真上にバーベルがくる。バーベルの軌道はあごに非常に近くなる。

位置に上げるインクラインがあります。

デクラインプレスはあまり使えない種目です。デクラインプレスの背中の角度ではバーベルの移動距離が短くなり仕事量が減ることになります。そのため大きな重量を扱うことができますが、自分の力を過信することにつながります。30°レッグプレスやハーフスクワットで大きな重量を扱うのと同じように、結局はオナニー行為になります。デクラインプレスは大胸筋下部を鍛えるために勧められますが、この目的にはディップの方がもっと効果的です。あとで取り上げますが、より多くの筋肉を動員し、バランスと身体の動きを協調させることが必要になり、神経系の活動も高くなります。デクラインプレスでは胸骨下部にバーベルを下ろしそこねると、次にバーベルを受け止める場所は喉になり危険です。これに高重量が扱えることを加えて、さらに補助者がいい加減であれば、ひどい目に遭う可能性があります。

デクラインプレスに対して、インクラインプレスは有用なバリエーション種目です。ただ、ベンチプレスとプレスを両方行っていれば、肩と胸のトレーニングで不足する部分はないので、インクラインプレスで得られる効果は不必要になります。大胸筋上部はプレスで少なからず動員される上、ベンチプレスでは大胸筋全体が動員されるので、大胸筋上部に特化して鍛える必要はありません。しかし、多くのスポーツでは胸に対して90°よりも高い位置で腕を使う場面があり、こういう角度に特化して鍛えるべきだとする考え方があります。インクラインプレスではそれが可能になります。ただし、この角度を作るために背中がベンチで支えられており、スポーツでこういう状況は起こらないという問題はあります。これに関しては第3章を参照してください。

しかし、インクラインプレスにも欠点があります。欠点があるから補助種目なのであり、完璧であればメイン種目としてひとつの章にして紹介しているでしょう。インクラインプレスは正しく行いさえすれば有効な場面はあります。ただ、簡単にチーティングができてしまい、チーティングをするとインクラインプレスを行う意味がなくなってしまいます。最もよくあるのがベンチからお尻を浮かせて体幹を水平に近づけ、インクラインの角度がなくなってしまうことです。体幹を水平にしてプレスをしたいのであれば、ベンチプレスをすればいいのです。実際、これはベンチプレスを選ぶまっとうな理由になります。インクラインプレスでは自分に正直に向き合わず、欲を優先してインクラインの姿勢には大き過ぎる重量を挙げようとする人が多くいます。そして、最後のレップをラックに戻すためお尻を浮かせるということがよく起こります。インクラインプ

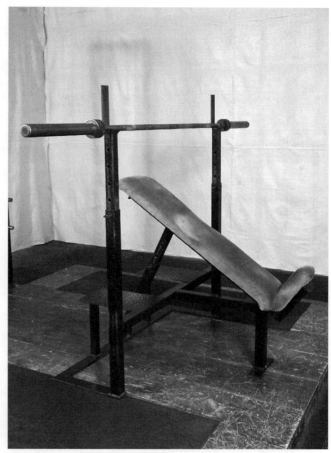

図7-21　使い勝手の良いタイプのインクラインベンチ。

レスは補助種目です。チーティングをしないと挙げられないような重量を使うと、この種目を行う意味がなくなってしまいます。お尻をベンチから浮かさないようにしましょう。

ほとんどのインクラインベンチは個人の好みに合わせて角度を調節できるように作られています。通常のベンチプレス台と同じようにバーベルを載せるための支柱が付いており、バーベルを外しやすいようにインクラインベンチの角度に合わせて支柱も調整できるように作られています。ベンチにも支柱にも調整機能のないベンチも一部のメーカーから販売されています。また、インクラインベンチのフレームには姿勢を安定させられるようにシートが付いており、両足で踏ん張ることは不可欠ではありません。しかし、両足を動作に参加させると完全ではありませんが、力の伝わりがある程度地面までつながるのでベターではあります。古いインクラインベンチには、足を載せるためのプレートがベンチに対して90°の角度で設置されているものがあります。しかし、これは現在では業界の標準ではありません。

インクラインプレスでは、背中の角度を地面に対して垂直から30°〜45°ほど寝かせるように設定しましょう。こ

7 | Useful Assistance Exercises

図 7-22　インクラインベンチプレス。バーベルは鎖骨の上で鉛直の軌道を通る。

Useful Assistance Exercises | 7

れよりも背中の角度を寝かせるとベンチプレスに近づき過ぎ、これよりも立たせるとプレスに近づき過ぎます。プレスに近い角度では、肩に非常に負担の大きな角度で背中が固定されてしまうことが問題になります。プレスでは限界に近いレップを挙げるとき、自然と背中の角度を調整してストレスを逃がすことができます。それに対してインクラインプレスでは、身体の姿勢を固定されるので、肩が疲労した状態で過度のストレスがかかる可能性があります。インクラインプレスよりもプレスが優れている特徴です。

バーベルをラックに載せる高さは、少し肘を伸ばすだけでバーベルをラックから外すことができ、挙上動作を行ってバーベルを戻すときには、空振りしてラックに戻せないということがないように設定します。ラックに載せたバーベルに手を掛けると肘がほぼまっすぐ伸びた状態になり、肘を完全に伸ばすとバーベルがフックの 5cm ほど上に挙がってフックを越えることができる高さが目安になります。フックの位置が低すぎると、バーベルをラックから外すのに多くのエネルギーを奪われることになります。さらに重要なのはバーベルをラックに戻す場面で、疲れてバーベルを十分にコントロールできないときに手間がかかる高さは避けるべきです。適切な高さはベンチによって変わるので、実際に試してやりやすい設定を探すことが必要になります。

インクラインプレスとベンチプレスの違いのほとんどは背中の角度によるもので、この 2 種目は基本的に同じように行います。胸を張り、背中を引き締め、視点を定めた天井の一点に向けてバーベルを押し上げます。両足は地面にしっかり踏ん張り、大きく吸い込んだ空気が胸を安定させます。肩と背中がベンチに着く位置、肘の位置、視線の方向、呼吸のしかた、グリップ、足の位置といったことはインクラインプレスとベンチプレスですべて同じになります。2 種目での違いは背中の角度に関係するものです。肩を寄せて引き締め、肩がベンチに触れる位置からシートのあいだで背中を反らせて固めます。動作のあいだ肘はずっとバーベルの真下にあり、バーベルの軌道をコントロールします。これもベンチプレスと同じです。視点は天井の一点に定め、バーベルの動きを目で追いません。挙上動作中は息を止め、バーベルを挙げ切った位置でレップごとに息継ぎをします。バーベルの握り方はベンチプレスと同じで、親指をバーベルに回して、手のひらの付け根にバーベルを載せます。足は地面にしっかり踏ん張って、ベンチに対する姿勢を安定させます。バーベルの軌道はまっすぐになりますが、バーベルを下ろすのは胸骨の真ん中ではなく、あごのすぐ下の胸鎖関節（鎖骨と胸骨がつながる点）の少し下あたりになります。バーベルの軌道はほぼ完全に鉛直

になり、バーベルの移動距離はベンチプレスより少し長くなります。肘がバーベルの真下にあると、バーベルを胸に下ろしたときに肩とバーベルが一直線に並ぶようになります。上腕骨はベンチプレスのように外転 90°に近づくことがないので肩のインピンジメントは起こりません。

スタート位置ではバーベルは胸の上で肘をまっすぐ伸ばした状態です。ベンチプレスと同じように、腕が地面に対して垂直で、バーベルが肩関節の真上にあるとバランスが取れます。ただ、インクラインプレスでは背中に角度がつくのでラックからスタート位置までの距離が短くなり、バーベルをラックから外したり戻したりする動作をずっと楽に行うことができます。そのため、経験豊富なリフターにはインクラインプレスでは補助者の重要性が低いと感じることもあるかもしれません。ただ、ここにそう書いてあったからといって危なっかしいことをしていいという話ではありません。

インクラインプレスに補助者がつく場合には、補助ができるベンチでなければいけません。ほとんどの場合、高品質のベンチには補助者用の足場が備え付けられているものです。足場があると補助者はリフターよりも十分に高い位置に立つことができ、なにか問題が起きると補助者は力を出しやすい場所から安全にバーベルを引き上げることができます。補助者が床に立っているとあまり頼りにすることができません。特に高重量を扱う場合には補助者の立ち位置は重要になります。また、インクラインプレスは二人で安全に補助を行うことができません。自分が高重量を扱っていて補助者が二人必要だと感じる場合には、重量を下げるか他の種目に変えるべきです。インクラインプレスで1RM に挑戦するなどというのは補助種目の目的を理解していない表れです。

デッドリフトのバリエーション種目

ここでは 4 つの主なバリエーション種目を取り上げます。ルーマニアンデッドリフト、スティフレッグドデッドリフト、ブロックを使ったデッドリフト、グッドモーニング（背中を伸ばしたバージョンと背中を丸めたバージョン）です。

ルーマニアンデッドリフト（RDL）

かつて、Nicu Vlad という素晴らしいルーマニア人ウェイトリフターがアメリカのオリンピックトレーニングセンターを訪れたことがあるそうです。Vlad はフロントスクワットで 318kg を 2 レップ挙げたという話があり、体

233

7 | Useful Assistance Exercises

重100kgの人間としては歴史上最も強かったのではないかと言えるくらい強い選手でした。そして、Vladはそれまで誰も見たことのないトレーニング種目を行い、当時Vladと同じくらい強かった人たちから多くの注目を集めました。この種目では、まずバーベルをハングポジションの高さでラックから外し、ラックが干渉しないよう後ろに下がって、バーベルを脛の真ん中あたりまで下ろし、ハングポジションまで挙げるというものでした。この動作はデッドリフトのようにも見えましたが、挙上動作をボトム位置から始めるのではなく、立った姿勢から始めるという違いがありました。この種目には新しい名前が必要だということになり、そのときからルーマニアンデッドリフトと呼ばれています。ルーマニア語では違う名前が付いているかもしれませんが、このとき以降ルーマニアンデッドリフトは完全にアメリカ国内で発展してきました。当時、Vladが慣れないトレーニング用品を使って思いつきで行っただけでルーマニアで独自の名前がないということもあるかもしれません。ルーマニアンデッドリフトは単語の頭文字を取ってRDLと呼ばれます。

RDLにはデッドリフトと異なる重要な特徴がふたつあります。ひとつ目は大腿四頭筋をほとんど使わないということです。RDLでは膝がほとんど伸びた状態から動作を始めます。完全に伸ばし切った状態ではありませんが、膝は非常に曲がりが小さい状態で大きく変化しません。そのため、RDLの動作では膝を伸ばすために大腿四頭筋が力を出す場

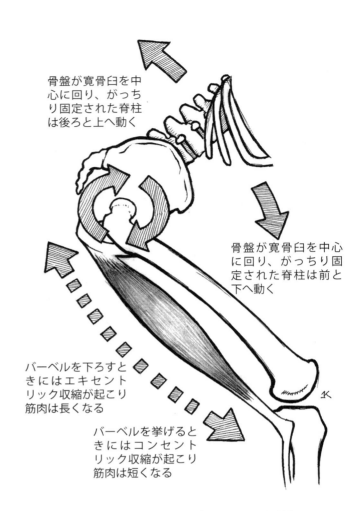

図7-24　RDLでのハムストリングの働きは、実質的にエキセントリックとコンセントリック共にすべて股関節の伸展になる。

面がないのです。大腿四頭筋はアイソメトリックに働いて膝の角度を前から固定する以外に役割がなく、RDLは股関節の伸展に特化した種目になります。RDLのボトム付近での動作や、通常のデッドリフトであれば膝伸展筋群と股関節伸展筋群が協働する部分の動作は大臀筋とハムストリングのみで行われる形になります。下背部の筋肉は腰椎と骨盤をまっすぐに保ちます。ハムストリングは坐骨結節にある付着部に作用して股関節を回し、骨盤と膝の裏側を引っ張り寄せるように働きます。このようにして、ハムストリングと大臀筋がRDLの主動筋となります。

しかし、デッドリフトとRDLには根本的なところでもっと重要な違いがあります。デッドリフトではコンセントリック収縮でバーベルを地面から引く動作を始めます。バーベルを上まで引き切れば実質的に終わりなので、エキセントリック収縮が強調されることはありません。それに対して、RDLはスクワットのようにエキセントリック収縮から動作が始まり、コンセントリック収縮へと続きます。膝と股関節が伸展した状態から動作が始まり、身体を

図7-23　偉大なるNicu Vlad。凄まじく強い選手で、ルーマニアンデッドリフトをアメリカにもたらしたと言われる。

234

Useful Assistance Exercises | 7

図7-25　ルーマニアンデッドリフト

屈曲させながらバーベルを下ろしていきます。そして、伸張反射を経てコンセントリック収縮で身体を伸展させていきます。どのような場合でも、伸張反射が起こるとコンセントリック収縮はより強くなります。これは、エキセントリック収縮が起こるときに筋腹が伸長すると運動単位がより効率的に動員され、筋肉や結合組織に弾性エネルギーが蓄積されることによります。このことが最もよく現れるのがジャンプです。どのような形でもジャンプを行うときには、膝と股関節を瞬間的に落とし込む動作があります。これが、ジャンプをするためにまさに収縮しようとしている筋肉に伸張反射をもたらします。この身体を落とし込む動作なしでジャンプをするには非常に強く意識をする必要があります。それだけヒトの身体の動きにとって自然なもので、取り除いてしまうのが難しいのだということです。デッドリフトでは5レップのセットを行うときに、2レップ目から5レップ目までプレートを地面に弾ませる人が非常に多いという事実もこれで説明することができます。ウェイトルームで行うトレーニング種目の大半は、伸張反射をうまく使ったり、大げさに強調したりすることでチーティングすることができてしまいます。私自身、アームカールでこれを使って93kgを挙げたことがあります。

しかし、RDLでは伸張反射が起こるのが本来の動作でありチーティングではありません。他には、スクワット、ベンチプレス、ジャークにもこのことが当てはまります。フォームによってはプレスにも同じことが言えるでしょう。RDLでは大腿四頭筋の力を使うことができませんが、ボトム位置で弾みを得ることで大きな重量を扱うことができるのです。RDLでの伸張反射の影響は股関節伸展筋群にとどまります。

RDLはハングポジションよりも少し低い位置にラックのピンを設定して始めます。この高さに設定しておくと、グリップが滑ってバーベルを保持する高さが低くなってしまった場合にも、安全かつ簡単にバーベルをラックに戻すことができます。クリーンを行うときと同じ手幅でバーベルを握り、ラックに干渉しない最低限の距離を取れるだけ後ろに下がります。スタンスはデッドリフトと同じで、踵を20cm〜30cmほど開き、つま先を少し外に向けます。胸を張り、自分の3mほど前に視点を定めます。

7 | Useful Assistance Exercises

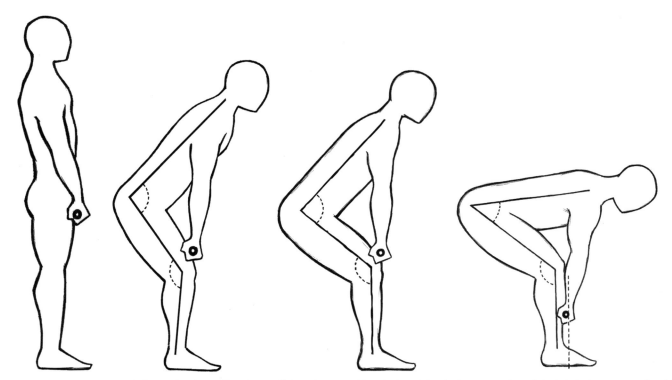

図7-26　RDLのスタート位置からボトム位置までの移行。主に股関節の角度の変化がバーベルの上下動をもたらしていることに注意。

　RDLでは背中がまっすぐ固定された状態で股関節伸展筋群が働くことに最も重要な意味があります。膝を少し曲げ大腿四頭筋を緊張させますが、これはバーベルの太ももに対する位置が3cm〜5cm下がる程度にとどまります。膝の足に対する位置関係も少し変わりますが、膝の角度はほとんど変わりません。この姿勢を取ると、つま先と足の甲のあいだの真上に膝がくる形になります。胸を張り、背中を反らせて固定し、動作全体を通してこの姿勢を維持するようにします。バーベルを下ろし始めるときには、お尻を後ろに引いて股関節を屈曲させます。バーベルを脚から離してはいけません。同時に肩をバーベルよりも前に出して、いつものプル動作の姿勢に入ります。バーベルが膝に近づいたら、膝を後ろに引いて脛を地面に対して垂直に近づけます。バーベルが膝を越えてもバーベルを脛から離さず、腰が丸まらない範囲で下ろせるところまで下ろします。はじめの数レップで腰が丸まり始める位置を確認し、その直前まで下ろしたらバーベルを挙げていきます。ボトム位置では静止を入れなくてもストレッチのおかげで動作の方向を変えることができるはずです。バーベルを挙げていくときには胸と背中の姿勢を固定し続け、バーベルを脚から離さないことが重要です。バーベルを挙げ切ったら大きく息を吸いましょう。

　「すべてを後ろに持っていく」という意識を持つことが重要です。膝ではなく股関節を使うことで、大腿四頭筋ではなく股関節伸展筋群を動員するのです。体重は踵にかけ、膝を後ろに引き、バーベルが脚から離れないように後ろに引き付け、お尻を後ろに引きます。肩がバーベルの前に出る以外はすべてが後ろに動くのです。バーベルが膝にさしかかる前に脛は地面に対して垂直になり、膝ははじめに少し曲がるとき以外は動作中に前に動くことはありません。膝が前に出るとバーベルを挙げる動作で大腿四頭筋が働き、股関節を伸展させて効果を得るという目的からズレてしまいます。

　膝を前に出してしまうのが最も多いミスです。RDLのボトム位置では膝の緊張を解きたくなるものです。バーベルを下ろしていくとハムストリングの緊張が高まり、この緊張は筋肉が短くなるまで解けません。そのためにはバーベルを引き切って股関節を伸展させるか、ボトム位置で膝を曲げて前に出すということになります。膝を曲げて前に出すとハムストリングの両端が近づき、ハムストリングが短くなるので緊張が解けます。こうすると、バーベルを挙げるときに膝を伸展させるためにハムストリングではなく大腿四頭筋が働くことになります。

　デッドリフトの章でプル動作の身体の使い方について解説したのを思い出してください。肩はバーベルの前に維持するので、肩から伸びる腕は少し後ろ向きの角度がつきます。このとき、広背筋が上腕骨を後ろに引っ張ることでバーベルを足の中心の真上に維持する働きをしています。膝を

曲げずにバーベルを低く下ろせば下ろすほど、バーベルを足の中心の真上に保つには腕の角度が大きくなる必要があります。つまり、この姿勢を保つために広背筋が強く働かなければいけなくなるということです。脛のかなり低い位置まで下ろすと、かなり極端な角度を生むことになります。RDLをストリクトなフォームで行って、バーベルを膝よりも大きく低い位置まで下ろすのは難しくなります。RDLのボトム位置でバーベルが地面に触れるようなら、かなり軽めの重量を使っているということでしょう。

また、背中を完全に伸ばした姿勢を崩してしまうミスもよく起こります。ハムストリングが股関節を伸展させるときに、脊柱をがっちり固定するために脊柱起立筋がアイソメトリックに働くのもRDLの重要なメリットのひとつです。この姿勢を維持するのは決して楽ではありません。お尻、膝、バーベルを後ろに引き、踵をしっかり地面につけて肩を前に出した状態で、胸を張り、背中を反らし続けるには集中力が必要です。RDLは間違ったフォームで行ってしまいやすく、動作がゆっくりな種目としては難しい種目です。背中が丸まったり膝が前に出たりすると、動作が楽になりますが狙った筋群への刺激が減ってしまいます。しかし、背中の伸展を保ち、膝の曲げ伸ばしを起こさず正しく行うと、高重量のデッドリフトを失敗する直接的な原因になる部分を鍛えることができます。デッドリフトとクリーンの補助種目としてRDLを超えるものはないと言えるかもしれません。

RDLを良いフォームで行うには「胸を張る」「背中を反らす」「膝を引く」といったキューが役立ちます。ときどき「踵に体重をかける」ことを意識するのも良いでしょう。「胸を張る」というキューは胸椎の伸展を保つことを思い出させてくれます。それに対して「背中を反らす」というキューは、ほとんどの人に下背部を意識させる効果があります。「膝を引く」というキューは大腿四頭筋を使ってしまうのを防ぐために使いますが、バーベルが脚から離れることにつながってしまう場合があります。このときには広背筋を使って「バーベルを引き付ける」というキューが必要になるかもしれません。

高重量のRDLではダブルオーバーハンドグリップを使いましょう。RDLでオルターネイトグリップを使い、左右の肩に不均等な負荷がかかるのは望ましくありません。また、片方を逆手でバーベルを握ると広背筋がバーベルを引き付ける働きを十分にできなくなります。RDLはデッドリフトと比較するとそれほど大きな重量を扱いません。ほとんどの人はRDLで扱える重量がデッドリフトの1RMの65%～75%になります。たいていの場合、これはオーバーハンドグリップで握っても問題の出ない範囲です。握力が問題になることは考えにくいですが、どうしてもキツい場合にはストラップを使うかフックグリップを使いましょう。重要なのは左右ともに順手でバーベルを握るということです。RDLは補助種目なので、1セットあたり5～10レップくらいの設定で行います。

スティフレッグドデッドリフト（SLDL）

スティフレッグドデッドリフトはSLDLと略されます。RDLよりも多くのジムでよく見られるバリエーション種目だと言えるかもしれません。デッドリフトのフォームがマズく、意図せずスティフレッグドデッドリフトのような動作になっている人が多くいるからです。RDLを地面から行うと実質的にスティフレッグドデッドリフトになります。伸張反射が起こらないという違いがありますが、RDLと同じように腰の位置が高く、背中の角度が前傾し、脛が地面に対して垂直に近い姿勢になります。RDLでは、ハム

図7-27 （A）通常のナロースタンスのデッドリフトのスタート姿勢　（B）スティフレッグドデッドリフトのスタート姿勢

7 | Useful Assistance Exercises

図 7-28　スティフレッグドデッドリフト

ストリングが伸長性の限界に到達して腰が丸まる手前で切り返しますが、スティフレッグドデッドリフトは地面から引き始めるので RDL よりも動作の範囲が大きくなります。

　バーベルに直径 45cm のプレートを付けた状態でストリクトなフォームの RDL を行い、バーベルを地面まで下ろせる人はほとんどいません。そのため、スティフレッグドデッドリフトでは良いスタート姿勢に背中を持っていくには膝を曲げることが必要になります。どれだけ膝を曲げるのが良いかは、もちろん個人の柔軟性によって変わります。スティフレッグドデッドリフトは脚を曲げないのがポイントです。つまり、膝はできるだけ伸ばしてデッドリフトよりも腰が高い状態で、背中をまっすぐにしたスタート姿勢を取ります。膝の曲がりはできるだけ小さくするようにしましょう。

　バーベルを足の中心の真上に置いて、通常のデッドリフトと同じスタンスを取ります。クリーンと同じ手幅のダブルオーバーハンドグリップでバーベルを握ります。こういうグリップを選ぶ理由は RDL と同じです。自分の柔軟性に応じて膝を少し曲げ、膝の位置を固定します。そして、胸を張り、息を吸い込んでバーベルを引きます。デッドリフトの章で紹介した 5 つのステップのうち、膝を前に出すステップ 3 を除くと実質的にスティフレッグドデッドリフトになります。バーベルは足の中心の真上から引き始めますがスタート姿勢では膝を前に出さないので、バーベルが脛の前にあるときはバーベルは脛に触れません。バーベルが膝を少し越えたあたりでバーベルが脚に触れます。そこからは通常のデッドリフトと同じようにバーベルを引き上げます。毎レップ、地面に置いたバーベルの位置を確認し、スタート姿勢を取り直してから引き始めます。スティフレッグドデッドリフトは RDL ではなくデッドリフトなので、デッドストップから引き始めるのです。

　スティフレッグドデッドリフトと RDL はいろいろな使い方ができる種目で、さまざまなプログラムに取り入れることができます。どういうトレーニング効果を狙うかによって、いろいろな回数設定で使うことができます。軽いトレーニングの日にはデッドリフトの代わりにスティフレッグドデッドリフトや RDL を使うこともできます。その場合には、5 レップを複数セットという設定が効果的です。スティフレッグドデッドリフトや RDL は高重量のデッドリフトほどのストレスを生まないので、複数セットを行うことができます。同じ日にデッドリフトのあとに続けて行う場合には、8～10 レップを複数セットという設定でボリュームを稼ぐのに使うことができます。20 レップを数セットという設定で RDL を行うのもおもしろいでしょ

Useful Assistance Exercises | 7

う。

RDLとスティフレッグドデッドリフトを始めてしばらくはハムストリングに強烈な筋肉痛が出ることがあります。この影響で本来の可動域を使えなくなる場合もありますが、長く続けるとハムストリングの伸長性を向上させるのに両種目とも非常に有効です。ストレッチとして非常に優秀で、デッドリフトやスクワットのウォームアップとして軽い重量で使われることもあります。

ブロックを使ったデッドリフト

デッドリフトにはブロックの上に立って引くというバリエーションもあります。ブロックの高さの分だけ可動域が大きくなり、仕事量を増やすことができるというものです。直径が45cmよりも小さなウェイトプレートを使って同じ効果を得ることも可能です。高さが出ることで膝の曲げ伸ばしが大きくなるので、このバリエーション種目では大腿四頭筋の働きが強くなります。バーベルを地面から引き切るまでの距離が長くなるので、ボトム位置でスタート姿勢に入るには膝と股関節をより大きく曲げることが必要になります。そして、スタート姿勢で腰をまっすぐに伸ばした状態で股関節を大きく曲げるにはハムストリングの伸長性がより必要になります。こういった条件があるので柔軟性の低い人には正しいスタート姿勢を取るのが難しくなり、すべての人がこのバリエーション種目を行えるわけではありません。ブロックを使ったデッドリフトは通常のデッドリフト以上に大きなストレスのかかる種目になるのは明らかなので、慎重に臨みましょう。ブロックを使ったデッドリフトは補助種目なので、ギリギリの重量を使って複数セットを行うことはありません。余裕を持てる重量でボリュームを稼ぐ目的や、デッドリフトでバーベルを地面から引き上げる部分を鍛える目的に使いましょう。

グッドモーニング

グッドモーニングはスクワットのバリエーション種目だと扱われる場合もあります。バーベルを僧帽筋に載せてラックから外すという共通点からです。しかし、グッドモーニングは背中とハムストリングを鍛えるトレーニング種目です。RDLと比べても膝の動きは小さく、バーベルの動きにはプル動作の要素が多く含まれることから、グッドモーニングはデッドリフトのバリエーション種目と考えることができます。グッドモーニングという名前は、目下の者が目上の者に対して朝のあいさつをする様子になんとなく見た目が似ているという理由で付けられました。グッ

ドモーニングは古い種目で現在はあまり使われることがありませんが、プル動作を強化するための方法として一考の価値があります。

グッドモーニングではハイバースクワットと同じようにバーベルを僧帽筋に載せます。簡単に言うと、グッドモーニングはバーベルを首に載せた状態で上半身が地面と平行になるか、それより低いところまで上半身を前傾させ、また直立した姿勢に戻るという動作です。これはRDLの動作に似ています。どちらも股関節の伸展運動でエキセントリック収縮から始まるという共通の特徴があり、グッドモーニングは「首にバーベルを担いだRDL」だと考えるといいでしょう。

RDLなどのプル種目では、バーベルは足の中心の真上で鉛直の軌道を描きます。それに対して、グッドモーニングではバーベルの軌道は弧を描きます。これは、バーベルから股関節までの距離はたいていの場合、股関節から膝までの距離よりも長いので、背中を前傾させるとバーベルが前に移動するからです（図7-29）。バーベルの軌道が弧を描くというのは、足の真上でバランスが取れる位置からバー

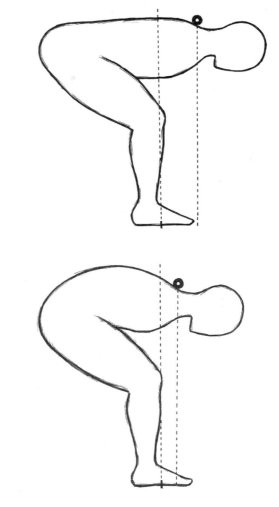

図7-29　2通りのグッドモーニング

7 | Useful Assistance Exercises

図 7-30　背中をまっすぐにしたグッドモーニング

ベルを意図的にズラすということです。こうするとバーベルと足の中心のあいだにモーメントアームが生まれます。グッドモーニングでは、それを負荷を生む要素として活用します。そういう意味ではバーベルカールと同じです。重量が大きくなるとバーベルとリフターのシステムの重心はバーベルに近づきます。そして、それとともにバーベルは足の中心に近づくことになります。

　グッドモーニングには、背中を伸ばして行う方法と背中を丸めて行う方法の2通りがあります。背中を伸ばしたグッドモーニングでは、ボトム位置でRDLよりも少し後ろまで股関節を引くことになります。これはバーベルが肩甲骨の下にぶら下がる形ではなく、僧帽筋に載せているからで、バーベルはつま先よりも前に出ます。背中を丸める方法では、バーベルと股関節が足の中心からそれほど離れません。主な違いは背中の実質的な長さになります。背中を丸めていると、背中を伸ばしているよりも実質的に背中が短くなることになります。つまり、この2つの方法ではバーベルと股関節のあいだにできるモーメントアームの長さに違いが生まれるということです。

　背中を伸ばして行うグッドモーニングの方がRDLに近くなります。膝を軽く曲げ、胸を張り、下背部を反らせた姿勢でバーベルを僧帽筋に載せます。ボトム位置でバー

ベルが頭の方に転がらないように両手でバーベルを首に押さえつけます。シャフトの中央部にローレットが刻まれたバーベルを使っている場合、バーベルが動くと首を傷つける可能性が高いので、バーベルの位置を安定させることが特に重要になります。ハムストリングの柔軟性の限界に達して、腰が丸まる手前まで股関節を後ろに引いてバーベルを下ろしていくのが基本的な動作となります。バーベルを下ろしていくときも挙げてくるときも背中を伸ばした状態を維持しておくということがポイントで、そう考えるとRDLと似ていることが明確に分かるはずです。どこまでバーベルを下ろすかは自分の柔軟性によって決まります。そして、グッドモーニングを行っているとハムストリングの伸張性が向上します。背中をまっすぐにしたグッドモーニングほど有効なストレッチはほとんどありません。

　背中を丸めたグッドモーニングはまったく別物です。背中の姿勢に関して、胸椎と腰椎を伸展した状態が身体の構造上自然で、最も効率的で安全なのだとここまで繰り返し話してきました。椎間板に負荷をかけるにはこの姿勢が最善で、胴体に沿って最も効率的に力を伝えることができます。しかし、仕事や多くのスポーツにおいて、理想的な背中の姿勢を保てない状況で物を持ち上げなければいけない場面が出てくるものです。初心者を卒業したリフターに

240

Useful Assistance Exercises | 7

図 7-31　背中を丸めて物を持ち上げることで、理想的な身体の使い方ができない状況に備えるトレーニングができる。石を持ち上げるのはこれの好例である。

かもしれません。繊細に磨きをかけてきた「正しい身体の使い方」をそのまま使って持ち上げられる形である保証はありません。

　脊柱が屈曲した姿勢を避けられない場合、大きく息を吸い込んで息を止め脊柱を支えなければいけません。椎間板は安静時の本来の位置にあるとき、圧縮の力を最もよく受け止められる構造になっています。しかし、重たい物を地面から持ち上げるときには、動作の最終盤で背中が直立するまで主に身体にかかるのは圧縮の力ではありません。重たい物が地面から離れるタイミングで背中にかかる主なストレスは「回転」や「せん断」の要素を持ったモーメントになります。脊柱が屈曲していても脊柱をがっちり固定することができていれば、一般的にジムの外で起こる状況で出くわす程度の負荷は安全に扱うことができます。特に普段からもっと大きな重量を扱っているリフターであればなおさらです。バーベルトレーニングではすべての種目でバルサルバ法を用います。ジムの外で理想的とは言えない姿勢を取らないといけない状況でも、同じバルサルバ法で脊柱を安定させ保護することができます。

とって、そういう状況に備えたトレーニングを取り入れることは理にかなっていると言えます。例えば、ストロングマンの試合では、石を持ち上げる種目があります。選手は背中をまっすぐに伸ばせない状態で地面から石を持ち上げて直立しなければいけません。背中が丸まった状態で地面から石を持ち上げ股関節と膝を伸展させなければいけないということです。もしくは、戦場で40kgの装備を身に付けた仲間の兵士を持ち上げないといけない状況に遭遇する

　こういう状況は避けられないものですが、背中を丸めた状態で持ち上げるトレーニングを行っておくことで備えることができます。自分自身で動作の条件をコントロールできる状況で計画的に行うと、通常のプル系トレーニングや背中のトレーニングの補助として有効です。背中を丸めた

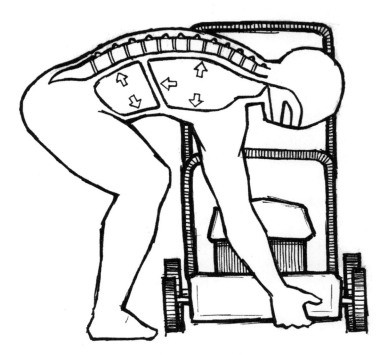

図 7-32　効率的に力を使えない姿勢では重たい物を扱うことができないので、持ちにくい物を扱うときの問題は重量が大きいことではない。変な姿勢で脊柱を安定させられるかが問題になる。脊柱が屈曲した姿勢で身体の使い方を改善できない場合、しっかりとバルサルバ法を行うことが脊柱を守る最善策となる。

241

7 | Useful Assistance Exercises

図7-33　背中を丸めたグッドモーニング

グッドモーニングでは、脊柱にとって理想的とは言えない姿勢を意図的に作って背中を鍛えます。疲労が溜まった状態でのデッドリフトであったり、仕事で物を持ち上げなければいけない場合であったり、理想的な姿勢を取れない状況にこうして備えるのです。身体への負荷のかかり方をコントロールしながら、段階的に負荷を高めていくことのできるバーベル種目にこの姿勢を取り入れるには、背中を丸めたグッドモーニングは比較的安全な方法です。

　デッドリフトはもともとミスが起こりやすく腰を丸めて行うと正しい動作パターンに影響する可能性がありますが、グッドモーニングではその心配がありません。そして、グッドモーニングはデッドリフトよりも軽く安全な重量を使う傾向があるので、デッドリフトよりも背中を丸めたトレーニングに適していると言えるでしょう。しかし、背中を丸めて行うのは上級者向けのトレーニングであり、十分な経験のないリフターに勧められるべきものではありません。また、経験豊富なリフターにとっては背中を伸ばしたデッドリフトと背中を丸めたデッドリフトを区別するのは難しいことではないので、背中を丸めたトレーニングには

デッドリフトよりもグッドモーニングの方が良いというのはトレーニング経験の影響によることではありません。ここで重要なのは、背中を丸めた状態で物を持ち上げるのが避けられない場面があるので、背中を丸めて挙上動作を行うのは必ずしも悪いことではないということです。そして、背中を丸めたグッドモーニングは、スポーツや生活全般で出てくる状況に備えてこういう角度からの体力づくりをするのに良い入り口になるということです。

　背中を伸ばしてグッドモーニングを行うときと同じようにバーベルをラックから外します。大きく息を吸い込んだあと腰を引いてバーベルを下ろし始めたら、胸を膝の方向に丸め込むようにして落としていきます。このバリエーションでは、腰椎の伸展を保てる範囲でのハムストリングの柔軟性の限界というのが問題にならないので、背中を伸ばしたグッドモーニングよりもたいてい低くバーベルを下ろすことができます。大きく吸い込んだ空気で安定させ、可動域の上から下まで背中の曲がりを崩さずに保ちます。バーベルを挙げるときには、胸を持ち上げて股関節を前に押し出し、最後にスタート位置に戻るところで胸を張りま

す。背中の伸ばしたグッドモーニングと同じように、1セットあたり8〜10レップの設定が有効です。背中を丸めたグッドモーニングは上級者向けの補助的なトレーニング種目なので、まったくやらなかったとしても誰も怒りません。しかし、やるのであれば軽い重量で正しく行いましょう。

グッドモーニングでは股関節伸展筋群により直接的に負荷をかけることができます。しかし、バーベルが首に載っかっていることを忘れてはいけません。股関節伸展筋群の生み出す力は脊柱に沿ってバーベルに伝えられることになります。頸椎や胸椎上部の小さな椎骨には、非常に大きなてこの作用が加わることになります。重量が大き過ぎないかや、挙上速度が速すぎないかに注意しましょう。グッドモーニングは補助種目であってメイン種目ではありません。この種目の持つ効果と傷害リスクの両方を理解して慎重に行いましょう。世界レベルで強いリフターでも、本当に賢いリフターはグッドモーニングで100kg以上を使うことは絶対ありません。そして、彼らはグッドモーニングを補助種目として1セットあたり8〜10レップの設定で行います。グッドモーニングは正しく行えば背中を鍛えることができますが、やり方を間違えると背中を痛めることになります。重量はしっかり考えて設定しましょう。1セットあたり8〜10レップの回数設定では、重量はスクワットの1RMの35%を決して超えるべきではありません。そして、スクワットの1RMの35%が40kgに満たない場合はグッドモーニングを行うべきではありません。

プレスのバリエーション種目

プレスには主に「ビハインド・ザ・ネックプレス」と「プッシュプレス」という2種類のバリエーション種目があります。

ビハインド・ザ・ネックプレス

頭の上にバーベルを押し上げる方法として、多くの人がまず思いつくのがビハインド・ザ・ネックプレスです。ビハインド・ザ・ネックプレスには、バーベルを前後に動かすブラッドフォードプレスというバリエーションも存在します。バーベルを首の後ろに持ってきた姿勢は、肩に大きな負荷をかけるのに適しているとは言えません。この姿勢は肩の可動域の限界ギリギリにあたり、肩関節をつなぐ靭帯に大きな負担がかかります。

肩関節は鎖骨、肩甲骨、上腕骨という3つの骨によって構成されています。上腕骨の骨頭は球状になっており、ソケット状になった肩甲骨の関節窩（かんせつか）に入る形の関節になって

います。骨盤の寛骨臼（かんこつきゅう）はしっかりと深さがあるのに対して肩甲骨の関節窩は浅く頼りないつくりで、股関節よりも関節として成立するために靭帯や腱に頼る度合いがずっと大きくなります。こういう構造的特徴から、肩関節は可動域の限界付近では十分な安定性が得られなくなる場合があります。そして、ビハインド・ザ・ネックプレスでは、負荷をかけるにはまさに最悪とも言える位置に上腕骨の骨頭がくることになります。この種目を取り入れて安全に行うには非常に軽い重量で行わなければならず、筋力を伸ばすことが目的であれば、ほとんど時間の無駄になってしまいます。デカくて強い人は大きな重量を扱えることもありますが、この種目を行ってデカく強くなった人はいません。

プッシュプレス

プッシュプレスの方が優れたトレーニング種目です。脚のチーティングを使ってプレスを行っているだけというわけではありません。プッシュプレスでは、バーベルを動かし始めるのに股関節と膝を使って勢いをつけます。そして、バーベルを押し切るところではプレスと同じように肩と上腕三頭筋を使います。プッシュプレスの動作は開始時に伸張反射が起こります。膝と股関節を曲げて身体を少し落とし込み、そこからバーベルを押し上げます。このとき膝と股関節の伸筋群は少し伸張した後すぐに力強く収縮します。この鋭い爆発的な動きがバーベルを押して肩から浮かせ、頭上に向けて動かし始めるのです。膝と股関節は少し曲がった位置で静止することはないので、実際には「プッシュ」というよりは「バウンド」に近い動きになります。ちょうど膝と股関節を使ってバーベルを肩から弾み上がらせるような動きです。

このバウンドを起こすためには、上に向かう力が伝わるときにバーベルが三角筋に載っている必要があります。バーベルが肩にしっかり載っておらず、手のひらや指で支えられていると、バウンドを生む力がバーベルに伝わるのではなく肘や手首で吸収されてしまうことになります。プレスと同じようにバーベルを握ると前腕の長い人はバーベルを肩に載せるのが難しくなるので、プッシュプレスではクリーンと同じように広めの手幅でバーベルを握ることが必要になる場合があります。バーベルと肩がしっかりとつながっていると、膝と股関節が生んだ力をすべて使ってバーベルを押し上げることができます。各レップの開始前に大きく息を吸うことで体幹が引き締まり、プッシュの動作をより力強く行うことができるようになります。

プッシュプレスではストリクトなフォームで行うプレスや、第3章で紹介したフォームで行うプレスよりも大きな

7 | Useful Assistance Exercises

図 7-34　プッシュプレス

重量を扱うことができます。このことから、高重量で行うプレスではセットの後半で自然とプッシュプレスのような動作になることがあるかもしれません。しかし、頭の中ではプレスとプッシュプレスをできる限り別の種目として捉えるのがベターです。プレスを 5 レップ行うはずが、実際にはプレスを 2 レップ行ったあと、残りの 3 レップがプッシュプレスになってしまったということのないように注意して重量設定をしましょう。プレスの最後のセットを終えたあと、重量を上げてプッシュプレスを 2 セット追加するという方法は良いかもしれません。完全に別の種目として切り分けて、プレスとは違う日に行うとさらに有効でしょう。ベンチプレスの後に行ったり、プッシュプレスをメイン種目として行うのも良いでしょう。

プッシュプレスでは、プレスを行うときと同じ問題に注意が必要なのに加えて、膝と股関節を動かすことからくる問題があります。身体を落とし込むときに、つま先寄りに傾いてしまうのが最もよくあるミスです。こうなるとリフターとバーベルのシステム全体が前にズレてしまうので、足全体を使って弾みをつけることが重要です。身体を落とし込むときに前へのズレができると、下と前に動いたあとに、上と前に動くことになり、まっすぐ上下に動くことができなくなります。バーベルが前に出るのを追いかけるように身体を動かすことが必要になり、バーベルを肩から押し上げる力を散らしてしまうことになります。

このミスを修正するには、足の中心に向かって身体を落とし込むようにします。身体を前寄りに落とし込んでしまっている場合、各レップの動作を始める前にシューズの中で足の親指を浮かせるのが、確実にまっすぐ身体を落とし込む最も簡単な方法です。これで体重のかかる位置が踵に寄ります。この感覚に慣れると親指を浮かせる意識を持たなくても問題が起こらなくなります。これは覚えておくと便利なコツで、特にオリンピックウェイトリフティングに興味があれば役立ちます。スプリットジャークを行う直前に身体を落とし込む動作はプッシュプレスで身体を落とし込む動作と実質的に同じです。いまの段階で矯正しておくと、これが後に問題になることはありません。

想像しにくいかもしれませんが、プッシュプレスでは膝への負担が大きくなることがあります。高重量のプッシュ

Useful Assistance Exercises | 7

図7-35　足全体を使うのではなくつま先寄りに動いてしまうと、身体が上だけではなく前にも動くことになってしまう。この動きは体重を踵にかける意識を持つことでコントロールすることができる。身体を落とし込むときにバランスを保てると膝と股関節に均等に負荷を分散することができる。

プレスでは膝の伸展筋の腱にかなり大きな力がかかります。特につま先寄りに身体を落とし込むと負担が顕著になります。膝への負担を最小限に抑えるため、できるだけ膝に体重をかけないように注意しましょう。ニーラップを使うと負担が和らぐかもしれませんが、最も効果があるのは適切なフォームで行うということです。

　念のため断っておきますが、パワークリーンの補助種目は完全にオリンピックウェイトリフティングの領域に入るものです。パワークリーンの補助種目について書き忘れたということではなく、本書の趣旨から外れます。興味のある人は頼りになるウェイトリフティング指導者を探し、ウェイトリフティングというスポーツに取り組むと良いでしょう。パワー発揮を鍛えるのにバーベル種目以上の方法はありません。

付加種目

　メイン種目を模した形ではない補助種目も存在します。懸垂は5つのメイン種目と似てもにつかない動きですが、あらゆるレベルのリフターにとって非常に有効なトレーニング種目です。懸垂は複数の関節を動かして全身の多くの筋肉群を動員します。そして、可動域全体を使って正しく行うことが重要になります。これらは、すべてのメイン種目に共通する特徴です。それに対して、例えばリストカールを間違ったフォームで行うというのはかえって難しいものです。また、間違ったフォームで行ったところでなにも

ありません。優れた付加種目はメイン種目と同じようにファンクショナルな動作に良い影響をもたらします。それは、可動域全体を使って複数の関節を同時に動かすことで可動域全体を強化し、スポーツや仕事のパフォーマンスを向上させるということです。

　一般的に付加種目はメイン種目よりも高回数の設定で行われますが、これは絶対的なルールではありません。付加種目にはそれぞれ特徴があり、筋力強化のための種目として非常に有効なものもあります。加重した懸垂やディップは高重量で低回数の設定がかなり有効に使えるのに対して、高重量の加重バックエクステンションは膝への負担がキツくなり過ぎることがあります。それぞれのトレーニング種目に適した使い方があり、各個人のプログラムに合わせたさまざまな取り入れ方があります。

チンアップとプルアップ

　もしかすると、懸垂は人類が最も古くから行ってきたトレーニング種目かもしれません。木の上で暮らす霊長類は移動中にこの動きをします。私たちが地上で二足歩行をするようになってからも、頭の上にある木の枝につかまって枝の上にあごを出したくなる誘惑に逆らうのが難しいものです。そして、これができるだけの筋力があるべきです。懸垂は良いトレーニング種目であるだけでなく、上半身の筋力を的確に表します。懸垂を高回数行えない場合、懸垂の回数が伸びると、それに合わせてプレスやベンチプレス

245

7 | Useful Assistance Exercises

図 7-36 　(A) チンアップは逆手で握り、(B) プルアップは順手でラックのバーを握って行う。

も伸びていきます。それだけ重要な種目なので、付加種目としては唯一、本書の初心者向けのプログラムに取り入れられています。

チンアップとプルアップは広背筋への効果が最もよく知られていますが、菱形筋、大円筋、前鋸筋、ローテーターカフといった上背部の他の筋肉や、前腕や手にも非常に重要です。さらに、チンアップをしっかりと静止した「デッドハング」の状態から行うと大胸筋にも少し刺激が入り、高回数を行うと腹筋も疲労させ刺激を与えることができます。

本書では、順手で行う懸垂をプルアップ、逆手で行う懸垂をチンアップと呼びます。チンアップでは上腕二頭筋が動員されるのに対して、プルアップでは上腕二頭筋が動員されないのが主な違いです。チンアップでは上腕二頭筋が加わるのでプルアップよりも少し楽になり、さらに腕への刺激が入ることで身体の見た目に関する側面も出てきます。プルアップの方がキツイトレーニング種目であり、上腕二頭筋が使えない分だけ他の部位が働かないといけないので、おそらくチンアップよりも広背筋への刺激が強まります。また、プルアップでは順手で握ることから、柔軟性が十分でないと肘への負担が問題になる可能性があります。順手では手と肩の距離が短くなり、逆手では意識をしていないと距離が長くなる傾向があります（図 7-37B）。チンアップでバーから身体が遠く離れてしまう人にはプルアップの方が楽に感じられるかもしれません。十分な筋力が身に付いたらストリクトなフォームで行うチンアップやプルアップに加重して負荷を上げていくことができます。体幹の動きが大きくなるほど体幹の筋肉が動員されるようになります。腹筋に筋肉痛が出るのはこのためです。ラットプルダウンというマシンを使って腕だけを動かすバリエーション種目もありますが、チンアップやプルアップの

ように全身を動かす種目の方がベターです。

チンアップの方が懸垂を初めて取り入れるときには適しています。また、一度に鍛えられる筋肉が多くなるので、プルアップより根本的に優れたトレーニング種目だと言えるかもしれません。地面にまっすぐ立って手を上にあげ、指先よりも少し高い位置にバーを設定します。トレーニング環境によってバーの位置は高くなったり低くなったりしますが、バーを握ってぶら下がったときに、つま先が地面に軽く触れるのが理想です。パワーラックの上部にプルアップバーが取り付けられていればそれが使えますし、ラックのフックを高い位置に設定してバーベルを載せる方法でもいいかもしれません。懸垂専用のバーを設けているような意識の高いジムに通っているなら、どこのジムにでもあるものではないので積極的に活用しましょう。特に手が小さい人を除いて、一般的には直径 32mm 程度のバーが手にしっくり馴染むものです。理想的な設備が無かったとしても、ほとんどのトレーニング施設にはアイデア次第

図 7-37 　正しいチンアップは肘をまっすぐ伸ばした状態からあごがバーを完全に超えた位置まで身体を引き上げる。

Useful Assistance Exercises | 7

図7-38　可動域全体を使ってチンアップを行えない場合、ジャンピングチンアップで筋力を養う。

で懸垂に使える場所があるものです。

　バーを逆手で握るチンアップでは手のひらを自分の顔に向けます。手幅は肩幅程度にしますが、肘の柔軟性によって数センチほど広くなったり、せまくなったりします。手を楽に回外させられる人ほど手幅を広く取ることができます。手幅が広くなると前腕が大きく回外し、上腕骨が外旋し、上腕二頭筋がより動員されることになります。手幅がせまくなると上腕骨は内旋、肩甲骨は外転し、肩甲骨の内転筋群や三角筋後部が動員されにくくなります。手幅を極端に広くしたりせまくしたりすると関節に負担がかかるので、実際に大きく調整できるものではないかもしれません。ただ、手幅によって肩への負荷のかかり方が変わるので、手幅によって肩の怪我への影響も変わる場合があります。本書のトレーニング目的において肩幅の広さで握るのは有効で、ほとんどの人にとって問題となりません。チョークを使うとしっかり握ることができ、マメの予防にもなるので、チョークを使うのは必要なことだと言えます。ローレットが入っているバーや表面の荒いバーは手のひらを傷つけるので、その後のトレーニングに悪影響を及ぼすことになります。

　チンアップの動作そのものは見たままのシンプルなものです。バーを握ったら肘を引き下げることで身体を地面から引き上げます。ボトム位置では肘をまっすぐ伸ばし、肩甲骨を上に動かし、完全に身体を伸ばした状態から毎レップの動作を開始します。そして、あごがバーを越えると1レップと数えます。もっとストリクトに行うなら胸がバーに当たるまで身体を引き上げるという方法もあるかもしれません。本書では、身体を引き上げたところで頭を後ろに引かず顔を前に出し、あごがバーを超えると1レップと見なします。できるだけ身体をバーから離さないようにしましょう。ボトム位置で身体を完全に伸ばしたデッドハングの状態から身体を引き上げ、身体を下ろしたらボトム位置で少し静止を入れて次のレップに入るのが正しいチンアップです。ボトム位置で肘を伸ばし切らず、可動域全体を使わないチンアップを行う人が非常に多くいます。これはチンアップではなく「フォアヘッド」とか「ノーズアップ」とでも呼んだ方が良いでしょう。高回数のセットでは、しっかり可動域全体を使うことができていれば、ボトム位置で伸張反射を使うのも良いでしょう。この場合、呼吸は身体を引き上げた位置で素早く息を吸うという方法になります。12レップを超えるようなさらに高回数のセットで限界ギリギリまで追い込む場合には、セットの前半2/3〜3/4程度はリバウンドを使うものの、最後の数レップはボトム位置で止まって2〜3回呼吸をすることが必要になり、デッドハングから動作を始める形になるでしょう。プルアップを行う場合にも同じルールが当てはまります。

　チンアップで特に効果が高いのは可動域の両端なので、可動域の一部分に限定してチンアップを行うのは浅いスクワットをするのと同じように愚かなことです。ボトム位置では広背筋が伸ばされ、上に動いた肩甲骨を下に動かし始めるのは広背筋と上背部の筋肉です。身体を引き上げた位置では上腕二頭筋と上腕三頭筋が働きます。そして、チンアップで身体を動かす距離が確実に一定であり、その距離だけ身体を引き上げ、下ろしたときに1レップと数えます。こうすることで毎レップが同じになり、どれだけの負荷がかかったかを測ることができるようになります。なんとなく空中をブラブラするだけではいけないのです。

　しかし、可動域全体を使ってチンアップを行えない人もいます。まず、バーを低く設定するか足を高い位置につき、飛び上がって動作を始めます。ストリクトなフォームでチンアップを行えるだけの筋力がつくまでは、こうしましょう（図7-38参照）。

　エキセントリック収縮の効果を最大限に得るために、確実にコントロールしながら身体を下ろすようにします。ま

247

7 | Useful Assistance Exercises

図7-39　パワーラックに取り付けたレジスタンスバンドの補助を使ってチンアップを行う。

た、飛び上がるのは必要最小限にとどめましょう。もしくは、飛び上がるだけでチンアップを行えるだけの筋力が身に付くまでパワーラックにレジスタンスバンドをつけるという方法もあります。体重の重い初心者には、正しくチンアップを行うのはキツすぎる場合もあります。ストリクトなフォームでのチンアップが1レップもできないようなら、すぐにはチンアップを取り入れずに待つのが最善の選択になります。デッドリフトとプレスで広背筋と腕の筋力が伸び、体脂肪が落ちてきて、バーにぶら下がった状態で自分の体重を扱えるようになるのを待つのです。

キッピングチンアップとキッピングプルアップは、ジャンプを入れるバリエーションに体操の要素を加味したものです。キッピングを入れるバリエーションは、身体を少し振って勢いをつけてから身体を引き上げます。身体を振って股関節が上向きに回ったとき、身体を振ったエネルギーを上向きの動きへと転化するのです。キッピングを入れるバリエーションは、広背筋と腕だけでなく、腹筋、股関節屈筋群、下背部などより多くの筋肉に分散した動作になります。より多くの筋肉を使って、より多くのレップ数をこなすことができます。それに対して、ストリクトなチンアップとプルアップは、少ない筋肉を集中的に使ってより強い刺激を与えます。

キッピングを使ったチンアップやプルアップは本来のチンアップやプルアップで使う筋力を鍛えるのには役立ちません。さらに、ストリクトなフォームでチンアップやプルアップを行うだけの筋力がない状態でキッピングを行うと肩を痛めるリスクが高いです。長い目で見て前進するためには、目の前のおもしろそうな流行に飛びつきたくなる誘惑に負けてはいけません。キッピングを使って15レップできるのに、完全に静止したデッドハングの状態からは2レップしかできなかったり、デッドハングで行える回数がまったく伸びなかったりする人がたくさんいます。これはキッピングを使ってチーティングをしているからです。全身持久力を高めるためのトレーニングの中でキッピングチンアップやキッピングプルアップを使いたい場合には、意味のない数字を追いかけて怪我をしないように、まずストリクトなフォームで8〜10レップは行えるだけ肩や腕の筋力がつくまで待ちましょう。このステップを踏むことは重要で、このステップを飛ばしてしまうと肩の手術を受けなければならないという結果になるかもしれません。

加重して行う懸垂は、プレス系以外の動作で上半身に大きな負荷をかけるのに素晴らしい種目です。チェーンの付属したベルトにウェイトプレートをぶら下げたり、重量が大きくない場合には両足でダンベルをはさんだりして加重することができます。一般的な目安として、自重で12〜15レップほど行えるようになったら加重を始める良いタイミングだと言えるでしょう。自重で高回数を行う日と加

図7-40　キッピングプルアップ

Useful Assistance Exercises | 7

図7-41　角度のついたバーを使ったディップ。身体を落とし込んだボトム位置では肩が肘よりも低い位置まで下がることに注目。

重して低回数で行う日を交互にしても良いかもしれません。加重する場合、自重で行う場合、補助を使う場合を問わず、懸垂は同じ負荷で複数セットを行うのが適切です。ベンチプレスやプレスと同じように、懸垂を行うトレーニング日ごとに5レップ×3セットの設定で重量を1kgずつ増やすというように、少しずつ一定のペースで直線的に懸垂の負荷を高めていくという方法を用いる人も多くいます。ここで紹介した方法を試してみて、自分に合うものを選びましょう。

ディップ

　ディップは平行棒を使った体操から取り入れられたトレーニング種目です。2本の平行棒のあいだに入って、腕を使って平行棒の上で身体を支え、身体を落とし込んで押し上げるという運動です。ディップはなんらかの理由でベンチプレスを行えない場合の代替種目として有効で、デクラインプレスよりもずっと優秀です。そもそもデクラインプレスを行うべき理由などないのですが、大胸筋下部と上腕三頭筋を鍛えたくてたまらないというのであればディップを行うべきです。効果的なトレーニング種目全般に共通することですが、ディップがデクラインプレスよりも優れているのは、大胸筋下部と上腕三頭筋以外にも多くの筋肉を動員することができるからです。ディップに関しては全身を使うことになり、そういう意味では腕立て伏せに近いと言えます。ディップは一人で加重して段階的に負荷を上げることができるので腕立て伏せよりも優れています。腕立て伏せは誰かとトレーニングをしていたとしても加重をするのは不便です。

　動員される筋肉と関節が増え、その筋肉と関節をコントロールするための中枢神経の活動が高まるとトレーニング種目の質が上がります。身体のより多くの部位が動員され

るほど、この条件をより良く満たすということになります。全身を動かして、たくさんの筋肉と神経がたくさんの関節をコントロールする状況が理想に近くなります。中枢神経系は身体の多くの部位が多くのことを行っているのを制御して、正しい動きにつなげます。この理屈に従うと、腕立て伏せでは全身をコントロールして動かすことになるのでベンチプレスよりもベターだということになります。しかし、腕立て伏せの姿勢を取った人間の身体に加重をするのは難しいということが問題になります。そういうことが可能であれば、腕立て伏せ用の加重ギアが開発されていることでしょう。

　腕立て伏せは加重することが難しいという問題はベンチプレスが解決したと考えた人もいますが、実際にはそうとは言えません。ベンチプレスで動くのは腕だけです。そういう意味でベンチプレスと腕立て伏せは、ラットプルダウンと懸垂のような関係にあります。しかし、ベンチプレスはほぼ同じ動作に加重することができ、ベンチプレスを行うことで高回数の腕立て伏せを行わなくても腕立て伏せの回数を伸ばすことができた人が多くいます。加重が行えなければ、体力のある人は非常に高回数を行わないと身体の前に押す動作で身体を鍛えることが難しくなります。これはほとんどの目的において適切とは言えません。ディップは上半身のトレーニング種目ですが、全身を動かしながら高重量を扱うことができ、両方の問題を解決することができます。

　腕立て伏せでは足で身体を支えるのに対して、ディップは全身を動かすので、自重で行う場合、腕立て伏せよりもキツくなります。筋力の強いトレーニーであっても、ディップはベルトにウェイトプレートのような重りをつけることで非常に簡単に加重することができます。軽い重量であれば両足のあいだにダンベルをはさむという方法も使えます。動作全体を通して前腕は地面に対して垂直に保たれる

249

7 | Useful Assistance Exercises

図7-42　ディップステーション。図7-41で使用しているもので、いろいろな手幅を可能にする。

ことで体幹が前傾し、身体の前に押すという要素が加わります。バーを握った手の位置に対して身体の質量の半分が前にあり、もう半分が後ろにあるという体重が均等に配分された状態を作るには、動作中に身体は前傾した姿勢を取らなければいけなくなります。大胸筋を大きく動員するのに十分な角度がつき、主に大胸筋の下部が使われることになります。さらに、腕は上半身に対して下向きに動くので上腕骨の内転に広背筋も使われます。ディップではこれだけの筋肉が動員されるのです。

　ディップでは高重量を扱うことができます。ベンチプレスを行うと症状が悪化してしまう怪我がある場合、ベンチプレスの挙上重量を維持するため怪我が回復するまでディップを行うパワーリフターもいます。ベンチプレスと同じように段階的に負荷を高めていくため、ディップは加重して行うこともできますし、加重せずに高回数を行うこともできます。高重量では体幹全体や腕の疲労が大きくなり、重量が大きくなるごとに全身への効果を感じることができます。

　かつては体操用の平行棒がほとんどのジムに備えられていたものですが、現在では平行棒のあるジムはほとんどありません。ディップ専用の機材を使うのがベストです。

　ディップステーションは通常、バーの間隔が60cm〜65cm程度になります。30mm〜38mm程度の太さのパイプや棒材で作られた物が使いやすいです。高さは120cm〜135cm程度で、トレーニーが身体を落とし込んだときに足が地面にまったく触れないだけのスペースを確保することができます。そして、ディップステーションはしっかり安定していることが非常に重要になります。トレーニーの動作がふらついたとしてもバーがグラつかないように十分な土台を作るか、壁に備え付けることが必要になります。2本のバーが完全に平行ではなく30°ほど角度がついたディップステーションでは、自然な手の角度を損なうことなく、プレス、ベンチプレス、ジャークなどに近いさまざまな手幅を使うことができます。しかし、ホテルの部屋のような場所では、しっかり安定するイスを2個背中合わせに並べて使うこともできます。

　バーを握ったら跳び上がってスタート位置に入り、肘をまっすぐ伸ばして胸を張ります。大きく息を吸い込んで止めます。身体を少し前傾させて肘を曲げながら、肩が肘よりも低い位置にくるまで身体を落とし込んでいきます。ボトム位置まで身体を落とし込むと上腕骨が水平よりも傾きます。この位置まで身体を落とし込むことができているかは、動作を誰かに見てもらうと簡単に判断がつきます。この条件を満たすと可動域を大きく使うことができていると確認することができ、大胸筋をしっかりストレッチさせる

図7-43　旅行中などトレーニング用品を使えない場合、イスを2個使ってディップを行うことができる。

Useful Assistance Exercises | 7

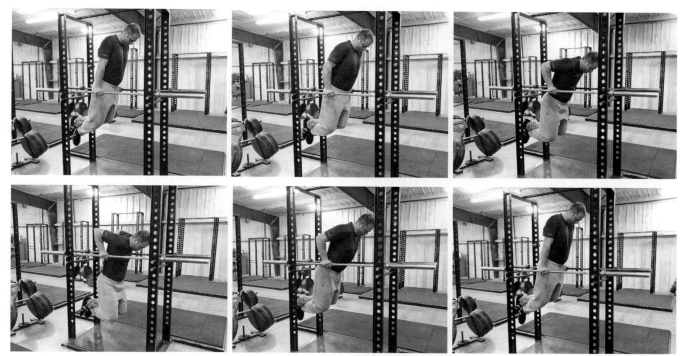

図 7-44　パワーラックで行うディップ。ジムにすでにあるトレーニング用品を利用することもできる。

ことができます。また、動作を完全に行うことができたかの判断基準としても役立ちます。ディップでの仕事量を定量的に捉え、2人のトレーニーのパフォーマンスを比較することも可能になります。つまり、スクワットでパラレル以下までしゃがみ込むことと同じ目的を果たすということです。

身体を落とし込んでストレッチがかかった位置から、肘が完全に伸び切るところまで身体を押し上げます。このとき胸はバーを握った手の真上にきます。身体を挙げ切った位置で息を吐きます。息継ぎが必要な場合は、必ず肘を完全に伸ばした姿勢で行うようにしましょう。動作中に身体をしっかりコントロールするためには圧力で胸郭が安定していることが重要なので、動作中に息を吐いてはいけません。

ディップを行うときによくあるミスがふたつあり、両方とも可動域の使い方に関するものです。まず、ほとんどの人は口やかましく指示されていないければ、上腕骨が水平になる手前までしか身体を落としません。可動域全体を使うよりも一部分だけに限定した方が楽だからです。フルスクワットよりもパーシャルスクワットの方が楽なのと同じことです。パーシャルディップはパーシャルスクワットのように怪我のリスクを高めることはありませんが、可動域全体を使った場合と比べて働く筋肉が少なくなります。パーシャルスクワットでは十分でないのと同じように、

図 7-45　ベルトとチェーンを使った加重ディップ。

7 | Useful Assistance Exercises

パーシャルディップには可動域全体を使うフルディップほどの価値がありません。わざわざベルトを使って加重までしているのに可動域を限定して動作を行ってしまうのは、他のトレーニング種目でチーティングを使ってしまうのと同じことです。トレーニングの時間の無駄遣いであり、自分自身の筋力をごまかしていることになります。ディップの効果を得るためには身体を深く落とし込み、そのために必要であれば重量を減らしましょう。

もうひとつのよくあるミスは、身体を押し上げた位置で肘を伸ばし切らないというものです。このミスを犯す人は意図的ではないことが多く、身体を深く落とし込まないミスほど悪質ではありません。上腕三頭筋が疲労してくると、完全に収縮しているかどうかを感じ取りにくくなるものです。身体を押し上げたところで胸を張る意識を持つと体幹上部が手よりも後ろ側に押し込まれ、負荷がより均等に配分された状態で上腕三頭筋が働く形になるので、肘を完全に伸ばしやすくなります。

ベルトとチェーンを使って加重してディップを行う場合、男性諸君はチェーンとウェイトプレートの位置関係に注意しましょう。動作のコントロールを失ったりプレートが揺れ動いたりしたときに、大事なところがすぐ近くにあるので、不意にダメージを受けてしまうリスクを最小限にすることが大切です。

吊り輪を使ったリングディップは体操選手や、トレーニングの主な目的が筋力を鍛えることではない人のための種目だと考えましょう。リングディップは肩に危険な動作で、加重してリングディップを行うのは誰であっても愚かなことです。吊り輪が少し横にブレるだけで肩関節が非常に不安定な状態になりコントロールできなくなります。ディップでは上腕骨を肩関節に押し込むように負荷がかかるので、インピンジメントが起こりやすくなります。そこに横方向の動きが加わることでローテーターカフを痛め、本来避けられた手術を受けることになったケースはたくさんあります（図3-7参照）。自分自身のためにディップはバーを使って行いましょう。

バーベルロウ

まず、**バーベルロウはパワークリーンの代替種目ではありません。** パワークリーンの代わりにバーベルロウを行うというのは、重要な基本種目を補助種目に置き換えるということです。バーベルロウはパワークリーンよりも簡単に行うことができますが、パワークリーンで得られる効果の大部分を逃すことになります。本書第2版の出版以降、この置き換えが目立つので言及することにしました。パワー

クリーンは本書のプログラムを構成する主要な要素のひとつです。バーベルロウは中級者に有効ではありますが、パワークリーンのような基本種目という位置付けではありません。

もうひとつ明確にしておきましょう。ロウイングというと大多数の人がマシン種目を思い浮かべます。ケーブルロウやTバーロウのマシンバージョンが一般的で、マシンに合わせてロウイングを行う姿勢を取るものです。しかし、最も効果的なロウイング種目とは自ら姿勢を作り、セットの終わりまで維持しなければならない種目です。こういった種目では、ロウイングの動作でバーベルを動かすのに加えて、背中を安定させ、ロウイングを行うのに正しい姿勢を保つ仕事も自ら行うことになり、両方の効果を得ることができます。効果の高いバーベル種目すべてに共通することとして、動作中に行わなければいけない仕事が多いほど優れたトレーニング種目だと言えます。それを踏まえてバーベルロウの正しいやり方を学びましょう。

バーベルロウではすべてのレップが地面に始まり地面に終わります。レップごとに息継ぎをして下背部の姿勢をリセットするので、レップ間に腕を伸ばしてバーベルを手に提げる状態にはなりません。地面から動作を始めると、ハムストリングと大臀筋を使ってバーベルを挙げ始め、広背筋と肩甲骨の内転筋群を使って引き切ることができます。そして、バーベルを手に提げた状態から始めるよりも大きな重量を扱うことが可能になります。このようにして行うと、広背筋、上背部、腕といった一般的にロウイングで使われる筋肉に加えて、下背部と股関節の伸展筋群も鍛えることができます。

ロウイングを地面から行うにあたって、下背部の姿勢がフォームの最も重要な要素になります。デッドリフトでは腰椎を伸展した状態に保たなければいけません。ロウイングでも同じ理由で同じように腰椎の伸展を保たなければいけません。デッドリフトとロウイングの大きな違いは、ロウイングではバーベルを地面から引き上げたあと背中の角度が変わるということです。膝はすでに伸展しておりあまり関与しておらず、股関節の伸展筋群が胸を持ち上げ、まっすぐに固定された背中を通してバーベルへと力を伝えます。バーベルを引き切るところでは肘が曲がり、胸郭の下部にバーベルをぶつけます。デッドリフトと同じように、バーベルが地面から離れるときバーベルは肩甲骨の真下にきます。しかし、デッドリフトのように背中が直立することはなく、肩が水平から15°〜20°ほどの位置より大きく高く上がることはありません。

バーベルに対して立ち位置を決めるときには、デッドリフトと同じか少しせまい足幅を取ります。ウォームアップ

252

Useful Assistance Exercises | 7

図 7-46　バーベルロウ。動作は地面に始まり地面に終わる。

で使うような軽い重量では湾曲した軌道でバーベルをお腹まで引くことができますが、重量が大きくなるにつれてバーベルは足の中心の真上を鉛直の軌道で動き、すべてのプル系種目に通じる標準的なプル動作へと近づいていきます。重量を追加していくにつれて、自分が意識していなくともバーベルは自然と足の中心の真上に正しく位置取ります。手幅にはかなり調整の余地がありますが、ベンチプレスで使う手幅から始めるのがベストです。重量が大きくなると、フックグリップやストラップを使って対応しましょう。視点は自分の少し前の地面に定めます。真下を向いてはいけませんが、真正面を向くと首を伸展させ過ぎてしまうことになるので、それも避けるようにしましょう。

　大きく息を吸い、肘をまっすぐ伸ばした状態でバーベルを地面から離します。そこから肘を曲げてバーベルを挙げていき、お腹の上部にぶつけます。ここでは肘を天井にぶつける意識を持って動作を導くようにしましょう。バーベルロウにおいて最も重要なのは背中の姿勢です。バーベルが動いているあいだはずっと脊柱を伸展させ、胸を張り、下背部を反らせた状態を保たなければいけません。バーベルがお腹に触れたあとはバーベルを地面に戻して息を吐き、息を吸い直して背中の姿勢をリセットしてから次のレップに入ります。バーベルをお腹まで挙げた位置で静止しようとしたり、バーベルをゆっくり下ろそうと粘ったりすることはありません。バーベルロウはデッドリフトのようにコンセントリック中心で行うものです。高重量では実質的にバーベルを地面に落とす形になるので、バンパープレートを使うか、金属製のプレートを使う場合にはゴムマットを敷くようにしましょう。

　バーベルロウでは膝の伸展ではなく、股関節の伸展を使ってバーベルを地面から引き始めることが重要です。軽い重量では腕の力だけでロウイングを行うことができますが、重量が大きくなるにつれて股関節を使う重要性が高まります。バーベルが挙がり始める前、膝は完全に伸展してはいないものの、ほとんどまっすぐの状態になります。股関節の位置はデッドリフトのスタート姿勢よりも高くなります。これはスティフレッグドデッドリフトのスタート姿勢と同じになり、大腿四頭筋を使う余地がほとんど無くなります。動作の開始時には腕をまっすぐ伸ばした状態で、胸を持ち上げて背中の角度を少し立たせることでバーベルを地面から引き離します。この動作は脊柱起立筋のアイソメトリック収縮によってがっちり固定された背中に対してハムストリングと大臀筋が働きかけることで起こります。このように股関節の伸展が起こることでバーベルが動き始めるのです。そして、その勢いを肘が引き継ぎ、肩の伸展と肩甲骨の内転を使ってバーベルを挙げていきます。ここでは広背筋、上腕三頭筋、上腕二頭筋、前腕の筋群、三角筋後部、肩甲骨まわりの細かな筋群が主動筋となります。体幹は体幹の筋群によって支えられることで安定し、力を出すための土台として機能します。このように上半身がロウイングの動作を行っているあいだ、動作のはじめで股関

7 | Useful Assistance Exercises

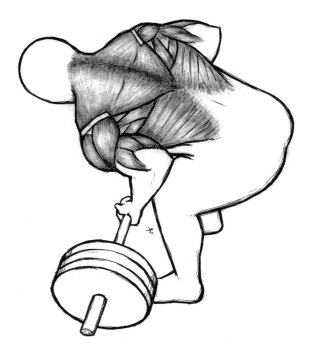

図 7-47　上から見た図。バーベルを逆手で握ると広背筋の筋線維がバーベルと概ね平行になり、背中全体に広がる広背筋を働かせることができる。

図 7-48　バーベルロウでは逆手が使われることもある。写真のリフターはフックグリップを併用している。

節を伸展させたハムストリングと大臀筋は、骨盤さらには下背部を安定させる働きをしています。人間の複雑な動作においては非常によくあることですが、動作が進むにつれてそれぞれの筋肉の働きは変化していきます。バーベルロウでの股関節伸展筋群は、はじめにある働きをして終わりには違う働きをするという役割の変化が起こる良い例だと言えるでしょう。

　フォームを保つのが難しくなるほどの高重量でロウイングを行うのは有効ではありません。正しいフォームでロウイングを行える重量とまったくロウイングの動作が行えなくなる重量には 7.5kg 程度の差しかない場合がよくあります。そういう意味では、ロウイングにおいてバーベルがお腹に触れる位置での動作を正しく行えるかを決める要素にはクリーンに共通する部分があります。最後まで正しく引き切ることができなければ、バーベルロウに特有の可動域を使うことができず「パーシャル SLDL」とでも呼ぶべき動作になってしまいます。そのため、バーベルロウでは 1 セットあたり 5 レップ以上の回数設定を用います。1 セットあたり 3 レップのような重量では、そもそも正しく動作を行うことが難しくなるものです。あらゆる付加種目に共通することとして、重量が大き過ぎて効果を得られなくなるよりも軽めの重量でも正しいフォームでレップ数をかせぐ方がずっと有効です。1 セットあたり 5 レップ、8 レップ、10 レップといった回数で複数セット行うのを目安にしましょう。

　はじめの数レップは股関節の伸展角度が 10°にも満たないような小さなものになります。しかし、レップ数をこなすにつれて上半身が疲労しバーベルを挙げるのに股関節の伸展に頼りがちになります。ここでロウイングがデッドリフトに変わってしまわないように注意しましょう。背中の角度が水平よりも大きく立ってはいけません。セット後半で胸を大きく持ち上げてしまい、お腹の低い位置にバーベルが当たるようになると対象となる筋肉を動かす動作が小さくなってしまいます。これは重量が大き過ぎるということです。

　重量が大きくなるにつれて、胸を落としてバーベルを迎えにいこうとする傾向が強くなります。バーベルを地面から挙げ切るのではなく、上から身体を動かしてレップを成立させようとしてしまうのです。胸が大きく落ちるようなら重量が大き過ぎるということです。「胸が大きく落ちる」というのはかなり主観的なものです。胸が落ちるのはまったく許されないと考えるとバーベルロウで高重量を扱うことはできなくなります。逆に、胸がバーベルに触れさえすれば 1 レップとして数えていいと考える人もいます。こういう幅があることが付加種目とメイン種目を分ける要素のひとつになります。トレーニング種目の実施方法に大きな振れ幅があると、適切なフォームで行えているかの判断が明確にできず、仕事量を客観的に評価できなくなります。このことから、バーベルロウは非常に優秀な付加種目ではあるものの、筋力を測るには使えない種目だと言えます。

　標準的なバーベルロウのバリエーションとして、逆手でバーベルを握り上腕二頭筋の関与を強める方法があります。この逆手のバーベルロウを柔軟性が低い人が行うと肘への負担が大きくなります。バーベルを逆手で握ると上腕骨をかなり大きく外旋させたうえで手を完全に回外させる

Useful Assistance Exercises | 7

図 7-49　シンプルなタイプのローマンチェア

1800 年代の終わり頃に開発されました。ローマンチェアは「ローマンコラム」と呼ばれる機能のよく似た器具がもとになっており、非常にシンプルな作りのベンチです。（マシンと違って、ベンチとはトレーニングの動作中に動くパーツがないものです。）ローマンチェアは脛か足を上から支え、太ももを下から支えることでトレーニーが水平な姿勢を取れる構造になっています。顔を上に向けると腹筋を鍛えることができ、下に向けると背中を鍛えることができます。

このタイプのベンチを使って行う腹筋運動を「ローマンチェアシットアップ」と呼びます。背中を鍛える運動は古くから「ハイパーエクステンション」と呼ばれています。しかし、ハイパーエクステンションという言葉は「過剰な伸展」を意味し、本来ほとんどの関節において好ましい動きではないので、シンプルに「バックエクステンション」と呼ぶ方が適切です。ハイパーエクステンションという種目名に触れることがあるかもしれませんが、身体の動きに関する用語が一般に浸透するにつれてこの名前は出番がなくなってきています。

ことになります。チンアップではこの握りが問題になることはほとんどありませんが、大きな重量でロウイングを行うと前腕の筋肉が肘に付着する部分に負担をかけることになり、テニス肘やゴルフ肘と呼ばれる症状を短期間で招いてしまうことがあります。逆手のバーベルロウを取り入れる場合には、はじめの 1 ～ 2 回のトレーニングは軽い重量から始めて慎重に重量を増やすようにしましょう。また、順手で行う場合よりも手幅をせまくすると逆手による問題を抑えやすくなります。

バックエクステンションとグルートハムレイズ

バックエクステンションとグルートハムレイズは特殊なトレーニング用品を必要としますが、有効な補助種目であり導入する価値があります。ローマンチェアと呼ばれるトレーニング用品は古くからあり、形は違えどほとんどのトレーニング施設で見ることができます。Attila の名で知られ、体育文化を発展させた Louis Durlacher 教授によって

バックエクステンションはコンセントリック収縮とエキセントリック収縮の両方を使って脊柱起立筋を直接鍛えるのに非常に有効です。体幹の筋群の本来の役割はアイソメトリック収縮によって椎骨同士の位置関係を固定し脊柱を安定させることです。しかし、バックエクステンションはシットアップを逆再生したような動きで、脊柱が屈曲した状態から大きな可動域を使って伸展させます。つまり、積極的に脊柱を動かすことで体幹の筋肉を鍛えるということです。地面に対して水平な姿勢で脊柱の伸展が起きるのは、臀筋群（大臀筋、中臀筋、小臀筋）、ハムストリング、内転筋群が同時に股関節の伸展を行っている表れです。

ローマンチェアの前のパッドに太ももを当て、脚の裏側（ふくらはぎと踵のあいだ、ちょうどアキレス腱のあたり）

図 7-50　（A）バックエクステンション　（B）ローマンチェアシットアップ

255

7 | Useful Assistance Exercises

図 7-51　グルートハムベンチは、ローマンチェアにフットプレートを追加することで可動域全体を使ったトレーニングを可能にする。

を後ろ側のパッドやローラーパッドに当てます。そして、顔を下に向け、身体を地面に対して水平にした姿勢を取ってバックエクステンションの動作を行います。膝は完全に伸ばしてしまわず、少しだけ曲がった状態に保ちます。ハムストリングを少し緊張させることで膝が過剰に伸展してしまうのを避けるのです。バックエクステンションの動作はエキセントリックに脊柱を屈曲させたあと、コンセントリックに伸展させるというものです。まず、ベンチの直立した支柱に向かって胸を落としていきます。体幹が地面に対して垂直になったら胸を挙げ始め、さらに臀筋群とハムストリングを使って股関節を伸展させ、体幹が地面に対して平行になったら完了です。身体を持ち上げる動作は胸か

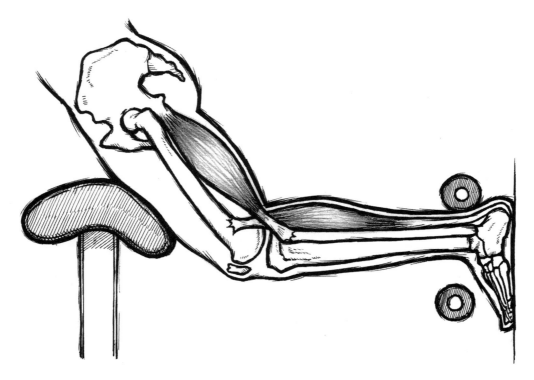

図 7-52　グルートハムレイズは実質的にバックエクステンションのあとに自重でのレッグカールを行う形になる。足がプレートによって固定されていることで、ふくらはぎの筋肉が近位で働き膝の屈曲を完遂することができる。プレートが無ければ膝を曲げ切ることができず、図 7-53 に示すように身体を直立させることができなくなる。

Useful Assistance Exercises | 7

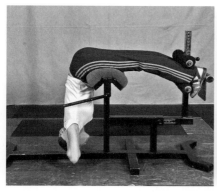
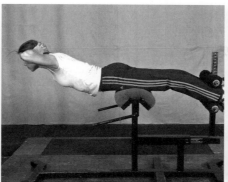

図 7-53　グルートハムレイズ

ら行い、背中が伸展するところまで引っ張ることが重要です。最後にはしっかり身体が反った姿勢を作りましょう。これで脊柱起立筋、臀筋群、ハムストリング上部を働かせることができます。

　ローマンチェアを改造したグルートハムベンチというトレーニング用品を使うと、バックエクステンションから自重でのレッグカールにつなげることができます。この種目はグルートハムレイズと呼ばれます。グルートハムレイズの有効性に気付く人が増えてきてグルートハムベンチの人気も高まりつつあります。グルートハムレイズは体幹が直立した状態まで身体を持ち上げるので、バックエクステンション全体に加えてハムストリングの動員が非常に大きくなります。この後半部分の動作を可能にしているのは、グルートハムベンチの足のローラーの後ろに溶接されたプレートです（図 7-51 参照）。このプレートを足で押すことで膝の屈曲が可能になり、体幹が直立するまで身体を持ち上げることができるのです。膝の屈曲が可能になるのはハムストリングが腓腹筋の助けを得ることができるからです。腓腹筋はプレートによって遠位部の働きが封じられることで近位部で膝の屈曲に貢献することができるようになるのです。

　ふたつの関節にまたがる筋肉は、どちらの関節の動きにも影響を与えることができます。身体の中心に近い方の関節の動きを近位機能とし、その骨の身体の中心から遠い方の関節の動きを遠位機能として区別します。人体にある関節のほとんどは、他の関節もまたぐ筋肉によって動かされています。ハムストリングが股関節を伸展させるとともに膝を屈曲させる働きをするのは、このことについて最も古くから知られる例かもしれません。そして、グルートハムレイズではハムストリングが両方の働きをすることになります。腓腹筋もふたつの関節にまたがる筋肉です。腓腹筋はアキレス腱を介して踵骨という踵の骨に付着し、膝の裏側では二頭に分かれて大腿骨の内側上顆と外側上顆に付着します。そして、腓腹筋は足首を伸ばす（この動きは「底屈」と呼ばれます。）とともに膝を曲げる働きをします。また、ふくらはぎにはもうひとつヒラメ筋という主要な筋肉があります。ヒラメ筋は腓腹筋とアキレス腱で合わさりますが、近位では脛骨に付着するので膝をまたぎません。

　こうした身体の作りに合わせて、グルートハムベンチは足で押せるプレートを備えているのです。まず、グルートハムベンチの前側のパッドの前に身体が出ると、その体重によって踵はローラーに押し付けられる形になります。そして、ふくらはぎの筋肉が緊張すると足はプレートに固定され、てこのように身体を持ち上げることが可能になります。プレートがあることで足首を伸ばすことができなくなるので、腓腹筋が収縮した力は大腿骨の付着部に伝えられ膝が曲がるということです。グルートハムレイズにおいて、脊柱と股関節が伸展し体幹が地面に平行になるまでは実質的にバックエクステンションと同じです。そこから足がプレートを押して膝が曲がり、バックエクステンションに続けて身体を持ち上げます。背中と股関節は伸展し胸を張った状態で膝が 90°まで曲がり体幹を直立させるということです。

　グルートハムレイズでは、バックエクステンションから膝の屈曲へと移行する部分で勢いをつけるのに臀筋群が貢献しており、バックエクステンションのみを行う場合よりも臀筋群が強く動員されます。ただ、人によっては臀筋群が働いていることを感じ取りにくいこともあります。これはハムストリングの方がもっと大きな可動域にわたって働いており、動作に非常に大きく貢献しているということと、臀筋群は起始と停止が近く、小さな動作で非常に効率的に収縮するということが影響しています。グルートハムレイズを行う本人の体力が低く、特にスクワットが弱い場合には動作中に臀筋群が働いていることを感じ取りやすくなります。また、体力の低い人では 10 レップ×1 セットをやり切ることも難しくなったり、1 レップもできなかったり

257

7 | Useful Assistance Exercises

する場合もあります。しかし、グルートハムレイズは取り入れてすぐの段階ではキツい種目ですが、動作パターンと神経筋の伝達効率が改善するにしたがって非常に短期間で楽になっていくものです。

背中が完全に反った姿勢になるまでは実質的にバックエクステンションと同じように動作を行いますが、身体を動かすタイミングがズレないように全身を協調させることが必要になります。そこから膝が動き始め、体幹が直立するまで胸を持ち上げていきます。ここでは胸を力強く素早く持ち上げる意識を持つとハムストリング、ふくらはぎ、臀筋群が適切なタイミングで働いてくれます。手は胸の前で交差させるか、指を組む形で頭の後ろに持っていく方法があります。手を胸の前で組む方が楽で、頭の後ろに持っていくと手の重さが股関節より遠いところに移るのでキツくなります。グルートハムレイズは高回数で行うのが相性が良く、10 〜 15 レップを 3 〜 5 セット程度の設定がベストです。

グルートハムレイズではパッドの前にある身体をパッドの後ろにある筋肉で持ち上げているので、パッドの前にある重さが大きくなるほどキツくなります。ほとんどのグルートハムベンチは前と後ろのパッドの距離を調整して、動作のキツさを変えられるようになっています。自分にとって十分な刺激を得られる位置まで前のパッドを後ろに引きましょう。パッドを後ろに引くのは股間が当たらないようにする意味もあります。理由の説明は要らないでしょう。ただし、前のパッドが膝に近づきすぎてしまうところまで後ろのパッドを前に動かしてしまうのには注意が必要です。この位置では確かに動作を行うのがキツくなりますが、膝にかかるせん断力が劇的に高まります。膝は十字靱帯、関節包靱帯と筋肉の緊張によってつなぎ留められているだけの関節です。筋力の強いリフターは必要に応じて胸の前や首の後ろにウェイトを持って負荷を高めることができます。グルートハムレイズではパッドの位置を動かし続けるのではなく加重することで負荷を高める方がずっと賢明です。

パッドに当てた膝が滑ったりズレたりすると、バックエクステンションが終わる前に膝を曲げてしまうことになります。膝が曲がるとハムストリングは短くなると覚えておきましょう。バックエクステンションの途中では体幹を持ち上げる動作に入っていません。ここで膝を曲げてしまうと、ハムストリングが実際にまだなんの役割も果たさない段階で収縮させるということになります。そして、ハムストリングが中途半端に収縮した状態になり、バックエクステンションが終わったあとの動作に十分に貢献できなくなります。**股関節を伸展させて胸を張る前にパッドに当てた**

膝がズレないように注意しましょう。これがグルートハムレイズのフォームで最も多いミスで、この種目の効果を台無しにしてしまいます。これを避けるために、前のパッドにローラーが使われているベンチではグルートハムレイズを行わないようにしましょう。

グルートハムレイズを初めて行うときには非常にキツいと感じるかもしれません。トレーニング経験のない人なら体幹を直立させるところまで 1 レップも持っていけないのが普通です。それで構わないので、自分にできるところまで身体を持ち上げましょう。また、レップを重ねるごとにその高さも落ちていくものです。先に話したように、グルートハムレイズはどうすれば効率よく行えるかを短期間で覚えられるので、すぐに楽になるものです。グルートハムレイズのトレーニングを 6 〜 7 回終えた頃には、ほとんどの人が可動域全体を使って少なくとも 1 レップは行えるようになります。可動域全体を使って複数セットをこなせるようになったら、ウォームアップセットのあとに胸の前か首の後ろにウェイトプレートを持って加重しましょう。

「ファンクショナルエクササイズ」というのは、人体の自然な動作を段階的に負荷を高められる形で行うことだと理解すると良いでしょう。この定義に当てはめると、どのようなタイプのバックエクステンションもシットアップもファンクショナルエクササイズだとは言えません。慢性的な腰痛だったり、小さな腰の怪我が続いたりとこれらの種目に悩まされる人がいます。脊柱のまわりにあるすべての筋肉の役割は脊柱を安定させることです。スクワット、プレス、すべてのプル系種目ではそれぞれの種目の主動筋に加えて、これらの筋肉の役割が重要であり、十分な刺激を与えることができます。年配のリフターでは年齢とともに脊柱にもある程度の衰えがあるのは自然なことで、コンセントリックとエキセントリックを伴う背中のトレーニングや脊柱を屈曲させる腹筋運動は、問題を解決するよりも増やしてしまうということもあります。腰の怪我にしつこく悩まされている場合は、脊柱の屈曲と伸展を伴うトレーニング種目を数週間すべて止めて怪我の頻度に変化があるか様子を見てみましょう。腹筋群と背筋群はバーベル種目で本来の働きをすることで強く保たれ、トレーニングを妨げる怪我に悩まされなくなります。

カール

何を言ってもみんなカールをやるのだから、どうせなら正しいやり方について話しておきましょう。カールは上腕二頭筋を鍛えるトレーニング種目です。不条理なほど多く

Useful Assistance Exercises | 7

本の骨の内、短い方が橈骨で、前腕を「回内」させたとき（手のひらを後ろに向けたとき）橈骨の後内側に橈骨粗面がきます。「回外」とは手の平が上を向くように手を前に回した状態を指す言葉で、この手のひらが上を向いた状態を本書では「逆手」と呼んでいます。橈骨にある上腕二頭筋の付着点が内側へ、そして上側へと回りこむと上腕二頭筋は短くなり、前腕が回外します。そして、上腕二頭筋が最大限に収縮すると手の向きは逆手になります。プルアップは順手で行う懸垂ですが上腕二頭筋の関与は非常に小さく、上腕三頭筋と広背筋が貢献する割合が大きくなります。それに対して、チンアップでは上腕二頭筋が強く働きます。プルアップでも肘は曲がりますが肘を曲げる働きをする筋肉は他にもあり、上腕筋や橈骨筋のほか、前腕の小さな筋肉が働いています。

　上腕二頭筋は「肩の屈曲」と呼ばれる動きにも関わっています。解剖学で使われる動作の表現とはときに恣意的なもので、肩関節の屈曲とは上腕骨が前と上に向かって動くことだと定義づけられています。上腕二頭筋がこの動きに関与するのは、近位の付着部は肩関節の主要な骨である肩甲骨の前側にあるからです。（上腕二頭筋はその名の通り二頭なので付着部も2箇所あります。）上腕二頭筋の腱が関節をまたいでいるので動きに関与しており、肩の屈曲は上腕二頭筋の働きに含まれます。

　物をつかんで身体に向かって引き寄せるとき、必ず肘の

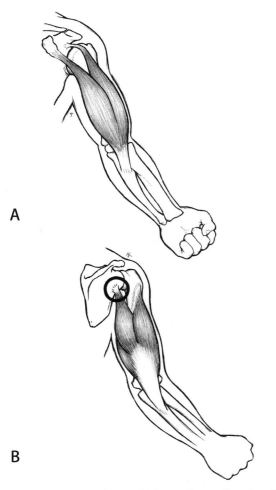

図7-54　肘と肩をまたぐ筋肉は両方の関節を動かす。（A）上腕二頭筋　（B）上腕三頭筋

の人の注目を集める筋肉ですが、世界はそういうものです。それだけ揺るぎないことを疑ってみるなんて何様でしょうか？カールを効果的に行うためには上腕二頭筋の構造を把握し、一般的に受け入れられているフォームとは違うことをする心の準備が必要になります。

　人体にはふたつの関節をまたぐ筋肉がたくさんありますが、上腕二頭筋もそのひとつです。（「二頭筋」と呼ばれることが多いですが、ハムストリングには大腿二頭筋という筋肉があり、厳密には腕の筋肉は上腕二頭筋というのが正確です。）上腕二頭筋は対になる上腕三頭筋と同じように肘と肩をまたいでおり、両方の関節を動かします。チンアップは肘の屈曲と肩の伸展を組み合わせた動作です。プルアップにも同じことが言えますが、逆手と順手という違いがあります。プルアップでは肘を曲げるのに上腕二頭筋が強く関与していないのに対して、チンアップでは上腕二頭筋が強く働いています。

　この違いは肘の関節の構造によるものです。上腕二頭筋の遠位部は橈骨粗面という位置に付着します。前腕の2

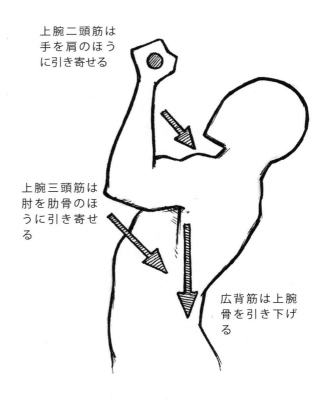

図7-55　チンアップは肘の屈曲（前腕と上腕二頭筋の遠位機能）と肩の伸展（広背筋と上腕三頭筋の近位機能）を伴う運動。

259

7 | Useful Assistance Exercises

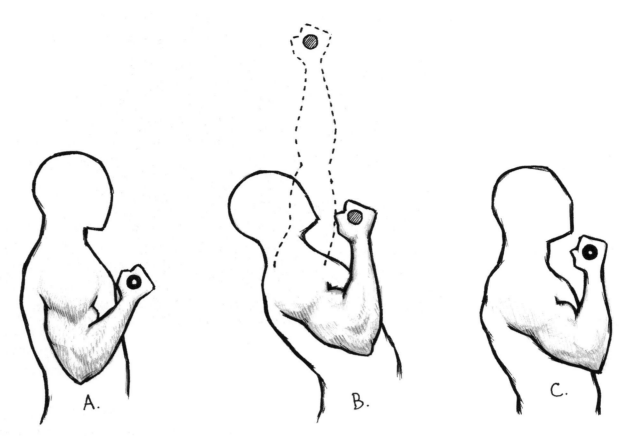

図 7-56　3 種類の上腕二頭筋の鍛え方（A）ストリクトなカールは肘の屈曲のみを行うアイソレーション種目。（B）チンアップは肩の伸展と肘の屈曲を行う。（C）本書で紹介するバーベルカールは肘の屈曲と肩の屈曲を行う。

屈曲と肩の伸展が起こります。このごく自然な動きをチンアップとプルアップでは負荷がかかった状態で行うので、優秀なファンクショナルエクササイズだということになります（図 7-55 参照）。

　実際のところ、肘が曲がると通常は肩の伸展を伴います。腕はそう動くようにできているということです。肩が動かない状態で肘を曲げるには特別なトレーニング用品が必要になり、プリーチャーカールは上腕二頭筋に特化して鍛えるために開発されました。しかし、ひとつの関節を動かすひとつの筋肉に特化して鍛えるアイソレーション種目を行っても、その筋肉を使って行うもっと複雑な他の動作に大きく貢献することはほとんどありません。「ファンクショナルエクササイズ」とは人体の自然な動作を段階的に負荷を高められる形で行うことだという定義を思い出してください。この定義に照らすと、その動作を行うためにマシンや特殊な器具を必要とするトレーニング種目がファンクショナルエクササイズだとは言えません。（ただし、トレーニングに使う道具を棒と岩に限定することはできないので、バーベルとパワーラックは「特殊な器具」に含めません。）また、トレーニングにおいて特定の筋肉を切り分けて鍛えると、その筋肉の腱の付着部も切り分けることに

なります。このことは、こういうタイプのトレーニングが怪我につながるリスクに影響します。

　肩の屈曲の具体例を探すのは少し難しくなります。それは、一般的に頭の上に物を持ち上げるときには順手で押す動作になり、三角筋と上腕三頭筋が使われるからです。前腕が逆手の状態で肩の屈曲が起きるのは、ほとんどトレーニングの動作に限られます。しかし、上腕二頭筋にはこの動きを行う機能があるので、上腕二頭筋のトレーニングに取り入れ鍛えるべきです。そして、カールでは実際に肩の屈曲の動作を取り入れることができます。バーベルカールは肘の屈曲と肩の屈曲の両方を取り入れることができ、腕の自然な働きを再現することができるうえ、特殊な器具も必要としません。（繰り返しますが、バーベルは特殊な器具と見なしません。）つまり、厳密に言うとバーベルカールはファンクショナルエクササイズとしての条件を満たす種目だと言えます。

　カールのやり方のバリエーションというのは筋トレ雑誌で記事を書く執筆者の数だけ存在します。時間をかけてあらゆる方法を試していこうと考えているなら、本書の趣旨を取り違えていると言わざるを得ません。これまでにそんなことを試しておらず、できるだけ時間を節約して、でき

Useful Assistance Exercises | 7

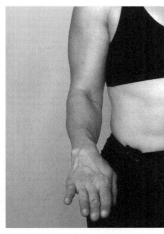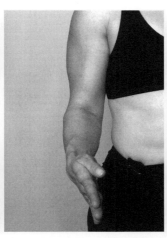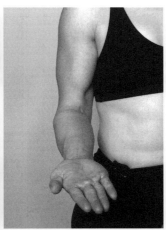

図 7-57　前腕を回外させることが上腕二頭筋の収縮に与える影響。上腕二頭筋は前腕を回外させる主動筋で、前腕が最大限に回外していなければ上腕二頭筋が最大限に収縮することはない。

るだけ上腕二頭筋に刺激を入れるベストな方法を求めているのであれば、ストレートなオリンピックバーベルシャフトでバーベルカールを行いましょう。プレスを行うときと同じ高さに設定したラックからバーベルを外し、立位で行いましょう（座位では行えません）。

バーベルを逆手で握り、手幅は肩幅より少しせまいくらいから肩幅よりも 10cm ほど広く取るくらいまで幅があります。手幅が広くなるほどバーベルの握りを維持するには前腕を大きく回外させることが必要になります。そして、最大限に関節を屈曲させたとき前腕が大きく回外しているほど上腕二頭筋が強く収縮します。個人の柔軟性によっても変わりますが、肩幅より少し広めに握るくらいでバーベルカールの効果を最大化することができます。（同じ理由でチンアップでもこの手幅を使います。）

一般的なカールは肘を伸ばしたボトム位置から始めますが、このスタイルのカールはバーベルを挙げた位置から動作を開始します。関節が完全に伸展するところまでバーベルを下ろして静止することなく関節を曲げると、伸張反射を利用して上腕二頭筋をより強く収縮させ、より大きな重量を挙げることができます。息継ぎをするのはバーベルを挙げた位置のみで、バーベルを下ろした位置で息を吐いて身体を安定させる圧力を抜くことはありません。

バーベルカールではグッドモーニングのように、足の中心でバランスが取れる位置から意図的にバーベルの軌道を外します。バーベルを下ろすときには軌道が弧を描いて身体から離れていきます。こうするとバーベルと肘、バーベルと肩、バーベルと足の中心のあいだにそれぞれモーメントアームが生まれます。つまり、バーベルと身体のシステムにかかる力を意図的に操作し負荷を生むということです。肘を胸郭の前に当てがい、身体の前後を分ける中心線よりも前に置きます。バーベルを下ろして肘がほぼまっすぐ伸びるボトム位置では、肘は身体の中心線の後ろに移動します。肘が完全に伸び切ると上腕二頭筋の緊張が抜けてしまうので、肘を伸ばすのはその少し手前までとします。この種目の要となるコンセントリック収縮に移って関節を屈曲させていくには、筋肉がある程度緊張していることが必要です。

バーベルを上に挙げ始めるところでは、まず肘を前に出し、バーベルを下ろしたときと同じ軌道を通して挙げていきます。バーベルを挙げていく動作中、肘は胸郭に付けた状態を維持します。こうすると前腕が回外し逆手でバーベルを握った状態を維持することができます。これには手のひらの内側の盛り上がった部分（手首のすぐ上の小指側）をバーベルに押し付ける意識を持つのが有効です。この部分だけがバーベルに触れているような意識を持っても良いでしょう。

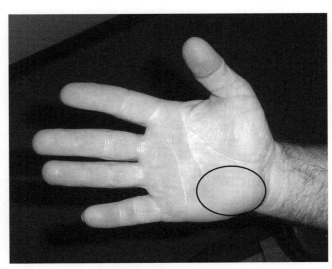

図 7-58　カールで前腕を最大限に回外させるには、「小指球」という手のひらの内側の盛り上がった部分が重要になる。この部分を使うことを意識しながらバーベルを押し上げよう。

261

7 | Useful Assistance Exercises

図7-59　バーベルカール。バーベルを持ち上げ肘が屈曲した状態での姿勢に注目。

手首は屈曲も伸展もさせず中立の状態に保つ必要があります。手のひらの中手骨が前腕と一直線になる状態です。そして、逆手の握りを保ち、肘を胸郭につけたままバーベルをスタート位置まで持ち上げていきます。バーベルを挙げていく途中、肘は屈曲しながらバーベルの前へと移動して肩を屈曲させます。肘が胸郭から離れて手の真下に移動したり、手よりも外側に広がってしまうことがよく起こります。これは間違ったフォームで三角筋を動員して上腕二頭筋の働きを弱めてしまいます。肘は胸郭から離さず、胸郭に沿ってスライドさせるようにしましょう。

少しでもウェイトを使ったカールでは完全に直立した姿勢を保つのが非常に難しくなります。リフターとバーベルのシステムは足の中心の真上でバランスを取る必要があるので、バーベルが弧を描いて前に出ると、身体はバランスを取るために後ろに反る必要があります。重量が大きくなるほど身体を大きく反らせることになります。バーベルカールの動作中に完全に直立した姿勢を保つのは不可能で、必要でもなければ適切でもありません。筋力を伸ばすことを目的にトレーニングを行うのであれば高重量を扱うことは避けられません。そして、身体の前に重いバーベルを持つと身体を後ろに持っていかなければならないという力のバランスはごまかしようがないと気付くものです。膝を曲げたり伸ばしたりしてはいけません。また、バーベルを上に挙げる動作を始めるのに肘ではなく股関節に頼りすぎてはいけません。どの程度が「頼りすぎ」になるのかは個人の判断になります。これまでと同じ理由でバーベルカールも「付加種目」として扱われるのです。バーベルカールに求める目的によってはチーティングを取り入れるのは適切です。高重量のバーベルを挙げ始めるために股関節の伸展を少し使って、挙げ切ったところではチーティング無しで肘と肩の屈曲をしっかり行えるのであれば適切なフォームだと言えます。しかし、バーベルを挙げ始めるのに股関節と膝を使い、持ち上げたバーベルの下に身体を潜り込ませて、肘を曲げ切った状態で受け止める形になると、それはリバースグリップでクリーンを行っているようなものになります。これではバーベルカールを行う意味がなくなり、怪我のリスクを高め、真摯にトレーニングに取り組む上級者たちの批判の的となります。

Useful Assistance Exercises

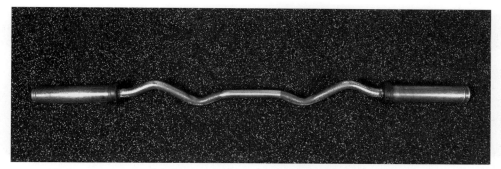

図 7-60　ライイングトライセップエクステンションに使用する Ez カールバー。

上腕三頭筋のトレーニング種目

　世界中のジムで、上腕三頭筋のトレーニングはケーブルを使った器具で行われることがほとんどです。特にトライセッププレスダウンという種目が一般的です。最も頻繁に雑誌や筋トレ本に取り上げられ、鏡を見ながら最も簡単に行える種目です。しかし、トライセッププレスダウンでは上腕三頭筋の遠位機能である肘の伸展しか行われないという欠点があります。上腕三頭筋は肘だけでなく肩もまたぐ筋肉なので、近位機能があるということを忘れてはいけません。この近位機能とは肩の伸展で、肘の伸展と肩の伸展の両方を取り入れた種目が最も効果的に上腕三頭筋を鍛えることができます。これはケーブルプレスダウンでも可能ですが、この種目にはひとつおもしろい問題点があります。筋力が強くなると、扱える重量が大きくなり、地面に足をつけて立っていることができなくなるのです。

　ケーブルプレスダウンよりも良い種目があります。フラットベンチに仰向けに寝て高重量を扱うライイングトライセップエクステンションという種目です。これはベンチプレスでバーベルを押し切る筋力を鍛えるのに特に有効で、Larry Pacifico はこの種目を「4 つ目のパワーリフト」と呼びました。正しく行うとライイングトライセップエクステンションは安全で、猛烈にキツく、上腕三頭筋を中心とした上半身全体の筋力強化に非常に高い効果があります。ただし、「スカルクラッシャー」と呼ばれる方法で行う愚か者が多く、この方法では本来の効果と安全性が大きく損なわれます。

　ライイングトライセップエクステンションにはストレートバーではなく、Ez カールバーを使うのが望ましいです。Ez カールバーとは、カールを行うためにストレートバーの代わりに使うシャフトに曲がりのあるバーベルです。Ez カールバーは 1970 年前半に開発されました。雑誌とトレーニング用品の販売を行っていた大きな出版社が自社製品として販売し、もともと Ez カールバーを考案した本人はまったく利益を得ることができなかったというかわいそうな話があります。よくありそうなことです。

図 7-61　回外が上腕二頭筋の収縮に与える影響。Ez バーは上腕二頭筋ではなく、上腕三頭筋のトレーニングに使うべきだということが分かる。

7 | Useful Assistance Exercises

図7-62　ライイングトライセップエクステンション

　上腕二頭筋を動員するということに関して、Ezカールバーはストレートバーと比べるとまったくと言っていいほど役に立ちません。先に話したように、手と前腕がどのくらい回外するかが上腕二頭筋がどれだけ収縮するかに直接影響します。Ezカールバーのシャフトの曲がりは前腕を回外させず、肘や手首にかかる負担を減らすことを目的に作られていますが、その代わり上腕二頭筋の収縮を犠牲にしてしまっています。前腕の回外が不完全であれば、上腕二頭筋の収縮も不完全になります。

　しかし、Ezカールバーはライイングトライセップエクステンションにはピッタリです。上腕三頭筋は3つの筋肉の束によって構成されています。内側頭と外側頭は上腕骨、長頭は肩甲骨に起始があり、すべて肘の肘頭という部分に停止します。どういう角度でバーベルを握っても、上腕三頭筋の収縮に影響を与えることはありません。Ezカールバーを使うとやや回内した握り方が可能になり、効果を下げることなく快適にバーベルを握ることができます。

　他の上腕三頭筋を鍛えるトレーニング種目と違うのは、ライイングトライセップエクステンションでは肩の伸展動作があるということです。肘の伸展に加えて上腕三頭筋の近位機能を使うことができ、上腕三頭筋の長頭を鍛えることができます。さらに、ライイングトライセップエクステンションでは広背筋、大胸筋の一部、肋骨まわりの筋肉、腹筋群、前腕などが働きます。このように圧倒的に多くの筋肉が活動するので、上腕三頭筋の補助種目をプログラムに入れるときには第一候補になる種目です。

　ライイングトライセップエクステンションを高重量で行うには、ベンチプレスのように補助者が必要になります。ベンチのパッドの端から少し頭がはみ出すようにベンチに寝ます。補助者はデッドリフトでバーベルを持ち上げ、リフターに渡し、動作の妨げにならない位置へ後退します。Ezカールバーのシャフトは3段階に曲がっていますが、バーベルの中央部の曲がりが下を向くようにして、バーベルの一番内側の角度がついた部分を握ります。手は回内させ、手のひらが上を向いた状態で握ります。肘は外旋し足の方を向き、ベンチプレスと同じように肩の上の位置までバーベルを挙げます。胸を張り、お尻をベンチにつけ、足を地面にしっかり踏ん張り、視点は動作中ずっと天井に定めます（図7-62参照）。

　スタート位置から上腕を地面に垂直に保ったまま、肘を曲げてバーベルを下ろしていきます。バーベルの軌道は地面に向かって頭の後ろまで弧を描きます。肘が90°ほど曲がったところで肩を後ろに動かしてバーベルを下ろします。このときバーベルは頭の真上を通し、自分の髪の毛をかすめながら、ベンチと同じくらいの高さまで下ろすのが目安になります。この動きによって上腕三頭筋、三角筋、広背筋が伸ばされます。バーベルが後頭部よりも少し低い位置まで下ろせたら、筋肉のストレッチを利用して動作を反転させ、バーベルを挙げていきます。肘でバーベルを引き上げていき、肘を挙げ切ったら、そこからバーベルがスタート位置に戻るまで肘を伸ばしていきます。

　バーベルを下ろしていくときには、できるだけ頭頂部に近いところを通し、筋肉をストレッチさせるようにしましょう。そして、伸張反射を使ってバーベルを挙げる動作

に入ります。挙上動作はバーベルを天井に向かって投げるような意識で行います。投げる動作を肘から始めるという意識を持つと良いでしょう。伸張反射を取り入れると可動域を大きく使うことができ、さらに動作を爆発的に行うとパワーもついてきます。こうしてライイングトライセップエクステンションは一般的なスカルクラッシャーよりもずっと効果の高いトレーニング種目になります。バーベルを下ろしていく動作で肘をまっすぐに保とうとしすぎると、バーベルは頭から大きく離れることになり、肘まわりの可動域を十分に使うことができなくなります。バーベルを挙げたスタート位置で大きく息を吸い込んでおくことで、バーベルを下ろしたときに伸張反射がより効果的に使えるようになります。このようにライイングトライセップエクステンションに肩の伸展と肘の伸展を両方取り入れると、可動域をより大きく使って上腕三頭筋をより多く動員することができます。この種目では、1セットあたり10〜15レップの設定が有効です。

代わりの利かない バーベルトレーニング

補助種目のなかにはスポーツや主要なトレーニング種目のパフォーマンス向上にまったく役立たないものがたくさんあり、ただ時間の無駄という以上に害になりうる種目もあります。ひとつの関節だけを使う種目やマシンが無ければ行えない種目は、ヒトの身体の自然な動作パターンを再現しておらず「ファンクショナル」だと言えません。こういった種目は関節の使い過ぎによる障害リスクを高めます。ウェイトルームで起きる障害の圧倒的大多数はこれらの種目によって起こっています。もともとのマシン種目の性質に加えて、大多数の人がマシン種目のみを行う世界では、怪我のほとんどがマシン種目で起こるという状況が生まれます。また、アイソレーション種目は腱炎の原因になります。これは、ヒトの身体の構造は動作の衝撃、モーメント、張力、圧縮といったストレスがひとつの関節に集中することを前提としていないからです。現代のフィットネスクラブ以外の場所で大腿四頭筋だけが働く動作というのは起こりえません。大腿四頭筋のみを動かすには、その目的に特化したマシンが必要になるからです。脊椎動物が何億年もの進化を経てきた中で想定されなかった使い方なのです。膝にはたくさんの筋肉が関係しており、すべてが同時に働きながら発達してきたのです。関節が本来持つ機能から逸脱した動作を行う種目は、その関節の機能向上にほとんど役立たないばかりか、問題を起こす原因にもなりえます。

トレーニングマシンは世界のごく一部の人に多くのお金をもたらしました。そのこと自体に問題があるわけではありませんが、マシン種目が広まることで、もっと効果的なトレーニングから人々の注意をそらしてしまうことになりました。こういった流行は繰り返すもので、バーベルトレーニングの有効性が再び認識されようとしているときに、本書が力になれることを喜ばしく思います。

PROGRAMMING
プログラム作り

少し例え話をします。5月中旬、日が長く暖かい季節になり「今年は日焼けをしよう」とあなたは考えます。南国を思わせるようなこんがり焼けた肌を目指して、昼休みに裏庭で日光浴をすることにします。（裏庭がなければご近所や通りがかりの人に裸を見られない場所を考えてください。）仰向けに寝転んで15分、次にうつ伏せに寝転んで15分日光を浴びます。そのあとは部屋に戻り昼食を摂って仕事に戻ります。その日の夜には肌が赤みを帯びているのに気付いたので、次の日の昼休みは日光浴をせずに食事をして仕事に戻ります。決めたことはちゃんとやりたいタイプのあなたは、その次の日にはまた裏庭に出て仰向けとうつ伏せで15分ずつ日光を浴びます。こうして毎日30分日光を浴びる生活を1週間続けます。1週間後には肌がいい感じのキツネ色になり、成果が見えて嬉しくなったあなたは、5月いっぱいは日光浴を続けることにします。ここで質問です。5月末の段階で、あなたの肌はどんな色になっているでしょう？

この質問を100人に尋ねると95人が「まっ黒に日焼けする」と答えます。しかし、実際には1週目の終わりから肌の色はまったく変わりません。どうしてそれ以上黒くなるというのでしょうか？皮膚はやけどを負わないように日光にさらされたストレスに適応して黒くなります。皮膚が黒くなる理由はそれだけであり、やけどをもたらすストレス自体に適応し、そのストレスに特有の形で適応します。あなたの皮膚は、あなたが日焼けをしたいと考えていることなど知りません。皮膚は15分間日光にさらされたストレスに反応しているだけなのです。皮膚は15分の日光浴に適応しているので、それ以上に黒く焼けることはないのです。私たちは毎日の生活の中で家や職場から出て車まで歩きます。もし、日光にさらされる度に日焼けが進むのであれば、特に晴れる日の多い地域に住む人はみんなまっ黒になるはずです。皮膚はトータルで日光にさらされた蓄積に対して適応するのではなく、最も長くキツく日光にさらされたときに対して適応します。つまり、さらに日焼けをしたいなら日光を浴びる時間を長くして、皮膚がすでに適

応している以上のストレスを与える必要があるのです。これが適応の根幹であり、このことを理解できていないことでトレーニングのプログラム作りというものを理解できない人が大多数です。

身体に対してストレスがかかり、身体がそれに対して適応するという意味において、トレーニングは日焼けとまったく同じ原則に従っています。そして、それは適応を促すのに適切なストレスでなければいけません。屋外で2分間寝転がっただけで日焼けが起きると考える人はいないでしょう。2分では適応を起こすのに十分ではないからです。また、日焼けをするために初日から仰向けとうつ伏せで1時間ずつも日光を浴びると、ストレスが強くなりすぎうまく回復することができなくなります。そんなことをするのは浅はかな子どもくらいでしょう。例えば、月曜日と金曜日にジムに行き、70kgでベンチプレスをするのを何年と続けているという人は数え切れないほどいます。こういう人は重量、セット数、レップ数、挙上速度、セット間休憩などを変更しようともしません。特にそれで構わないので気にしていないという人もいますが、なぜベンチプレスの挙上成績が伸びないのか分からず本当に困っている人もいるのです。3～4週間に1回や、それにも満たない頻度でしかベンチプレスを行わず、行うときには例えば「自分の体重と同じ重量」というように思いつきで重量を決めて10レップから始め、次のセットで9レップ、その次は8レップ、そして1レップしか挙げられなくなるまで続けるというようなことをする人もいます。そして、なぜベンチプレスが伸びないのか、なぜいつも筋肉痛がひどいのかと不思議がるのです。

ベンチプレスの挙上重量というのは、ジムに行ってベンチプレスを行う頻度に対して適応するものではなく、ただただ伸びて欲しいという切なる願いに対して適応するものでもありません。バーベルを挙げることから来るストレスに対して適応するのです。また、どういった種類のストレスであるかが重要です。1セットあたり20レップという設定でベンチプレスを行えば、20レップのセットをこな

8 | Programming

せるように適応が進みます。1セット1レップで高重量を扱う設定であれば、それがうまくできるようになります。1セットあたり1レップと20レップというのはまったく別物で、筋肉や神経系の働きが変わります。まったく違った身体能力を必要とするので、身体の適応も違ったものになります。適応とはストレスに対して起こり、ストレスが起こすものなので、適応が起こるときにはそのストレスに特異的なものになるのです。バーベルを握ると手のバーベルが擦れた部分にマメができるのも同じことです。手のバーベルが触れなかった部分にマメはできません。当たり前のことですが、顔にできることもなければ全身にできることもありません。

さらに、ストレスは回復できるものでなければいけません。日焼けの初日から2時間も日光を浴びたり、月に1回だけベンチプレスを55レップも行うようなものではなく、そのトレーニーにとって適切なストレスでなければいけません。ある程度の時間でストレスから回復し、長い期間を空けずにさらなるストレスを与えることで適応は蓄積されていきます。それができないほどストレスが強すぎると、適応を重ねて前進するためのツールとして役に立ちません。

これは身体活動に関わる生理学的原則であり、このことを認識しておくことがプログラムデザインを考えるには不可欠です。**「運動」と「トレーニング」とは似て非なるものです。**運動とは、そのこと自体を目的として行う身体活動で、その日、身体を動かしている最中や終わった直後に得られる効果を求めるものです。それに対してトレーニングとは、長い期間で達成すべき目標を念頭において行うもので、一回一回のトレーニング内容はその目標を達成することを目的として構成されます。筋力を伸ばす、速く動けるようになる、コンディションを向上させるといった目標達成に向けて適切な適応を促すため、特定のストレスを狙って生むようにプログラムが構成されていなければ、その身体活動をトレーニングと呼ぶことはできません。それはただの運動なのです。多くの人にとって運動を行うのはまったく問題ないことです。身体を動かさずにダラダラしているよりもベターなのは間違いないでしょう。

しかし、アスリートであれば、筋力が伸びると他のどんな適応よりも大きくパフォーマンスを伸ばしてくれます。これは筋力の強くないアスリートに特に当てはまります。筋力とは運動能力の基礎であり、スキルのレベルが同じであれば、筋力の強いアスリートの方が筋力の弱いアスリートよりも優れています。アスリートとして向上したければ筋力を鍛えるべきなのです。すでに非常に筋力が高ければ、パフォーマンスに関わる側面に意識を向けていくべきです

が、大多数の人はそこまでの筋力を持っていないので、これは本書の読者にも当てはまらない可能性が高いです。自分では自分が強いと考えているかもしれませんが、まだ伸び代があるでしょう。ありますよ。自分で自分は強いと思っていて、自分のまわりにいる人もそう言ってくれるかもしれません。コーチまでそう言ってくれるかもしれません。しかし、こういう勘違いは危険です。もし、筋力を伸ばせる余地があるならそうすべきで、自分の思うようなパフォーマンスが出ていないのは筋力不足が原因かもしれないのです。パフォーマンスがしばらく伸び悩んでいるなら、筋力を伸ばして変化があるか試してみることです。筋力トレーニングプログラムで実際に効果を得るためには、「強くならないとできないこと」をする必要があります。そして、この強くなることを強要するということがプログラムの根本的な部分に息づいていなければいけません。

トレーニング経験の少ないアスリートほどシンプルなプログラムを使うべきで、トレーニング経験があるほど複雑なプログラムが必要になってきます。トレーニング経験のない人がウェイトトレーニングを始めると、始めてすぐの頃は短期間でどんどん強くなります。そして、強くなるにつれて筋力の伸び方はゆっくりになっていくものです。私はこれを「初心者効果」と呼びますが、本書のプログラムはこの初心者効果をうまく利用するように構成されています。一般的に観察される「収穫逓減の法則」を生理学的適応に当てはめて考えるということです。完全な初心者というのは、自身の持つポテンシャルいっぱいまで運動能力を伸ばすという道のりのスタートに立ったばかりです。まだほとんど前進していないので、回復できなくなるほどのストレスをかけるだけの力がありません。悪意ある虐待のような内容でない限り、ほとんどなにをしても適応が起こります。

トレーニング経験のない人がなにかの運動プログラムを始めると、例外なく筋力が伸びます。どんなプログラムかは関係ありません。当人がそれまでに行っていたことよりも身体的にキツければ、どんなものでも当人が適応できていないストレスとなり、回復できる要素が整えば適応が起こります。そして、身体に力を出させるストレスがかかったときに起きる最も基本的な適応が筋力向上なので、この適応によって必ず筋力が伸びます。完全な初心者であれば自転車に乗るだけでもベンチプレスの挙上重量が伸びます。こんなことが起こるのは短期間だけで、ベンチプレスを伸ばすのにサイクリングが効果的だということではありません。しかし、まったくもって適応が進んでいない人にとっては自転車に乗るだけでも適応を起こす刺激になるということです。自転車をこいで力を出すという行為が、力

268

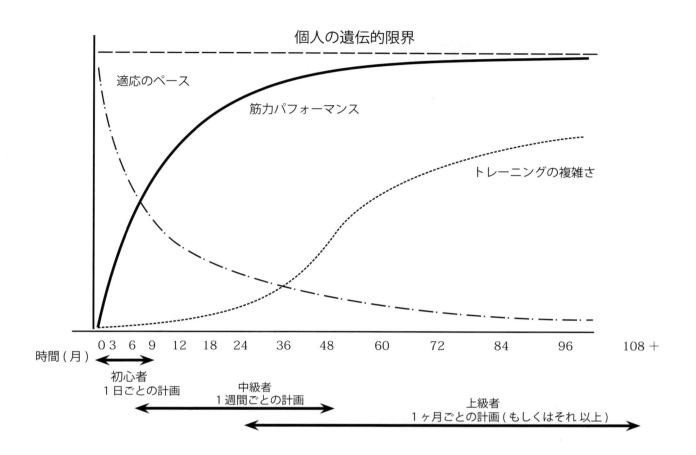

図8-1　時間とともにパフォーマンスが伸びトレーニングが複雑になる関係を示したイメージ。トレーニング経験を積むにつれて適応の進み方がゆっくりになることに注意。

を出す能力の適応を全身にわたって促しベンチプレスが伸びるわけですが、ベンチプレスにはベンチプレス特有の力の出し方が必要で、自転車はそれからかけ離れているので自転車のベンチプレスを伸ばす効果というのは、あっという間に失われてしまいます。

　望む適応を促し続けることができるかどうかが、良いプログラムとそうでないプログラムを分けます。そしてこの定義に沿って考えると、なんらかの形で定期的にストレスを高めるプログラムは初心者に有効で、そうでないプログラムは有効でないと言えます。初心者の場合、効率の良し悪しはありますが、どんなプログラムも効果を生むので、まったくプログラムを持たない場合と比べるとどんなプログラムも効果があると言えます。そして、初心者はみんな自分の行っているプログラムは効果的だと思っているのは、これが理由です。テレビやインターネットで見かけるあらゆる運動プログラムに、なんの悪気もない体験談が寄せられているのもそういうわけです。しかし、最も効果が高いのはなにかというと話が変わります。「負荷となる要

素を毎回少しずつ高め、その負荷の高まりに対して適応が起こる限りそれを続ける」という方法は、ストレスと適応を生むということに特化して考えられており、これに勝るものはありません。

　初心者の運動能力を向上させるには筋力を伸ばすのがベストな方法なので、短い期間で最も大きくパフォーマンスを伸ばすには、全身の筋力を直線的に伸ばすプログラムを使うのがベストだということになります。それなら、初心者に効率の良いバーベルトレーニングプログラムの作り方というのはひとつに絞られるはずです。それは、全身を使う基本種目を行いながら力発揮のストレスを直線的に増やしていくというものです。回復が十分に間に合って効率的に前進できる形でストレスをかけることができれば、筋力は必ず直線的に伸びていきます。そう言えるのは、この方法が生物の最も基本的な法則にのっとっているからです。適応を促すストレスのかかる環境において、そのストレスがあまりに強く抵抗できないものでなければ生物は環境に適応していくものだということです。

8 | Programming

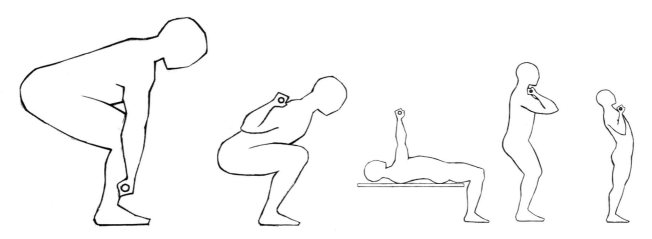

図8-2　左から右へバーベル基本種目を挙上重量の大きな順に並べた。トレーニングを始めて間もない時期に重量を伸ばせる余地の大きさの違いを示す。デッドリフト、スクワット、ベンチプレス、プレスへと順番に動員される筋肉が少なくなる。パワークリーンは多くの筋肉を動員するが、テクニカルな動作であることが影響して、扱える重量や伸び代という意味ではベンチプレスとプレスのあいだに位置する。

　完全な初心者は毎回のトレーニングで体力の限界に近いところまで追い込むことができます。それは、この時点での体力が低く遺伝的に生まれ持った限界からほど遠いからです。こうして比較的ハードなトレーニングを行うことで初心者は短期間で大きく筋力を伸ばすことができます。（比較的ハードなトレーニングから回復できるのは、初心者は筋力が弱く、絶対的な意味では大してキツいトレーニングにならないからです。）筋力の弱い人が筋力の強い人よりも素早く筋力を伸ばせるのは明らかです。しかし、これは長くは続きません。トレーニング経験を積むに従って身体の適応のしかたが変わっていくので、それに合わせてより複雑なプログラムが必要になります。変化を起こすのに必要なストレスが大きくなり、2回のトレーニングで続けてそのストレスをかけると回復が間に合わなくなる段階までくると中級者トレーニーと呼ぶべきところへ前進したと言えます。中級者はハードなトレーニングが行えるようになっており、アクティブリカバーといって回復を念頭においたトレーニングをプログラムに取り入れる必要が出てきます。しかし、中級者は最大筋力を発揮するようなトレーニングを頻繁に取り入れることでより速く前進することが可能にもなります。上級者になると生まれ持った遺伝的限界に近いところでトレーニングを行うので、オーバートレーニングが問題にならないように細心の注意を払って強度とボリュームを調整する必要があります。図8-1はこれらの原則を示したものです。そして、「Practical Programming for Strength Training, 3rd Edition (Aasgaard, 2013)」でさらに詳しく取り上げています。

　基本的なルールとして、トレーニングを行うごとに各種目のメインセットで扱う重量を増やすようにします。これがレジスタンストレーニングの「漸進性」というものの根本であり、こうやってプログラムを組み立てることで「運動」とは違ったものになるのです。重量を増やし続けられなくなるときがいずれやってきますが、それまでは毎回のトレーニングで少し重たい重量を挙げるようにします。どれだけの期間こうして重量を増やし続けられるかには生まれ持った遺伝的素質やその他の要因によって個人差があるものですが、すべての人がある程度の期間はこうして重量を増やしていくことができるものです。自分にとってキツいことに挑戦したときに適応は起こります。キツくなければ適応は起こりません。こういった挑戦をたまたま気が向いたからや、運動プログラムを行う中で偶然起こったということではなく、計画立てて行うのがトレーニングです。

　その日のトレーニングでなにをするのか、どういう順番で行うのか、重量は何kg使うのか、今日のトレーニング内容を踏まえて次のトレーニングでなにをするかをどう決めるのかといったことすべてがウェイトルームに入る前に決まっているのです。ジムに着いた時点でなにをすれば良いのか決まっていないということはありません。ジムの中をブラブラしておもしろそうな物を試してみて、おもしろくなくなったら止めて他の物を試してみるというのはトレーニングではありません。毎回のトレーニングにおいて達成可能な目標を定めておかなければいけません。これはたいていの場合、前回のトレーニングよりも大きな重量を挙げるということになりますが、当人のトレーニング経験によっては他の要素に目標を定める場合もあります。

　挙上重量の伸び方はトレーニング種目によって違いま

Programming | 8

す。これには各種目でどれだけの筋肉が動員されるかや、フォームの乱れがどれだけ影響しやすい種目かといったことが関係しています。動員される筋肉の量が多い種目の方が扱える重量は速く伸びやすく、重量を伸ばせる限界も高いものです。例えば、デッドリフトではほとんどの人が他のどの種目よりも速いペースで重量を伸ばすことができます。これはデッドリフトでは、股関節と膝まわりの可動域が限られていることと、非常に多くの筋肉が動員されることによります。それに対して、プレスで動員される肩まわりの筋肉は比較的小さく、重量の伸び方も比較的ゆっくりになります。ベンチプレスはプレスよりも運動のつながりが短いことが影響して、プレスよりも重量の伸び方が速くなります。

トレーニング経験を積むとデッドリフトで挙げられる重量はスクワットよりも大きくなり、スクワットの重量はベンチプレスよりも大きく、ベンチプレスとパワークリーンで挙げられる重量は近くなるものです。（ベンチプレスの重量の方が少し大きくなることが多いです。）こういった各種目の挙上重量の関係は大半のアスリートに当てはまるもので、重量の伸び方を推測するのに役立ちます。例えば、ベンチプレスでデッドリフトよりも大きな重量を挙げられるようなら、なにかが根本的におかしいということです。握力の問題、怪我、デッドリフトが嫌いでしかたないなどが考えられますが、筋力バランスがおかしいことで他の種目に悪影響が出ないように、なんらかの対処が必要になります。それぞれの種目の性質の違いを考慮して、トレーニングにどう取り入れていくかを考えることが重要です。

各種目のフォームを覚える順序

フォームを覚えるのはスクワットからです。スクワットが本書のプログラムで最も重要な種目であり、スクワットを正しく行えることが他の種目すべてに重要になります。これまでに正しくないフォームを教わったことがあれば、本書のプログラムを始めるにあたって修正が必要になるのでマイナスだと言えます。これまでにスクワットのやり方を教わった経験がなければ、間違ったフォームを修正する必要がないので覚えやすくなりベターだと言えます。すでに身体に馴染んだ運動パターンを修正するのは新たに運動パターンを身に付けるよりも難しいのです。これはどんなスポーツ指導者に聞いても同じ答えが返ってきます。ウェイトルームで行うことすべてにおいて正しいフォームというのが欠かせないので、これは特に重要な問題になります。以前に間違った指導を受けた影響でしぶといフォームの問題があると、修正に時間がかかっ

たり、前進が遅くなったりとトレーニングの効率を下げることになります。

トレーニング初日に、ふたつ以上の種目を覚える時間があると仮定して（時間を確保するよう予定を調整しましょう）、次に行う種目はプレスです。スクワットで下半身が疲れている状態なので、プレスを入れることで新しい種目に触れながら下半身を休ませることができます。プレスという種目は筋トレ雑誌やおせっかいなトレーニング仲間に「こうあるべきだ」というイメージを植え付けられることがないので、たいていの場合は楽に覚えることができます。最近はプレスに馴染みのない人がほとんどなので、スクワットのあとに珍しさも手伝って集中しやすくなり、トレーニング初日の上半身種目として取り入れやすいものです。

トレーニング初日の最後はデッドリフトです。デッドリフトでは下背部の姿勢を決める練習をします。スクワットを行ったあとトレーニング初日の締めくくりにこれをすることで、背中の姿勢を考えるということが身体と頭で理解しやすくなり、定着しやすくなります。バーベルを地面から引く動作を正しく行えることはクリーンにも不可欠です。バーベルを地面から引くというのは難しいことではないと感じるためにはデッドリフトがベストな入り口となります。トレーニング初日にスクワットがうまくいかなったり、長く時間をかけることになったり、もしくは高齢であったり十分な体力がなかったりした場合には、デッドリフトを軽い重量で練習するだけにとどめ、高重量のメインセットを行わないという選択肢もあります。トレーニング初日は軽い重量にとどめておくことで強い筋肉痛を避けることができます。過剰な筋肉痛が出ると次のトレーニングに支障が出てしまいます。次にデッドリフトを行うときには重量を上げるようにします。初回のスクワットの日を経験していることで、目標の重量を正確に決めやすくなります。

初回のトレーニングで大きな問題がなければ、2回目のトレーニングで残りふたつの基本種目を覚えます。2回目のトレーニングもスクワットから始め、次にベンチプレスを行います。初回にプレスを行ったことで肩と腕には疲労があるかもしれませんが、もともとベンチプレスの方が大きな重量を扱える種目ですし、2回目のトレーニングでベンチプレスを行うのに影響することはほとんどありません。2種目目にベンチプレスを行うことで、プレスを行ったときと同じように下半身を休めることができます。こうして次に行うパワークリーンに備えるのです。

パワークリーンは基本種目のなかで最もテクニックを必要とするので、最後に覚えるようにします。特にデッドリフトを地面から正しく行えていることが重要です。初回の

271

8 | Programming

トレーニングでデッドリフトを正しく行えていれば、2回目のトレーニングでパワークリーンを取り入れましょう。デッドリフトを正しく行えるようになるまで時間がかかるようなら、必要なだけ時間をかけましょう。あまり意識しなくてもデッドリフトを正しく行えるようになっていることがパワークリーンを行う前提として必要になるので、パワークリーンを取り入れるのが早すぎると問題につながります。

トレーニング種目の組み合わせ方

初心者はもちろん、ほとんどの上級者もシンプルなアプローチを採るべきです。効果的なトレーニングというのは長い必要はなく、複雑である必要もありません。例えば、カールの基本的な方法をひとつかふたつ覚えるだけでは不十分で、もっといろんなカールのしかたを覚えないとトレーニングで前進することはできないというイメージを持っている人が多くいます。しかし、前進とは筋力が伸びることであり、種目数が増えることではありません。そして、トレーニングにおいて調整するのは重量であり、種目選びではないのです。強くなるには、いろんな種目をあれこれ行う必要はありません。身体の部位ごとに切り分けた種目をつなぎ合わせるのではなく、全身をシステムとして鍛えられるほんの数種目で挙上重量を伸ばしていくのが必要なのです。ヒトの身体は全体にかかるストレスに対して、全体がひとつの生命体として適応するのがベストです。身体のできるだけ多くの部分に一度にストレスをかけられるほど、より効果的に生産的な適応を促すことができるのです。アメリカの運動指導に関わる団体が推奨するプログラムはすべて、このことを認識できていないことが共通の問題になっています。

完全な初心者は最もシンプルな組み合わせが適しています。この簡潔なプログラムは最初の数回のトレーニングに役立ちます。

A
スクワット
プレス
デッドリフト

B
スクワット
ベンチプレス
デッドリフト

トレーニングを始めて2〜3週間は月・水・金のスケジュールでAとBのトレーニングを交互に行います。デッドリフトが馴染んできて重量が伸びていき、スクワットよりもデッドリフトで挙げられる重量の方がかなり大きくなったらパワークリーンを取り入れます。

A
スクワット
プレス
デッドリフト

B
スクワット
ベンチプレス
パワークリーン

はじめの2週間を終えたら、スクワットは毎回のトレーニングで行い、ベンチプレスとプレスを交互に行い、デッドリフトとパワークリーンを交互に行います。週3回のトレーニングで週末には2日続けて休みを入れます。この設定では、プレスとデッドリフトのトレーニングを2回行う週があり、その次の週にはベンチプレスとパワークリーンを2回行うことになります。各種目はここに挙げた通り、はじめにスクワット、次に上半身種目、最後にプル系種目という順序で行います。この順序では、まずスクワットで全身を温め（これにはスクワットがよく効きます）、上半身種目では下半身と背中を休め、最後のプル系種目に備えることができます。

ほとんどの人がこのスケジュールでかなりの期間、効果的なトレーニングを行うことができます。2〜3週間後には、この時点で唯一本当に有効な補助種目として懸垂を取り入れることもできます。例えば、パワークリーンのあとに懸垂を3セット追加して、そのままの内容でできる限り何ヶ月でも続けるという方法があります。もしくは、プル系種目と置き換える形でバックエクステンションかグルートハムレイズを入れることもできます。デッドリフトのトレーニング頻度を5回に1回まで落とし、パワークリーンと交互に行う形です。身体の回復が間に合わないと感じる場合には、この変更が必要になるかもしれません。年配のトレーニー、女性、とにかく十分に食わず睡眠を取らない人などが当てはまると考えられます。この段階でプログラムはこんな感じになります。

A
スクワット
プレス
デッドリフト / パワークリーン

B
スクワット
ベンチプレス
バックエクステンション
チンアップ / プルアップ

この変更で2週間のスケジュールはこんな感じになります。

1週目

月曜日	水曜日	金曜日
スクワット	スクワット	スクワット
ベンチプレス	プレス	ベンチプレス
バックエクステンション	デッドリフト	バックエクステンション
チンアップ		チンアップ

2週目

月曜日	水曜日	金曜日
スクワット	スクワット	スクワット
プレス	ベンチプレス	プレス
パワークリーン	バックエクステンション	デッドリフト
	チンアップ	

チンアップ以外の補助種目を選ぶ際には、5つの基本種目の伸びに悪影響が出ないように非常に慎重になるべきです。基本種目が伸びていれば筋力は伸びていて、目的は達成できているのだと覚えておきましょう。補助種目を取り入れるか判断に迷うことがあれば止めておくことです。

初心者と言える時期を過ぎても、この構成にほとんど変更を加えずに使うことができます。その代わり、各トレーニング種目のプログラム設定を調整しトレーニング量に変化を持たせます。さらにレベルの高いトレーニーであっても、トレーニングにたくさんの補助種目を追加する必要はありません。基本種目のパフォーマンスが伸びていれば、やはり目的は達成されているのです。補助種目を取り入れるときには、その種目の位置付けを明確にしておかなければいけません。補助種目は基本種目を伸ばす補助をするものであり、補助種目そのものが目的になってはいけないのです。例えば、腕のトレーニングよりもプレスやベンチプレスの方が絶えず重要度が高くなります。もし、カールや上腕三頭筋の種目を行うことでプレスやベンチプレスが伸びるのではなく、かえって回復に悪影響を与えるようなら、これらの補助種目をうまく使えていないということになります。

オリンピックウェイトリフティング指導者のほとんどは、挙上速度の速い種目を先に行い、遅い種目を後に行うようにトレーニングを組み立てます。つまり、スクワットやプレス系といった筋力を鍛える種目の前に、スナッチやクリーン&ジャークといった爆発的に挙げる種目を行うということです。オリンピックウェイトリフティングの強豪国のトレーニングで、こういう方法を採らない場合もありますが、競技種目を優先するプログラム構成としては理にかなっていると言えます。本書のプログラムには爆発的に挙上する種目としてパワークリーンがあります。しかし、この初心者向けプログラムでは競技として行う種目はありません。パワークリーンを1日のトレーニングの最後に行うことでスクワットを優先することができ、筋力を伸ばすにはより効果的になります。スクワットをはじめに行うことで、その後の種目に向けて身体を温める効果が高まります。また、疲労のない状態でスクワットを行うことで、プログラム内で最も重要な種目としてスクワットに集中することができます。

ウォームアップセット

ウォームアップには非常に重要な目的がふたつあります。まず、ウォームアップを行うと筋肉、腱、そして関節を構成する靭帯などの軟部組織が温まります。全身のウォームアップでは軟部組織の温度が高くなるのに加えて、関節の滑液に動きを与えます。全身のウォームアップには、速いペースでのウォーキングやジョギングの他にエクササイズバイクを漕ぐ（膝の可動域をより大きく使って動かすことができるのでスクワットに備えるという意味でベターな選択）、ロウイングマシンを使う（可動域を大きく使えるのに加えて、脚だけでなく背中や腕も大きく動かすことができるのでベストな選択）といった方法があります。バーベルシャフトのみでバーベル種目を行うウォームセットは特異的なウォームアップであり、これにはそのバーベル種目で動かす特定の組織を温めたり、動きやすくしたり、ストレッチしたりする効果があります。身体が温まると冷えているときよりも怪我をしにくくなるので、このステップは怪我の予防に重要になります。

身体の組織の温度を高めることは非常に重要で、いくつかの要因を考慮する必要があります。ウォームアップの身体を温める段階では、トレーニング施設の気温を考慮すべきです。寒い部屋では身体が温まりにくいのに対して、暖かい部屋では温まりやすくなります。アスリートがトレーニング施設に着くとき、8月と1月では感覚が違うもので、夏と冬では必要なウォームアップにも違いが出てきます。怪我から回復している途中であれば、怪我の影響を受けた組織は念入りなウォームアップを必要とします。さらに、トレーニーの年齢によっても必要なウォームアップは変わります。大人と比べると若い人はウォームアップ無しでも問題につながりにくく、年齢とともにトレーニング前の準備により時間をかけることが必要になります。

ウォームアップのふたつ目の働きはバーベルトレーニングにおいて特に重要になります。大きな重量を扱う前に動作の練習ができるのです。軽いウォームアップセットはバーベルシャフトのみから始め、メインセットの重量まで徐々に重たくしていきますが、軽い重量からウォームアップセットを行うあいだに動作パターンを確認することができ、高重量を扱う段階では身体をどう動かすかよりも全力を出すことに集中しやすくなります。複雑な動作パターンへの神経筋の適応を運動回路と呼び、野球でボールを投げるにしてもスクワットを行うにしても、その動作を行う際には毎回準備が必要になるものです。動作パターンに慣れるほどウォームアップのこの役割は不可欠なものではなく

8 | Programming

なっていきますが、初心者にとっては絶えず非常に重要なものです。ウォームアップセットでは高重量を扱うメインセットに向けて身体の組織に加えて、運動回路の準備を整える働きもするのです。はじめのウォームアップセットを行っているあいだにフォームの問題点を確認したり修正したりすることで、メインセットでは正しいフォームを保つことよりもウェイトを挙げることに意識を集中しやすくなります。

ウォームアップをサボるのは愚かなことです。政府が主導して学校で行われるプログラムでは、十分な時間がない中で筋力トレーニングを行うためウォームアップが省略されることがよくあります。ウォームアップはトレーニングに欠かせないものであり、こういうプログラムの指導を担当するコーチは**背任行為**だと言われてもしかたありません。ちょっとキツいことを言いますが聞いてください。スケジュールの都合でまともなウォームアップを行う時間を取れないのであれば、トレーニングをする時間など無いということです。ウォープアップを省略すると怪我は避けられないので、それよりはプログラムから筋力トレーニングそのものを省略してしまう方がマシです。ウォームアップとはそれだけ重要なのです。

ウォームアップはこれから行おうとしているトレーニング種目によって変わります。部屋が寒ければ全身の体温を高めるのにロウイングマシンやエクササイズバイクを使うのが良いかもしれません。部屋が暖かければ、これは必要ないでしょう。スクワットは全身運動であり、トレーニングのはじめに行うので、スクワットそのものがウォームアップとしてかなりうまく機能します。慎重かつ徹底的に準備を整えるため、バーベルシャフトのみで2〜3セット、そこからさらに5セットほど行ってからメインセットに入ります。こうして準備をしておくことでスクワットのあとに行う上半身種目にも良い影響が及びます。怪我がなければ上半身種目はウォームアップを3〜4セットも行えば十分です。プレスに長く時間がかかって身体が冷えてしまうことがなければ、デッドリフトはスクワットのお陰で十分に温まった状態で入れます。パワークリーンは動作が最も複雑なので、フォーム確認のためのウォームアップが追加で必要になります。補助種目を行う場合、1日のトレーニングの最後に行うことになるので、すでに筋肉や関節は温まった状態にありウォームアップは1〜2セット行えば十分です。

怪我がある部位はさらなるウォームアップが必要になります。バーベルシャフトのみで2〜3セット行ったあと、怪我のある部位の感覚がはっきりと良くならなければ、軽い重量でトレーニングを続けるか怪我の回復を待つべきか

を考えなければいけません。

ここで用語について少し解説しておきます。メインセットとはその日のトレーニングの中で最も大きな重量を扱って、適応を起こすためのストレスを実際に生むセットです。メインセットの前に軽めの重量で行うのがウォームアップセットです。最も高重量を扱うのがメインセットであり、メインセットが筋力を伸ばすトレーニング効果を生みます。初心者では、それまでに扱ったことのない重量ということになります。ウォームアップセットはメインセットに備えるために行うものでしかないので、メインセットに支障が出ないようにしなければいけません。ウォームアップセットは、この原則を頭に置いて組み立てましょう。最後のウォームアップセットはメインセットに悪影響が出るほど重量を大きくしてはいけませんが、メインセットに備えるため、ある程度の重さを感じられる重量でなければいけません。メインセットは1セットあたり5レップやそれ以上の回数設定になりますが、ウォームアップセットでは1〜2レップ程度にとどめる場合もあります。例えば、メインセットが $100 \times 5 \times 3$（100kgで5レップを3セット）という設定であれば、最後のウォームアップセットを 95×5（95kgで5レップ）とするのは効率的ではありません。90×2 とする方がベターでしょう。個人の好み、スキルレベル、経験値などによっては 85×1 という選択も考えられます。メインセットの1セット目で重量の大きさにショックを受けてしまわないようにウォームアップセットにはある程度の重量が必要ですが、メインセットですべてのレップを挙げ切ることが優先なので、ウォームアップセットではメインセットを行うためのエネルギーを残しておくことが重要になります。

適切にウォームアップを行う重要性を理解するため、極端なウォームアップを行う悪い例でその効果を考えてみましょう。「ピラミッド法」と呼ばれるトレーニングの組み方が古くからあり、現在でも世界中のジムやウェイトルームで語られたり行われたりしています。ピラミッド法の例を挙げると、60kg × 10レップ、70 × 8レップ、80 × 6レップ、84 × 5レップ、88 × 4レップ、92 × 3レップ、96 × 2レップ、100 × 1レップというような設定になります。最後のセットを終えるときには、かなり良いトレーニングができたように感じるかもしれません。しかし、最後に100kgで1レップ行うセットに到達するまでに2880kgものボリュームをこなすことになり、このセットの重量を伸ばせる望みが小さくなってしまうことが問題です。ウォームアップセットが実質的にメインセットと変わらなくなり、本来メインセットと呼ぶべきところにたどり着くまでに力を使い切ってしまうのです。メインセットのパフォー

274

マンスを伸ばしていくための準備としてウォームアップ
セットが機能しないので、前回同じトレーニングを行った
ときより重量を伸ばすことができず、徹底的に伸び悩むこ

スクワット	重量	レップ	セット
	20	5	2
	40	5	1
	60	3	1
	85	2	1
メインセット	100	5	3

ベンチプレス	重量	レップ	セット
	20	5	2
	37.5	5	1
	55	3	1
	70	2	1
メインセット	80	5	3

デッドリフト	重量	レップ	セット
	60	5	2
	85	5	1
	100	3	1
	125	2	1
メインセット	145	5	1

プレス	重量	レップ	セット
	20	5	2
	35	5	1
	45	3	1
	52.5	2	1
メインセット	60	5	3

パワークリーン	重量	レップ	セット
	20	5	2
	35	5	1
	45	3	1
	52.5	2	1
メインセット	60	3	5

表 8-1　ウォームアップセットとメインセットの設定例

とになります。準備を整えるのではなく疲労してしまうな
ら、それはウォームアップではなく、筋力を伸ばすことが
できなくなってしまうのです。

　一般的に言えることとして、ウォームアップはバーベル
シャフトのみから始めるのがベストです。メインセットで
使う重量を決め、シャフトのみの 20kg との差を割り算し
て、均等な間隔で重量を増やしていきます。表 8-1 に具体
例をいくつか示しました。メインセットの重量にもよりま
すが、ほとんどの人は 3 〜 5 セットのウォームアップが
必要になります。非常に大きな重量を扱う場合には、ウォー
ムアップセット間の重量の増え幅が大きくなり過ぎないよ
うセット数を増やすことが必要になる場合もあります。部
屋が寒かったり、高齢のトレーニーであったり、怪我の
あるトレーニーあったり、念入りにウォームアップを行う
必要がある場合には、バーベルシャフトのみでのセット
と、その次のセットを増やすことで対応できます。こうす
ることでウォームアップの効果を得つつ、高重量で行うボ
リュームが増えてメインセット前に疲労してしまうのを避
けることができます。

　バーベルシャフトのみから始めて重量が大きくなってい
くにつれて、セット間休憩を少し長めに取るようにしま
しょう。前のセットでの疲労が次のセットを行うのに影響
しないところまで回復できるだけセットの間隔を取るとい
うのが基本的な考え方です。重量が大きくなるほど長い休
憩が必要になります。このタイプのトレーニングは毎回の
トレーニングでより大きな重量を挙げるということが土台
にあり、それぞれの種目や 1 日のトレーニングを早く終
わらせることが重要なのではありません。そのため、メイ
ンセットのすべてのレップを挙げ切ることが必要になりま
す。筋力トレーニングプログラムとは強くなることを目的
に構成されています。強くなるとは、より大きな力を出し
て大きな重量を上げられるようになるということです。ボ
ディビルの世界では、セット間休憩を短くして疲労を蓄積
させる方法が使われることもありますが、こういうプログ
ラムで向上するのは筋持久力です。筋持久力は筋力ととも
に向上するものですが、本書の初心者向けプログラムは筋
持久力を伸ばすことを目的にはしていません。セット間隔
を短くして疲労によって最大限に力を発揮できない状態を
作るより、十分に回復してより大きな重量を挙げられるよ
うにセット間隔を取った方が良い効果を得られます。

　セット間隔をどの程度取るのが良いかは、体力レベルに
よって 2 〜 3 通りに分かれます。完全な初心者は大きく
疲労するほどの重量を扱うだけの筋力がないので、セッ
ト間は 1 〜 2 分程度と比較的短くて済むのが一般的です。
はじめの 1 〜 2 セットはバーベルにウェイトプレートを

8 | Programming

付けたらそれ以上待たずにすぐ始められることが多いです。これは特に 2 人以上で同時にトレーニングを行っている場合に当てはまります。それに対して、レベルの高いトレーニーは長いセット間休憩が必要になります。最後のウォームアップセットからメインセットの 1 セット目に入るまでに 5 分くらい必要な場合もあるでしょう。メインセットとして同じ重量で複数セットを行う場合、非常に大きな重量を扱えるリフターであれば、セット間休憩が 10 分やそれ以上必要になる場合もあります。

メインセット

ウォームアップのあとにメインセットを何セット行うかは、トレーニング種目とトレーニー個人によって変わります。スクワット、ベンチプレス、プレスについては、同じ重量で複数セット（初心者の場合は 3 セット）を行うのが適しています。デッドリフトはキツい種目で、さらにスクワットをたくさん行ったあとに行うので、1 セットで十分なことが多く、それ以上行うとオーバートレーニングにつながる人がほとんどです。パワークリーンは同じ重量でより多くのセット数を行うことができます。パワークリーンはスクワットやデッドリフトと比べて使用する絶対重量が小さく、重量の限界を決めるのは絶対筋力ではなく挙上テクニックと爆発的パワーだということが要因にあります。

メインセットを複数セット行うと身体はより多くのトレーニング量に適応することになります。スポーツパフォーマンス向上のためにトレーニングしている人にとってこの適応は有益です。十分強度で行えばメインセットを 1 セット行うだけで筋肉を成長させるのに十分だという考え方が存在しますが、この方法を初心者が使うとすぐに複数の問題が出てきます。まず、十分な経験のないトレーニーはどうすればバーベルの荷重下で最大限の強度を出すことができるかをまだ知りません。そして、これを体得するにはかなりの時間を必要とします。次に、どうすれば非常に高い強度でトレーニングを行うことができるかを知らなければ、適応を起こすのに十分なストレスを生むのに複数のセットが必要になります。1 セットでは十分なストレスにならないのです。そして、最も重要なこととして、トレーニングとは特異的なものなので、高い強度で 1 セットだけ行うと身体は高強度の 1 セットだけに力を出すように適応します。筋力向上は最も全般的な身体能力の適応であり、より大きな力を生み出せる方が良いというのは事実です。しかし、初心者ではどういう状況で力を出すかというのもかなり重要な要素です。本書では初心者に 1RM の重量を使ったトレーニングを取り入れないのはそのた

めです。同じように 2RM 〜 5RM の重量を使うこともありません（これについては後述）。比較的短い時間に大きな力を出す動作だけを切り取った状態で行うスポーツは相撲とその他 2 〜 3 種類の競技に限られます。ほとんどのスポーツは動作を繰り返し行うものです。レップ数の少ない 1 セットで確実に十分な力を出すのに必要な経験がなければ、高い強度で 1 セットだけ行うトレーニングは力を生み出す能力を鍛えるのにベストな方法とは言えません。同じ重量で複数セットを行うルーティーンの方がスポーツを行う際の状況に近くなり、トレーニーはどうすれば力を出し切ることができるかをより効果的に学ぶことができます。そして、こういったことがより使える適応を生むことにつながります。

実際のところ、中級者に最も効果の高い方法のひとつは週 3 回のトレーニングのうち 1 回でスクワット、ベンチプレス、プレスを 5 レップ × 5 セット同じ重量で行い、毎週ほんの少しでも可能な範囲で重量を増やすというものです。

メインセットのレップをすべてこなすことができなければ、トレーニング日ごとの筋力の伸びは簡単に止まってしまいます。セット間休憩を十分に取らず前のセットの疲労が抜けない内に次のセットに入ろうとすると、これは簡単に起こってしまいます。メインセットに入って疲労が溜まると、セット間休憩を十分に取れば 5-5-5 と挙げることが可能であったものが、5-4-3 というような結果になることが予想できます。初心者トレーニーに最も多い間違いが、このように筋力トレーニングと筋持久力トレーニングを混同してしまうことです。本書のプログラムは、できる限り長い期間、毎回のトレーニングで重量を増やすように構成されています。メインセットのすべてのレップをこなすことができなければ、次のトレーニングで重量を増やすことはできなくなります。メインセットのすべてのレップを挙げ切れるように十分な時間を取るようにしましょう。前回のトレーニングから十分に回復できていなかったり、前回のトレーニングから重量を大きく増やし過ぎたりして、メインセットのすべてのレップを挙げ切るには重量が大きすぎる場合にはプログラムに変更を加える必要がありますが、ただのせっかちで筋力の伸びを止めてしまうべきではありません。

メインセットで 1 セットあたり何レップ行うのが良いかは、どういう適応を求めるかによって変わります。1 セットあたり 5 レップという設定はほとんどの目的において有効ですが、特殊な状況に対応できるようになるためには、この背景にある理由を理解しておくことが欠かせません。

ある要素を変更することでどういう影響があるかを理解

276

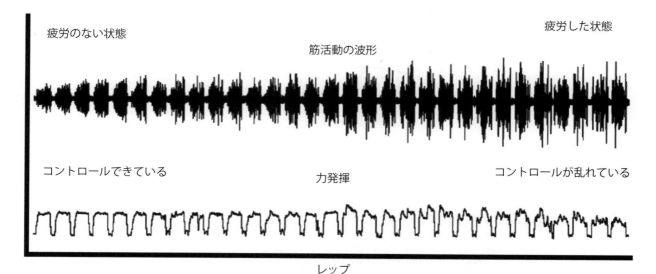

図8-3　バーベル種目を覚えるには1セットあたり5レップが最適の設定になる。筋電図（図上：神経筋の電気的活動の記録）とフォースプレート（図下：筋肉が生み出した力の記録）で得られたデータから、レップ数が増えるほど運動の協調性が失われていくことが分かる。1レップ目から5レップ目まで筋電図は引き締まったブレの少ない波形を示し、一定した力が発揮され、筋肉は協調して発火している。10レップ目から14レップ目では、力は継続して発揮されているが筋電図の波形に乱れがある。25レップ目から29レップ目では筋電図の波形に大きな乱れがあり、力も十分に出せなくなっている。新しいトレーニング種目を覚えようとしている段階で1セットあたり5レップ以上を行うと正しいテクニックを再現し習得するのが難しくなることが多い。1レップ目と20レップ目で発揮している力の大きさに違いはないことに注意。20レップ×1セットとは長くキツイがそれほど重くはないことの表れ。

したいときには、極端な設定を試してみるのが効果的な場合がよくあります。両極端な設定を試すことで、そのあいだに位置するものが見えてくるのです。ここでは1レップMAX（1RM）と20RMでスクワットを行う場合を比べて、それぞれにどういう生理学的要求があるかを考えてみましょう。ここでの説明はGlenn Pendlayという人物のおかげで生まれたものです。彼との会話から、もしかすると史上最も有用ではないかと思える運動への適応に関するモデルが生まれたのです。

　高重量を1レップ挙げるのを成功させるのに最も重要な要素は、動員される筋肉がどれだけの力を生み出すことができるかです。当たり前のことですが、重量が大きくなるほど、そのウェイトを動かすには大きな力が必要になります。1レップだけのセットは実施するのに長い時間がかからないので筋持久力は問題になりません。同じように心肺機能も重要ではありません。ギリギリの限界に挑む場合であっても必要な時間は数秒です。筋肉が行わなければいけないことはただひとつで、その種目の動作の中でバーベルを動かし始めてから挙げ切るところまでバーベルの重量に打ち勝つだけの力を生み出すということです。そのため、1RMのトレーニングを行うと、身体はそのとき一度だけ大きな力を出すのがうまくなるという適応を示します。この適応は神経系、神経筋系、そして筋肉そのもの、筋肉の中でも特に収縮に関わる部分といった身体的要素が変化することで起こります。

　他にも副次的な適応があり、主要な適応と共に身体が短時間に大きな力を出すのに貢献します。心理的適応によってリフターは高重量に対する恐怖心に打ち勝てるようになります。心臓は背中に大きな荷重がかかった状態でもうまく機能できるように適応し、血管は血圧のピークが高まることで生ずる要求に応えられるように適応します。腱は厚みを増して力をうまく伝えられるようになり、靭帯は厚みを増して引き締まり荷重下で関節を安定させられるようになります。バーベルが当たる部分の皮膚は分厚くなり、眼球は大きく見開くのに慣れていきます。スクワットの自己ベスト更新に成功したり失敗したりしたときの気持ちを表すのに新しい言葉も覚えるでしょう。しかし、最も重要な適応はより大きな力を生み出せるようになるということです。

　それに対して、高重量で20レップ行うセットというのはまったくの別物で、スポーツのための体力づくりとしてできることの中でも最もキツいことのひとつです。しっかり気持ちの準備を整えて、「死ぬか強くなるか」というような決死の覚悟を持ってスクワットに臨むと、自分にとって10RMにあたると思っていた重量で20レップ×1セットができるものです。20レップ×1セットをやり切るのに求められることや、20レップ×1セットによって起こる適応はまったく違ったものになります。20レップ×1

8 | Programming

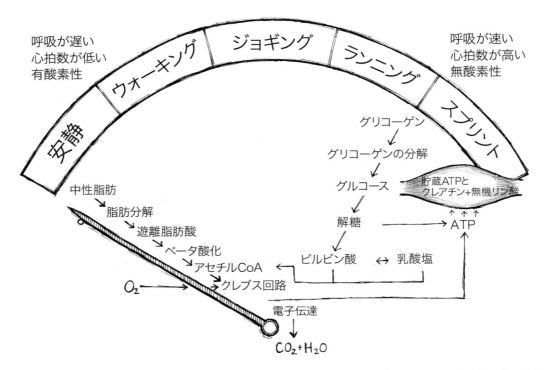

図8-4　体内の代謝をスピードメーターのように捉える。運動がどれだけキツく、どれだけ続くかが体内でどの代謝経路が主に使われるかに直接影響する。すべての身体活動は安静状態から全力を発揮するまでの範囲のどこかに当てはまる。すべての身体活動は筋肉内にもともとあるATPがエネルギー源となっており、このATPはあらゆる生体エネルギー活動によって補充される。強度の低い運動は心肺機能によって酸素が届けられ筋肉に取り込まれることに依存する。常に酸素が供給されていると身体は有酸素系代謝で脂肪酸を基質として使うことができるようになる。これらの酸化系の代謝プロセスは筋細胞のミトコンドリア内で起こる。運動強度が上がり、より多くのエネルギーが必要になると酸化系の代謝では必要なだけのATPを供給できなくなる。ウェイトトレーニングやその他の高強度トレーニングでは、酸素を取り入れる必要のない基質を使った無酸素系への依存が大きくなる。上の図は運動の種類によって使われるエネルギー基質と代謝経路の関係を示している。短時間に全力を出す場合を除いて、身体活動でひとつだけの代謝経路が使われることはない。上の図は、運動強度が徐々に高まるのに合わせて起こる変化を表している。

セットは1RMの80%程度の重量で行うことになるので、そのバーベルを担いで立ち上がるのにどれだけの力を出す必要があるかという意味では、最後の1レップでも本当の高重量ほどにはなりません。20レップ×1セットで本当にキツいのは、地獄にいるような状態で最後の5レップを挙げなければいけないということにあります。心拍数は限界まで上がり、息は続かなくなり、筋肉のpHは下がり、痛みの中でスクワットを続けなければいけない状態になるのです。20レップ×1セットでは酸素が不足し、代謝が追いつかない状態で筋肉を収縮させ続けなければならないのです。

こういうタイプのストレスを受けると、身体は高レベルの代謝要求に対応できるように適応します。このタイプのストレスは主に、セット中やセット後に血流や酸素供給を調整することからくるので、全身レベルで起きる適応は主に心肺機能に関するものです。心臓は負荷のかかった状態でより効果的に血液を送り出せるようになり、血管は拡張しより広く張り巡らされます。また、長距離ランナーの場合と同じ働きではありませんが、肺はより効果的に血液に酸素を与えられるようになります。筋肉レベルではセット中に局所的な代謝を促す適応が起こります。解糖能が上がるほか、長く続くセットによって生まれる酸性条件下でも筋組織の収縮に関わる部分がより効果的に働くようになります。20レップのセットは痛みのせいで心理的にもキツいものですが、高回数セットに強いリフターはセット中のキツい状態から自分自身を切り離すことができるようになったり、シンプルに非常にタフになったりします。

20RMの重量で行うトレーニングでは心肺機能にストレスがかかりますが、1RMの重量を使ったトレーニングでは同じストレスを生みません。そして、20レップ×1セットは1RMを扱うときほど重たくありません。このことを理解しておくことが不可欠です。どちらもキツいトレーニングになることは変わりませんが、キツい理由が違うということです。このふたつは完全に別物なので、それぞれのトレーニングで起こる適応もまったく違ったものになります。これらは両極端にあり、そのあいだにあたるトレーニングで起こる適応は段階的に変化します。高重量を使って3レップ×1セットを行う場合の適応は1RMに近くなり、

Programming | 8

10レップ×1セットの適応は20RMとの共通点が多くなります。1セットあたり5レップで複数セットを行うという設定は、初心者に非常に効果の高い妥協点になります。また、トレーニング上級者であっても筋持久力よりも筋力を優先したいリフターには有効です。この設定では、より大きな力を出せるようになるのに十分な重量を扱うことができます。しかし、心肺機能への効果がまったく得られなくなるほどの高重量でもありません。1セットあたり5レップを複数セットというのは、トレーニング人生全体において最も使える回数設定だと言えるかもしれません。トレーニングを続ける限り5レップのセットは重要であり続けます。

重量の増やし幅

初心者にとって効果的なトレーニングとは、トレーニング経験のない人がトレーニングを始めると短期間でどんどん筋力が伸びるという特徴を活かすことがカギになります。この特徴はトレーニングを重ねるにつれて徐々に失われていき、上級者になってさらに筋力を伸ばすにはトレーニングに関わるすべての要素を慎重に調整することが不可欠になります。初心者はトレーニングを行うごとにメインセットの重量を伸ばしていくことが可能で、実際にそうすべきです。いずれこれを続けられなくなるときが来ますが、トレーニングを始めて間もない頃は、前回のトレーニングでキツかった内容が次のトレーニングではキツくなくなるもので、トレーニングを行うごとに筋力を伸ばすことができます。非常に素早く適応が進むので、本人にとっての「最大強度」を見極めるのが難しくなるくらいです。若いトレーニーが順調に筋力を伸ばしている場合には、重量を5kg増やしたとしても、筋力が伸びた分に対して5kgという重量の増え幅は決して大きなものではありません。そして、こういうペースの伸びを維持するには毎回どのくらい重量を増やすかを慎重に決めることが重要になります。

メインセットの重量をどのくらい増やすのが適切かは、トレーニング種目、年齢、性別、経験値、どの程度一貫性を持ってプログラムを実践できているかといったことが影響します。例えば、正しいフォームが身に付いていて週3回トレーニングを行う場合、ほとんどの男性トレーニーは2〜3週間にわたってスクワットの重量をトレーニングごとに5kgずつ伸ばすことができるものです。最後のセットで1〜2レップ挙げ切れなくなると、筋力の伸びるペースが落ち始めた表れです。その場合はメインセットの重量を2.5kg落として、そこから2.5kgずつ伸ばしていくというスタイルを数ヶ月続けることができます。非常に若い男

子、高齢のトレーニー、女性トレーニーの場合には初期の増やし幅を2.5kgとしても十分です。その先では重量の増やし幅を小さくするため、一般的な1.25kgのプレートよりも軽いプレートが必要になります。

女性や子どもはトレーニングで成果をあげなくてもいいという人はいないでしょう。そして、女性や子どもがトレーニングで成果をあげるには、正しくトレーニングを進めるために必要な器具が揃っていなければいけません。5cmの穴が空いたワッシャーを使ってプレートを自作したり、1.25kgのプレートを削ったりすることが必要になるかもしれません。しかし、軽いプレートが必要なことは明らかなので、どうにかして用意しなければいけません。小さなウェイトプレートを販売しているところはインターネットで探すことができます。その他に、野球のバット用のウェイトにはバーベルにうまく付けられるものが多くあります。また、挙上重量の伸びはいずれ小さくなっていくので、上級者であっても小さなプレートが役立つ場面はあります。小さなプレートを用意しておくと、どこかのタイミングですべての人に役立つのです。重量の増やし幅を小さくすることを恐れる必要はありません。重量を増やすのを止めてしまうことを恐れるべきです。

もともと体格が良く素質に恵まれた男性の場合には、最初の2週間の増やし幅を7.5kgや10kgまで大きくすることができます。最高の素質を持つアスリートであっても、これ以上のペースで重量を増やすのは過剰になることがほとんどです。スクワットの重量を1週間に30kgも増やすというのを長く続けるのは現実的でありません。あまり急いで重量を伸ばそうとすると、トレーニングを始めて早い段階で行き詰まりを経験することになります。大きな増やし幅を使って早くに行き詰まるよりも、小さな幅でも長く重量を伸ばし続けられる方がベターです。行き詰まりとは、プログラムにあるメインセットのすべてのレップを挙げ切れない場合を言います。すべてのレップを挙げ切らなければ重量を増やせないからです。**行き詰まってからそれを解消するよりも、行き詰まることを避ける方が簡単です。**

ベンチプレスに関しては、使われる筋肉が小さいことから重量の増やし幅も小さくなります。どの程度の重量を扱えるかを初回のトレーニングで適切に見極められていれば、ほとんどの男性はそこからしばらく2.5kgずつ重量を伸ばしていくことができます。ベンチプレスとプレスを交互に行っている場合、このペースを3〜4週間続けるのがひとつの目安になります。身体が大きく才能に恵まれた男性であれば、数回は5kgずつ重量を増やすことができるものですが、これは長く続けられるものではありません。高齢のトレーニー、非常に若いトレーニー、女性のトレー

8 | Programming

Novice
Example   Young Angus McSnort

Mon   **Wed**   **Fri**   **Mon**   **Wed**   **Fri**
8/2/04   8/4/04   8/6   8/9   8/11   8/13
                                                                Squat   (Be careful)
Squat   Squat   Squat   Squat   45X5X2   Squat
45X5X3   45X5X2   45X5X2   45X5X2   75X5   45X5X2
65X5   65X5   75X5   75X5   105X5   75X5
85X5   85X5   95X5   95X5   125X2   105X5
105X5X3   105X5   115X5   115X2   145X5X3   135X2
               120X5X3   125X5X3   135X5X3   155X5X3

Press   Bench   Press   Bench   Press   Bench
45X5X2   45X5X2   45X5X2   45X5X2   45X5X2   45X5
55X5X3   65X5   55X5   65X5   55X5   65X5
               85X5   60X5X3   85X2   65X5X3   85X2
Deadlift   95X5X3   95X1   105X5X3
88X5X3   Deadlift   100X5X3   Power
               Deadlift   88X5   Clean   Deadlift
               88X5X2   110X5   Deadlift   88X5
Age: 17   110X5   132X5   88X5   Bar X3   110X5
Bodyweight: 132X5   154X2   110X5   X many   132X5
158   154X5X2   165X5   132X2   reps   154X1
                              (back   154X1   55X3X2   176X5
                              rounding)   165X5X2   65X3
                                             better   75X3
                                                            88X3X3

図8-5　よくある初心者トレーニーのプログラムのはじめの数日分

ニーは最初から小さな増やし幅を使うことが必要になります。こういったトレーニーがベンチプレスで前進を続けるには小さなウェイトプレートが特に重要になります。ベンチプレスでは重量の増やし幅を非常に小さくすることをためらわないようにしましょう。1週間に1kgしか増やせなかったとしても、それを1年間積み重ねれば52kgになります。ベンチプレスの伸びとしては胸を張れるものです。

　プレスでの重量の伸ばし方はベンチプレスに似ています。これらの種目でバーベルを挙げる筋肉はスクワットやデッドリフトと比べると小さいものです。プレスで数多くの筋肉が働くのは間違いありませんが、上半身の小さな筋肉が出せる力の大きさと力学的な効率がプレスで挙げられる重量の限界を決める要因になっています。「鎖を引っ張ると最も弱い部分で切れるものだ」という言い回しがありますが、それが当てはまります。プレスはベンチプレスの50%〜70%程度の重量から始めることになりますが、ベンチプレスで使う重量の増やし幅がそのまま使えることが多いです。本書のプログラムではプレスとベンチプレスを交互に行うので、扱う重量が伸びていってもこの2種目の重量差はあまり変わりません。

　デッドリフトは他のどの基本種目よりも速いペースで重量を伸ばすことができます。デッドリフトのスタート姿勢

280

Y.A.McS.

Mon 8/16	Wed 8/18	Fri 8/20	Mon 8/23	Wed 8/25	Fri 8/27
Squat	**Squat**	**Squat**	**Squat**	**Squat**	**Squat**
45x5x2	45x5x2	45x5x2	45x5x2	45x5x2	45x5x2
75x5	85x5	85x5	95x5	95x5	95x5
105x2	115x3	125x5	135x5	135x5	135x5
135x1	145x2	155x2	165x2	175x2	185x2
165x5x3	175x5x3	185x5x3	195x5x3	205x5x3	215x5x3

Mon 8/16

Press
45x5x2
55x5
65x2
70x5x3

Power Clean
55x3x3
75x3x2
88x3 (40k)
42.5k x 3x3

Bodyweight: 165

Wed 8/18

Bench
45x5x2
75x5
95x3
110x5x3
115x5
120x5

Back Ext.
BWx10x3

Chins
BWx6
BWx5
BWx3

Fri 8/20

Press
45x5x2
55x5
65x5
70x2
75x1
78.5x5x3

Deadlift
88x5
132x5
154x2
176x1
198x5

Mon 8/23

Bench
45x5x2
75x5
95x5
110x2
120x5x3

Back Ext.
BWx10x3

Chins
BWx7
BWx5x2

Bodyweight: 169

Wed 8/25

Press
45x5x2
60x5
70x2
80x5x3

Power Clean
55x3x2
75x3
40kx3
45x3x5

Fri 8/27

Bench
45x5x2
75x5
105x2
125x5x3

Back Ext.
BWx10x3

Chins
BWx7
BWx6
BWx5

はハーフスクワットと同じ深さかそれよりも高くなり、力学的に非常に効率的であることと、デッドリフトでは全身のほとんどすべての筋肉が動員されることが影響しています。ほとんどの男性はトレーニングごとに7.5kgの幅で2週間は重量を増やすことができます。高齢のトレーニー、非常に若いトレーニー、女性のトレーニーはもう少し控えめの増やし幅を用いることになりますが、それでも2.5kgずつ重量を増やしていくスタイルを数ヶ月は継続できるはずです。その場合、デッドリフトではすべてのトレーニーが他の基本種目より大きな重量でスタートし、他の基本種目よりも速いペースで重量を伸ばし、他の基本種目よりも大きな重量を扱える種目であり続けます。（高レベルのパワーリフティング選手にならない限り、これが当てはまります。）デッドリフトよりもベンチプレスの方が大きな重量を挙げられるトレーニーはデッドリフトを避けずに取り組まなければいけません。ただ、デッドリフトは他の基本種目よりも多くの筋肉を使って、より大きな重量を扱うのでオーバートレーニングにつながりやすくなります。**同じ重量で複数セットを行う設定を初心者はデッドリフトで使うべきではありません。**高重量のデッドリフトをたくさん行うと簡単にボロボロになってしまいます。メインセットと呼ぶにふさわしい重量で1セット行えば十分筋力を伸

8 | Programming

ばすことができます。

　おもしろいことに、長いスパンで見たパワークリーンの挙上重量の伸び方はスクワットやデッドリフトよりもベンチプレスに近くなります。これにはパワークリーンでの力の使い方と挙上重量の伸びを制限する要因が影響しています。パワークリーンは爆発的で技術を要する動作であり、さらに絶対筋力だけでは挙がらない種目です。パワークリーンで挙上が成功するかは、バーベルを肩まで挙げて受け止める能力によって決まります。重量が大きくなるほど、バーベルを肩で受け止められる位置までバーベルを高く挙げるために必要な勢いを生む能力が重要になります。この勢いを生むには多くの運動単位を瞬間的に動員して収縮させ、爆発的に挙げることが必要です。この能力はリフターの遺伝的特性に大きく依存するもので、筋力と比べるとトレーニングで鍛える余地が小さくなります。ほとんどの男性にとって、パワークリーンはトレーニングごとに 2.5kg ずつ増やす程度になります。パワースナッチを行う場合には、パワークリーンよりも小さな重量を使うことになりますが、パワークリーンと同じ理由で重量の伸び方はゆっくりになります。女性、若年者、高齢者、小柄なトレーニーはパワークリーンを取り入れて比較的早い段階で小さなプレートを使うことが必要になります。

　もともとの性質として非効率で、アイソレーション系の補助種目では挙上重量の伸びは非常に遅くなります。トライセップエクステンションやバーベルカールで短期間に大きく重量を伸ばせたと言う人間は決まって大してストリクトなフォームを使っておらず、その愚かさを批判されるべきです。

　重量の増やし幅を小さくしても挙上重量を伸ばしていけなくなると、トレーニーとして中級者になったと考えることができます。そして、トレーニングに関する要素をより複雑に調整するおもしろみが出てきます。確実に前進し続けるために種目えらび、トータルの挙上重量、強度に変化をつけることを「ピリオダイゼーション」と呼びます。完全な初心者はトレーニングを行うたびに重量を伸ばしていくことができ、筋力の伸びがそれに追い付くので、ピリオダイゼーションは不必要なものです。しかし、上級者にとってはピリオダイゼーション無しでは前進できないという不可欠なものです。そして、中級者とはその名の通り、初心者と上級者のあいだのどこかに位置するということで、伸び方がゆっくりになっても確実に前進し続けるために、トレーニングに関連する要素をいくらか調整することが必要になります。初心者の域を超えたときのプログラム作りは本書の趣旨から外れますが、「Practical Programming for Strength Training, 3rd Edition (Aasgaard, 2013)」で詳しく取り上げています。

　ここまでに挙げたガイドラインは、トレーニングをサボらない真剣なトレーニーにのみ当てはまります。スケジュール通りにトレーニングができないということは、プログラムを実践できないということです。プログラムを実践できなければ、伸び方を予測することはできません。例えば、深刻な体調不良や、親、配偶者、愛犬の死などの事情があれば、トレーニングを 1 ～ 2 回休まなければいけないのは許容されます。その場合、最後に行ったトレーニングとまったく同じ内容をもう一度繰り返しましょう。しかし、繰り返しトレーニングを休むようでは実際のところトレーニングをしていないということです。よっぽど時間が無いのでしょうから、その貴重な時間を他のことに使った方が生産的だということでしょう。

　また、本書のプログラムで決められた重量設定よりも速いペースや非常識なペースで重量を伸ばそうとするのも、やはりプログラムを実践できていないということです。トレーニング日ごとに非現実的なペースで重量を増やそうとして、実際に挙上重量を伸ばすことができない場合、それは自分の責任です。向上心と違って欲は役に立ちません。人類の歴史や経済学を学ぶと、現在持っている以上のものを求める気持ちが、個人的にも社会的にも向上をもたらすのだと分かります。しかし、分別のない欲とは醜いもので、欲がひとり歩きするとトレーニングは思い切り行き詰まることになります。トレーニングにおいて前進を図るには、各種目の重量が伸びていかなければいけないものです。しかし、たまたま大きなウェイトプレートが近くにあって本来使うべきプレートが無かったからというような理由で、ベンチプレスで 5kg 大きな重量を扱いたいとかスクワットで 25kg 大きな重量を挙げたいという誘惑に負けていると行き詰まります。バーベルの重量が大き過ぎるのは、まったく重量を伸ばせないのと同じように効果的ではなく、効果的でないという意味ではトレーニングを行わないのと変わりません。バーベルの重量設定を適切に行い、適切なフォームで適切なレップ数だけ挙げるということを確実に行うため、必要なだけ時間を取り注意を払いましょう。

　自分の行っているプログラムの成果を見たいと思うのは自然なことです。本書の内容すべてを誤解するとしても、ぜひともこれだけは理解しておいてください。筋力が伸びるというのは必ずしもバーベルの重量が大きくなることではありません。正しいフォームを犠牲にしてまで重量を増やしたい誘惑に負けてはいけません。そんなことをしても誰のためにもなりません。筋力の伸びは止まり、悪いクセが身に付き、怪我が残り、長い目で見て誰も良い思いをしないのです。

栄養と体重

　手に入らないものを求めてしまうのはよくあることです。しかし、現象の原因と結果が自分の望む通りでないからといって、それを避けたり否定したりすることはできないのだと覚えておかなければいけません。ヒトが普通に成長するあらゆる段階で「急成長」という現象が自然と起こります。子どもを育てた経験がある人は分かるでしょうし、子どもがいなくても自分自身が子どもであった頃の経験からも分かることです。大人へと成熟していく過程で起こる身体的な成長は不規則なものです。幼児、児童、思春期、10代中盤以降と年齢を重ねる過程で身体的な成長は一定のペースで起こり続けるものではありません。しかし、急成長が起こるときに限って見ると一定のペースで成長する期間があるものです。そして、私たちはトレーニングを行うことで人為的に急成長を起こしていると言うことができます。十分なストレスに加えて回復を促すのに十分な食生活があれば、素晴らしい成果を手にすることができます。自然と身体が成長する時期に年齢が近いほど、この刺激に対して身体が効率的に反応するのはこういうことです。身体の成長に関わるメカニズムがまだ機能していて、まだ身体が最終形態で固まっていないということです。高齢のトレーニーになるほど急成長を起こす潜在能力は過去のものとなります。しかし、刺激とそれに対する反応という関係は揺るぎないものです。各個人がどの程度の反応を示すかには違いがありますが、やったことが返ってくるということです。トレーニングをして、食べて、できる限り効果的な休み方をすることで最大限の成果を得るのです。

　こういうプログラムを実践しているアスリートは適正な体重になる傾向があります。つまり、身体を大きくするべきアスリートは成長し、体脂肪を落とすべきアスリートは体脂肪が落ちていくということです。若く身体の細い人がちゃんと食べながらしっかり組み立てられたバーベルトレーニングプログラムを実践すると、はじめの2週間で5kg〜7.5kgほど体重が増えるというのは十分あり得ることです。「ちゃんと食べる」とは1日4食、肉と卵をたんぱく源とし、野菜と果物をたくさん摂り、牛乳をたくさん飲むというものです。たくさん食べなければいけません。本格的にトレーニングを行うコミュニティの中では体重1kgあたりたんぱく質を2g摂り、全体の食事量はトレーニング内容と体組成によって3500kcal〜6000kcal程度とするのが良いと概ね意見が一致しています。栄養士をしているような人たちはこういう数字に懐疑的で、慎重になるよう注意を促す公式見解が出されたりします。しかし、こ

のくらいの食事量がトレーニングをする大多数の人にとって効果的であることは事実であり、実際に何十年にもわたって結果を出してきたのです。

　特に体重を増やすことが重要になる場合、この数字を目安に食事量を増やすのにベストな方法のひとつは牛乳を1日1ガロン（約3.78リットル）飲むというものです。通常の食事に加えて低脂肪などでない全乳を1日を通して何回も飲むと、どんなに身体の細い人でも体重が増えます。本当に難しいのは確実に実践させることです。どうも1990年ごろから「男子にはシックスパックが必要だ」という風潮がしぶとく残っているようです。クーラーボックスに入れようとでも言うんですかね。長く続いているこの現象の背景にある心理を研究し説明するのは他の人に任せましょう。見た目の話は置いておいて、筋力を伸ばすのであれば遅かれ早かれ体重を増やすことは避けられなくなります。そして、ほとんどの人は体重が増えると見た目も良くなると気付く（いや、まったく）もので、そうすると食事量を増やすことへの抵抗は和らぎます。

　牛乳が効果的なのは、手に入れやすく、調理を必要とせず、成長中の哺乳類に必要な要素がすべて揃っているからです。初心者リフターも間違いなく成長中の哺乳類です。また、成長を促すという意味では、同じ量のカロリー、たんぱく質、脂肪、炭水化物を摂っただけでは再現できない特別な何かが牛乳にはあるように思えます。哺乳類の成長促進との関連があると示されたインスリン様成長因子1（IGF-1）と呼ばれるペプチドホルモンが牛乳には非常に多く含まれていることが影響しているのかもしれません。この研究ははっきりした結論を出せるほどに進んでいませんが、これまでの実践の場での経験から初心者の時期に牛乳をたくさん飲む人は飲まない人よりも強く大きく成長してきたと言うことができます。それで十分でしょう。長い時間を経て見出されたこの方法は牛乳を消化できる人すべてに有効です。ただ、完全な乳糖不耐症の人は、乳糖を分解するのに必要なラクターゼという酵素をサプリメントとして摂取しなければ牛乳の効果を得ることはできないかもしれません。それ以外のほとんどの人は、1日1リットル程度から始めて2週間ほどかけて量を増やしていけば1日1ガロンが問題にはなりません。

　体重は筋力の伸び方と同じような増え方をします。はじめは速いペースで体重が増え、トレーニングが前進するにつれて体重の増え方がゆっくりになるということです。例えば、身長178cm、体重63.5kgで肩幅が広く遺伝的に恵まれた若いトレーニーであれば、高いモチベーションを持ってブレずにトレーニングを続け、良い食生活に牛乳があれば、はじめの1年間で体重を25kgほども増やすこと

8 | Programming

だって可能です。こういう結果が出るといつも決まってステロイドの話が出てくるものです。自分より強い人間はすべてステロイドを使っていると言いたくなるのが人の性です。しかし、こういうタイプのトレーニーであれば、こういう結果が出るのは特に珍しいことではありません。本当に珍しいのは、遺伝的に恵まれたアスリートが本書のプログラムをすべて実際にやり切るということです。4ヶ月ほどの期間で体重を10kgほど増やすのはもっと一般的で、それ以上の成果をあげるのはごく一部の熱心なトレーニーに限られます。しかし、トレーニングを始める前と比べて少しでも食べるようになれば、ほとんどのトレーニーは最初の数週間で体重が数kg増えるものです。

太った人（けなす意味はありません）はまったく違った経過をたどります。はじめの数ヶ月、体重はあまり変わらないものの、ズボンのお腹まわりに余裕ができ、脚やお尻まわりのサイズは大きく変わらず、シャツは胸、腕、首まわりがずっとキツくなります。そして、身体の細い人よりも速いペースで筋力が伸びていきます。体重は大きく変わらないまま体組成が変わるのです。これは筋肉が増えていくことで体脂肪が落ちた結果です。

例えば、年齢18～35歳で体重72.5kg～80kgの初心者男性が本書のプログラムを書かれたままに行えば、最初から5～6回目までスクワットのトレーニングを行うごとにメインセットの重量が5kgずつ伸びていくでしょう。初日が50kg×5レップ×3セットであれば、6回目のスクワットの日には75kg×5レップ×3セットという設定になります。これに当てはまる健康なトレーニーが正しく食事を摂り正しく休息を取ると達成することができる目安です。正しく食事を摂るというのは、スタート時点での体組成によって1日に牛乳を1ガロン飲んで6000kcal摂るということになるかもしれませんし、低炭水化物で乳製品を摂らないパレオダイエットのような内容になるかもしれません。もし、これに相当するような結果が出なければ、それはプログラムを正しく実践していないということです。この期間には、身体の細い人であれば体重が2.5kg～5kgほど増え、体脂肪を減らす必要のある人であれば体重は大きく変わらないのが一般的です。年齢18～35歳の男性では、体脂肪率が20%以上あれば太り過ぎで、体脂肪率が10%以下であれば細すぎだと言えます。パフォーマンスが重要なアスリートが体脂肪率およそ10%のラインを切ることはあまりなく、しっかりと筋肉を増やそうとすると体脂肪も増えるものです。体脂肪率およそ20%のラインを超えると筋肉を増やす条件を整えるのに必要以上のレベルであり、バーベルや対戦相手を動かすのに効率的だとも言えなくなります。

体脂肪を基に「太り過ぎ」や「細すぎ」と分けるのは適切とは言えない可能性がありますが、たいていの場合はうまく機能します。現状ではすべての要素を考慮して目安となる身長、体重、体脂肪の数値をリスト化したものは存在しないので、体脂肪を基にするのが現在使える中で最善の方法だと言えるでしょう。体重を増やすべき人は、自分の腹筋が目に見える状態にあるのが大好きな場合が多く、「体脂肪率が10%以下であれば体脂肪を増やす」というアドバイスを喜ばないことがよくあります。しかし、体脂肪率を10%やそれ以下に維持するような食生活は、ほとんどの初心者とって筋肉を増やすのに必要な代謝環境を維持するのに十分ではないというのが事実です。また、遺伝的に体脂肪が少ない体質の人を除いて（これが当てはまるかは自分で分かるでしょう）、10%というのは健康的ではありません。体脂肪率を10%まで落とし維持するのに必要な条件というのは高いレベルで筋力やパワーを発揮することと両立しないものです。そして、身体を強くデカくするには高いレベルで筋力やパワーを発揮することが必要です。強くてデカいとは、正確には強いからデカいということです。

これに当てはまる人は多いでしょう。いまの段階ですでに体脂肪が少ないのであれば、少なくともはじめの1～2年は体脂肪の量を気にしないと意思を固めるべきです。体脂肪を落とすのは筋力を伸ばすよりも簡単です。すべてを犠牲にして体脂肪を落とそうとする最近の風潮は、Joe Weiderの影響によるところが非常に大きいです。デカいボディビルダーが体脂肪率6%でステージに立つのを繰り返し見るうちに、それが普通で、それが目指すべき姿で、いつでも達成可能なことだと考えるようになるのです。薬物使用があることを忘れてはいけませんし、他にも怪しい食習慣が絡んでいます。Weider氏がそのことに言及するのをうっかり忘れてしまったのは、こらしめてやるべきです。こういったことに関して、フィジーク雑誌やサプリメント業界の話を鵜呑みにしてバカになるよりも現実を見る方がはるかに良いです。

それに対して、お腹まわりがちょっと柔らかい人は筋肉を増やすのに必要な条件がすでに整っているでしょう。こういう人は身体の細い人よりもスタート時点での筋力が強いことが多いです。そして、身体の細い人は身体を大きくするのに苦労することがありますが、そういう問題に苦しむこともないでしょう。正しく食事を摂れば、身体の細い人よりも簡単に筋力を伸ばすことができます。食事量はやはりたくさん摂るのですが牛乳は必要ありません。はじめの2～3週間で体脂肪量が落ちてこなければ炭水化物を減らしましょう。体脂肪が減ってくると、まずズボンのお

腹まわりに余裕ができるのに気付くはずです。

　最初のトレーニングでメインセットの重量を正しく設定したのに、6回目のスクワットの日までに重量が20kg～25kg伸びなかったとしたら、それは上記のタイプのトレーニー（年齢18～35歳で体重72.5kg～80kgの初心者男性）でないか、プログラムを正しく行っていないかのどちらかです。もし、3ヶ月かけてスクワットの重量が15kg伸びたとして、それで筋力が大きく伸びたと考えていれば、プログラムを正しく行っていないということです。身長173cm、体重67kgでトレーニングを始めて、3回目のトレーニングのときには体重が66kgになり、スクワットの重量が7.5kg伸びたところで行き詰まり、「このプログラムはキツい」と感じていれば、プログラムを正しく行っていないということです。太った人が本書の初心者向けの重量の増やし方に沿ってトレーニングを始め、それと同時に極端な糖質制限をするアトキンスダイエットを取り入れ、筋肉痛が治まらず、スクワットの重量が15kg伸びたところで行き詰まったら、プログラムを正しく行っていないということです。

　最初の2週間のあとはトレーニング日ごとに5kgずつ重量を増やすのは難しくなり、2.5kgずつ重量を増やすのに切り替えます。この増やし幅は長く一定のペースで筋力を伸ばすのに役立ち、4ヶ月ほど継続できる可能性があります。これは1週間にスクワットの重量が7.5kgずつ増えるということで、最初の2週間と比べると半分のペースですが、1ヶ月で考えると30kgと十分に大きな伸びになります。こうして重量を増やしていくと、ここで例に挙げた初心者男性は6～7週間のトレーニングで90kg～100kg×5レップ×3セットという設定でスクワットを行うことになります。**ただし、これには正しく食事を摂っていることが必要になります。**正しい食事もプログラムの一部なのです。体重75kgでプログラムを始めたとすると、この時点で体重は84kg程度に増えているはずです。身長の高い人なら増え幅はさらに大きくなります。プログラムを始めて6週間の時点でスクワットの重量が15kgしか伸びていないというのは、プログラムを正しく行っていないということです。身長175cm、体重70kgでスタートして6週間後の体重が72.5kgであれば、プログラムを正しく行っていないということです。身長175cm、体重105kgでスタートして6週間後に体重が105kgのままでスクワットの重量が25kgしか伸びていなければ、プログラムを正しく行っていないということです。

　現実には体調を崩すことがあったり、学校、仕事、家族などの事情でトレーニングを1～2回休んだり、小さな怪我をしてケアが必要になったりする影響で、この期間を過ぎるとスクワットの重量の伸びは1週間に平均5kgくらいに落ち着くものです。こういうことが起きないのが理想ですが、最初の6～8週間のあいだに非常に速いペースで筋力と体重が伸びたあとは、ほとんどの場合において同じペースが持続はしないものです。しかし、初心者であるうちは理論上ずっと2.5kgずつ重量を増やしていけるはずなのでプログラムは変わりません。一定のペースを維持できないときにはケースバイケースで対応します。安定して伸びているあいだは食生活も一定に保ちます。そうするとプログラム開始から10～12週間後にはスクワットの重量がさらに20kgほど増え、110kg～120kg×5レップ×3セットという設定になります。この期間、身体の細い人であれば体重は増え続けているべきで、太った人であれば体脂肪が適度なレベルに落ち続けているべきです。身体の細い人はここまでに体重を20kgくらい増やすことになるかもしれません。太った人はスタート時点での体脂肪の量にもよりますが、はじめに体脂肪が落ちたあと体重が増え始めるようになっているかもしれません。

　つまり、本書のプログラムを開始して3ヶ月の時点でスクワットの重量が25kg伸びたというのはプログラムを正しく行っていないということです。また、プログラムを開始して3ヶ月の時点で体脂肪率10%で体重は3kgしか増えていない場合、プログラムを正しく行っていないということです。プログラムを開始して3ヶ月の時点で体脂肪率30%で、お腹まわりは10cmも落ちていないもののスクワットの重量は70kg伸びたという場合、プログラムを正しく行っていないということです。繰り返しますが、本書のプログラムでは目標に向かって前進するのを促す食生活を実践するのです。体脂肪をコントロールできなくなるのは避けるべきなので、すべての人が筋肉を増やすことだけを考えて同じ食生活を実践するということではありません。しかし、適度に健康な範囲で必要なだけ体脂肪を増やすのはコントロールを失うということではありません。

　身体が細い状態からプログラムを開始した人は、ほとんどの場合、3～4ヶ月の時点で変更が必要になります。本書のプログラムを正しく行えば、ここまでに体重は大きく増えています。その内の60%程度が筋肉、腱、骨といった除脂肪体重です。体脂肪率は10%以下から18%～19%程度まで上がっているかもしれません。除脂肪体重を増やすためには体脂肪が増えるのは避けられないので、これは問題ではありません。しかし、速いペースで除脂肪体重を増やす限界に近づき身体の反応が変わるので、それに合わせるため食生活に変更が必要になります。プログラムを始めてすぐの段階では目標達成のため大きな伸びが必要ですが、もちろん永遠に伸ばし続けることはできません。すべ

8 | Programming

ての伸び率がペースダウンすることになります。ここから しばらくは牛乳を1日0.5ガロン（約1.9リットル）とし、 その後はさらに減らしていくことが必要になるかもしれま せん。同時に1日のカロリー摂取量は4000kcal程度まで 落とします。はじめは量を確保することに専念したのに対 してここでは質を重視し、クリーンな炭水化物を摂るよう にします。この調整によって体脂肪率は15%〜17%程度 まで落とすことができます。これは、ここで想定している 活発に身体を動かす若い男性にとっては普通のレベルで す。プログラムを開始したときに太っていた人はずっと同 じ食生活を続けてきて、この時点では体脂肪率20%に近 づいているはずです。ただ、体脂肪の落ち方はゆっくりに なり除脂肪体重の増え幅の方が大きくなるので、ここまで に体重は増え始めているはずです。このようにして、両極 端にいた身体の細かった人と太っていた人の食事量は概ね 同じくらいのところに落ち着きます。身体の細かった人は 自然と細くなる傾向があるので、それに対応して少しカロ リー摂取量を高めに設定する程度の違いになります。

こういった変更とともにスクワットの重量はさらに 15kg〜20kgほど伸びたとします。ここまでプログラム は大きく変わっていませんが、生活上の雑多な事情やここ までに適応を積み重ねてきたことが影響して、さらに思う ようには伸びにくくなってきます。しかし、目に見える伸 びがゆっくりになってくることを言い訳にしてスーパース ローだったり高強度トレーニングだったり、今年のオリン ピアの選手がコンテスト前に使ったルーティーンだったり に乗り換えずに、辛抱づよくプログラムを続ければ前進を 積み重ねていくことができます。そして、スクワットの重 量は開始から100kg増えるかもしれません。

つまり、本書のプログラムを開始して8ヶ月の時点でま だ1日1ガロンの牛乳を飲んでいれば、プログラムを正 しく行っていないということです。身体の細かった人がプ ログラムを開始して8ヶ月の時点で体重が4kgしか増え ていなかったり、体脂肪を減らしている時期の最も軽かっ た体重よりも4kgしか増えていなかったりした場合、プ ログラムを正しく行っていないということです。

トレーニングによって筋力が伸び、筋力が伸びることで 身体が大きくなり、身体が大きくなることで筋力がさらに 伸びていきます。これらは互いに密接に関連し合っていて、 徐々に限界へと近づいていきます。歳が若いほどプログラ ムを開始してから短期間で大きな伸びを得ることができま す。そのためには、カロリー収支をプラスにしてたんぱく 質をしっかり摂る必要があります。これによって体脂肪も 増えることになりますが、それは後になって対処すること ができます。自分が許容できる限りトレーニングを行うご とにストレスを増やし続けなければいけません。ストレス を増やすために調整するのは重量であり、種目数、セット 数、レップ数ではありません。最初の数ヶ月を過ぎると、 速いペースで重量を増やすのに身体の回復が追いつかなく なりますが、この時期は短期間で大きな伸びを得られる チャンスなので無駄にしないようにしましょう。このあと 伸びがゆっくりになってきたら、それに合わせてプログラ ムと食生活は変更が必要になります。

トレーニング用品

1970年からウェイトルームやジムの設備に多額のお金 が無駄に使われてきました。全般的にエクササイズマシン というのは、ひとつの目的のために作られた高額の機器だ と言えます。ひとつのトレーニング種目を行うために、地 価の高いトレーニング施設の貴重な床面積を占有する形に なります。一般のトレーニーが自宅に置くのはマルチス テーションと呼ばれるタイプが多いです。さまざまな弾性 のある素材を使って負荷を調整する仕組みになっており、 くだらない運動をいろいろできるようになっています。そ れに対してバーベルは安価であり、さまざまなトレーニン グ種目に用いることができます。ベンチプレスに使う直立 した支柱のついたベンチはひとつの目的に特化したトレー ニング用品ですが、ベンチプレスはフラットベンチとパ

図8-6　パワーラック、プラットフォーム、フラットベンチを 組み合わせたシンプルながら機能的なステーション。この設備 を用いてすべてのバーベル基本種目を行うことができる。

図8-7　パワーラック内にはプラットフォームの表面と段差のない床を設ける。ラックの外でスクワットを行う際にラックからバーベルを取り外し、ラックに戻す動作が安全に行える。

ワーラックを使って行うことができるので、絶対に必要なものではありません。本書のプログラムを構成するトレーニング種目はすべて最小限の設備で行うことができるので、予算を効率的に使うことができます。15台のマシンを組み合わせてサーキット形式にしたステーションを導入するために何千万円というお金を費やすよりも、その1/3のお金があれば同じスペースにバンパープレート、高品質のバーベル、多くのリフターが同時にトレーニングを行えるだけのプラットフォームを導入して世界一のバーベルトレーニングルームを築くことができます。自宅であればジムの会費3年分ほどの金額で駐車スペースにしっかりしたフリーウェイトジムを築くことができます。自分自身のジムを作ろうと考える人もいるかもしれません。ここに紹介するガイドラインがガレージジムづくりや、これから加入するジム選びに役立つかもしれません。

パワーラックとプラットフォーム

トレーニング設備はパワーラックを中心に配置を決めるべきです。ラックには床が組み込まれ、さらにプラットフォームが取り付けられる形であるべきです。こうすることでラック内の床とプラットフォームの表面に段差がない状態を作ることができます。プラットフォームのサイズは 2.4m × 2.4m あると、あらゆる目的に十分な面積を確保することができ機能的です。ラックのユニットとプラットフォームを合わせると約 9m² になり、このスペースで本書のプログラムのすべての種目を実施することができます。ベンチプレス台を別で用意するのであれば、バーベルと組み合わせて約 3.4m² の面積を取ることになります。ウェイトルーム内にこれらの設備を配置する際には、バーベルにウェイトプレートをつけたり、補助を行ったりする

ためのスペースを考慮する必要があります。

ウェイトプレートをつけたバーベルは、いままでに開発された中で最も有用なトレーニング用品であり、それに次いで非常に重要なのがパワーラックです。正しく設計されたパワーラック、バーベル、フラットベンチの組み合わせがあれば本書のプログラムの主要5種目すべてを行うことができます。バーベルをラックに安全に載せたり外したりできるよう、ラックの直立した支柱はバーベルのスリーブ部分とのあいだに大きなスペースができないよう十分な幅（約122cm）があるべきです。安全な範囲内でラックの幅をできるだけ広く取ることで、背が高く身体の大きなリフターにも安全に使いやすくなり、すべての人に対応しやすくなります。ラックの高さは230cm〜240cmほど取ると、背の高いリフターでもラック上部のクロスバーをチンアップやプルアップに使いやすくなります。ラックの奥行きはラック内でスクワットをする場合を想定して設計する必要があるかもしれません。奥行きが55cmあればほとんどの人に対応することができ、ラック内でディップも行えるようになります。ラックが傾いてしまわないように、ラック

図8-8　よくできたパワーラックは重たいもの。画像のラックは 10cm のチャンネル鋼が溶接されており、支柱の穴は 7.5cm 間隔、約 32mm 径の頑丈なピンとチンアップバー、合板をチャンネル鋼で補強した頑丈な床、頑丈なボルトを利用したフックで構成されている。このラックの図面は図8-10に紹介する。

8 | Programming

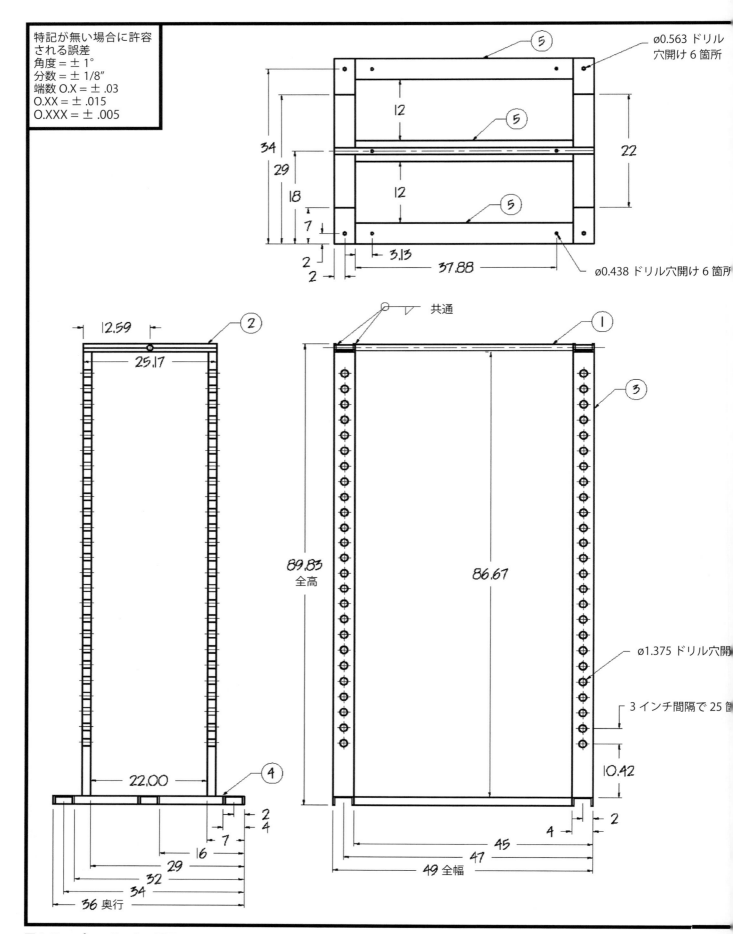

図 8-10　パワーラックの図面

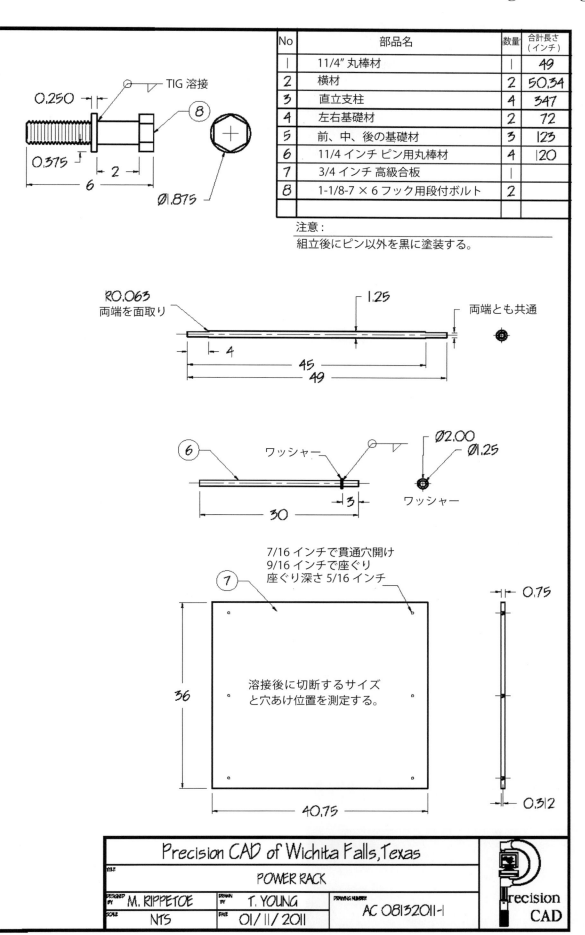

8 | Programming

の土台は奥行きをさらに大きく（約92cm）取るべきです。ラックをボルトで地面に固定することができればベストです。こうするとチンアップやプルアップを行うときに身体が振れてもラックが傾く心配がありません。

床は合板で作り、底に床はりを加えたものをラックに組み込むべきです。この床はラックの前の端から後ろの端まで続き、表面にプラットフォームとの段差が出ないように作りましょう。

ラックの支柱の外側にはバーベルを載せるためのフックが必要です。私のジムのパワーラックのフックには非常に大きな段付きボルトを使っており、ボルトの軸のネジ山の無い部分の端にバーベル止めを溶接しています。ラックの奥行きを前から後ろへと貫通するように頑丈なピンを4本通すようにしましょう。ピンの長さは前後とも約10cmずつ余裕を持たせます。ラックの支柱は穴の開いたチャンネル鋼で、この穴を使ってフックやピンの高さを調整します。穴の間隔がせまいほど細かな調整が可能になり、さまざまな身長のリフターに対応しやすくなります。穴の中心の間隔が7.5cmであれば使えますが、10cm間隔になると使いにくくなります。穴は支柱の上から下まで設けるべきです。ラックはボルトを使った部品があると緩む心配があるので、ラック全体がしっかりと溶接されているのが望ましいです。

プラットフォームには合板が最も一般的に使われます。比較的安価で非常に丈夫であり、6枚組み合わせると2.4m×2.4mサイズの完璧なプラットフォームになります。合板を重ねる際に継ぎ目が同じ位置にこないように配置し、接着剤とネジで固定すると全体が非常に頑丈なユニットになります。合板の中に空洞があると、どの層に敷いていても高重量のバーベルを落としたときに合板が潰れてしまうので、空洞のない合板を購入するように注意しましょう。すべての節穴がふさがれた高品質の物を買うということになります。

パーティクルボードは非常に平らで硬く、空洞もないのでプラットフォームに適した材料ですが、いくつか難点があります。アメリカでは「49インチ×97インチ」というサイズで流通しているので、3層を互い違いに重ねた際に隣り合う層が1インチずつズレて完全には重なり合わなくなります。また、パーティクルボードは非常に滑らかで硬い（19mm厚のボードはまるでコンクリート板のようです。）のですが、湿気に極端に敏感だという弱点を持っています。1箇所でも雨漏りがあると、プラットフォーム全体が台無しになってしまいます。しかし、部屋の湿度を低く保つことが可能で、サイズのズレを修正するのが面倒でなければパーティクルボードは素晴らしいプラットフォームになります。さらに、高品質な合板は値段が上がってきているので、パーティクルボードの方が少し安価に仕上げることができます。

プラットフォームの表面は馬の運搬に使う車用のラバーマットで仕上げることで、実質的に破壊不可能になります。このラバーマットは農作業用品店で手に入れることができ、約13mmと約19mmの厚みを選ぶことができます。自分の意思とは関係なくバーベルを落としてしまう場面は出てくるもので、そのときにプラットフォームとプレートを守るためにラバーマットが重要になります。厚さ約19mmの合板とラバーマットを使った場合、プラットフォーム全体の厚さは約7.5cmになります（図4-48を参考例として参照）。ラック内の床とプラットフォームの表面はつまずくことがないよう段差を無くさなければいけません。たいていの場合、ラックとプラットフォームの表面はぴったり合わないので、どちらかにシムを入れて調整する必要があります。ラックの床の下にラバーか合板、もしくは他の高密度で平たいものを入れるか、ラックの床の表面かプラットフォームの表面にラバーを追加して高さを合わせましょう。特注のプラットフォームを製造販売しているメーカーもあり、たいていの場合こういうプラットフォームはオリンピックリフティング用に設計されています。高価で絶対必要なものではありませんが、見た目は良く予算が許すなら導入できると良いでしょう。

ベンチプレス台

直立した支柱のついたベンチプレス台は、この上なく頑丈でなければいけません。緩む可能性のあるボルトを使わず、全体が溶接されているべきです。フックの高さは調整が可能なものも不可能なものもあります。フックの高さを調整できない場合には、フックはベンチの表面か

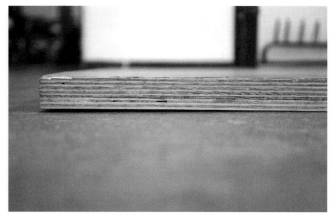

図8-9　安価で丈夫な合板を重ねたプラットフォーム

図 8-11　一般的なベンチプレス台。支柱の低い位置にセーフティフックがあることに注意。

図 8-12　フラットベンチはパワーラックと組み合わせてベンチプレス台として使うことができる（図 8-6 参照）。フラットベンチはベンチプレス台と同じように頑丈であるべきである。

ら約 48cm の高さにあるべきです。バーベルにウェイトプレートをつけるときにバランスが崩れたり、バーベルをラックに戻すときに手が絡んだ事故が起きたりするのを防ぐため、ベンチプレス台の支柱の幅は約 122cm を目安に必ず広く取るべきです。ベンチの表面はベンチのパッドが圧縮された状態で地面から約 43cm の高さで、パッドの幅は 30cm、長さは 122cm になります。ベンチの脚の幅が広すぎるとリフターの足が当たる場合があるので、ベンチの脚はリフターが足の位置を決めるのに邪魔にならない形であるべきです。また、高重量をラックに戻すときにベンチが後ろに傾かない設計であるべきです。リフターの頭の近くに補助者が立つ場合に邪魔になるものがあってはいけません。ベンチプレス台の中にはセーフティフックがついているタイプもあります。これがあると一人でベンチプレスを行っていてバーベルを挙げ切れないときに、床にバーベルを落としたり、誰かが気付いて助けてくれるまで待たなくてもバーベルの下から抜け出すことができます。セーフティフックがある場合、セーフティフックは胸のすぐ上の位置にあるべきで、これはベンチの表面から 22cm ～ 25cm ほどの高さになります。

　一般的なジムのほとんどはベンチプレス台があるものです。ベンチプレス台があるとパワーラックが空き、他の種目に使うことができるからです。（ジムにパワーラックがあり、パワーラックが他の種目を行う目的で使われることを理解している前提ですが。）しかし、繰り返しますが、パワーラックとフラットベンチがあればベンチプレスを行うことはできるので、ベンチプレス台は必須の設備ではありません。自宅のガレージにジムを作るのであれば、フラットベンチさえあれば十分です。フラットベンチはベンチプレス台のベンチと同じサイズで、支柱が無くなっただけというシンプルな作りになるはずです。パッドが分厚すぎると実質的にベンチが高くなることになります。これは身長の低いリフターには不向きで、身長の高いリフターでも以前にまともな設備でトレーニングをした経験のある人にはイライラの種になります。ベンチに寝た状態でしっかり足を踏ん張りたいと考えるすべてのリフターにとって良いことがありません。ベンチの幅が広すぎると、バーベルを胸に下ろしたボトム位置でベンチが肩と腕に当たって問題になります。

　ほとんどのベンチは掃除がしやすいようにビニールを張ってあるものです。ビニール素材は簡単に汗を拭き取ることができますが、布張りの物の方が何倍も長持ちです。特に自動車用の素材が適しています。布はベンチプレス中に背中が滑りにくいという特徴もあります。掃除はワイヤーブラシと掃除機で行い、シミは雑巾とミネラルスピリットで取ることができます。

バーベルとウェイトプレートとカラー

　最初にお金をかけるべきなのはバーベルです。お金がなければどうにかして集めましょう。安物のバーベルを使うと危険なことがあり、使いにくく、良い買い物になりません。安物のバーベルは曲がってしまうものです。高価なバーベルであっても、例えばウェイトプレートをつけた状態でベンチの上に落とすなど、使い方を誤ると曲がってしまうことがあります。しかし、安物のバーベルは正常な使い方

8 | Programming

をしていても曲がってしまうものです。バーベルを製造しているメーカーや使用しているジムにとって安物のバーベルは恥のようなもののはずですが、彼らがそう考えることは決してないようです。本書の読者はもっと良い判断ができるはずです。

　直径5cmのスリーブがついて直径5cmの穴があいたウェイトプレートをつける構造になっているバーベルを一般的に「オリンピックシャフト」と呼びます。オリンピックシャフトの重量は20kg（44lbs）で、誤差は数十グラム程度の範囲に抑えられているべきです。アメリカではウェイトプレートがポンド単位で作られてきたことから、バーベルの重量は伝統的に45lbsに切り上げて扱われてきました。（国際的なバーベル競技団体のルールに合わせて実際にはバーベルが20kgであったとしてもです。）バーベルの重量が実際には134lbsであっても、135lbsだとして扱われます。安物のバーベルは指定よりも実際の重量が軽い場合があります。繰り返しになりますが、安物のバーベルには注意しましょう。

　良いバーベルは正しくローレットとマークが刻まれており、ボルトではなくローラーピンとスナップリングで固定されているものです。そして、ときどき表面を拭き、6ヶ月ごとにブッシュかベアリングの入っている部分にオイルを1滴さしておくだけで、それ以上のメンテナンスは必要としないものです。また、バーベルは国際競技のスペックに従って作られたものを選びましょう。競技に出場しなくても（出場してもいいですが）、国際競技のスペックに従ったバーベルであれば、あらゆるブランドのウェイトプレートをつけることができるからです。ウェイトルームにはいずれいろんなブランドのウェイトプレートが溜まっていくものです。最も重要なこととして、良いバーベルは普通の使用では変形しない高品質の鋼材でできています。良いバーベルには250ドル以上出すつもりでしょう。150ドル以下で買える輸入品がたくさんありますが、ゴミのようなものなので買ってはいけません。良いバーベルを普通に使っていて曲がってしまうことがあれば堂々と返品しましょう。そんなことはあってはいけないのです。こういうとき信頼できる販売店はメーカーのサポートを受けて品質の良くないバーベルの交換に応じるものです。もし交換に応じないようなら、友だちに話してまわりましょう。

　本物のウェイトルームはすべて直径5cmの穴があいたウェイトプレートを配備しているものです。直径25mmの穴を持つ小さなプレートは「エクササイズプレート」と呼ばれますが、このプレートに合う高品質なバーベルは製造されていないので、このサイズのプレートは役に立ちません。一般的なウェイトプレートは2.5lbs、5lbs、10lbs、25lbs、35lbs、45lbsのサイズが作られています。35lbsを除いてすべてのサイズが必要になります。35lbsプレートを使う場面は、25lbsと10lbsのプレートを組み合わせて対応することができます。女性や子どものために2.5lbsよりも小さなプレートも用意しておくべきです。それ以外

図8-13　標準化されたオリンピックプレートがベストの選択になる。さまざまな重量や作りのプレートがある。1/4lbsという非常に軽いプレートまで存在し、持っていると非常に役立つ。バンパープレートは25kgまであり、少ないプレート数で高重量を準備することができる。

図8-14　ウェイトルームを整頓するのにプレートラックは必須。一般的にはツリー型と2種類のトレイ型が販売されている。賢く才能あるリフターは自作することもある。

でもベンチプレスやプレスで直線的に重量を増やしたい場面で役立ちます。軽いウェイトプレートは直径5cmの穴があいたワッシャーを適切な数だけ重ねて接着剤やテープでくっつけて作ることができます。メートル法のウェイトプレートには1.25kg、2.5kg、5kg、10kg、15kg、20kg、25kgがあります。大きなものではまれに45kg、小さなものは0.5kgまでありウェイトリフティングの競技大会で使われます。

良いウェイトプレートはプレート表面に記載されている重量と実際の重量が近くなるように製造されています。誤差は0.25kg以内の範囲に十分おさまるはずです。メートル法のバンパープレートは25kgまであり、ポンド法のバンパープレートを製造しているメーカーも複数あります。バンパープレートはパワークリーンを行う際に便利で、バーベルやプラットフォームの傷みを大きく抑えることができます。25lbs以上のプレートとすべてのバンパープレート（バンパープレートは地面に接触しないと役目を果たさないので）は直径45cmであるべきです。また、良いプレートはバーベルを通す穴の内径も高い精度で製造されています。プレートのできが悪く内径が大きいとスクワット、ベンチプレス、プレスを行うときにラックに設置したバーベルにプレートがぶら下がっているだけの状態になります。できの悪いプレートはデッドリフトを行うときにイライラの種になります。バーベルのスリーブとプレートのあいだにすき間があると、バーベルを地面に下ろしたときにプレートが斜めに傾き、バーベルにカラーをつけていないとプレートが徐々にバーベルから外れていこうとしてしまいます。

ウェイトプレート用のラックは大きく分けて2つのタイプがあります。アルファベットの「A」のようなツリー状のフレーム、もしくはプレートトレイです。ツリー型のフレームを使う場合、片側に2本ずつピンがあり、下のピンにフルサイズのプレートを取り付け、上のピンに小さなプレートを取り付けられるようにピンの間隔が確保されているべきです。こういったラックは標準的なウェイトプレートで300kg以上を取り付けられるものです。ピンは直径2.5cmの棒材で少なくとも20cmの長さがあるべきです。つまり、プレートを取り付けるときにはプレートの直径5cmの穴に2.5cmの隙間ができることになります。このことはプレートの取り付けを楽に行うために非常に重要です。ピンが直径5cmの材料でできていれば、ラックにプレートを取り付けるのに毎回両手を使わなければいけなくなります。この手間はうっとうしくなることがあります。トレイ型のラックはピンがないので使いやすくなりますが、ツリー型ほど多くのプレートをおさめることができず、強度も劣ります。

カラーはウェイトルームにおいて安全を確保するために欠かせないと考えられることが多いです。たしかにカラーが重要な場面はありますが、ウェイトプレートが滑り落ちないようにバーベルを水平に保てるようになる方がずっと役に立ちます。スクワットではバーベルを担いで後ろに歩

図8-15　最も一般的で安価なタイプであるスプリングカラーはほとんどのスポーツ用品店で購入できる。より確実に固定するために2重に取り付けることもできる。

8 | Programming

いてラックから移動するときにどうしても横方向の動きが生まれ、プレートが横にスライドしてしまうことがよくあります。スクワットではカラーが役に立ちますが、ベンチプレスとプレスではバーベルは理論上水平に維持されるはずで、プレスではラックから１歩下がるだけなのでカラーの重要性は下がります。肘の伸ばし方が左右で不均等になる場合にはカラーが役に立ちます。もし、肘の伸展が左右不均等になっていると気付いたら、カラーを使うのが賢明でしょう。そして、可能であれば、肘の問題も解決できると良いでしょう。デッドリフトでは挙上動作を繰り返すうちに穴のサイズがぴったり合わないプレートがバーベルからズレていくのを防ぐのにカラーが役に立ちます。パワークリーンについても同じことが言えますが、バンパープレートは分厚くバーベルに接する部分が大きくなるので金属プレートほどひどくはなりません。

安価なスプリングクリップ（傷みがひどかったり伸びてしまわない限り非常に使えるものです）から、高価で非常に丈夫なプラスチック製のタイプ、スクリューのついたスリーブ型のタイプ、調整可能な競技用タイプなどカラーにはさまざまな種類があります。パワーリフティングとウェイトリフティングの競技で使われるカラーは 2.5kg で、他のタイプの重量はさまざまでかなりの幅があります。スプリングカラーはトレーニングのほとんどの場面で十分に使えるものです。もし固定力が問題であれば、スプリングカラーを片側に 2 個ずつ使うこともできます。重量を正確に管理することが必要な場合には、カラーの重量も計算に入れましょう。

チョーク・トレーニング着・トレーニング日誌・ジムバッグ

ウェイトルームにはチョークがあるべきで、ジムから提供されなければ自分で用意しましょう。チョークはバーベルと手のひらの摩擦を強め、バーベルを握り損ねることで起きるトラブルを減らしてくれます。バーベルが手の中で動いて、手のひらの皮膚にしわができたりバーベルと強くこすれたりするとマメができる原因になるので、チョークを使うとマメを減らすことにもつながります。チョークは専用の容器に入れてウェイトルームの中で使いやすい位置に置いておくべきです。ジムがチョークを提供しないのは間違いですが、どんな理由にせよチョークが提供されていないのであれば自分で用意しましょう。ビニール袋か缶に入れたチョークをジムバッグに忍ばせておきましょう。チョークはほとんどのスポーツ用品店で購入することができ、インターネットで注文することもできます。ジム

側がチョークを用意するという配慮を見せてくれた場合には、控えめに使うという配慮で応えましょう。手をどっぷりチョークに浸けたり、チョークの塊を床に落としたり、チョークの粉を空気中に舞い上がらせたりして無駄にしてはいけません。チョークを提供してくれるジムは、ジムをきれいに保つことよりもトレーニングの内容の方が重要だと考えてくれているのです。こういうジムの姿勢には感謝しなければいけません。

トレーニングを行うのに適切な服装を整えましょう。綿のＴシャツに、伸縮性のあるスウェットパンツかショーツ、スクワットやプル種目に合ったシューズが必要になります。一般的とは言えないものの一部にはベルトを提供してくれるジムもありますが、いずれ借り物ではなく自分自身のベルトを持ちたくなるでしょう。筋力トレーニングを行うにあたって素晴らしいことのひとつに、他のスポーツと比べて、個人で用意しないといけない用具が非常に少なくて済むということがあります。ある程度の出費が必要になるのはシューズのみで、ベルトはそれほど高額ではなくトレーニング仲間で共有することも難しくありません。

もうひとつトレーニーが各自で用意すべきなのは、毎回のトレーニングを記録する日誌です。本書のプログラムで行うすべての種目に関わるすべての数字を覚えておくことができる人などいません。トレーニングに関わる数字を 2 週間分程度なら覚えておくことができるかもしれませんが、長く続くトレーニングで過去にどんな内容を行ったかを記録しておくと、将来貴重なデータとして役立ちます。この情報は 1 回 1 回のトレーニングで使うだけでなく、自分のトレーニングキャリア全体を通してどういう問題が起きているかを把握したり、特定の期間のトレーニングがどれだけ効果をあげているかを分析したりするのにも役立ちます。トレーニング記録は日常的に確認する必要があるものなので、自分はもちろん指導を受ける場合にはどんな指導者にも読みやすいように書くべきです。一般的な大学ノートは価格も安く十分に使えます。リングノートはジムバッグの中で簡単に破れてしまうのが難点です。本のように綴じた台帳に何年分ものトレーニング記録を書き込めるだけのページ数があれば最高の選択肢になるでしょう。トレーニングに真剣に取り組む人は例外なくすべて、トレーニング内容を書き残すものです。

ジムバッグの名前が出ましたが、トレーニング用品をまとめて入れるバッグをひとつ用意し、持ち歩くようにしましょう。トレーニング用シューズ、ベルト、チョーク、トレーニング日誌、絆創膏、テープ、水虫薬、予備の靴ひも、予備のシャツ、タオル、ニーラップ、ストラップ、それに小さなぬいぐるみなど、こうしておけば必要なものはいつ

でも使えます。バッグ選びでどう自己主張をしようかなんて考えていないで、とっととバッグをひとつ買ってくればいいのです。そして、ジムでタオルを忘れたなんてことのないように、そのバッグを持っていくようにすればいいのです。

筋肉痛と怪我

ウェイトトレーニングを行っていると筋肉痛と怪我が出てくるものです。トレーニングで効果が出るとついてくるもので避けて通ることができません。向上心を持ってハードにトレーニングを行うと、トレーニングは筋肉痛を起こすだけキツいものになり、いずれは身体を痛めるだけキツいものになります。正しいフォームを使って、適切な重量の増やし方に注意し、ウェイトルームを安全に使うためのステップを押さえることはリフター自身の責任です。それでもなお身体を痛める場面は出てきます。真摯に取り組んでいても高重量を扱うトレーニングを行うと怪我のリスクがあるものです。キツいトレーニングに怪我は付き物で、怪我に備えておくことや、実際に怪我が起きたときに適切に対処することが重要です。

筋肉痛とは広く認知され研究されている現象です。人類は大昔から筋肉痛を経験し続けているにも関わらず、なにが筋肉痛の原因なのかはいまだにはっきりと解明されていません。筋線維の中にある収縮する部分が炎症を起こした結果だと考えられており、炎症を抑える治療に効果があることがこの考えの裏付けになる場合があります。これまで人類が筋肉痛を経験し続けてきた中で、筋肉痛に関する間違った考えもたくさん生まれてきました。はっきりと言えるのは乳酸（筋収縮によって一時的に生まれる代謝物質）とはまったく無関係だということです。

たいていの場合、身体が適応していないことを行うと筋肉痛が出ます。初めてのトレーニングが適切に管理されていなかった場合などは良い例になります。長くトレーニングから離れていて久しぶりにトレーニングを行う場合も当てはまります。トレーニングのやり方がマズければ、人間に起こる筋肉痛の中でも最も強烈と言えるような痛みを経験することになります。トレーニングの量、強度、種目えらびなどプログラムに変更を加えると筋肉痛が起こるのが一般的です。

筋肉痛は少し時間が経ってから感じ始めるものです。どの程度の遅れになるかは、アスリートの年齢や体力レベル、行った運動の性質、運動の量や強度などによって12～48時間ほどの幅があります。このことから運動に関する文献では「遅発性筋肉痛」という用語が使われます。また、特定の筋肉では筋肉痛が出るのが早かったり短期間で治まったり、特定の種目で筋肉痛が出たり、逆に高い強度で行っても筋肉痛が出なかったりという経験をする人が多くいます。

トレーニングの動作の中で最も筋肉痛を起こす要因になるのは、「ネガティブ」とも言われるエキセントリック収縮が起きる場面です。負荷がかかった状態で筋肉が短くなるのではなく長くなる場面ということです。エキセントリック収縮で筋肉痛が最も強く起こるのは、筋線維が収縮するメカニズムに関わる部分が、負荷がかかった状態で伸びて引き離されるように働くことが影響しているのだと考えられます。こう考えると強い筋肉痛の出る種目とそうでない種目があることに説明がつきます。パワークリーンのようにウェイトを自力で下ろすのではなく落としてしまう種目では強いエキセントリック収縮が起こりません。そして、例えばスクワットと比べるとパワークリーンではずっと小さな筋肉痛しか起こりません。スクワット、ベンチプレス、プレス、デッドリフト、そしてその他の補助種目の多くではエキセントリック収縮とコンセントリック収縮の両方が起こり、その種目に動員される筋肉は負荷がかかった状態で長くなったり短くなったりします。スポーツ動作には自転車のようにコンセントリックな働きのみが起きるものもあります。ペダルをこぐという動作は、動員される筋肉が短くなることですべてが成り立っているからです。自転車の他には、そりを引いたり押したりするトレーニングなどは筋肉痛をほとんど起こすことなく非常に高い強度で行うことができます。筋肉痛は炎症と好ましくないホルモン応答を伴うので、ハードにトレーニングを行っても筋肉に高いレベルの炎症を起こすことがなければ回復しやすくなります。例えば、トレーニング種目をランダムに選ぶことでストレスへの適応を妨げ、絶えず強い筋肉痛を生むことを特徴とする運動プログラムでは、全身に炎症が起こっているような状態が長期的に続くことがあります。それが行きつく先は体力や筋力の向上ではなく、健康を損なうことになります。トレーニングを行っていると筋肉痛は避けられないものですが、筋肉痛はトレーニングの主な目的としたり、名誉の印として追い求めたりするものではありません。

極端に強い痛みでなければ、短期間の筋肉痛がときどき出たとしてもトレーニングの妨げになることはありません。実際にこれまで筋肉痛を抱えたアスリートがたくさんの記録を打ち立ててきました。ときどき筋肉痛が起きることもないようなトレーニングをしていて、筋肉痛がある中でトレーニングをしなければいけない状況にもならないようなら、大してキツいトレーニングをしていないというこ

8 | Programming

とです。筋肉痛が治まるのを待ってから次のトレーニングを行っているようでは、筋肉痛が起きないように十分な頻度に適応することができないので、毎回トレーニングをするたびに筋肉痛が起きる状況を自ら作っているのと同じことになります。可動域全体を使うのに支障が出るほど強い筋肉痛がある場合はケースバイケースで対処する必要があります。ウォームアップを念入りに行ったあとで、痛みをこらえてトレーニングを行うべきかどうか判断することになりますが、ウォームアップのあと可動域全体を使って動作を行えるようになれば、一般的にはトレーニングを行って問題ありません。もし、過去数回のトレーニングから十分に回復できていないことが原因で筋肉痛が治まっていないようなら、プログラムになんらかの変更を加えたり、回復を促すための対処法を考えたりする必要があるかもしれません。

普通の筋肉痛はトレーニングのあと数時間は遅れて出てくる性質がありますが、それに対して、「怪我」とは正しくトレーニングを行った場合の正常な反応とは言えない形で痛みが起きるものと定義することができます。急性障害が起きるとすぐにその場で痛みや違和感として知覚されます。どの部位で起きているかも感じ取れるもので、動作を終えたあとも続きます。それは筋腹の組織にダメージがあったのかもしれませんし、腱や靭帯かもしれません。椎間板や膝の半月板、関節軟骨などを痛める頻度は高くありませんが可能性として考えられます。トレーニングに関連して起こる怪我は軟部組織に影響するものがほとんどで、ウェイトルームで骨折が起きることは非常に少ないです。身体を動かしたことに対して、その場ですぐに痛みが出た場合は怪我だと考えて、それに応じた対処をするべきです。慢性障害は良くないフォームでトレーニングを行ったり、トレーニング量が過剰であったりした場合に関節やその関節の結合組織の使い過ぎによって炎症反応が起きていることが多いです。腱炎や滑液包炎（かつえきほうえん）と診断されるのが一般的で、不適切なストレスが繰り返しかかった結果であることが多いです。健康と長い目で見たトレーニングの成果が左右されるので、普通の筋肉痛と怪我の痛みを区別する能力を身に付けることが非常に重要です。

しばらく休みを取ったあとトレーニングに戻るときには、そのときの体力レベルを考慮しなければいけません。どの程度の期間休みを取ったかによってアプローチは変わります。トレーニングを休んだのが 6 回以下であれば、最後に行ったのと同じ内容のトレーニングを行いましょう。キツいかもしれませんが、こなせるはずです。その次のトレーニング以降は休みを取らなかった場合に予定していた通りに進められるはずです。この方法では、トレーニングの内容をもっと大きく緩める場合と比べて失った分を取り戻しやすくなります。

2〜3ヶ月以上など長い期間トレーニングから離れた場合、トレーニングに戻るときの初回の内容は慎重に計画しましょう。長くトレーニングを続けて非常に高いレベルまで筋力を高めてきた人では、筋肉以外の部分でも身体の適応は起こっています。神経系と、神経系が筋肉に接合する部分を合わせて神経筋系と呼びますが、神経筋系はトレーニングに適応して、より効率的に運動単位を動員できるようになります。そして、神経筋系の適応はその筋肉の適応よりも長く保たれます。筋肉がなまっていても神経筋系はどのように高重量を挙げていたかを覚えているのです。身体の準備ができているときに神経筋系が効率よく働くのは良いことですが、身体が鈍っているときには必ずしもそうではありません。悪い結果を招くことなく扱える身体の準備ができている以上の重量を挙げられてしまうのです。トレーニングの量と強度を控えめに設定しなければ、間違いなく猛烈な筋肉痛に襲われることになります。1 年休んだあとにトレーニングに戻ったその日にかつての自己ベストを再現しようとするのは傲慢であり、まったくカッコよくなどありません。そのトレーニングのあと数日間、まったく何も大事なことがないという状況でもなければ、トレーニングに戻るときには慎重にものごとを考えるべきです。

子どものバーベルトレーニング

若いアスリート、特に思春期前の子どもにとってウェイトトレーニングは有害だと誤解している人がとんでもない数います。小児科医というのは全体としてみると素晴らしい人たちですが、さまざまなスポーツの障害リスクに関するデータということになると、ひどく知識不足です。また、こういう数字を分析するにあたって初歩的な論理を使って考えることにも気が乗らないのかもしれません。

表 8-2 にさまざまなスポーツの障害発生率を示しています。ウェイトトレーニングの障害発生率は実施 100 時間あたり 0.0012 件です。組織として行う子ども向けスポーツとして大人気のサッカーは実施 100 時間あたり 6.2 件で、ウェイトトレーニングの方が 5100 倍安全だということになります。体育の授業は 0.18 件で、指導付きのウェイトトレーニングよりも危険です。それでもなお、医療の専門家が子どもはウェイトトレーニングをしないようにとアドバイスしているのです。データをどんなに雑に見ても、このアドバイスの愚かさが分かるでしょう。

では、この誤解はどのようにして始まり、なぜずっと無くならないのでしょうか？ 主な懸念として最もよく挙げ

られるのが、骨端骨折により成長板が傷つき、その影響を受けた四肢が他の部位と均等に成長しなくなるというものです。スポーツ医学の文献全体において、子どもの成長板の骨折とウェイトトレーニングの関連が報告されているのは6件で、実際にバーベルの使用中に怪我が起きたのか（そもそもバーベルを使っていたのか）、フォームに不備があったり指導が不適切で転倒したのか、重量設定が軽率だったのかなどを判断できるだけの詳細が記載された報告はありませんでした。また、これらの6件に焦点を絞って考えても、成長板の怪我が他の怪我と同じように回復しない可能性を示すような後遺症が確認された子どもはいませんでした。私たちの実生活を見れば答えは分かります。子どもが関節を含めた骨折をするのはよくあることですが、世界は片腕や片脚が短くて自分の不幸を呪っている人でいっぱいなどということはありません。

　最もバカバカしいのは、ウェイトトレーニングは子どもの成長を阻害するという主張です。だったら干し草を運ぶのはどうなんだという話です。こんなバカな話には

反論する価値もありません。若い年齢でウェイトトレーニングを行っても成長中の骨や関節に害はないどころか、軟骨関節をより分厚く強く発達させ、それは大人になるまで残り続け、おそらく長いスパンで見た関節の健康に寄与します。可動域全体を使ったバーベルトレーニングが生み出す力学的、生物学的条件は大人であっても子どもであっても骨格を作る要素に良い影響を与えるのです(Carter, Dennis R. and Gary S. Beaupré, Skeletal Function and Form, Cambridge University Press, 2001)。

　本当に重要なのは、ウェイトトレーニングはリフター個人の年齢や能力に正確に合わせて調整可能だということです。サッカーはそうはいきません。子どもがウェイトトレーニングを始める際には、5kgのバーベルや、ほうきの柄を使うこともできます。それに対して、フィールド上で体重35kgの子どもにフルスピードで衝突するのは、個人に合わせて調整するという性質のものではありません。この理屈は「特別なケアを必要とする」と見なされがちな人たちにも当てはまります。例えば、身体の弱った高齢者、骨格や筋肉に関わる病気を持つ人、まったく運動を行っていない人、病的なレベルの肥満者、長距離ランナー、なまけ者などです。ここに女性が含まれていないことに注意してください。世界の人口の半分は女性です。女性は運動に対する生理学的反応がまったく違うので、基本的なバーベルトレーニングの原則は女性に当てはまらないと言う人間は、理性を欠いているか金に目がくらんでいるかのどちらかです。実際のところ、ウェイトトレーニングで起きる適応というのは、こういう人たちがまさに必要としているものなのです。長距離をゆっくり走るような有酸素系の運動は、将棋よりほんの少し役に立つという程度のものです。

　十分な知識のない専門家が明らかに間違った主張をしているのに、盲目に従うと貴重な機会を逃したりお金や時間を無駄にすることになります。一般的なレベルよりほんの少し才能に恵まれた子どもにとっては、ウェイトトレーニングをするかどうかは、奨学金を得る機会に恵まれるか、法外な学費を払って高度な教育を受けるかの違いになることがよくあります。筋力、パワー、骨密度、バランス、全身の連携した動作、柔軟性、そして自信の向上といった恩恵を得られたであろう人の多くが言われたままに行動して、その機会を逸してきました。高価なアドバイスはすべてそれだけのお金を出す価値があるとは限らないのです。

スポーツや運動の種類	障害発生率
サッカー	6.2
ラグビー	1.92
バスケットボール	1.03
陸上（米国）	0.57
クロスカントリー	0.37
陸上（英国）	0.26
体育の授業	0.18
アメリカンフットボール	0.1
スカッシュ	0.1
テニス	0.07
バドミントン	0.05
体操	0.044
ウェイトトレーニング	0.0012
パワーリフティング競技	0.0008
ウェイトリフティング競技	0.0006

障害発生率＝障害発生件数÷実施100時間

表8-2　さまざまなスポーツでの実施100時間あたりの障害発生率。引用元：Hamill, B. "Relative Safety of Weightlifting and Weight Training," Journal of Strength and Conditioning Research 8(1):53-57, 1994.

著者紹介

Mark Rippetoe は、本書 Starting Strength: Basic Barbell Training の他、著書 Practical Programming for Strength Training 3rd edition、Strong Enough?、Mean ol' Mr. Gravity、さらに学術誌、雑誌、インターネットにて数多くの記事を執筆。1978 年からフィットネス業界に携わり、1984 年から Wichita Falls Athletic Club を所有している。Midwestern State University にて地質学を専攻、人類学を副専攻し 1983 年に学士の学位を取得。1985 年、National Strength and Conditioning Association が最初に認定した CSCS の一人であり、2009 年には初めて正式に資格を放棄した。自身パワーリフターとして 10 年間競技を行い、これまでに数多くのリフターやアスリート、さらに何千にも及ぶ人々に筋力とパフォーマンス向上のための指導を行ってきた。本書のバーベルトレーニング法に関するセミナーを米国各地で行っている。

Jason Kelly はニューヨークにてイラストレーターとパーソナルトレーナーとして活動している。2007 年、The Savannah College of Art and Design にて Fine Arts in Illustration の学士を取得。15 年以上のウェイトトレーニング経験を持つ。

Stef Bradford 博士 は The Aasgaard Company の実務責任者であり、www.startingstrength.com コミュニティの管理人である。2004 年、Duke University にて薬理学博士号を取得。長く筋力トレーニングを続けており、オリンピックウェイトリフターとしても数年間活動した経験を持つ。米国各地でバーベルトレーニングの指導を行っている。

CREDITS
クレジット

PHOTOGRAPHS

All photographs by Thomas Campitelli unless otherwise noted.

Photographs by Torin Halsey
: Figures 2-16, 2-17, 2-20, 2-21, 2-24, 2-34, 2-40, 2-57, 2-58, 2-60, 3-15, 4-6, 4-45, 4-48, 4-49, 4-50, 4-51, 5-4, 5-5, 5-6, 5-10, 5-21, 5-22, 5-27, 5-28, 5-29, 5-32, 6-17, 6-39, 6-42, 6-44, 6-45, 6-46, 7-3, 7-13, 7-14, 7-21, 7-25, 7-36, 7-37, 7-38, 7-39, 7-40, 7-41, 7-42, 7-48, 7-49, 7-50, 7-51, 7-53, 7-59, 8-6, 8-7, 8-8, 8-11, 8-12, 8-13, 8-14, 8-15.

Photographs by Nick Delgadillo
: Figures 2-13, 2-23, 2-34 (right panel), 2-50, 2-51, 3-26, and 4-13.

Photographs in Figures 7-43, 7-45, 7-57, 7-58, 7-61 and 7-62 by Lon Kilgore.

Photographs in Figures 4-1, 4-39, and 5-1 courtesy of Mike Lambert and Powerlifting USA magazine.

Photographs in Figures 2-56 and 7-31 by Stef Bradford.

Photographs in Figures 3-1, 3-2 and 6-1 courtesy of Bill Starr.

Photograph in Figure 7-23 by Bruce Klemens.

Photograph Figure 4-47 by Treva Slagle.

Photograph in Figure 6-37 by Tom Goegebuer.

MODELS

Ryan Huseman, Andrea Wells, Justin Brimhall, Carrie Klumpar, Stef Bradford, Josh Wells, DeLisa Moore, Damon Wells, Matt Wanat, Ronnie Hamilton, Michael Montfort, Tina Hohfield, Jac Caggiano, Katherine Bickford, Dusti Cribbs, and The Orangutan.

ILLUSTRATIONS

All illustrations by Jason Kelly unless otherwise noted.

Figures 6-5, 8-1, and 8-5 from Practical Programming for Strength Training 2nd edition, The Aasgaard Company, 2009.

Figure 2-19 by Lon Kilgore and Stef Bradford.

Figure 6-3 by Stef Bradford.

Illustrations and proof in Figure 4-45 by Matt Lorig.

EMG and force diagrams for figure 8-3 courtesy of Jaqueline Limberg and Alexander Ng of Marquette University.

Power rack plan in Figure 8-10 by Terry Young.

索引

あ

圧縮	28-30
アップライトロウ	170, 193, 208
Ez カールバー	263
遺伝的特性	164-165
インピンジメント	43, 73, 142, 252
運動単位	165
ATP	278
エキセントリック収縮	91
鉛直	10
オリンピックウェイトリフティング用バーベル	74, 96, 120
オルターネイトグリップ	92

か

外旋	44, 205, 247
外旋筋	45
キッピングプルアップ	248
筋力バランス	70
クォータースクワット	16-17
肩甲骨	22, 70-72, 105-106, 141, 190
後十字靭帯	17, 46
広背筋	106, 110-111
股関節	37, 41-47, 103, 118, 185-187, 234
股関節伸展筋	118
古典力学	29
コンセントリック収縮	91

index

さ

逆手	92, 246, 254
サムレスグリップ	75, 138, 154
三角筋	106, 143-144
シットアップ	85, 258
ジャンピングポジション	170-174, 192, 205
重心	10-12, 104
順手	246
小円筋	71
上前腸骨棘	44
上腕三頭筋	72, 140, 259
上腕二頭筋	259
神経筋系	165, 277
伸長・短縮サイクル	8
伸張反射	8, 45-47, 217
スプリットクリーン	162
スプリットジャーク	244
スモウデッドリフト	90-91, 114, 120-122
セカンドプル	177
脊柱起立筋	37-41, 55, 90, 255
絶対筋力	164,198
前十字靭帯	17
せん断力	16-17, 258
僧帽筋	71, 105-106, 203, 216

index

た

第 1 種てこ	103, 186
大円筋	106, 110
ダブルオーバーハンドグリップ	92, 168
ダンベルベンチプレス	131
力の伝達	183
力発揮	166, 277
適応	267-272
てこの作用	27-33, 144, 184-187
手のひら	76
臀筋	41-44, 118, 234, 255, 257
動員	165
特異性	3, 69, 146, 164, 268, 273, 276
ドンキーキック	198

な

内転筋	45
脳	55

は

ハーフスクワット	16, 219
ハイバースクワット	31, 222
ハムストリング	13-18, 37-40, 46, 50, 117-119, 223-225, 234, 236, 257-258
バランス	33

index

バルサルバ法	54-56, 82, 90, 153, 196, 241
パワー	163
パワージャーク	162
パワーリフティング用バーベル	21, 120, 133
ハングポジション	168, 172, 202
ヒッチング	189, 215
ヒップドライブ	7, 18-20, 41-42, 46, 223
腓腹筋	41-42, 50, 257
腹筋	40, 54, 85, 90, 255
プリーチャーカール	260
フロッグスタンス	121
ボードプレス	221
ポステリアルチェーン	8-9, 103, 185
ボックススクワット	217

ま

マメ	93-94
ミリタリープレス	68
モーメント	27-33
モーメントアーム	29-34, 102, 184-189

ら

ラックポジション	169, 172, 203
リングディップ	72, 252
ローテーターカフ	70, 73, 142
ローマンチェア	255-257

スターティングストレングス 第3版
Basic Barbell Training

2019 年 4 月 5 日　第 1 刷発行
2024 年 8 月 1 日　第 8 刷発行

著　者　Mark Rippetoe
監訳者　八百健吾
発行者　勝政和生
発行所　株式会社 医学映像教育センター
　　　　〒 168-0074　東京都杉並区上高井戸 1-8-17
　　　　TEL：03-3329-1241
　　　　URL：https://www.igakueizou.co.jp

印　刷　シナノ印刷株式会社

©Institute of A-V Medical Education INC., 2019　Printed in Japan
落丁本・乱丁本はお取り替えいたします。
ISBN978-4-86243-816-4
（禁無断転載）